奄美《あまみ》・喜界島《きかいじま》の沖縄戦

沖縄特攻作戦と米軍捕虜斬首事件

大倉忠夫
Okura Tadao

高文研

年経りて
泣く人もなし
そのかみの
特攻の島の
碑の除幕式

「海軍航空基地戦没者慰霊之碑」除幕式（1994年10月23日、喜界町中里）

はじめに——なぜ私がこの本を書いたのか

私は一九三一（昭和六）年、東京の日暮里《にっぽり》で生まれました。戸籍には「東京府豊島郡日暮里町大字日暮里」となっています。今の荒川区西日暮里のあたりと思いますが、そのころはまだ「豊島郡日暮里町」だったのです。父は奄美諸島の喜界島からの出稼ぎ労働者でしたが、私が物心のついたころには王子電車（当時は私鉄。一九四二年に東京市が買収）の車掌をしていました。荒川区三ノ輪と新宿区早稲田間を民家の裏を縫うように走る電車で今の都電荒川線です。私が荒川区立第六日暮里尋常小学校二年生だった一九三九年の夏、両親は、中学生だった長兄と次兄を東京に残して、長女、次女、三男の私、三女、四男の弟の五人の子どもを引き連れて、祖父母の住む喜界島に帰りました。喜界島で農業を営む祖父の家業を継ぐのが長男だった父の宿命だったのです。

喜界島への旅はうろ覚えですが、断片的に記憶に残っています。東京駅から煙を吐く汽車に乗って、東海道本線から山陽本線へと延々と旅をして下関に到着、そこから九州へ渡って鹿児島まで行き、鹿児島から船で喜界島まで行ったのですが、記憶にあるのは、一つは、列車の乗り継ぎの途中で、白いゆったりと動く大きな舟に乗ったことで、きっと関門海峡をフェリーで渡ったのだと思います。当時はまだ関門トンネルは完成していなかったのです。

次は、人が切腹したという洞穴を見たことです。これは、波が荒くて喜界島に寄れないということで鹿児島に船が引き返した時、船員の案内で鹿児島市内の城山《しろやま》に行ったと姉から聞いたことがあるので、きっと西南の役で西郷隆盛が自刃したという洞窟を見たのだと思います。人が自分の腹を切って死んだという、わけのわからない話に漠然とした不安を感じた記憶が残っています。

もう一つは、喜界島の沖に着いた船から伝馬船《てんません》に乗り移る時に見た、船と伝馬船の間に口を開けていた底知れぬ濃紺の海の記憶です。怖がる私を誰かが抱きかかえて伝馬船に投げおろすように下で手を差し出している大人に渡されました。当時、喜界島には汽船が横付けできる埠頭がなかったので、船は沖に錨をおろし、伝馬船で荷物や客を積み降ろししていました。気がついた時には伝馬船はすでに本船からかなり離れており、船頭が陸に向かってギイギイと一丁《いっちょう》櫓《ろ》を漕いでいました。

喜界島に上陸すると大人たちが何やら声を上げながら私たちを取り囲みました。島の方言はさっぱり理解できなかったのですが、人々の声の調子や私たちに向ける表情から私たちが仲間として歓迎されていることがわかりました。大人たちの歓迎の挨拶が済むと、私は数人の少年たちに取り囲まれました。私は不安になり両親の方を見ましたが、両親は島の大人たちとの会話に夢中になっています。突然、私は周りの少年たちが、なまりはあるけれども私に通じる言葉を話していることに気がつきました。彼らは親から私の面倒を見るように言い含められていたのでしょう。私と従兄弟《いとこ》だとか、又従《またい》兄弟《とこ》だとか、口ぐちに名乗り、自分の父が私の父とどのような関係だとか、大人ぶった口調で解説を加える者もいました。私たちはすぐに打ちとけ、波止場から両親の家のある中里《なかさと》集落までの約二キロの道を大人たちより先に子どもたちだけで一団となってワイワイガヤガヤ話しながら歩いて行きました。

まばゆいばかりの白砂の道が、二メートルから二・五メートルほどの高さのアダンに縁《ふち》取られて続いていました。アダンは木とも草ともつかない植物で、刀のように細い葉を草薮のように繁らせており、細長い葉の両縁にはぎっしりと刺が並んでいて、パイナップルに似た実をつけていました。私がこの植物の名を聞くと、アダニとアダネの中間のような発音で教えてくれました。広辞苑によると

「阿檀」の字が当てられており、沖縄や小笠原諸島にも自生するタコの木の仲間だそうです。タコの木は写真でしか見ていないのですが、これと較べるとアダンは上にひょろっと伸びるのではなく、横に伸びてこんもりと地表を覆うように葉を繁らせています。強烈な日差しを撥《は》ね返す白砂の道と、道を縁取《ふちど》る淡緑色のアダンが続く風景が、私が喜界島を思い起こす時の原風景です。

私たちが両親とともに住んだ中里集落の北から西にかけて、海岸に沿って「ヒコウジョウ」と島の人が呼んでいる広大な芝生の海軍用地がありました。

私が喜界島に住んでいたのは一九三九年七月から一九四九年三月までの一〇年間で、年齢で言うと八歳から一七歳までです。戦後に発足したばかりの新制高校に入るために二八キロ西の奄美大島に渡ったのです。しかし、この喜界島での短い年月は、喜界島の歴史の中でかつてない災厄の時代だったのです。この本で私が語ろうとしているのは、こういう異常な時代の喜界島の話です。

当時の私たちは、こののどかな芝生の「ヒコウジョウ」が後に拡張され、沖縄に米軍が来襲した時には特攻基地となり、自分たちの集落が米軍の爆撃で壊滅するとは夢にも思いませんでした。

戦争が終わった後に残ったものは、無数の爆弾の穴と飛行機の残骸でした。今の喜界空港はその飛行場跡に作られた空港であり、空港に隣接する中里集落は一軒残らず爆弾で破壊しつくされた跡に甦《よみがえ》った集落です。

戦後の一九五二年、私は本土から切り離された米軍政下の奄美大島から「留学生」として「パスポート」を持って上京し、その後、曲折を経て神奈川県の横須賀で弁護士を開業しました。横須賀は周知のとおり米海軍（第七艦隊）の基地の街です。私は基地で働く労働者の組合の顧問弁護士として働きました。

六〇歳代後半になって、私は子どものころ過ごした喜界島での体験を思い起こし、それが私の人生にとってだけでなく、喜界島にとっても歴史上希有《けう》な体験だった、との認識を強く感じるようになりました。誰かが書かなければ私たちの世代が去った後は、島の歴史から消えて行く。このような焦りからくる使命感が、私を急《せ》き立てました。

そう思って調べ始めると、私たち喜界島出身の者でも知らない様々のことが、あの小さな島の飛行場をめぐって起こっていたことに気がつきました。

最初に気がついたのは、おおかたの戦史研究書では「喜界島から特攻機がいつ何機出撃」ということはわかっても、その特攻機に誰が乗っていたのかわからない、ということです。高い地位の軍人だった人が書いたものほど、作戦という視点から書くので、個々の兵士は将棋の駒として、数字の中に解消されてしまいます。

特攻兵たちを単に兵力として扱うような記録は残せない。そう考えて私が実行したのは古本屋めぐりです。何となく喜界島の匂いがする本を見つけては立ち読みで、「喜界島」という文字を探すのです。その多くは一般兵士の書く体験記でした。そしてノートに、誰が、何のために、喜界島の飛行場に着陸したかを日付ごとに記していきました。

こうして日記風に書き込んでいくと、ある日は自分でも読めないくらいにぎっしりと書き込まれますが、日によっては何も書くことがない日が出てきます。兵士の体験記の中には、確実性の裏付けのために米軍側の資料も調べる必要を感じさせるものもありました。そこで私は、米国の「情報の自由法」を利用して、いくつかの米軍部隊の「アクションレポート（戦闘報告書）」も入手しました。

私が驚いたのは、アメリカの「情報の自由法」の凄さです。私のような無名の人間が、これこれの情報が欲しいと情報を管理している国立公文書館に請求すると、「その記録は見つかったので予想コピー代いくらを送金してくれ」と返信が来ます。予定されたコピー代を指定された会計担当官署に送金すると、開示を求めた文書が送られて来る。まさにアメリカ政府が持っている情報は公明正大に誰にでも見せます、という感じでした。

それがなければ、本書は完成しなかったと言ってもいいでしょう。この本では、ＢＣ級戦犯裁判を批判的に扱っていますが、それは公開された裁判記録を見たからできたことであり、情報公開制度を通じて知ったアメリカ民主主義の根の深さに感動したことに変わりはありません。日本の「情報公開法」とは拠《よ》って立つ思想が違うと思いました。

この本は大別して三つの部に分けてあります。

第Ⅰ部では、喜界島特攻基地の前史として、日本の海軍航空隊の幼年期とも言うべき一九三一年に辺境の島に不時着飛行場を造ったのはなぜだろうか、という謎に挑んだつもりです。

第Ⅱ部では、沖縄特攻作戦のさ中、喜界島不時着飛行場が航空戦の最前線基地になり、沖縄の戦局の変化とともに飛行場の利用のされ方が変わっていき、同時に、私たちが住んでいた集落が壊滅していく姿をあらためて確認し、再録するよう努めました。

喜界島航空基地は特攻機だけでなく、特攻以外に、重い魚雷を積む雷撃機なども、深夜、くり返し出撃していました。その記録は乏しいのですが、参加した兵士たちの手記がわずかながらあります。特攻については、出撃後に喜界島に不時着して生きのびた人の手記などを探して参考にして、時には米軍側の戦闘記録なども参考にして、状況の再現に努めました。

第Ⅲ部では、戦闘のさ中に喜界島で起こった二件の米軍飛行士斬首事件について、戦後のＢＣ級戦犯横浜裁判でどのように裁かれたかを、「情報の自由法」によって米国から入手した裁判記録を辞書を引き引き読み、私自身が子どものころ、あの戦争のさ中に見聞した捕虜処刑の様子を思い浮かべながら、検証しました。本の性質上、裁判記録の全体を紹介することはできませんが、その実態について考える材料は提供できたと思います。

私が、出版の時期を遅らせても捕虜斬首事件のことをこの本の中に含めようと思ったのは、この事件を除くと、喜界島の戦争史の全体像を語ったことにならないと考えたからです。このことは日本の戦争史についても言えることではないでしょうか。

喜界島では日米の文字どおりの死闘のさ中、自分の搭乗機が撃墜されたため、落下傘で脱出降下した重傷の米兵の斬首事件が二件も起こりました。戦後、その責任を問われて死刑を言い渡された人、うまく米軍の追及を免れた人、それぞれに運不運はあるでしょうが、この問題には、個人の責任を越えて、戦争責任を考える上で本質的な課題が内包されていると思います。

なお、私は喜界島の戦争史の調査に当たって、巷間《こうかん》に真実と思われていることについても矛盾する資料がある時や、合理性がないと思われた時は、何が真実か、裏付けを探そうと努力しました。その意味でこの本は「検証調書」のようなものだと私は考えています。時には、巷間に出ている出版物の記述に異を唱えていますが、異を唱える場合はその根拠を示していま す。私の書いたことに異論のある場合は、根拠を示して反論していただけると幸いと思います。

奄美・喜界島の沖縄戦◉目次

第三章　米軍の島嶼上陸作戦と喜界島

第四章　沖縄・巌部隊本隊の動向と喜界島派遣隊

第五章　敗戦の日が近づく喜界島

第六章　最後の沖縄特攻と喜界島基地の終焉

第Ⅲ部　ＢＣ級戦犯裁判「喜界島事件」の検証

装幀・中村くみ子

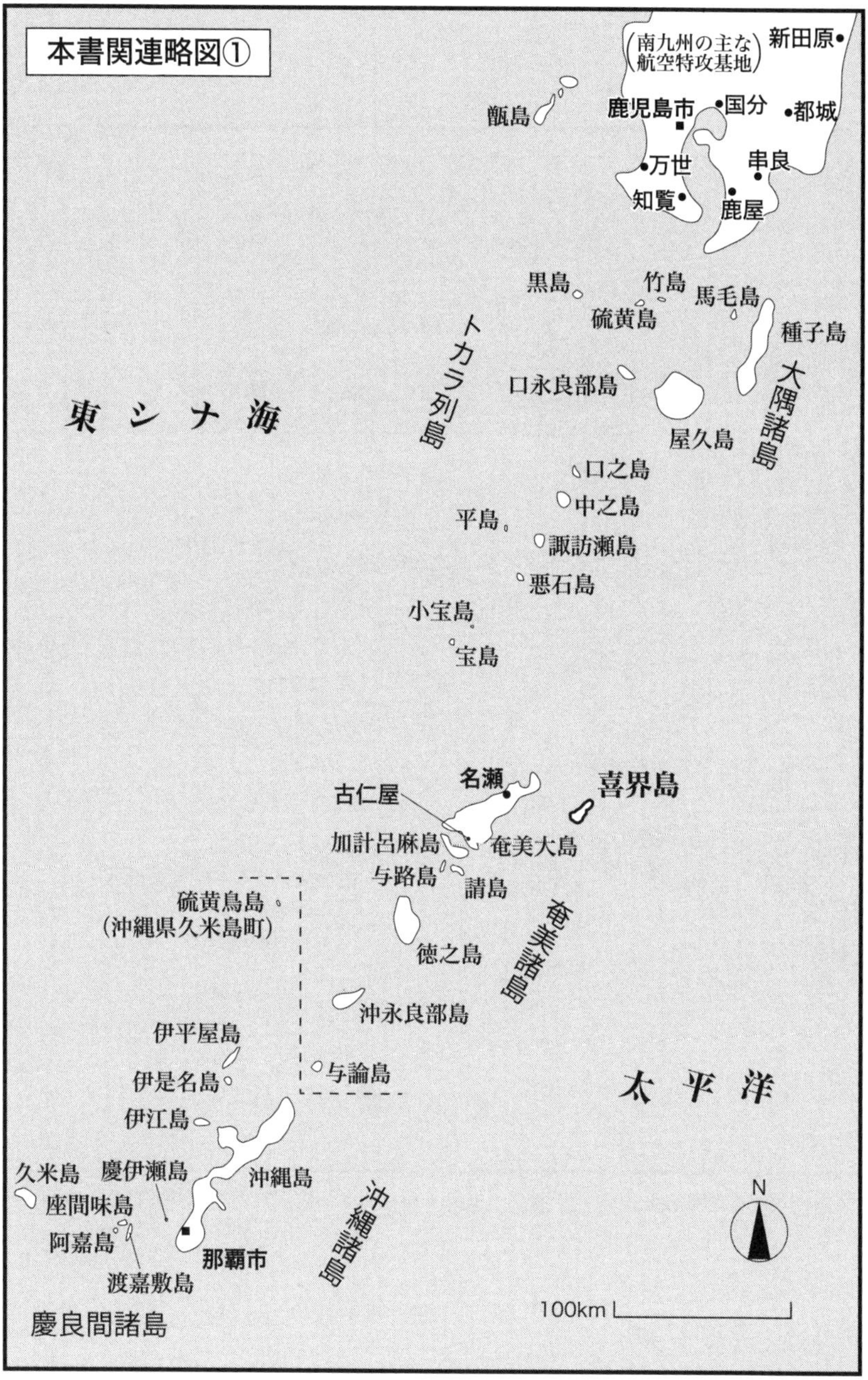
本書関連略図①
南九州の主な航空特攻基地
新田原
鹿児島市
国分
都城
万世
串良
知覧
鹿屋
甑島
黒島
竹島
馬毛島
硫黄島
種子島
トカラ列島
口永良部島
大隅諸島
東シナ海
屋久島
口之島
中之島
平島
諏訪瀬島
悪石島
小宝島
宝島
名瀬
喜界島
古仁屋
加計呂麻島
奄美大島
与路島
請島
硫黄鳥島
（沖縄県久米島町）
徳之島
奄美諸島
沖永良部島
伊平屋島
伊是名島
与論島
太平洋
伊江島
久米島
慶伊瀬島
沖縄島
座間味島
阿嘉島
那覇市
沖縄諸島
渡嘉敷島
慶良間諸島
N
100km

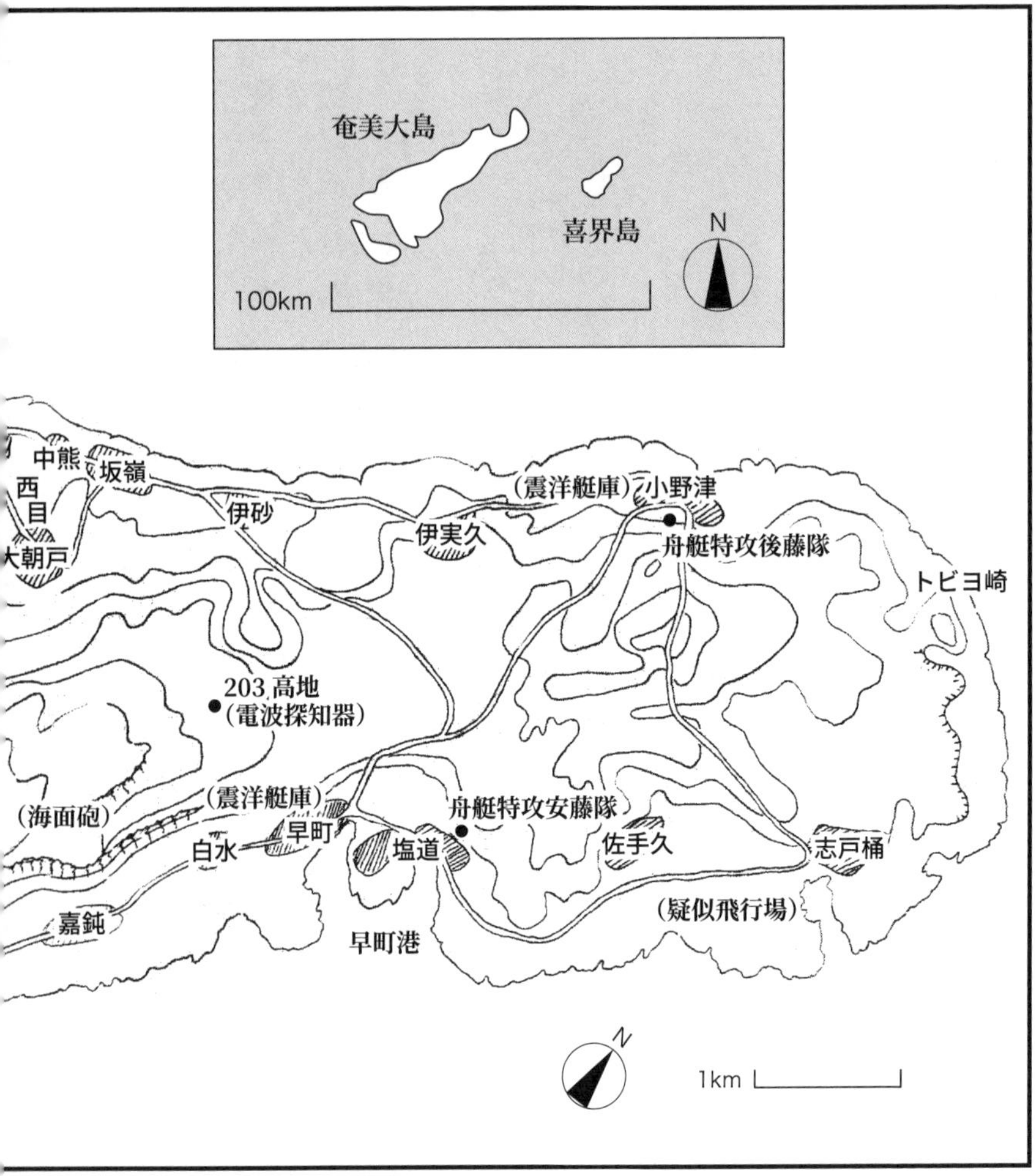

※防衛省防衛研究所所蔵「米第十軍に対する喜界島海軍部隊報告書」を元に作成

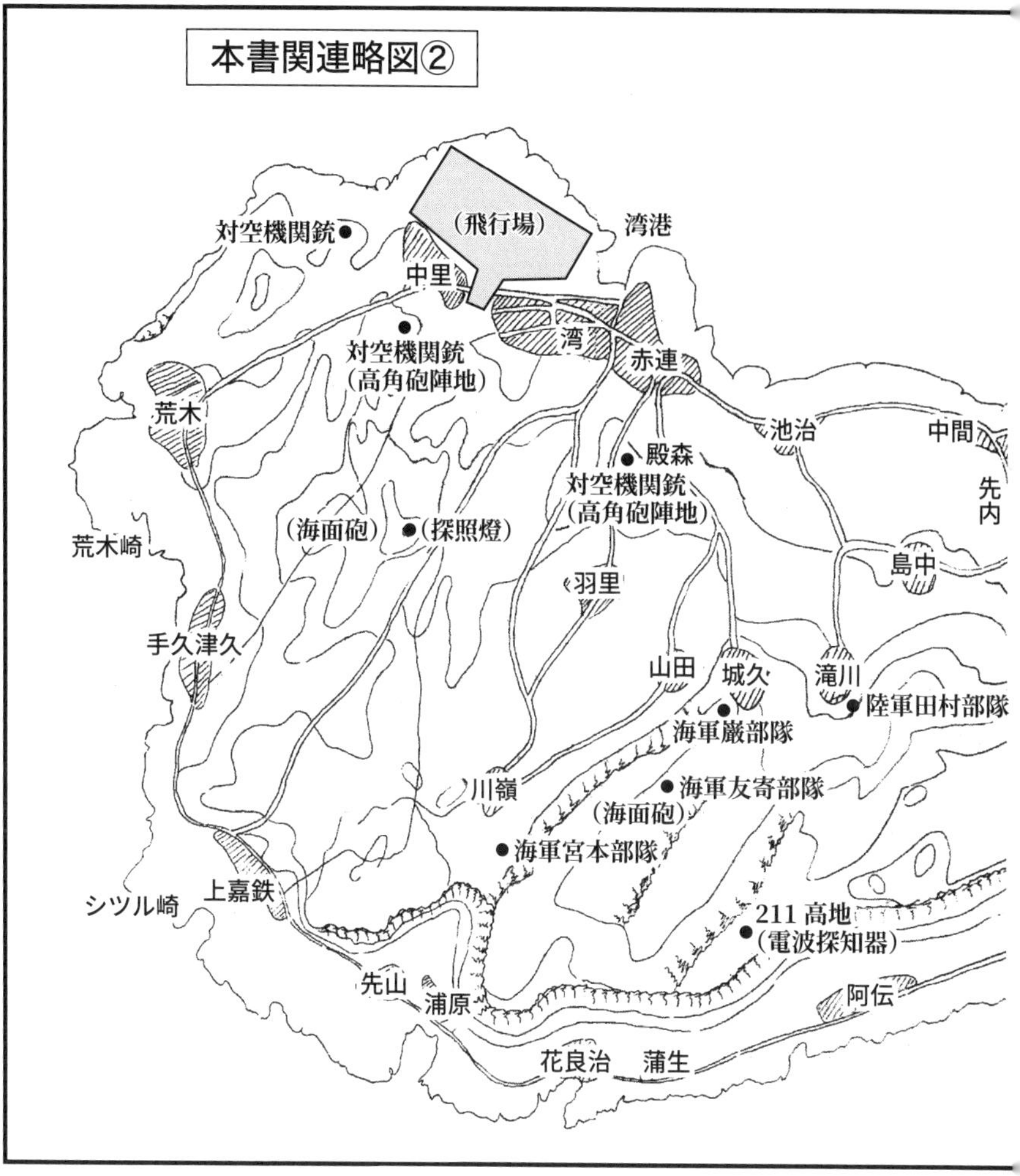
本書関連略図②
(飛行場)
湾港
対空機関銃
中里
対空機関銃
(高角砲陣地)
湾
赤連
荒木
池治
中間
殿森
対空機関銃
(高角砲陣地)
先内
(海面砲)
(探照燈)
荒木崎
島中
羽里
手久津久
山田
城久
滝川
陸軍田村部隊
海軍巖部隊
川嶺
海軍友寄部隊
(海面砲)
海軍宮本部隊
上嘉鉄
シツル崎
211 高地
(電波探知器)
先山
浦原
阿伝
花良治
蒲生

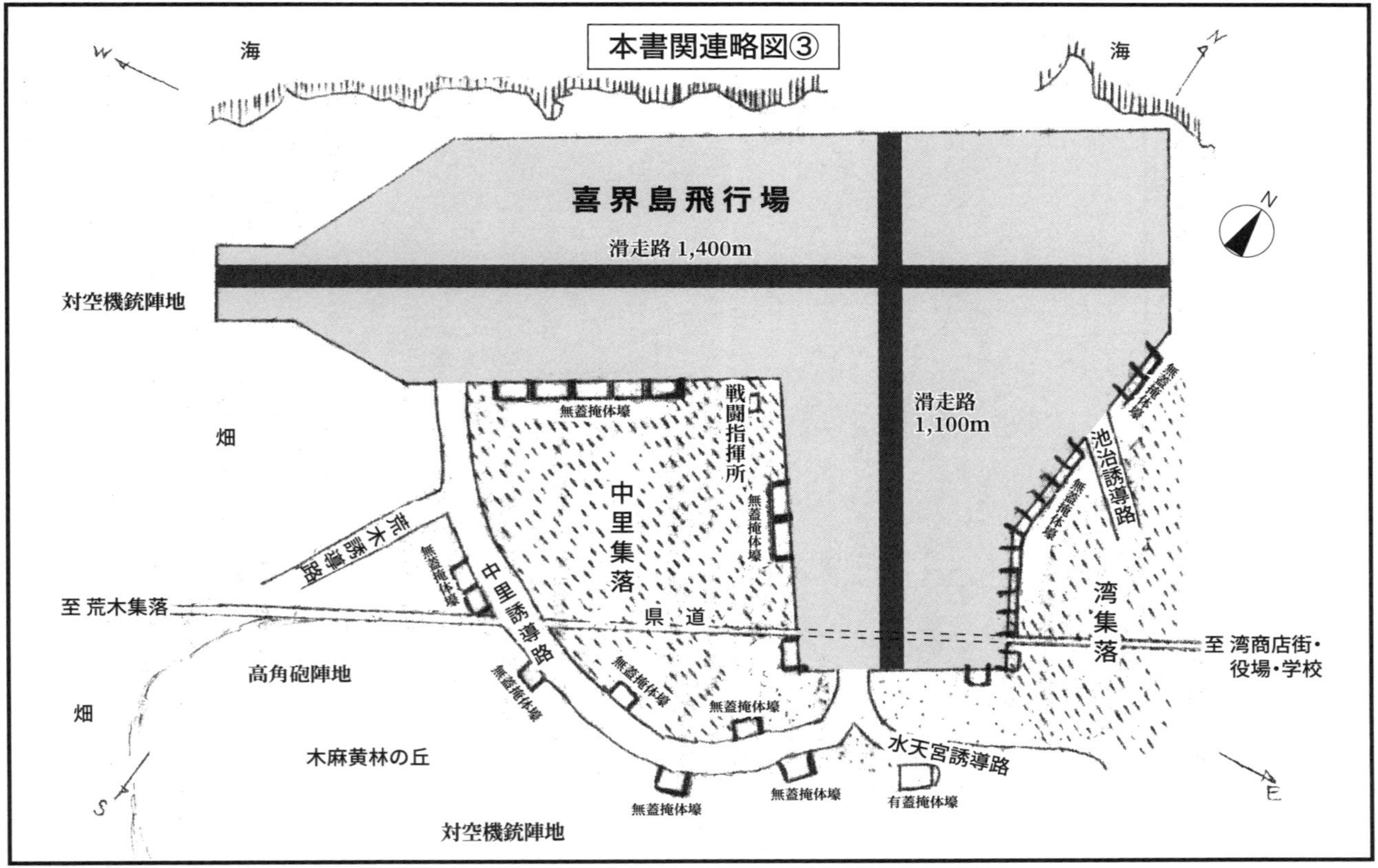

本書関連略図③
海
海
W
N
喜界島飛行場
滑走路 1,400m
滑走路
1,100m
対空機銃陣地
畑
戦闘指揮所
無蓋掩体壕
中里集落
荒木誘導路
中里誘導路
池治誘導路
至 荒木集落
県 道
湾集落
至 湾商店街・役場・学校
高角砲陣地
畑
木麻黄林の丘
水天宮誘導路
有蓋掩体壕
対空機銃陣地
S
E

本書に登場する主な日本軍機

海軍・艦上攻撃機「天山」

海軍・艦上爆撃機「彗星」

海軍・陸上爆撃機「銀河」

海軍・艦上戦闘機「零戦」五二型

海軍・一式陸上攻撃機

海軍・九六式陸上攻撃機

海軍・九七式艦上攻撃機

海軍・練習機「白菊」

※米軍のマークや十字の降伏マークを付けた日本軍機は、連合国軍に捕獲・接収された機体で、主に連合国軍技術航空情報部（Technical Air Intelligence Unit）によって撮影された。掲載写真の多くは、オーストラリア戦争記念館（Australian War Memorial）のサイトから。

本書に登場する主な日本軍機

海軍・九九式艦上爆撃機

海軍・戦闘機「紫電」

陸軍・四式戦闘機「疾風」

陸軍・一式戦闘機「隼」

陸軍・三式戦闘機「飛燕」

陸軍・九九式襲撃機

陸軍・九九式高等練習機

陸軍・四式重爆撃機「飛龍」

※米軍のマークや十字の降伏マークを付けた日本軍機は、連合国軍に捕獲・接収された機体で、主に連合国軍技術航空情報部（Technical Air Intelligence Unit）によって撮影された。掲載写真の多くは、オーストラリア戦争記念館（Australian War Memorial）のサイトから。

本書に登場する主な米軍機

グラマン・F6F（通称「ヘルキャット 」）

グラマン・F4F（通称「ワイルドキャット」）

SB2C（通称「ヘルダイバー」）

F4U（通称「コルセア」／「シコルスキー」）

ＴＢＦ（通称「アベンジャー」）

P47（通称「 サンダーボルト」）

B29

P38（通称「ロッキード」「ライトニング」）

※ P38 の写真（オーストラリア戦争記念館のサイトから）以外は、沖縄県公文書館提供

喜界島住民・家屋の被害状況

集落名	総戸数	被災戸数	人　口	死者数	負傷者数
湾	380	321	1500	10	1
赤連	315	224	1450	9	1
中里	140	140	574	4	2
荒木	222	114	1200	5	1
手久津久	106	4	400	1	3
上嘉鉄	280	106	1390	10	4
先山	95	2	440	1	0
浦原	88	3	360	7	0
川嶺	125	0	511	0	0
羽里	80	11	300	0	0
山田	18	0	71	0	0
城久	63	1	280	0	0
滝川	43	0	181	0	0
島中	67	0	288	0	0
大朝戸	76	6	253	2	3
西目	32	0	123	0	1
池治	50	22	170	2	1
先内	30	4	108	2	0
中間	67	19	240	2	0
中熊	31	0	84	0	0
坂嶺	106	22	460	5	0
伊砂	69	19	180	2	0
伊実久	99	4	180	3	0
小野津	315	174	1323	19	5
志戸桶	268	172	1100	8	0
佐手久	131	117	496	2	0
塩道	125	64	470	1	0
早町	103	72	344	12	5
白水	70	41	327	7	1
嘉鈍	106	82	432	2	0
蒲生	27	0	不明	0	0
阿伝	158	146	566	3	2
花良治	166	20	633	1	1
合計	**4051**	**1910**	**約16,600**	**120**	**31**

筆者註：戦時中の被災状況の数字は公的なものがなく、当時の喜界町在郷軍人会長・福岡永彦氏の記録『太平洋戦争と喜界島』によるものであるが、例えば総戸数より被災戸数が多く記載されるなど、明らかな矛盾がある場合は合理的と思われる数字で総戸数を補正した。しかし、被災家屋数や死傷者数は世帯主名や死傷者名が同記録の中で特定しており、ほぼ正確だと思われる。

第Ⅰ部
特攻基地への序奏

1　日本海軍航空隊の揺籃期

一九三一年頃、喜界島に不時着飛行場を建設したのは帝国海軍であった。なぜ、この時期に喜界島のような辺境の地に不時着飛行場を作ったのか。この謎を解くには、そのころの海軍航空隊について知る必要があると思って調べてみた。

横須賀市追浜の海岸近くに「海軍航空発祥之地」と書かれた碑が建っており、横須賀市発行の『横須賀風物百選』（一九七八年）に取り上げられている。（現在の自衛隊は陸上、海上、航空の三自衛隊から構成されるが、第二次世界大戦までは航空機は新しい兵器だったため独立した空軍はなく、既成の陸軍、海軍に所属して陸軍航空隊、海軍航空隊として活動した。）

「海軍は明治四十五（一九一二）年に米国のカーチス式水上機一機、仏国のファルマン式水上機二機を購入した。水上機は追浜海岸の波打際に漂っていた。その下にトロッコのような車を入れて陸地に引揚げるのである。そのうち滑走台ができた。初めての格納庫は丸太小屋で、かなりたってからアングルを使ったものになった。大正十一（一九二二）年十二月、日本で最初の航空母艦鳳翔（九四九四トン）が造られた。艦載機の発着練習のために追浜《おっぱま》飛行場の陸上に、船のデッキに使う厚さ五センチほどのチーク材が長さ六〇米、幅一〇米敷かれたことがある。あれもこれも記念碑から思い出される日本海軍航空機発展の一コマである。」

この説明文を書いた佐久間一郎という人は、一九〇八年に一五歳で横須賀海軍工廠造機部に見習

「海軍航空発祥之地」碑（神奈川県横須賀市浦郷町）

工として入り、一九一三年に同工廠の飛行機製造工場主任であった海軍機関大尉中島知久平《ちくへい》と会い、知遇を得て一九一六年に海軍省艦政本部第五部（後の海軍航空本部）に中島大尉が転籍した時、伴われて一緒に転籍した人物である。一九一七年、中島大尉が飛行機製造に専念するために海軍をやめて中島飛行機研究所を設立した時も一緒に退職して研究所に入り、一九一九年に中島飛行機発展の端緒となったと言われる中島式四型六号機（一二〇馬力陸上複葉機）を設計試作した人である。敗戦後は追浜の近くに関東自動車株式会社を設立し自動車製造に従事した（加藤勇『佐久間一郎伝』私家版、一九七七年）。

海軍が初めて飛行機を実戦に使ったのは一九一四年八月に始まった第一次世界大戦の折である。同盟国の英国の要請を理由に日本は、ドイツに宣戦布告して、ドイツの租借地であった中国山東半島の青島《チンタオ》を攻めた。同年九月、ファルマン水上機二機が母艦若宮丸に搭載されて青島沖まで運ばれた。上空から敵情を偵察して味方に伝えるのが主な任務だったようである。

初めて部隊として独立した航空隊が誕生したのは一九一六（大正五）年四月で、横須賀市追浜に開隊した横須賀海軍航空隊である。この時期はまだ海軍では艦上機の重要性は認識されておらず、フロート付きの水上機が主役であった。水上機は海や湖があれば飛べるので、第一次世界大戦の際に、早ばやと敵情偵察に使用されたのは、その離発着の便利さのせいであった。しかし、機動性の点では車輪付の飛行機にはかなわないので、海軍では航空母艦の研究もあわせて進められた。

「鳳翔」が車輪付き飛行機を甲板から発着させる世界最初の航空母艦として就役したのは一九二二年一二月であるが、改修を加えて実用に適するようになったのは一九二五年で、搭載したのは戦闘機、攻撃機各六機だったという。ここで戦闘機と言うのは、主として敵機との空中戦に適するように設計された機種を言い、味方の攻撃機や艦船等の援護を目的とする軍用機で、その武器は機銃である。一方、攻撃機とは敵の基地や艦船の襲撃に適するように設計された機種で、その武器は爆弾や魚雷である。

日本海軍が「鳳翔」の後、さらに巡洋戦艦（巡洋戦艦とは、巡洋艦並みの高速性能と戦艦並みの攻撃力を持つ大型艦。装甲が薄いので防禦性に弱点があった）の「赤城」を航空母艦に改造したのが一九二七（昭和二）年二月、戦艦「加賀」を航空母艦に改造したのが翌二八年三月で、搭載した飛行機は両艦とも予備機を含めて戦闘機一六機、攻撃機二七機だったという。このようにして海軍の航空隊は水上機主体から車輪付き艦上機主体へと変わっていく。

艦上機は母艦の飛行甲板の長さの範囲で離発着しなければならない。この難点を補うために母艦は風上に向かって全速力で走行して距離を稼ぎ艦上機を離発着させる。したがって母艦が港に碇泊中は離着艦できない。陸上の訓練基地が必要になる。霞ヶ浦に陸上飛行場の建設を始めたのが一九二〇年四月であるが、ここに教育用の霞ヶ浦海軍航空隊が発足したのが、空母「鳳翔」の就役と同時期の一九二二年一一月である。続いて一九二二年一二月、長崎県に艦上機用の大村海軍航空隊が発足した。関東では房総半島の館山に一九三〇年六月、陸上機主体の作戦実施部隊として、館山海軍航空隊が創設された。陸上機とは海軍の車輪付航空機で、離着艦の機能を具備しない飛行機をいう。海軍では同じ車輪付飛行機でもこのように艦上、陸上と区別して呼んでいた。艦上機の場合、着艦の際は甲板に設置したロープに飛行機の後部下のフックを引っ掛けて停止する仕掛けになっていたのである。

喜界島に海軍不時着飛行場が建設された一九三一年は、日本海軍の航空戦力が水上機主体からようやく空母搭載の艦上機主体に変貌を遂げようとしている時期であった。第二次世界大戦末期の海軍特別攻撃隊で有名になった鹿児島の鹿屋《かのや》航空隊の発足は、喜界島不時着場建設より五年遅い一九三六年四月であった。

2　不時着飛行場建設の謎

海軍航空隊にとってはまだ黎明期とも言うべき一九三一（昭和六）年に、なぜ、辺境の喜界島に不時着飛行場が必要だったのか。これを明らかにする直接の資料は見つからないが、私はさまざまの資料を検討した結果、その理由を次のように推定している。

一つは、当時の飛行機の性能の問題。

二つは、低気圧の襲来など、当時としては予測しにくい気象の問題。

三つは、当時の日本の国策の問題である。

一九二九年四月、海軍に採用された中島製三式艦上戦闘機は、複葉（主翼が上下二枚）で、最大時速二四一キロメートル、航続距離三七〇キロメートルであった。一九三四年一二月制式採用の愛知製九四式艦上爆撃機も複葉であり、最大時速二八一キロメートル、航続距離一〇五〇キロメートルであった。いずれも日本海軍が開発した黎明期の艦上機であり、日中戦争初期に航空母艦から発進して戦闘に参加した実用機である。

一九三一年当時、喜界島に最も近い陸上の基地は長崎の大村航空隊であり、喜界島と大村基地の距離は直線で約五五〇キロメートルある。沖縄にも鹿屋《かのや》にもまだ飛行場はない。訓練飛行で飛ぶ場合、三式艦上戦闘機の航続距離から見て、五五〇キロ南の洋上の島を不時着場に想定するのは遠過ぎる。九四式艦上爆撃機は一九三一年当時はまだ実用化していない。航続距離は一〇五〇キロメートルと伸びるが沖縄にも飛行場を作っていない状況のもとで、途中の島に不時着場を作る必要性は現実的に見て乏しい。喜界島は距離が遠く、大村基地からの離発着機を想定した不時着場とは考えにくい。

考えられるのは、この不時着飛行場は航空母艦を離艦した飛行機が、霧や波のために着艦できなくなった場合に備えたものではなかろうか、ということだ。飛行場建設に着工した一九二九年頃の、現実に想定される戦争の相手国は中国であり（前々年から前年にかけ、日本軍は、中国山東省に三度にわたって出兵している＝山東出兵）、空母の進出する戦場は黄海から東シナ海にかけての海域である。この海域では、海軍航空隊は一九二九年、気象情報の不足から想定外の重大な事故を経験している。

四月二〇日、朝鮮半島の南、済州島沖の東シナ海で、第一艦隊、第二艦隊の合同演習が実施され、水上機空母「能登呂」搭載の機も参加した。その日の夕刻に、猛烈に発達した低気圧が襲来し、水上機一〇機が母艦に収容されないまま燃料切れで次々と荒れ狂う洋上に着水し搭乗員が殉職したという。もしも車輪付き艦上機であった場合を想定すると、着艦できないことによる悲劇はさらに深刻なことが予想される。

東シナ海に接する日本の領域と言えば南西諸島である。南西諸島の喜界島は九州南端からほぼ三〇〇キロ、沖縄南部からもほぼ三〇〇キロに位置している。喜界島を基点に半径八〇〇キロの円を描くと朝鮮半島南部から中国東海岸を経て台湾の北海域に至る東シナ海全域をすっぽりと包む。喜界島は東シナ海で空母が活動する場合、当時の飛行機の航続距離から見て不時着場として列島線の中で適当な位置にあった。しかも喜界島はその西三〇キロの地点にある奄美大島と異なり、平坦な島であり、飛行場造成に都合が良かったのである。海軍が喜界島を選んだのはこのような理由からだと思われる。

喜界島不時着飛行場は、右に述べた一九二九年に発生した水上機母艦「能登呂」の事故を契機に、急に懸案となり実行に移された、と私は思う。佐世保鎮守府《ちんじゅふ》（鎮守府とは、主要軍港に設置された艦隊後方支援の統括機関）が白羽の矢を立てたのが、喜界島南西部の中里《なかさと》集落の海岸であった。中里から海に至る場所には隆起珊瑚礁の島に特有の礁原が広がり、長い風化の歴史を刻んで所々に岩礁が顔を出す痩せた草原となっていた。集落の人たちは、そこを馬草《まぐさ》の刈り場として共同で利用していた。当時喜界島の農家は農耕用に馬を飼うとともに、子馬を軍馬として国に売り現金収入を得ていたのである。

飛行場用地とされた場所は畑に利用できるような良質の土地ではなかったが、海と深く結びついた島の人々の生活にとって、そこは海に出るために通らなければならない必要な土地でもあった。男たちが干潮時に露出する珊瑚礁の窪みに小さな網を仕掛けて伊勢海老を捕るためにも、女たちが波に濡れた礁原に豊かに棲息する貝を探し、海苔《のり》を摘むためにも、子どもたちが泳ぎや魚釣りに行くためにも、この草原を通らなければならない。

ここに飛行場ができる。少なからず不満はあったが、軍の要求であれば異議を唱えることは許されない。それに土地の大半は個人所有地ではなく、集落の入会地《いりあいち》とでも言うべき土地であったから積極的に反対する者はなかった。村中総出の飛行場造りが始まった。現金収入の乏しい島にとって海軍の仕事はそれなりに懐を潤わせた。二年にわたる飛行場建設工事の労働は島を活気づかせ、島人を喜ばせたに違いない。

3　喜界島が経験した過去唯一の戦争——琉球王尚徳との戦い

喜界島では歴史上、外敵と戦ったとの言い伝えは、琉球王国軍との戦いだけである。薩摩と戦ったという言い伝えは奄美大島や徳之島《とくのしま》にはあるが、喜界島にはない。琉球王国軍に対する戦いも、喜界島には資料らしい資料がない。琉球側の資料によると、何度か琉球王国軍を敗退させているらしいが、喜界島には、この戦闘の概要についての古老の話とされるものは伝わっているが、英雄伝説と呼べる物語も残っていない。しかし、琉球王国軍が攻めてきて激しい戦闘が展開されたことは事実であろう。

昇曙夢『大奄美史』（奄美社、一九四九年）では「琉球王の喜界島征伐」の項を設けてこの史実に触れているが、これは琉球王朝側の記録に拠ったものである。

一四六六年、琉球の王尚徳は、しばしば兵を出して喜界島征服を試みたが一向に効果がなかった。「王怒りて曰く、啻《ただ》に功なきのみならず、却《かえ》りて侮辱せらる。吾宜《われよろ》しく親《みずか》ら軍兵を率いて賊乱を平らげん」と、尚徳王はついに二千余兵を率い、海船五十余艘に分乗して喜界島に向かった。二月二五日、那覇港を出て、二八日に喜界島沖に到着した。「賊兵港口に柵を立て塁を築き矢石雨の如し、決して進むべからず」といった戦況に王は大いに怒って軍を叱咤して進攻させたが、大勢の戦死者を出すだけでやはり上陸できない。

王の怒りは募《つの》る一方である。その時一人の老臣が進み出て「賊兵勇ありと雖《いえど》も智なし、之《これ》を破る何ぞ難《かた》からん。請《こ》う、数日を延べられよ、臣、必ず之を破るの計を為《な》さん」と進言した。三月五日の夜に至り「烟雨霏々《えんうひひ》たり、天黒く対面すら弁じ難し」（雨がけむるように降りしきり、空は暗く向き合う人の顔も見分けがつかない）という気象条件を利用して、かの老臣は数百の軍勢を小舟に分乗せしめ、たくさんの松明《たいまつ》を持たせて、全軍を島の背後に回漕するように見せかけた。果たせるかな、喜界島守備軍はその計略に引っかかり、港口に老兵を残し主力は島の背後に移動した。「王、大いに喜び急に諸軍に令して一斉に岸に上り火を放ち屋《おく》を焼く。喊声《かんせい》天に振るう。賊兵大いに驚き、魂、体に付かず、降《くだ》る者無数なり。賊首、力窮し、擒《とりこ》にせられ、誅《ちゅう》を受く」という結果となり、やっとのことで勝利をおさめた尚徳は、三月一三日、帰途についた、という。

これは琉球王国側の正史の記述であるから、喜界島側を「賊」と言い、「賊兵勇ありと言えども智なし」と述べて王国軍の優越性を誇示しているが、おそらく当時も一万から二万程度の人口と思われるこの島に、二〇〇〇の兵で攻めて来て、苦戦している様子が見える。

以来、五〇〇年近く、喜界島では戦争がなかった。この不時着飛行場が完成した時、将来これがこの土地で血を流す原因になるとは誰も予想しなかった。

日本が関わる戦争の臭いはしていたが、人々の意識では、それは遠い中国大陸での出来事であった。

4　謎の海軍機の飛来

✴のどかな草原のヒコウジョウ

一九三一年に海軍喜界島不時着飛行場が完成した後、第二次世界大戦末期までは、この飛行場はこれといった役割を果たしていない。どれほどの不時着機があったのか、私の持つ資料ではわからないが、私が見た限りではあまり利用されていなかったと思われる。

私の記憶では、小学校三年のころだから一九四〇年頃であろうか。海軍の戦闘機が一機不時着した。馬が飛行場にいてこれを低空飛行で追い払って着陸したらしい。私たちは授業が終わるとわれ先にと飛行場に駆けて行った。サカモト飛行士は一人ぽつねんと飛行機の脇に立って群がる子どもたちを見つめていた。軍隊が一人もいない飛行場に不時着して飛行機を悪戯《いたずら》されてはいけないと思ってか、番兵のように飛行機の側から離れなかった。

不時着でも、とにかく本物の飛行機と操縦士を目にしたことで、島の子どもたちは興奮して学校でも目撃談で持ちきりだった。やがて整備兵がやってきたが、飛行機は修理できなかったらしく、解体して船で本土に運ばれたという。その時は「飛行場に馬を入れるな」との達しが出たが、何しろ兵隊も常駐せず、飛行機もほとんど飛んで来ない飛行場だから、暫《しばら》くたつと、逃げて来たのか、横着者が草を食べさせるために連れて来たのかわからないが、馬が草を食《は》んでいた。

飛行場は中里《なかさと》の人が当初考えたほど邪魔なものではなかった。一面の芝の生えた草原であり、ほとんど飛行機は来ないのであるから、集落の人たちは飛行場を横切って自由に海へ行けたのである。皆が通るから芝が踏みならされてちゃんと海へ通じる道になっていた。島の海岸には入り江だけでなく岩礁にも名前が付いていて、私たちはどの踏み跡を行けばどの海岸に出るか知っていた。

冬になると私たちは、飛行場に飛んで来る千鳥（鴫《しぎ》の類か）を釣った。魚釣りに使う針に一メートル足らずの糸を結び、長さ一〇センチ直径二センチほどの棒状珊瑚の石のかけらに糸を結わく。土を掘ってカナブンの幼虫を捕まえ、その尻の穴から釣針の先を差し込んで引っかける。辺りに散らばっている掌ほどの平たい珊瑚の石の上に幼虫を這わせ、逃げられないように唾《つば》を混ぜた土で糸をしっかりと石の上に押えておく。幼虫は石の上で進もうともがくが糸が土で押え込まれているので進めない。このような釣針を幾つかそれほど広くない範囲に仕掛けておく。

これが済むと、私たちは数十メートル離れた所に伏せて千鳥の着陸を待つのである。千鳥の群れが仕掛けから離れた所に降りると、私たちは背を低く保ちながら千鳥の背後に移動して、仕掛けのある方向に歩かせる。これは技術を要することで、千鳥が驚いて飛び立たない距離で、しかも私たちの存在を千鳥に気付かせなければならない。千鳥に呼吸を合わせて群れが仕掛けの方に歩いて行くように、私たちは時に頭をわざと上げて見せ、時には頭を低くして気付かれないようにする。

こうして千鳥の群れが仕掛けのある場所に移動すると、群れの中の千鳥の個別的な行動を注意深く観察して、駆け出すタイミングを互いに胸のなかで測っている。仕掛けの餌を食った千鳥は糸がついているので首を振ったり後ずさりしたりする。しかし自分の仕掛けにかかっているからと言ってすぐには駆け出さない。他の仲間の仕掛けにも食っているかどうかを考えなければ不公平になる。そうかと言ってタイミングを逸しては、せっかく餌を食った千鳥が餌を吐いてしまうこともある。私たちは誰が合図するともなく一斉に走り出し千鳥を飛び立たせるのであるが、このタイミングを間違えるということはほとんどなかった。

餌を食った千鳥は棒状珊瑚の石を引きずりながら地表を飛び回る。それを子どもたちは押え込んで捕らえるのである。石が軽いから引きずって飛び回るが、糸を切って逃げるということはない。こうして捕らえた千鳥は首を捻り羽をむしって家に持ち帰り、夕飯のおかずとして家族の胃袋に納まった。今ではとうてい許されない方法であろうが、戦前、私たちは半ば遊び、半ば家族の蛋白源の採集として、このような狩猟を楽しんだのである。ほとんど飛行機の飛来しない飛行場は、こうして、いつしか私たちの日常の生活に取り込まれていた。

✴赤トンボの大編隊

一九四一（昭和一六）年一二月八日、日本海軍の空母機動部隊は密かに真珠湾に近づき、艦上攻撃機を発進させた。こうして米英をはじめとする連合国との戦争が始まったが、当初は喜界島の不時着場にはほとんど変化はなかった。不時着機に関する記憶はほとんどない。しかし、一度だけ、橙色《だいだい》の二枚翼の練習機が編隊を組んで大挙してやって来たことを覚えている。やはり二枚翼の濃緑色の教官機が一機ついてきた。一九四二、三年頃であろうか。島では珍しい多数機の編隊だったので、私たちはその爆音にじっとしていることができず授業中にもかかわらず校庭に飛び出した。練習機の群れは三角陣形に三機ずつ編隊を組み、それが全体として扇形に広がったまま島の上空に達し、どのような手順で編隊を解いたのかわからないが、飛行場に一機、また一機と、次々と着陸した。私たちは飛行場に駆けて行った。

着陸した飛行機は中里《なかさと》集落の脇の草原に並び、飛行服に身を包んだ若い搭乗員が、あちらこちらに立って全機がそろうのを待っていた。胴体は金属のようであったが翼に触れてみると布であった。一機が着陸に失敗して滑走路の草原を通り過ぎアダンの灌木に機首を突っ込みプロペラで枝をばっさと切断したが、搭乗員にも飛行機にも損傷はなかった。

午後、学校が終わって、再び飛行場に行くと、飛行服の若者が一人、集落との境の飛行場のはずれに立たされていた。着陸に失敗した操縦員で、昼飯抜きらしく、中里集落の女たちが握り飯を持ってきて渡そうとしたが俯《うつむ》いたまま受け取らなかった。近くには車座になって談笑する仲間の操縦員たちがいたが、「おばさん、放っておけばいいんですよ」と意にもかけない様子で言っていた。彼らは操縦学生で、彼は罰として立たされていたのであろう。当時、彼らは大村航空隊の者たちだとの話が伝わっており、私は、はるばると洋上を飛んで練習に喜界島までやって来たものと思っていた。

しかし後年、特攻生存者の一人である第二神雷爆戦（爆装戦闘機）隊の岡本鼎《かなえ》氏に会った時、たまたま「赤とんぼ」の話が出て、私は喜界島に大挙してやって来た橙色の練習機の話をした。「練習機が大編隊で洋上を飛んで喜界島まで練習に来るとは考えにくいが、そのころ台湾に練習航空隊ができたから島伝いに練習機を運んだのではないだろうか」と彼はこともなげに言った。

私はまた、かつて海軍飛行予備学生だったという弁護士の先輩に、喜界島に来た赤トンボの話をしたことがあった。彼は言下に「知ったかぶりをしてはいけない。練習機は飛行場周辺を飛ぶものだ」と私をたしなめたのである。しかし、私はこの目で喜界島に来た赤トンボを見ていたので、その人の叱責が納得いかず、胸の内にもやもやが残った。

台湾に開隊した練習航空隊について調べてみると、確かに一九四二年一一月に台湾に操縦教育を担当する練習航空隊（第一四連合航空隊）が編成されている。大量の「赤とんぼ」の飛来は教官機に誘導されて喜界島、沖縄、石垣島を経て台湾へ向かう途中だったのだろうと思う。

ちなみに沖縄本島の小禄《おろく》に海軍が飛行場（現在の那覇空港）を建設したのは一九三三年であり、陸軍は大戦も山を越した一九四三年から四四年にかけて読谷《よみたん》と嘉手納《かでな》に飛行場を急造している。あの飛行服姿で飛行場の隅に立たされていた若者も、布張りの翼に驚く子どもたちに笑いながら「だから羽の上に上っちゃだめなんだよ」と優しく声をかけていた若者も、その後の厳しい戦局の中で果たして生き永らえることができたであろうか。

✴謎の海軍機の飛来

一九四三年一二月下旬に「彗星」と思われる飛行機が一機やって来た。不時着ではなく何らかの任務を帯びているようであったが、二人の搭乗員は喜界島の上空を飛んでは降り、降りては飛びして遊んでいるように見えて、はたからは何をしているのかさっぱりわからなかった。今思うと、彼らは飛行場拡張の準備のために地形や風の具合を調査したり、写真を撮っていたのかも知れない。これが、やがて飛行場が拡張され、中里《なかさと》から学校のある湾《わん》集落に通じる県道が滑走路で切断されてしまう前触れだとは、私たちには思いも寄らないことだった。

彼らは翌四四年の元旦まで島に留まった。元日の夕方、飛行機の周りには子どもや女たちが集まっていた。そこに、どこかで酒を飲んだ二人の搭乗員が肩を組んでやってきた。驚いたことに、これから飛ぶのだという。女たちは口ぐちに危ないから止めるように、と二人をたしなめていた。

「ハギー、アッシ酔ウトゥティ事故ディムアリバ大変」（あれまあ、そんなに酔っていて事故でもあったら大変よ）

「酔イ醒《さ》マチカラ飛バシン候《そう》リ」（酔いをさましてから飛ばしなさい）

しかし二人の飛行士は、定刻に本隊と連絡することになっているらしかった。飛ばなければ無線連絡ができなかったのかも知れない。通信士の方は酔いも大したことはない様子であったが、操縦士の方はかなり酔っていて通信士に支えられていた。「コマツバラ兵曹の腕は確かですから心配いりませんよ」と通信士は言って、後部座席に乗り込んだ。飛行機は不安げに見守る島の人たちの目の前を、いつもよりスピードのついている感じの滑走をして、思い切りよく離陸して行った。

始めのうちは島の上空を比較的高く高度を取って順調に旋回していた。ところが、急にふらふらと翼を振ったかと思うと急降下するようなしぐさで機首を下向きにしてはさっと急上昇したりして、あたかも酔っ払い運転のように不安定な動きを見せ始めた。島の人たちは一斉に驚きの声を上げた。あれは島の人をからかったのであろうか。真相はわからないが、今考えると、彼らはほかに軍人のいない島で、羽目を外して、不安がった娘たちを吃驚《びっくり》させようと、わざと曲芸飛行をして見せたのかも知れない。まもなく二人は悪戯《いたずら》っ子のような笑いを浮かべて、集まった島人を見回しながら飛行機から降りてきた。

第II部 喜界島で見た沖縄特攻作戦

第一章◉近づく沖縄戦

1　飛行場拡張工事が始まる

一九四三年年末から四四年の正月にかけ謎の海軍機「彗星」が喜界島不時着飛行場にやってきてから四カ月余を経た四四年五月、佐世保鎮守府《ちんじゅふ》から宮本芳英技術大尉指揮の第三二一設営隊がやってきた。この部隊は不時着飛行場の拡張、誘導路や掩体壕《えんたいごう》(飛行機を格納する壕)、対空砲陣地の構築などの施設建設を任務とする部隊で通称宮本部隊と呼ばれていた。星野組という民間の土木業者も伴っていた。その総勢は約九〇〇名だったと言われている。島の婦女子を作業に大量に動員したので、島民との接触が最も多かった部隊である。この時期、島の若い女性たちは生き生きとして軍の作業に従事した。学校帰りに作業現場の近くを通る私たち小学生(当時は国民学校生徒といった)にも楽しげな雰囲気は伝わってきた。ダイナマイトを仕掛ける穴を穿《うが》つためにセーラン棒という鉄棒で岩を突く大変な作業にも、際どいエロチックな歌を歌いながら嬉々としていた。この作業が自分たちの身に大きな災害をもたらす前兆とは思っていなかったのである。

大本営（戦争最高指導機関）参謀だった奥宮正武氏の『さらば海軍航空隊』（朝日ソノラマ、一九八二年）によると、同氏は、航空参謀として勤務していた第二航空戦隊がマリアナ沖海戦で壊滅して所属隊を失い、一九四四年七月中旬、第二航空艦隊第二五航空戦隊の参謀を命ぜられ沖縄に赴任した。指揮下には南西諸島の航空基地を整備することを主任務とする南西諸島海軍航空隊（巌部隊《いわお》）があるだけだった、という。

奥宮中佐は「各方面で必死の激戦が続けられているというのに、これはまた何とのんびりした所であろう」と批判的感想を記した上「この方面の戦備はほとんどできていなかった」と述べている。海軍用の飛行場は小禄《おろく》のほかに「嘉手納《かでな》に新飛行場を建設」していたが、「私はこの二つの飛行場の戦力強化に努力するとともに、喜界島、宮古島、石垣島に飛んで、飛行場の拡張や防空壕その他の整備に奔走していた」という。

しかし、この南西諸島海軍航空隊に関する奥宮中佐の認識は正確ではない。南西諸島海軍航空隊は離発着機の整備や燃料補給、対空砲による飛行場の守備が主たる任務だった。彼が喜界島に出張したのは事実であろうが、喜界島ではこの時すでに第三二一設営隊が島民を大動員して「飛行場の拡張や防空壕その他の整備」に奮闘していたのである。奥宮中佐は一月そこそこで大本営海軍参謀となり、沖縄を去った。

2　陸軍由良隊の任務と疎開勧誘

一九四四年六月、陸軍の先遣隊として由良隊が喜界島に来た。由良中尉が指揮する兵力一二〇名の小さい部隊で、喜界島に滞在したのは二カ月足らずであった。どうやら大隊規模の部隊を駐屯させるための調査隊で、陣地構築の適地や民情を把握する任務を負っていたのではなかろうか。接収した青年学校(註1)を宿舎として、島の要人との接触を図り、在郷軍人会（兵役を終えたが、国防の義務をもつ民間人で全国各地に組織された団体）の協力を得て陣地構築場所を検討し、島民三九名を召集して部隊に編入している。その他、由良隊は島民に島外疎開を促す工作も行なっている。

上嘉鉄《かみかてつ》集落の福岡永彦氏が『太平洋戦争と喜界島』（私家版、一九五八年）というタイトルの記録（以下、『福岡記録』という）を残している。文語調で読みにくいが、戦争中の喜界島の総体的な記録として唯一と言っていい貴重な記録である。私は喜界町の図書館が所蔵するこの本を見せていただいた。私が本書で戦争中の具体的状況を書けたのはこの記録のお蔭である。なお、福岡氏は退役軍人の曹長で、戦前は喜界町在郷軍人会分会長を務め、戦後は町会議員にも選任されている。

『福岡記録』によると、「疎開指導講演会」が由良隊長を講師として上嘉鉄国民学校（小学校）で催された、という。その模様が次のように描写されている。

福岡氏が「我が日本は勝敗を二股にかけるべきに非ず。疎開は一面逃亡とも言い得る。我らは飽くまでも墳墓の大地を守り抜かん」と意見を述べると、由良隊長は「逃亡に非ずして疎開は政府の政策にして、補助する事により手纏《てまと》う老幼婦女子は速やかに疎開せらるるを可とせむ」と答えたという。要するに由良隊長は、戦闘に際し足手まといになる者は疎開させる方が良い、政府が補助金を出すのはそのためだ、というのである。明らかに米軍上陸の戦闘を予測した施策だった。

喜界町誌編纂委員会編『喜界町誌』（喜界町、二〇〇〇年。以下、『町誌』という）によると、生産に従事できる者の疎開は許さず、疎開者の渡航費は県が負担し、疎開先の生活費として一人一日五〇銭ほどの補助金を出す、というものであった。当時の五〇銭がどの程度の価値があったのか、正確にはわからないが、疎開先で一日五〇銭では生活できそうになく、「疎開該当者の多くは死なば諸共の思いで島に残った」と『町誌』は記している。

疎開者の人数は喜界町役場でも把握できず、旧喜界町（喜界島の西半分）でおよそ一五〇人ほどではないかという。『福岡記録』は、知る限りの情報として六十数家族の具体名を挙げており、中里《なかさと》集落民の名が一六世帯ある。軍事基地の中に集落があった中里でも百数十世帯のうち一割程度の疎開であった。渡航の安全さえも保障されない疎開作戦なので軍も勧誘を越える強硬措置は取れなかったのであろう。喜界島からの疎開者を乗せた船は無事に鹿児島に着いている。私の両親は、祖父や一歳の弟など九人の家族を抱えており、経済的にも疎開できる環境にはなく、私たち一家は大勢の島民とともに島に残った。

3　県道を横切った滑走路

一九四四年の秋には、中里集落の北から西にかけて海岸に沿って広がっていた芝生の飛行場は、長さ一四〇〇メートルに拡張され、さらに集落の北から東にかけても海岸から内陸に向かって離発着できるように一一〇〇メートルの芝生の滑走路ができた。この新しい滑走路は、島の中心集落の湾《わん》と中里を結ぶ県道を横切る形になった。集落の南側と東側は誘導路となり、誘導路に沿って飛行機を隠す掩体壕《えんたいごう》ができた。掩体壕の外側の丘には対空砲陣地ができ、集落は完全に基地の中に取り込まれてしまった。私たちは学校に行くにも、買い物に行くにも、一二〇〇メートルの幅の滑走路を横切るしかない状態になり、誘導路や対空砲陣地を通らなければ畑にも行けなくなった。

ある日、私たちは学校の帰りに滑走路にさしかかった。二つの滑走路の角の部分に戦闘指揮所と呼ばれるコンクリート造りの地下構造物があり、その上に小山のように土を盛り上げて作った見張所があった。見張り所には紅白の吹き流しが上がり、見張りの兵士が何か叫んでいた。飛行機の姿は見えなかったが、私たち学童は立ち止まった。ところが、私たちの横を初老の兵隊が一人、リヤカーを引いて滑走路を横切り始めた。見張りの兵士が笛を鳴らし何か叫んでいるのに初老の兵隊は急ぐ様子もなく、とぼとぼ、という感じで歩き続けていた。何か考えごとをしていたのであろう。そこへ突然、内陸側から地上すれすれに飛行機が現れ、私たちの目の前を横切って着陸し、海岸の方に向かって滑走して行った。飛行機も人も無事だった。私たちはホッとして滑走路を横切り始めた。その時、若い

喜界町中里に残る「戦闘指揮所」に下りる階段入口（筆者撮影）

兵士がフルスピードで自転車を漕いで集落の中に入って行くのが見えた。

私たちが樹木に掩われた中里《なかさと》集落に入って行くと、初老の兵隊は、若い兵士に捕まって殴られていた。どうやら初老の兵隊はどこかの隊の食事当番で、海軍部隊の炊飯所として接収されていた中里の集会所に、隊員のために食事を受け取りに行く途中だったようだ。若い兵士が左の頬を殴ると初老の兵隊は右に倒れ、右を殴ると左に倒れた。その殴り方の激しさに私たちは恐怖を感じ、棒のように右に左に倒れる初老の兵隊が気の毒になった。その時の初老の兵隊と若い兵士の、言葉のやり取りは今も鮮明に覚えている。初老の兵隊が「あなたの親のような年齢です、勘弁してください」と弱々しげな声で哀願すると、若い兵士は「貴様の命なんかどうだっていいんだ、畏《おそ》れ多くも陛下の飛行機を壊したらどうするんだ」と怒鳴り、また激しく初老の兵隊の頬を殴りつけた。若い兵士は、私たち学校帰りの子どもたちが傍で見ていたので殴る理由を私たちに聞かせようとしたのかも知れない。

私は、飛行機が着陸する寸前の滑走路を横切った兵隊が怒られるのは当然とは思っていたが、あれほど激しく殴られたのは、特別に貴重な飛行機を壊される可能性があったからだろう、と納得した。当時の軍隊では、飛行機はじめ全ての兵器が天皇から下賜《かし》されたものとされていたのであるが、そのことを理解していなかった私は、あの飛行機を特別の飛行機だったと勘違いしたのである。

戦線は日に日に近づいていたが、少年だった私にはそれほどの切迫感はなかった。実際は、中国では、喜界島に不時着飛行場ができた一九三一年に始まった満州事変から一九三七年の盧溝橋事件を経て、日本軍は中国軍の頑強な抵抗を受けていた。個々の戦闘で勝つことがあっても、大局的に見ると中国戦線は泥沼にはまって足の抜けなくなったような状態になっていた。

この中国での戦争を日本の侵略と断ずる連合国から石油や鉄の禁輸などの「経済制裁」を受けた日本は、一九四一年一二月八日、ハワイ真珠湾の米艦隊に奇襲攻撃をかけるとともに、南方の英領マレー半島に上陸を敢行し、さらにオランダ領のセレベス島やスマトラ島にも進出して、石油などの資源を確保しようとした。こうして始まった太平洋戦争であるが、緒戦は優勢だった日本も、基本的な国力で勝る米英などの連合軍には最終的に勝てるはずもなかった。

日本軍は、やがて連合軍の反撃を受け、伸び切った戦線を維持できず、一九四三年二月のガダルカナル島における飢えと戦闘による悲惨な敗北を皮切りに、占領した島を順次奪い還されることになる。他方、艦隊の戦闘でも一九四二年六月のミッドウェー海戦で空母四隻を失い、その後の海戦や空戦でも態勢は挽回できず、軍艦や飛行機の補充もままならず、ついには、日本周辺の制海権、制空権さえも米軍に奪われるまでになった。

一九四四年六月一五日、米軍は日本の委任統治領であったサイパン島に対する攻撃を開始し、ほどなく日本軍守備隊は「玉砕」した。「玉砕」とは「最後の一兵まで戦って全滅すること」をいう。こう呼ぶことによって「全滅」という言葉で喚起されるマイナス概念を「賞賛」というプラス概念に変え、悲惨な現実と向き合うことを避けてきたのである。

米軍は次第に日本列島に迫り、喜界島の牧歌的な不時着飛行場にも、戦争は現実となって私たちの前に姿を表し始めていた。

4　田村部隊の配備と第三二軍（沖縄守備軍）参謀長らの来島

一九四四年八月一五日、由良隊に代わって島にやって来た陸軍喜界島守備隊は、田村少佐を長とする兵力六五〇名ほどの大隊とは名ばかりの小部隊であった。徳之島《とくのしま》に布陣した高田少将指揮の独立混成第六四旅団の傘下にあって、米軍の上陸に備えたものとしてはあまりにも貧弱であった。（註2）日本軍は米軍が上陸してきた時に本気で喜界島を防衛すると考えていたとは思えない。喜界島は装備も兵力も海軍が主体であったが、その海軍も戦闘力としては航空作戦を支援する対空砲部隊が主力で、水際防衛の舟艇特攻隊は配置していたが、陸戦用の部隊は配置していない。

田村部隊が到着した五日後の八月二〇日、沖縄守備軍の長《ちょう》勇《いさむ》参謀長（後に沖縄戦で自決）が徳之島の高田旅団長を伴って喜界島に来た。滞在中、長参謀長らは宴席を設けて島の民間指導者と懇談し

沖縄第32軍指揮官たちの集合写真。1945年2月、米軍の上陸を前に撮影された。①大田実海軍中将、②牛島満第32軍司令官、③長勇第32軍参謀長、④金山均歩兵第89連隊長、⑤北郷格郎歩兵第32連隊長、⑥八原博通高級参謀（写真提供／沖縄県公文書館）

ている。在郷軍人会分会長として招かれた福岡氏はその時の模様を『福岡記録』に次のように記している。

参謀長から「田村部隊長は如何に。由良隊長と相違ありや」と問われ、福岡氏は「由良隊長に比して遜色あらん。凡《およ》そ下恵の美挙（引用者註：出典不明。「下々のことを思いやる行為」の意か）に疎《うと》からんと見れり」と答えたと言う。「由良隊長と比べて下々のことを思う態度に乏しい」と、率直に答える福岡氏に対し、参謀長は「分会長、よく言った」と言ってビールを注ぎながら、「田村隊長も食《は》めば美味あらん。由良隊長と同様に擁護せよ。頼むぞ」と言った後、隅に控えていた田村少佐に「田村来い」と声をかけ、「分会長と緊密な連絡のもとに軍務に奮励せよ」と命じた、という。

先遣隊の由良中尉から喜界島における有力指導者について報告をすでに聞いていたのであろうが、参謀長が、先遣隊の由良中尉と守備隊長の田村少佐を比較して、その評価について、在郷軍人会分会長に聞くのは奇異な感じがする。防衛上重要視していない喜界島に、指揮官としてはあまり評価していない人物を配置しておきながら、島の有力者に対する義理立てのように宴席を設けて、守備隊への協力を求めたのではないか。

5　南西諸島海軍航空隊（巌《いわお》部隊）の喜界島派遣隊

陸軍の田村部隊と相前後して、沖縄の小禄《おろく》に司令部を置く南西諸島海軍航空隊〈註3〉の喜界島派遣隊がやって来た。南西諸島海軍航空隊は「巌《いわお》部隊」の通称を持っており、島民もそのように呼んでいた（以下、正式名が必要な場合を除いて「巌部隊」と通称で記す。なお、同隊の「喜界島派遣隊」についても単に「派遣隊」と略す）。

派遣隊の指揮官は伊藤三郎大尉で兵力は六〇〇名。離着陸機の給油や整備を行なう整備分隊と、飛行場守備の対空砲分隊が中心で、気象班や電信班のほか、医療や主計の分隊もあり、独立の部隊として機能する組織を整えていた。その中で対空砲分隊は、高角砲（高射砲の海軍での呼称）九門、二五ミリ対空機関銃三〇丁以上を装備しており、のちに米軍機と激しい戦闘を交えた。

6　舟艇特攻隊

一九四四年一一月には石井少尉指揮の海軍部隊が北部海岸に配備されたが、三カ月ほどで島を去った。「震洋」特攻隊が到着するまでの準備部隊という任務を帯びていたのかも知れない。

一九四五年二月一一日、入れ替わりに安藤末喜大尉の率いる第四〇震洋隊が到着した。震洋艇と呼ばれる木製ボートに爆薬を装備して米艦に体当たりする水上特攻隊である。私たちは震洋艇という名称を知らず、兵隊たちの言葉をまねて「マルヨン艇」と言っていたが、実物を見たことはなかった。第四〇震洋隊には一人乗り舟艇五〇隻と五〇名の搭乗員、それとほぼ同数の補助要員が所属しており、島の北部東岸の早町《そうまち》・白水《しらみず》集落付近に配備された。

続いて同時期に後藤三夫中尉が率いる第一一一震洋隊が島の北部西岸の小野津《おのつ》集落付近に配備された。後藤隊は二人乗り震洋艇二五隻を擁し、五〇人の搭乗員と、ほぼ同数の補助要員が所属した。しかし、後藤隊の場合は後述するように、震洋艇を奄美大島の古仁屋《こにや》から船で回送の途中、喜界島の花良治《けらじ》沖で米軍機に襲撃されて、一一隻を失っている（喜界島出身者を主体とする同人誌『榕樹』第一〇号〈一九九四年三月〉掲載の後藤三夫「喜界島戦記」）。人員は無事だったというが、失った一一隻がその後に補充されたか否かはわからない。

この舟艇特攻の二隊は出撃準備の命令を受けたことはあったが、実際の出撃命令はないまま敗戦となった。

7　その他の海軍部隊

✴海面砲の部隊

海軍佐世保鎮守府は一九四四年九月、米艦隊の来襲に備えて、喜界島に海面砲（沖合の米艦船を砲撃するため台座に固定された大型の水平砲）の部隊を配置した。一八〇名の兵力を擁する部隊で友寄《ともよせ》大尉が指揮していた。この部隊は海面砲六門を島の内陸部の山上に設置して砲口を四方の海面に向けていたが、戦争終結まで一発も撃たなかった。試射さえしなかったのは、弾が不足していたこともあろうが、その存在を知られたくなかったからであろう。

✴電波探知器の部隊

同時期に電波探知機の部隊も来た。磨田兵曹長が率いる四〇名の小隊で、来襲する米軍機や航行する軍艦の位置を電波で捉えて戦闘部隊に情報を伝えていた。当時の日本軍でレーダーを備えていた基地はそれほど多くはなかったろう。しかし、当時の電波探知機の性能はあまり良くなかったようで、上空に米軍機がいないとの情報で飛び立った友軍機が、たまたま上空に接近しつつあった米軍の夜間戦闘機に見つかって撃墜されたこともあり、探知できる範囲は広くなかったのかも知れない。

以上に見てきたとおり、喜界島に配置された海軍部隊には、対空砲の他、電波探知機や海面砲、特攻用舟艇など、小さな島の割には、相当の装備が用意されていたと言えるだろう。沖縄戦を前にして海軍中枢の参謀たちは、航空作戦上、喜界島を重要な基地として位置づけていたのである。

しかし、仮に米軍が上陸して地上戦となった場合は、六五〇人ほどの陸軍部隊ではどうしようもないし、地上戦の訓練を受けていない海軍部隊も、数こそ合計二〇〇〇名近くいたが、大した戦力にはなり得なかったと思われる。

8　初空襲の民間人死傷二六名

✴艦上爆撃機一八機による初空襲

〔一九四五年一月二二日〕

この日、喜界島に初めての空襲があった。『町誌』によると、午前八時四〇分頃とされているが、『福岡記録』では時刻は必ずしも一致した記述になっていない。その犠牲者名簿の被害時間を見ると、小野津《おのつ》では午前七時には空爆を受けたと思われる記載がある。他方、湾《わん》集落の空襲が一〇時頃との記載もある。「南西諸島海軍航空隊喜界島派遣隊戦時日誌」（以下、「派遣隊日誌」という）は、「八時四八分、敵艦上機Ｆ４Ｆ〈註４〉一八機来襲」「九時三〇分撃退」「一機撃墜、二機撃破」と記す。

私は国民学校高等科一年生（現在の中学一年生にあたる）だったが、空襲の際に学校にいた記憶がない。何らかの情報があって学校を休んでいたのかも知れない。

目撃情報によると、その日の朝、米軍機一八機が島の北東から侵入して小野津上空に至り、銃声を合図に二隊に別れ、九機は北部の小野津集落に襲いかかり、九機は南部の飛行場方面を襲った、という。

✴小野《おの》津《つ》集落の惨状と湾《わん》商店街での悲運

この日、喜界島で最も被害が大きかったのは小野津集落である。九機が次々と集落を襲い爆弾一五個を投下した。家屋の損壊十数戸、死者一八名、負傷者一名の被害が出た。『福岡記録』によれば一八名は「全身爆砕」という。この惨状は、数キロ離れていた私たちにも伝わってきた。ガジュマルの木に肉片が散乱してぶら下がり、誰の遺体か判別がつかないという。

私たちはその惨状を想像して戦慄した。おそらく米軍機との認識もないうちに爆撃を受けたのであろう。小野津集落の場合、飛行場から遠いので油断していたのだろうが、なぜ小野津集落が狙われ、なぜ集落攻撃に爆弾を使用したのか。理由が判然としない。喜界島に対する初空襲としては南部の飛行場を狙うのが当然だろうに、北部の小野津集落に狙いを定めた理由は何だったのか。小野津海岸には二月に舟艇特攻の第一一一震洋隊が進出して来たが、初空襲の時点では舟艇を隠す隧道《ずいどう》（トンネル）掘りの作業を進めていた。その作業現場がピンポイントで狙われたわけではないが、それが原因での小野津に対する爆撃だとすれば、その情報収集能力には驚くほかない。

飛行場周辺に向かった九機は飛行場とその周辺の集落を襲った。たまたま島の商店街のある湾集落に買い物に行っていて近くの防空壕に避難した子どもを含む四人が爆弾の直撃を受け生き埋めになって死亡し、二人が負傷した。またこの空襲で湾の住民一人が自宅の庭で爆弾の破片を受けて死亡した。この日の家屋の被害は、前述の小野津の被害の他、湾で七戸、赤連《あがれん》で四戸が焼失した。

この日の空襲の死者は『福岡記録』によると次のとおりである。

小野津では、勝本アチヤ、勝本アサエ、樺山節也、松岡スエマツ、松岡繁久、松岡久吉、松岡富子、村田龍哉、赤崎カネ、顧かめまつ、上岡米武、上岡マツ、上岡トシ子、西ジロウ、米沢ナベ、米沢義子、米沢かまる、米沢園子、以上一八名全員爆死。ほかに一名負傷。

湾では、商店街が爆撃されて買い物客に犠牲者が出た。奄美大島笠利村から来ていた中江栄幸、中江ユリ子、中江カズ子の親子三名と、中里《なかさと》集落の酒井新男が同じ防空壕で直撃弾を受け爆死した。湾の乾茂は自宅の庭で爆弾の破片を受けて死亡した。酒井新男と同じ防空壕に避難した中里及び上嘉鉄《かみかてつ》の各一名が負傷したが命に別状はなかったという。

この初空襲での喜界島全体の死者は二三名、負傷三名で、全員が爆弾による被害であった。その後三月一日まで、空襲はなかった。

9　近づく戦場の気配

✴庭に造った簡易防空壕

〔三月一日〕

二月中は一度もなかった空襲が、三月に入るとあらかじめ決めてあったかのように一日から空襲が再開された。この日は午前八時頃から八時五〇分にかけて艦上機八機が早町《そうまち》港に来襲し、碇泊中の軍用発動機船に爆撃を加え撃沈した。同時に同じ機を含むと思われる一二機が飛行場を銃撃した。午後二時には五七機の艦上機が高度四〇〇〇メートルの上空を通過。この編隊は奄美大島の名瀬《なぜ》の市街地と軍港のある古仁屋《こにや》に向かったものと思われる。午後三時一五分から四四分にかけて艦上機二〇機が来襲し、飛行場を銃撃した。「派遣隊日誌」に機種の記載はない。

この時期、米軍の空母機動部隊ははるか硫黄島《いおうとう》付近の太平洋上にあった。硫黄島の地上戦はまだ続いているが、米軍の目はすでに次の目標・沖縄に向いている。日本海軍は、第五航空艦隊を新設して、四月末までに三一七五機の航空機配備を予定した、という。しかし現実は、航空機の生産は思うように進まず、燃料は逼迫《ひっぱく》していた。他方、米軍は硫黄島西方の太平洋上から艦上機を飛ばして、南西諸島に対する空爆作戦を開始した。まだ頻繁ではなかったが、喜界島に対する空爆もその一環だったのである。

〈三月二日〉
『福岡記録』は午後一時頃、艦上機二機が来襲し、湾《わん》集落で民家一戸が焼失したと記す。

〈三月五日〉
「派遣隊日誌」は午前一一時三〇分前後、米軍大型機が喜界島海岸地帯を偵察飛行したことを記すのみであるが、『福岡記録』は午前八時頃、四機が来襲し中里《なかさと》集落に爆弾、焼夷弾が投下され「地上砲火は猛攻を与う」という。

〈三月一〇日〉
「派遣隊日誌」には何も記載されていないが、『福岡記録』は、午前一一時、二機が飛行場と周辺集落に高空から爆弾と焼夷弾を落とし、中里集落で八戸が焼失した、という。

そのころすでに友軍機の姿はほとんどなく、米軍機は日本の戦闘機の妨害を受けることなく上空に侵入してきた。警戒警報も空襲警報もなく、島民は爆音に耳を澄まし、音が近づいてくる気配を感じると敷地の片隅に掘った防空壕に駆け込んだ。壕と言ってもそれは親子が数人屈《かが》んで入れる程度の長方形状の穴を掘って、その上に材木や木の枝を被せて土で覆ったものである。当時の集落は各家の周囲が鬱蒼《うっそう》としたガジュマルやヤブニッケイなどの防風林と、珊瑚礁の割れ石を積み上げた石垣に囲まれていた。簡単な壕であったが、この防風林や石垣のお蔭で、駆け込むのに空からは見えにくいし、機銃弾や爆風を避けるのにも役立っていたのである。

〔三月一五日〕

この日は『福岡記録』にも「派遣隊日誌」にも空襲の記録はない。ところが『福岡記録』の中の焼失家屋の記録には早町《そうまち》集落で一戸焼失の記載がある。また、戦災死者の記録には、上嘉鉄《かみかてつ》の澄友英が「製糖中右肩脊部に銃弾創を受け銃死」との記載がある。飛行場上空には姿を見せなかった米軍機が単機、低空で機銃掃射を加えて通り過ぎた、ということもあるかも知れない。

＊花良治《けらじ》沖で撃沈された特攻艇運搬船

〔三月一六日〕

午前一〇時五〇分頃、浦原《うらばる》、花良治の両集落が銃爆撃を受けた。この日、早町と小野津《おのつ》に布陣する「震洋」特攻隊に震洋艇や糧秣を運ぶ発動機船二隻が奄美大島の古仁屋《こにや》を出港し喜界島に向かった。

先に出発した一隻は無事到着したが、後発の一隻は喜界島南部の浦原、花良治の沿岸に差しかかった際に米軍機に捕捉され撃沈されたという。両集落に対する銃撃はその側杖《そばづえ》を食ったものであろう。

花良治集落では旋回する米軍機の機銃掃射で負傷一名、家屋焼失一〇戸（『福岡記録』には「一七戸」と記述するが、記載された被害者名が一〇名なのでそれによる）の被害を受けた。家屋焼失は機銃掃射の弾の中に含まれる曳光弾《えいこうだん》によるものであろう。曳光弾は飛行士が銃撃の際に弾着を確認できるように赤く燃えて尾を引く弾を混ぜてあるものであるが、当時の島の家はほとんど茅葺《かやぶ》きで、曳光弾でも簡単に燃え上がったのである。なお「派遣隊日誌」は午前一〇時四五分から一一時〇八分に「敵大型機二三〇度（南西の方位）より侵入、航行中の機帆船一隻沈没」と記している。

〈三月一八日〉

午前と午後に島の北部西海岸の小野津が再び空襲を受け、家屋一一戸が焼夷弾で焼失し、二名が負傷した。この日は、北部東海岸の白水《しらみず》集落も空爆を受け、一戸が焼失し、初泉栄が爆弾の破片により死亡している。この両集落は「震洋」特攻基地に近接している。米軍は舟艇特攻の基地について情報を得ていたか、上空からの偵察で何らかの基地を建設していることを察知していた可能性がある。

✴陸軍六航軍が海軍の指揮下に

〈三月二〇日〉

この日から、陸軍第六航空軍（六航軍）は「南西方面作戦に関し、連合艦隊司令長官の指揮下に入った」という（生田惇『陸軍航空特別攻撃隊史』ビジネス社、一九七七年）。六航軍は福岡に司令部を置く九州一円を管轄する航空軍で、特攻発進基地の知覧《ちらん》や万世《ばんせい》（鹿児島）、最前線の徳之島《とくのしま》基地など、九州に散開するすべての陸軍航空隊を傘下においていた。大本営の陸海参謀部は、米軍の沖縄上陸作戦に備えて陸海協同作戦の必要性を考えたのであろう。かつて陸軍航空士官学校出身の大尉であった生田氏は、六航軍が海軍の指揮下に入った理由として「五航艦（第五航空艦隊）の戦力は敵機動部隊との対戦によってすでに消耗」しており「今や頼みは六航軍の戦力である」と書いている。

しかし、南西諸島航空作戦を現場で担う五航艦の宇垣纏《うがきまとめ》司令長官は〈註5〉『戦藻録』（原書房、一九六八年）の三月二〇日前後の記述でこの問題にいっさい触れていない。触れたくない話題だったのか、それとも目の前の米軍機動部隊の動きを追うのに精一杯で、陸海協同作戦を構想する東京の動きに同調する余裕がなかったのか。実際の動きを見ても、陸海の現場には協同作戦への積極性は、この時点では見られない。

10　国民学校生徒だった私の敵機見張り役

＊教師が届けてくれた通信簿

飛行場周辺の集落では危険を感じた住民が随時、集落からの避難を始めており、一九四五年三月になると、通学路が危険で学校にも行けなくなった。飛行場から離れている学校ではそうでもなかったと思うが、私が通っていた湾《わん》国民学校（小学校）では卒業式も終了式も行なわれなかった。集落担当の女性教師が防空頭巾《ぼうくうずきん》を被って、粗末なわら半紙の修了証書と通信簿（成績表）を届けに来てくれた。先生は母と手短に何か話して大急ぎで帰って行ったが、子ども心に事態の容易でないことを感じて、何かを聞きたかったが聞くべき言葉も思い浮かばず、不安の感情が痼《しこ》りのように胸に残った。

＊動員された一三歳

当時、奄美大島にあった鹿児島県立大島中学では、一、二年生八〇名が古仁屋《こにや》や徳之島《とくのしま》の陸軍部隊に動員され、敗戦までの六カ月、軍務に従事したという。一九四四年一〇月一四日公布の勅令第五九四号により陸軍特別志願兵令が改正され、満一四歳以上であれば、一七歳未満の男子も志望により兵役に服しうることになった、という。彼らの手記によると、年齢が上の二年生は陸軍二等兵の処遇、下の一年生は軍属の処遇となり、軍属の一年生の方が支給される給与が多かったという。中学一、二年生には、一四歳未満の生徒もいて、兵役に就ける最低年齢に達しない者が軍属の身分を与えられたのであろう。「志望により」というが実態は動員だった、という（村田幹雄ほか『記録のない過去―少年兵たちの手記』私家版、二〇〇〇年）。

そう言えば、国民学校高等科二年を卒業したばかりの中里《なかさと》集落の一年先輩は、海軍の海面砲陣地に志願兵として軍務についたという。この制度による「志願兵」として、直接現地の海軍に「動員」されたのかも知れない。当の先輩は敗戦と同時に島を離れて消息がわからない。

私は一九四五年三月、国民学校高等科一年を終え、四月から二年になるはずであったが、学校どころではなかった。常に空襲に対する警戒が必要な状況が続いており、いつでも防空壕に駆け込める場所にいなければならない日々だったからである。

喜界町立湾《わん》国民学校は隣の湾集落にあって、喜界島で一番規模が大きかった。当時の喜界島の人口は約一万五〇〇〇人。国民学校は六校あった。初等科が六年制、高等科が二年制で、奄美大島の名瀬《なぜ》にあった鹿児島県立大島中学に進学する生徒以外は、義務的に国民学校高等科に入った。湾国民学校から中学に進学した生徒は一学年でせいぜい二人か三人で、大半の生徒は高等科に進んだ。学校は中里から二キロほどの所にあった。私が国民学校高等科に進んだころ、軍隊が駐留し始め、生徒も兵舎の屋根を葺《ふ》く薄《すすき》刈りなどに動員された。教室での授業もあったのであろうが記憶がない。高等科一年を終えるころには空襲のため学校にも通えなくなっていた。島の学校教育は崩壊していたのである。

一九四五年三月末のある日、海軍部隊から集落に緊急の動員がかかった。国民学校高等科生も動員対象に含まれたが、高等科二年生は卒業してしまい、初等科六年生はまだ高等科に上がっていない。集落の幹部が駆けずり回って人集めをしたが、高等科一年で連絡がついたのは私だけであったのか、行ってみると、国民学校生徒は私だけであった。

作業は飛行場守備隊の対空砲陣地に弾薬を運ぶ溝《みぞ》状の道を掘る仕事である。動員されたのは大半が青年団の女性たちであったが、ただ一人国民学校の生徒であった私への思いやりか、一番楽と思われた見張り役に回してくれた。「敵機来襲」を皆に知らせる役であるが、リーダー格の作業員は、不安がる私に、自分で米軍機を見つける必要はなく、「敵機来襲」の時は海軍の監視哨に赤い旗が揚がるからそれを見て皆に知らせればよい、と言ってくれた。私は気が楽になって、作業現場のすぐ脇の丘に上がった。

ほぼ三〇〇メートル西方の別の丘の頂上に監視哨の小屋が見える。隆起珊瑚礁の島特有の白砂の丘で貧弱な芝が地表を覆っている他は何もない。登ってみて私は、いざ空襲の時に何処に隠れたらよいか考えたが周囲に身を隠す場所はない。いざという時は丘の麓に駆け下りるしかないと心に決めて、私は監視哨から目を離さないようにその丘を見つめていた。人影は見えなかったが、たぶん小屋の中で監視しているのだろうと思っていた。一時間もたっただろうか、監視哨の小屋から二人の兵士が慌てた様子で出て来て、空を背景に影絵のように右に左に走り廻っている。何か異変があったに違いないが旗は揚がらない。ただならぬ雰囲気を感じて監視哨とは逆の東の空を振り返ると、島の中央の台地状の山の際に超低空で飛行機が数機、こちらに向かって突っ込んでくるのが見えた。私は丘の麓に向かって二声三声、大声で「敵機来襲」と怒鳴ったが、間髪を入れず米軍機はバリバリッと銃撃音を発しながら頭上を越えて対空砲陣地に襲いかかっていった。私は空から丸見えの丘の頂上で、うつ伏せになり両手を耳と目に当てて米軍機の轟音が背中を通らなくなるのを待った（戦時中、爆撃を受けた際は耳と目を手で押さえて伏せるように教え込まれていた）。米軍機は何度か、機銃掃射をしながら轟音とともに背中の上を通り過ぎたが顔を上げて見ることもできず、全部で何機が来襲したのかもわからなかった。今にも背中に銃弾が当たるような恐怖を覚えたが、奇襲に成功したその日の米軍の銃爆撃は、もっぱら対空砲陣地と飛行場に集中していたようだ。

しかし、いきなり銃撃音を聞いて慌てた青年団の女性たちは、米軍機が去った後、見張りに立った私に非難の目を向けた。「敵機来襲」を知らせる声が聞こえなかった、というのである。「旗が揚がらなかった」という私の弁明は信用されない。姉だけが身贔屓《みびいき》からか「敵機来襲の声が聞こえた」と弁護してくれたが、私の声は覆いかぶさるような超低空の機銃掃射の音でかき消され、麓に聞こえたとはとうてい思えない。この空襲で作業は中止となり、その後は、私は軍に動員されることはなかった。

11　全滅した「桜花」遠征特攻隊を援護した戦闘機の喜界島不時着

✴遠征「桜花」特攻隊の無惨な結末

硫黄島を攻略した米軍は次の狙いを沖縄に定めて、艦船一三〇〇隻、兵力四五万という途方もない規模の大軍で移動し始めた。この艦隊が沖縄に到着する前に太平洋上で迎え撃とうと、海軍航空隊は三月一八日から連日、この機動部隊に対し、雷撃機や艦上爆撃機を南九州の基地から出撃させた。中でも五航艦の宇垣長官が最も大きな期待をかけたのが、「桜花」特攻を主力とする攻撃である。

〔三月二一日〕

この日、午前一一時二〇分、野中五郎少佐の率いる第一次神風桜花特別攻撃隊「神雷部隊〈註6〉」は、宮崎県の最南端の都井《とい》岬《みさき》南東三二〇浬《かいり》（約六〇〇キロメートル）の米軍機動部隊を目指して、鹿児島の鹿屋《かのや》基地を発進した。

この部隊は一式陸上攻撃機（以下、「一式陸攻」と略す）一八機と、援護戦闘機五五機で編制されており、うち「一式陸攻」一五機は人間爆弾と呼ばれた特攻兵器「桜花」を吊り下げていた。

ところが、援護戦闘機隊に故障機が続出して二五機が基地に引き返した。そのため、目標の米艦隊

沖縄島・読谷飛行場で米軍が接収した「桜花」(写真提供／沖縄県公文書館)

の六〇浬（約一一〇キロメートル）手前で約五〇機の米軍艦上機の迎撃を受けた時は残りの三〇機の援護戦闘機で対応することになり、「一式陸攻」は米軍戦闘機の攻撃にさらされ、「桜花」とともに全機が撃墜されて、指揮官の野中少佐をはじめ一六〇名が戦死した。援護戦闘機隊も一〇機を失った、という。

✴喜界島に辿り着いた六機の「零戦」

この「桜花」遠征隊の援護戦闘機の中に、喜界島基地に辿り着いた六機の「零戦」があった。

「派遣隊日誌」は「一六時〜一七時零戦（神雷）六機着陸」とのみ記すが、これは激戦を生き残った「神雷部隊」の援護戦闘機隊の一部だったのである。

喜界島不時着については安部正治兵曹長が手記（本田稔ほか『リバイバル戦記コレクション7／証言・昭和の戦争』光人社、一九九〇年）の中の「忘れざる熱血零戦隊」に次のように書いている。

「約十五分ほど空戦場を必死になってかけまわって

いると、こちらの倍ほどで攻撃してきたグラマンも、味方の機影も全く見当たらなくなっていた。みんな墜ちたのだろうか？　引揚げたのか？　しばらく機影を探したが、燃料の残量も気にかかり、やむなく単機で二百七十度方向に向かった。……間もなく右の方向から神雷部隊の浅井大尉と橋本飛長機がバンクをふってよってきた。三機はしばらく飛んで小さな島、喜界ヶ島に翼をやすめて燃料を積んだ。それから間もなくすると、岡嶋少佐と久角中尉が還ってきた」

安部兵曹長の手記中にある「バンクをふる」というのは、翼の先端を左右交互に上げ下げする、小型機の「挨拶」の一種で、「二百七十度方向」は真西の方位をいう。

喜界島に到着したという六機のうち、五機は三〇三飛行隊の岡嶋清熊少佐、久角武中尉、安部正治兵曹長、橋本忍兵長と、「神雷部隊」戦闘機隊の浅井幾造大尉である。もう一機の搭乗員の氏名はわからない。「派遣隊日誌」は五機に燃料を補給したことと、「一八時〇五分」に「零戦（神雷）五機」が出発したことを記している。行き先は書かれていないが南九州の出発基地に帰ったことは他の資料から明らかである。「派遣隊日誌」の書く「六機着陸」という数字は誤記なのか、何らかの理由で一機が喜界島に残留したのか、真相はわからない。

＊特攻「建武隊」と「神雷爆戦隊」編成のいきさつ

九州本土の基地に帰着し援護戦闘機隊の報告により、援護戦闘機の少ない態勢で「桜花」を吊るして速度の落ちた「一式陸攻」を米軍機動部隊に近づけることがいかに困難であるか、この全滅戦で宇垣長官ら五航艦の幹部は悟ったのであろうが、特攻による米空母の撃沈を夢見る宇垣長官は「桜花」

を諦めることができず、今後は「桜花」搭載の「一式陸攻」を、戦闘機による援護をつけずに、分散して飛ばすことに方針を変えて、第一〇次まで神風桜花特別攻撃隊を出撃させている。援護の任務がなくなった「神雷部隊」の戦闘機搭乗員の一部は、爆弾を抱けるよう改装した「爆装零戦」に乗って米艦に突入するという新しい任務を与えられた。このようにして編成された特攻隊が、一次から一一次までの「建武隊」と呼ばれる爆装「零戦」の特攻隊である。

他方、「一式陸攻」に吊るされて行く「桜花」の搭乗員も、母機である「一式陸攻」による出撃が減ったため、一部の者が爆装した「零戦」による特攻隊に編成換えされた。「神雷爆戦隊」と呼ばれる特攻隊で、第一と第二の二隊が編制された。後に触れる、敗戦直前に喜界島から出撃した第二神雷爆戦隊は、このような事情のもとに編成された特攻隊で、その搭乗員はもともとは「桜花」の搭乗員だったのである。

12　喜界島中継の非特攻夜間雷撃隊

✴焼き払われる集落

（三月二三日）

この日の朝、沖縄近海に達した米軍艦船は沖縄本島に艦砲射撃を加え始めた（本格的な沖縄攻撃の開始）。午後三時頃、喜界島に米艦上機「Ｆ６Ｆ（グラマン）」二機が来襲し飛行場に銃爆撃を加えた。

〔三月二四日〕

午前に四機、午後に一五機、また四機と、艦上機による喜界島への空襲は激しさを増してきた。「派遣隊日誌」によると、この日の空襲で、機銃弾倉庫が破壊され、下士官一人が戦死した。対空砲は一機を撃墜、一機を撃破したという。

この日の空襲では、北部東海岸の志戸桶《しとおけ》集落をはじめ東海岸の集落に焼夷弾攻撃が集中的に行なわれ、志戸桶集落で一一二戸、嘉鈍《かどん》集落で八二戸、小野津《おのつ》集落で六九戸、塩道《しおみち》集落で五四戸、早町《そうまち》で一三戸を焼失し、西海岸の集落では赤連《あがれん》で九戸を焼失するなど、合計三三九戸の民家が焼き払われた。ほとんど全家屋が農家である。米軍は、軍事施設とは関係なく島の建造物いっさいを無差別に焼き払う意図だったように思われる。

＊米艦船攻撃へ非特攻雷撃隊発進

宇垣長官は、「天山」一五機に喜界島を中継して沖縄来襲の米艦船に対する魚雷攻撃を命じた。

これに応じて、「零式輸送機」（米国のダグラス輸送機を国産化した海軍の主力輸送機）で、第七〇一海軍航空隊（以下、「七〇一空」と略す）から整備員ら一六名が喜界島基地に到着して、巌《いわお》部隊喜界島派遣隊に仮入隊するとともに、同隊所属の「天山」一五機も進出してきた。七〇一空は鹿児島県中央部の国分《こくぶ》航空基地を本拠地とする木田達彦大佐指揮下の攻撃機隊で、「天山」「彗星」「九九式艦上爆撃機」など、多数機を擁していた。

「天山」一五機は午後六時四六分に喜界島に到着し、うち七機が午後一〇時四五分、沖縄近海の米艦船を攻撃するため、八〇〇キロの魚雷を抱いて発進した。

「天山」は操縦、偵察、電信の三人乗りの雷撃機であり、沖縄戦では主として米艦船に対する夜間攻撃を担った。超低空で米艦に近づいて魚雷を発射し、マストすれすれに回避して全速で離脱するのだという。練度の高い搭乗員たちだったのだろう。特攻隊ではないが、被弾率は高く大変な危険を伴う。米軍側の資料に「水平爆撃（horizontal bomber）による被害」とか「魚雷（torpedo）による被害」と記述されているのは、この「天山」や「九七式艦上攻撃機」（以下、「九七艦攻」と略す）による非特攻の攻撃機による被害を指すものと思われる。（以下、九七式というのは紀元二五九七年のことで、西暦一九三七年にあたる。同様に九六式は三六年、九九式は三九年。）

戦争末期の喜界島の航空基地について語る時、一般に語られる特攻を思い浮かべがちであるが、非特攻の夜間攻撃機の発進や攻撃後帰還時の燃料補給に頻繁に使用されたことを見落としてはなるまい。

✴米側資料にみる非特攻雷撃隊による〝戦果〟

（三月二五日）

翌朝午前二時二五分に攻撃を終えた「天山」二機が喜界島に帰還した。残りの五機はどうなったのであろうか。「派遣隊日誌」からはわからない。

米側資料によると、三月二四日には米艦船の被害記録はないが、二五日に特攻機による被害として、駆逐艦キンバリー、軽機雷敷設艦ロバートＨスミス、高速輸送艦ギルマーの三隻を挙げ、水平爆撃機による被害として高速輸送艦ニュードスンを挙げている。被害海域は軽機雷敷設艦が沖縄本島南部の喜屋武岬《きゃんみさき》の南東海域、他の三隻は慶良間《けらま》諸島の南から南西にかけての海域で、いずれも陸地より二〇キロから五〇キロの近海である。喜界島からの距離はおよそ三七〇キロあるが、最大時速約四八〇キロの「天山」なら二時間足らずで帰還可能である。

喜界島発進の「天山」七機のうち、攻撃を終えて身軽になった「天山」二機が翌二五日の午前二時二五分に帰着している事実から推定して、二四日二二時四五分に喜界島を発進し、沖縄近海を索敵しながら飛び回り、米艦を発見して攻撃を開始したのは、二五日になってからだったのであろう。米軍側が水平爆撃による被害としている高速輸送艦ニュードスンを攻撃したのは喜界島発進の「天山」七機のどれかであった可能性が大きい。宇垣『戦藻録』はこの攻撃について「七機攻撃に参加せるが如きも二機、戦、巡（引用者註：戦艦と巡洋艦の意味か）に発射、効果なし」と、書いている。何を根拠に「効果なし」と言っているのか明確ではないが、おそらく帰還した機の報告によるものだろう。

なお、沖縄の小禄《おろく》飛行場（現在の那覇空港）から特攻として、三月二四日に攻撃第一〇三飛行隊の「彗星」（米森義治上等兵曹、前橋典美二等兵曹搭乗）一機が出撃し、二五日には同隊の「彗星」（石川貫二中尉、石淵利也少尉搭乗）一機が出撃したという（奥宮正武『海軍特別攻撃隊』朝日ソノラマ、一九八二年、付録「連合艦隊告示」）。米側の被害艦船のうちの一隻は、二五日に小禄飛行場を発進した「彗星」特攻による被害だった可能性もある。喜界島発進の七機は特攻として編制されたものではなかったが、何らかの理由で帰還不能になった機が予定外の米艦船突入を実行した可能性も否定できない。喜界島帰着の二機以外は、喜界島を経由せずに南九州に向かった可能性もあるが、何らかの事情で、米側が特攻機による被害と認定するような状態で、突入した可能性もある。二五日にはほかに沖縄への出撃記録がない。

　私が言いたいのは、沖縄航空戦においては、始めから死を命ぜられていた場合と、そうでない場合とで、搭乗員の主観の差はあっても、死の危険を冒して米艦船に向かって行くという点では、客観的な差はなかった、ということである。

米軍機の空爆を受ける沖縄本島・小禄飛行場
（写真提供／沖縄県公文書館）

「派遣隊日誌」によるとこの日も前日に続き七〇一空の整備要員一二名が来島、派遣隊に仮入隊したという。「本日ヨリ当分ノ間七〇一空部隊天山隊ハ指揮官ノ所定ニ依リ沖縄周辺敵艦船ヲ攻撃ス」と同日誌は記している。

　夜が明けると、喜界島は米軍機が跳梁する世界となる。八時四八分に二機が来襲したのを皮切りに一五時一一分までの間に二機、四機、二機と交替で来襲し、飛行場や集落を爆撃した。対空砲は米軍の二機を撃破したという。

　この日は、断続的に島の東部の集落が襲われ、早町《そうまち》で五戸、塩道《しおみち》で六戸、花良治《けらじ》で三戸を焼失した。午後は飛行場と中里《なかさと》集落が爆撃され「砂塵蜿々《えんえん》恨めしくも天を抜く幾柱を確認した」と『福岡記録』は記しているが、中里の家屋の被害については記していない。
そのころは、私たちの家族は、まだ集落から逃げ出さずに、家に留まり、空襲のたびに防空壕に走る、という生活をしていたが、数キロ離れた他の集落が襲われている時は空襲があったことさえ知らずに普通に生活していた。中国戦線帰りの長兄が同居していて、その判断で、戦況がどう変わるか、見ていたのだと思う。長兄は除隊後、鹿児島県の警察官になったが、休暇で帰っている間に、空爆のため渡航する船がなくなり、家にいたのである。

〔三月二六日〕
午前〇時四五分から午前一時にかけて、喜界島基地を「天山」五機が次々と発進して沖縄に向かった。宮本道治『われ雷撃す―九三一航空隊戦記』（新人物往来社、一九八八年）によると「喜界島から発進した攻撃第二五一飛行隊の天山艦上攻撃機五機のうち、二機が戦果をあげた」という。このうち一機は「猛烈な対空砲火をおかし、碇泊戦艦に魚雷を命中させ」、もう一機は「敵戦艦に対し冷静沈着、猛烈果敢に強襲、数回やり直したのち魚雷を命中させ、投下後約二分にして火柱二回を認めた」という。「派遣隊日誌」が記載する、来島した整備要員の中に「七〇一空K二五一」所属の者もいる。宮本氏が書く「天山」は「派遣隊日誌」が記す「天山」と同一の部隊を指すのだろう。
米側資料によると、二六日、慶良間《けらま》諸島付近で戦艦ネヴァダ、軽巡洋艦ビロクシー、駆逐艦マーレイ、同ポーターフィールド、同オブライエン、同カラハン、護衛駆逐艦フォーマン、機雷敷設艦スカーミッシュなど八隻が損害を受けたという。うち駆逐艦マーレイは急降下爆撃によるもので、他の七隻は自殺機、すなわち特攻機によるものという。

米側資料では「戦艦ネヴァダ」の損害を「特攻機による」とするが、帰還した「天山」の報告どおりとすれば、「天山」の発した魚雷による被害を特攻機によるものと米側が誤認したのかも知れない。

この日は、陸軍の三式戦闘機「飛燕《ひえん》」六機が沖縄の陸上基地から特攻に出て、那覇西方海上の米艦を攻撃したという。米側資料による被害艦船の海域は、駆逐艦マーレイが沖縄の東二〇〇キロほどの太平洋海域であるが、駆逐艦カラハンが嘉手納《かでな》沖、他の六隻は慶良間《けらま》諸島の北方沖である。戦艦ネヴァダの被害海域もほとんど他の艦と経緯度が同じである。この六隻が陸軍の三式戦闘機に突入された可能性が高い。もっとも夜間雷撃隊の攻撃を受けた後に、同じ艦が再度攻撃されることもあるので、一方を肯定することが他を否定することにはならない。被害を受けた艦船の数から見て、「天山」の戦果があったことは否定できない。

喜界島には、この日も、朝八時過ぎから夕方四時半頃まで四機、二機、四機、二機、二七機、一七機、とひっきりなしにグラマンが来襲して飛行場と砲台に銃爆撃を加えた。「派遣隊日誌」は「被害なし」という。特攻機や雷撃機の離発着を牽制するための来襲だったのであろう。対空砲は一機を撃墜し、三機を撃破したという。

島民の被害も続く。午前八時二五分には早町《そうまち》にグラマン二機が来襲し機銃掃射を加えその曳光弾で七戸を焼かれ、午後一時頃は島の南部の上嘉鉄《かみかてつ》集落が初めて空襲を受け、さらに午後一〇時頃には夜間の空襲もあって、この日だけで上嘉鉄の三七戸が焼失した。この日は午後二時頃、塩道《しおみち》と中間《なかま》の両集落も空襲を受け、塩道で一戸、中間で五戸が焼失した。

米軍機は地上砲火の届かない、飛行場から離れた集落を自由自在に飛び回って銃火を浴びせているように見える。米空軍の主力が沖縄、慶良間の作戦の援護に回り、喜界島には主力を外れた航空隊が遊行気分でやってきた、そんな思いのする空襲であった。

13　沖縄特攻の先駆け

＊喜界島からの神風特攻「菊水隊」の出撃

〔三月二七日〕

この日の前日は、米軍による沖縄総攻撃がついに開始され、米軍が沖縄本島と向かい合う慶良間《けらま》諸島に上陸を始めた日である。

早朝、私たち中里《なかさと》集落の住民は、始動するエンジンの轟きに眠りを覚まされた。特攻隊の出撃のことは集落民の間に一晩のうちに伝わっていた。私たちは滑走路の見える村はずれに出て密かに見送った。集落は飛行場と誘導路や格納庫に囲まれており、私たちには特攻出撃準備も集落の外れに行けば手に取るように見えたのである。

まだ明け切らぬ朝の空気は張りつめたように冷たく、後部搭乗員席の風防を大きく開け放ったままの「彗星」が次々と草原の滑走路の端に向かって移動して行く。長く白い鉢巻を背中に垂らした後部座席の人が中腰になって立ち、答礼していた。ほとんど声をあげる者はいなかった。目の前で起こっていることが特攻出撃であり、乗っている人たちが間もなく死ぬのだという冷厳な事実を前にして、私は緊張していた。今も覚えているあの時の身の震えは早朝の冷気のせいばかりではなかった。

「派遣隊日誌」によると、前日の一七時五〇分、「彗星」一八機、「天山」五機、「零式輸送機」三機が喜界島基地に到着した。輸送機では七〇一空の士官、下士官、兵を合わせて三六名の整備、通信、衛生等の要員が到着し、派遣隊に仮入隊した。これで七〇一空から派遣隊に仮入隊した人員は六四名になった。七〇一空は喜界島を前進基地として本格的に使用する意気込みだったのであろう。

「派遣隊日誌」によると、この日発進した「彗星」一二機は、午前五時三〇分から三五分にかけて離陸したが、うち二機は離陸の際に接触事故を起こして海上に墜落し搭乗員四名は死亡した、という。密かに見送った私たちには、重なるように次々と滑走し始める飛行機が見えたが、離陸直後の接触事故は見えなかった。無事離陸した残りの一〇機のうち、一機は「午前七時三五分、彗星一機、攻撃終え着陸」という。何らかの任務があっての帰着であろうか。この特攻隊については資料によって九機とか一二機とか、まちまちであるが、最終的に特攻を実施したのは九機であった。

連合艦隊告示に記された「神風特別攻撃隊菊水隊」の二五名のうち、喜界島から出撃したのは次の一四名である。「彗星」は複座の艦上爆撃機であるが、九機のうち四機は操縦員だけの搭乗だった。

【海軍神風特攻第二菊水彗星隊】（「彗星」九機）

海軍少尉・佐藤一義（一九二二〈大正一一〉年生・徳島県出身・徳島高工・一三期）

上等兵曹・藤丸　哲（一九二四〈大正一五〉年生・大分県出身・甲飛一〇期）

同・高橋紫寿雄（一九二四〈大正一三〉年生・愛媛県出身・乙飛一五期）

一等兵曹・舟橋良三（一九二五〈大正一四〉年生・愛知県出身・甲飛一一期）
同・武士精三（一九二五〈大正一四〉年生・茨城県出身・甲飛一一期）
同・青木　清（一九二五〈大正一四〉年生・山口県出身・甲飛一一期）
同・廣田繁二郎（一九二五〈大正一四〉年生・広島県出身・甲飛一一期）
二等兵曹・内田　続（一九二三〈大正一二〉年生・熊本県出身・丙飛一一期）
同・田中　巽（一九二四〈大正一三〉年生・鹿児島県出身・丙飛一四期）
同・横山作二（一九二五〈大正一四〉年生・広島県出身・丙飛一四期）
同・正木　廣（一九二一〈大正一〇〉年生・千葉県出身・丙飛一六期）
同・細江志朗（一九二三〈大正一二〉年生・岐阜県出身・丙飛一七期）
同・木場　愛（一九二五〈大正一四〉年生・三重県出身・丙飛一七期）
兵長・菱沼　一（一九二六〈大正一五〉年生・埼玉県出身・乙（特）飛一期）

（以上、特攻隊員の生年、出身地等は主に特攻隊慰霊顕彰会編『特別攻撃隊』〈私家版、一九九〇年〉所収の「特別攻撃隊戦没者名簿」を参考にした。階級、氏名については、奥宮『海軍特別攻撃隊』所収の「連合艦隊司令長官の布告」等も参考にした。海軍の航空特攻隊員らが操縦訓練を受けた養成機関については、本書九四頁註〈7〉参照）

指揮官の佐藤一義少尉は徳島高等工業学校卒業後、海軍飛行予備学生となった青年であり、他の一三名は海軍飛行予科練習生（予科練）出身の若者たちで、中には未成年者もいた。

この日は、喜界島からの特攻のほかに、宮崎から「銀河」七機が特攻で出撃し、沖縄の飛行場から陸軍機が一一機出撃したという。なお非特攻の夜間雷撃機「天山」四機も特攻出撃に先立つ午前二時に発進し、うち一機が「攻撃終了し着陸」している。後の三機については、航続距離としては十分に可能であるから直接南九州の基地に帰った可能性が大きいが、その消息は私の資料からはわからない。

この日、慶良間《けらま》諸島南方海域で高速掃海艦サウザードと軽機雷敷設艦アダムスが特攻機による損害を受けたという。

✴米軍の反撃か飛行場反復急襲

米軍は、この日の早朝の特攻の出撃基地を喜界島と推定したのであろうか。午前八時五分から午後三時三〇分までの間に、午前五回、午後四回、延べ八三機の艦上戦闘機や艦爆が、二機ないし二〇機の編隊により、超低空で侵入して飛行場を急襲した。爆弾一八個が投下され、海軍部隊の烹炊所《ほうすいじょ》（炊事場）として接収されていた中里《なかさと》の集会所も爆破された。また、この日の空爆で「彗星」一機が炎上し、兵士が一人負傷した。炎上した「彗星」は、特攻を見届けて帰って来た一機だろう。

この米軍の空爆は、後続の特攻機が発進準備をする可能性を想定して行なわれたもので、それ故に、急降下爆撃ではなく、超低空で飛行場を急襲する戦法をとったものと思われる。

この日の空襲では、前述の中里の集会所のほか、塩道《しおみち》で一戸、志戸桶《しとおけ》で二戸の民家が焼失した。

〔三月二八日〕

この日の午後、グラマン八機が来襲、飛行場と砲台を銃爆撃したが被害はなかった。対空砲は一機を撃墜し、一機を撃破したという。

午後六時四五分、陸軍の三式戦闘機「飛燕《ひえん》」二機着陸、続いて海軍の「天山」一機が着陸した。この三式戦闘機二機は不時着ではない。陸軍機が海軍基地の喜界島に進出して来たのは、海軍の援護戦闘機の戦力不足を補うとの意図があったのだろう。この日は、陸軍は、小川大尉指揮の援護戦闘機九機を、今津大佐指揮の九九式襲撃機（以下、「九九襲」と略す）一一機の援護のため徳之島《とくのしま》に進出させている。

遠距離の洋上を飛ぶ援護は海軍が担い、陸上基地を拠点としてその上空で離着陸を援護する任務を陸軍機が担う。このような任務分担の構想があったのかも知れない。

この日、小野津《おのつ》で二戸焼失した。なお、この日、嘉鈍《かどん》の為崎為円が機銃弾貫通銃創により死亡したことが『福岡記録』に記されている。しかし二八日には嘉鈍に空爆はなく、一方、さる二四日の嘉鈍の空爆の被害家屋の中に同人の名が見える。その時の負傷がもとで、この日死亡したのかも知れない。

14　初めて見た米軍飛行士の死体

三月の下旬に入っても私たちの一家は集落に留まっていた。日本軍の具体的戦況を知らない私たちには、空襲は今に終わるだろうという淡い期待もあったのである。

父や兄は昼間はほとんど家にいなかった。たぶん、飛行場や対空砲陣地の外側に広がる畑地に行っていたのだろう。一家の食べ物は畑にあり、必要な量のサツマイモや豆や野菜をとってきた。平時には日常的に必要な食糧の収穫は女の仕事であったが、空襲が激しくなってからはその日の食糧の収穫に出かけるのは男の仕事になった。昼間、家にいるのは女性や子どもだった。私たちは飛行機の爆音に耳を澄まし、音が聞こえると庭の防空壕に走った。防空壕の中では外の音に神経を集中して息を潜めているのであるが、いつしか味方の撃つ音と米軍機の発する音の区別が推定できるようになっていた。バリバリという忙しい射撃音は米軍艦上機の機銃音で、タンタンという単調な連続音は味方の対空機関銃。それに飛行機の急降下音や爆弾の炸裂音、日本軍が撃ち上げる高角砲の音などが入り混じって聞こえてくる。私たちの身の周りは銃弾が飛び交う戦場であった。

三月下旬のある日、米軍機が去って集落内に静けさが戻った後、どこからともなく、集落のはずれの墓地近くにアメリカの飛行兵の死体があるとの噂が広がり、夕方になって私は母と一緒に見に行った。暗くなると着艦が難しいのか、夕方から先は米軍機はほとんど来ないことを私たちは経験上学んでいたのである。

家から歩いて数分の、集落の共同墓地に隣接する芝生の空き地に米兵の死体は仰向けに横たわっていた。集落民が二〇人ほど集まっていた。監視の兵士はいない。死体は別の場所から運んできて一時的に置いてあるという感じであった。思ったより小柄な感じがした。薄い茶色のジャンパー風の飛行服を着ていた。日本の飛行兵の服と似ていると思った。私は初めてじかにみる米兵の姿に拍子抜けしていた。教え込まれていた「鬼畜米英」らしからぬ、穏やかで無力な雰囲気が死体から漂っていた。集まった人々も口数少なく黙って死体を取り巻き、見下ろしていた。「アメリカーも物資不足かもやあ。靴も履いちょらんが」と女性の一人が言った。他の人たちは同意するでもなく異論を述べるでもなく押し黙っていた。

その時一人の老人が突然大声を上げた。「この野郎、俺たちの家を焼きやがって」、老人は近くの石を拾って両手で持って投げ下ろした。石は死体の頬の辺りをかすって地面に転がった。周りの者は一瞬、唖然として興奮する老人を見た。老人は当たらなかったからか周りを見回して石を探している様子だった。その時、母が老人に声をかけた。

「アジー（島の方言で爺さん）よ、死人に石投ぎてぃも、ヌー（何）にもならんが」

老人はその声で我に返ったのか、石を探すのをやめて何か呟きながら帰って行った。

明治生まれの母は当時の同世代の島の女性が大抵そうであったように、小学校にも通っていないので文字も読めない。その無学のゆえに、時代の風潮であった排外主義的軍国主義とは無縁であった。米兵の死体を陵辱する老人の行為を止める言葉を発するのに格別の勇気は必要なかったのである。たぶん、自分の倫理観から心に浮かんだ言葉を自然に発しただけであった。しかし「鬼畜米英」という言葉に象徴される当時の排外主義的軍国主義教育を受けていた国民学校高等科生徒の私にとっては、気になる発言だった。敵についてそんなことを言っていいのだろうかという思いと、心の底にある死者に対する憐憫《れんびん》の気持ちが、頭の中を駆けめぐったが、その場限りでいつしか忘れてしまった。

15　消火する私たちを覗《のぞ》き見る米軍機

〔三月二九日〕

この日、午前一時二〇分、深夜の喜界島基地を「天山」四機が魚雷を抱えて発進した。非特攻の夜間雷撃隊である。「派遣隊日誌」にはこの四機が帰着した様子は記されていないが、宮本『われ雷撃す』によると、村上敏一大尉、大江道夫兵曹長、福沢湊上等兵曹が搭乗する一機は帰ってこなかった、という。他の三機は発進基地である鹿児島の串良《くしら》に直接帰着したのだろう。

また、午後二時五〇分から三時二五分にかけて陸軍三式戦闘機「飛燕《ひえん》」二機が「攻撃のため」発進した。前日着陸した二機であろう。この日の三式戦闘機による特攻の記録はない。出撃時刻から見て、おそらく沖縄の地上部隊に対する支援の出撃だったのであろう。この二機が喜界島に帰って来た記録はないが、徳之島《とくのしま》の陸軍飛行場も健在であり、直接に鹿児島の基地に帰った可能性もあり、撃墜されたとは必ずしも言えない。

この日は、米軍機は一機も来襲しなかった。「派遣隊日誌」は「敵艦上機大編隊鹿屋地区を空襲。本島終日敵機を見ず」と記す。

島民には米軍のスケジュールはわからないから、米軍機が来襲しない日も、いつものとおり、かすかな爆音にも神経を集中していなければならない。夕方になって、女たちも「今日はアメリカの休日かもね」と言い合いながら畑に出て行った。

〔三月三〇日〕

午前八時頃に二機が来襲し、湾《わん》、赤連《あがれん》の集落を襲い、赤連で一戸焼失した。『福岡記録』は、「至近距離故、我が地上砲火は援護射撃不能で敵機は自由行動なり」と書く。赤連集落の殿森《とのもり》の丘に海軍の高角砲陣地があったが、米軍機が集落上空を超低空で飛んだため高角砲を発射できなかった、というのであろう。確かに高角砲は高空の敵を撃つものであり、敵機がある程度の高度を飛んでいなければ対応できない。そもそも高角砲は飛行場の爆撃に来た敵機が急降下に入る前の高空にいる時に撃つための兵器である。対空砲陣地には二五ミリ機銃もあったからこれを利用しようと思えば使えたであろうが、機銃も発射しなかったようだ。

当時の島民は軍の対空砲火が集落を守るためにも使われると素直に信じていた。しかし、基地に囲まれた集落に住む私は、対空砲が護ってくれるという認識はすでになくしていた。私たちが経験した現実の空襲とは、警報もなく、いきなり頭上で始まる空陸の撃ち合いであり、米軍機が撃つ弾丸が身のまわりに降り注いでくることだった。対空砲が私たちを護ってくれるという意識は、米軍の空爆が始まる前に観念として持っていた幻想に過ぎなかったのである。

この日は午後一時と五時にも米軍機が四機来襲し、飛行場とその周辺が銃爆撃された。午後一時の空襲で中里《なかさと》の二戸が焼失した。どの家が被害にあったのかはわからない。

私たちがまだ集落に残っていて空襲のたびに庭の防空壕に避難していたころ、細い道を隔てた隣家が炎上した。兄の叫び声に驚いて防空壕を出てみると、我が家の茅葺《かやぶ》きの屋根の向こうに、巨大な生き物が天に昇って行くような勢いで、火柱がパキパキ音を立てながら上がっていた。我が家の茅葺屋根には火の粉が降り注ぎ、兄が屋根の上を這いまわって延焼を防いでいる。父も母も姉も屋根に上り、落ちてくる火の粉を濡れた布切れで叩きまわっている。炎は踊るように空をなめ、煙が上空を覆った。私は下からバケツの水を渡したり、火の粉が降ってきた場所を教えたりしていたが、その喧騒の中で近づいてくる爆音に気がついた。音はかなり近いが猛煙のため飛行機は見えない。屋根の上の大人たちは火の粉を払うのに夢中である。爆音のことを教えてどうにかなる状況ではない。気が気でない私の目に一瞬、炎の向こうに超低空の米軍機が翼を傾《かし》げて現れるのが映った。何と風防を開けて飛行眼鏡の搭乗員が火事の現場を覗き込むように見ている。飛行眼鏡の顔が家から道路を行く人を見るように近くに見えた。目が合って両方で同時にアッと言う感じだった。米軍機はそのまま飛び去った。

家は類焼を免れた。あの時、米軍機が引き返して来て機銃掃射を加えれば、私たち一家はやられていただろう。彼は火事の現場を見て民間人が右往左往しているのを確認したのだろうか。しかし、彼らが、私たちを殺すのをためらうはずがない。あの超低空で私と顔を合わせた「鬼畜」の米軍飛行士が私たちを殺すためになぜ引き返して来なかったのか。単純な少年の頭では理解できず、疑問が心の中に残った。

この日は米軍機動部隊が九州の南に接近してきたが、夜半より霧が発生し九州南部の基地から出撃できなかった。宇垣長官はこの日の日記に「霧晴れて恨みは残る春の夢」という俳句を残している。この日は喜界島基地からの出撃の記録はない。

「派遣隊日誌」は、一五時三七分から一五時五五分にかけて八機の艦上機が来襲して飛行場を爆撃したが被害はなかったという。

16　非特攻でも犠牲が多い雷撃隊

〔三月三一日〕

この日は、喜界島では米軍艦上機グラマンが累計で三八機来襲し、集中的に飛行場を爆撃した。米軍の沖縄本島への上陸を明日に控えて、特攻機出撃を牽制するための爆撃だったと思われる。対空砲は二機を撃墜、二機を撃破した、という。

この日、米軍の小部隊が那覇市泊《とまり》港の沖合九キロの慶伊瀬島《けいせしま》（神山島、ナガンヌ島、クエフ島の総称）に上陸した。

鹿児島の鹿屋《かのや》では宇垣長官が、米軍の輸送船多数が沖縄本島近海に迫り今夜の上陸が明らかになったとして「敵機動部隊攻撃用の兵力以外の兵力」で上陸部隊を「全力」攻撃するように命令した。言葉こそ「全力で上陸部隊を攻撃」と言うが、海軍沖縄航空作戦の総指揮官としては、あくまでも空母を中心とする米軍機動部隊との戦いが主であって、上陸を敢行する輸送船団に対する攻撃の故に機動部隊に対する攻撃の手を緩めるわけにはいかない、という宇垣長官の気持ちの滲む命令である。

デニス・ウォーナー夫妻著、妹尾作太男訳『ドキュメント神風』（下）』（時事通信社、一九八二年。以下、ウォーナー夫妻『神風』と記す）によると、この日の朝早く米海軍第五艦隊司令長官スプルーアンス提督の旗艦、重巡洋艦インディアナポリスに特攻機一機が突入し甲板を貫いて燃料タンクで爆発したため、同艦は大損害を受けて航行不能となり、スプルーアンス提督は旗艦の変更を余儀なくされた、という。

ところが「米側資料」によると、インディアナポリスが特攻機による被害を受けたのは三月三〇日となっている。同じ艦が二度突入された例はあるが、三一日の項の被害にはインディアナポリスの記載はない。三一日には、二七日に特攻の被害を受けた軽機雷敷設艦アダムスが位置は違うが近接の海域で特攻の被害を受けており、攻撃輸送艦ヒンズデイル、ＬＳＴ７２４号、ＬＳＴ８８４号の三隻が沖縄本島南部の摩文仁《まぶに》の南東沖合で被害を受けている。

この日に出撃した特攻機は、記録上は徳之島《とくのしま》から出撃の陸軍特攻「誠第三九戦隊」の一式戦闘機「隼《はやぶさ》」三機だけである。この特攻隊は前日早朝、台湾へ南下中に徳之島に不時着していた五機のうちの三機で、笹川勉大尉、高橋晋二少尉、瓜田史治伍長の三名だった、という。

一方、海軍はこの日、非特攻の夜間雷撃機隊二〇機を鹿児島の串良《くしら》基地から出撃させている（宮本『われ雷撃す』）。この二〇機のうち、「攻撃に成功」を報告した機は一機だけで、墜落事故が一機、故障その他で攻撃中止が二機、魚雷を発射したが命中しなかったというものが二機、発射したが効果不明が二機、未帰還が一一機、となっている。未帰還率五〇％以上、一機に三人乗っているから墜落事故を含めてこの攻撃で死者は三六名である。魚雷攻撃は命中すれば効果は大きいが、非特攻とは言っても危険の大きい攻撃であった。未帰還の一一機が、どのような最期であったのかはわからないが、被弾しながら突入というケースもあったかも知れない。

三一日の午前六時一五分、喜界島基地に「彗星」一機が着陸したが、これは作戦用ではなく、高級将校の送迎だったと思われる。翌日には鹿児島県中央部の第一国分《こくぶ》基地に帰っている。

「派遣隊日誌」によると、午前七時頃から午後四時五〇分頃にかけて「F6F（グラマン）九機」「F6F（グラマン）一四機」「F4U（コルセア）一五機」が来襲し、飛行場、砲台、兵舎などを「銃爆撃」したという。「F6F」は前述したようにグラマンと呼ばれる艦上戦闘機であるが、「F4U」は私たちが「シコルスキー」と呼んでいた艦上戦闘機で、軍事雑誌などで「コルセア」と言っている飛行機である。正面から見る翼の形に特徴があり、翼が胴体から下にさがってから横に伸びて行く形である。

対空部隊は「F6F二機撃墜、二機撃破」したとなっている。「派遣隊日誌」にはこのように、機種を記号で記しており、現地の対空砲部隊は米軍機の機種について詳細な情報を持っていたのだろう。『福岡記録』は「午前十時十一機が来襲し、飛行場を爆撃するとともに、焼夷弾を投下し、湾《わん》で一戸焼失」と書く。来襲の時刻や機数が「派遣隊日誌」と異なるが、島と言っても、南北一三キロ、東西四ないし五キロはあるので、観察場所によっては違った見え方もあると思う。

慶良間《けらま》諸島はこの日までに米軍の手に落ち、米軍大部隊の沖縄本島への上陸は目前に迫っていた。

【註】

〈1〉青年学校とは、一九三五年に制度化された、中学校など上級学校に進学しない小学校（国民学校）卒業生を対象とした教育機関であった。普通科二年、本科五年の定時制で、当初は就学は任意とされていたが、日中戦争が長引く中で、一九三九年には、戦争遂行のため国家総動員体制を担う国民を養成するとして、男子の就学が義務になった。敗戦により一九四七年に学校そのものが廃止された。

〈2〉陸軍では、喜界島守備は、第三二軍（司令部と主力部隊は沖縄）傘下の、独立混成第六四旅団（司令部は徳之島）の第二二聯隊に所属する一個大隊が担った。大隊長は田村少佐で、兵員は島での召集者を除いて約六五〇で、大半が歩兵である。このほかに重砲兵第六聯隊（司令部は奄美大島古仁屋）傘下の重砲小隊（城野繁之大尉指揮）も少数ではあるがいたという。

〈3〉南西諸島海軍航空隊（巌部隊）は、戦闘用航空機を持たない、航空基地の地上勤務者で構成された部隊だった。一九四四年夏に鹿児島県大隅半島の鹿屋で編制され、沖縄の海軍小禄飛行場（現在の那覇空港）に配置された。総兵力は二八〇〇名。喜界島、宮古島、石垣島、南大東島に派遣隊を置いた。部隊編成時の司令は棚町整大佐であったが、沖縄での地上戦開始直前に棚町大佐は海軍沖縄方面根拠地隊参謀（海軍総隊及び聯合艦隊参謀兼任）となり、後任の司令には副長だった川村匡中佐が任命された。

〈4〉「Ｆ４Ｆ」は機種を示す記号で、通称は「ワイルドキャット」と呼ばれている。同じグラマン社製の艦上戦闘機である「Ｆ６Ｆ（通称「ヘルキャット」）」も含めて一くくりにして私たちは「グラマン」と呼んでいた。本書で機種について単に「グラマン」と表示する時は、「Ｆ４Ｆ」及び「Ｆ６Ｆ」のいずれか一方か、その両方を指す。このほかに喜界島でよく見られた米軍機には、艦上戦闘機「Ｆ４Ｕ（軍事雑誌では「コルセア」、私たちは「シコルスキー」と呼んでいた）」と艦上爆撃機「ＳＢ２Ｃ（通称「ヘルダイバー」）」などがあった。

〈5〉宇垣纏・第五航空艦隊司令長官は、一九四一年一二月、パールハーバーを奇襲攻撃した連合艦隊（司令長官山本五十六）で参謀長をつとめた。本書では陣中日誌『戦藻録』をたびたび引用する。

〈6〉「神雷部隊」とは、正式名称を「第七二一海軍航空隊」といい、人間爆弾と言われた特攻兵器「桜花」による敵艦攻撃に特化した航空隊である。「桜花」は一人乗りで、機首部に一二〇〇キロ爆弾を搭載。ロケット推進器を持つが航続距離は三七キロしかなかったので、「一式陸攻」（乗員七名）に戦場近くまで吊るされて運ばれて行き投下される。若干の操縦性があり、落下する「桜花」を搭乗員が「操縦」して敵艦にぶつかる。「神雷部隊」は、六二機の「桜花」、七二機の「一式陸攻」、これを護衛する戦闘機一〇八機の「零戦」で構成する大所帯だった。沖縄戦が始まる直前に第五航空艦隊の傘下に入って戦闘に参加したが、この「桜花」攻撃自体は戦場に到達する前に米軍の戦闘機に阻まれて成果は上がらず、最終的には援護用の「零戦」を爆装して特攻に使用した（内藤初穂『桜花—非情の特攻兵器』文芸春秋、一九八二年。『別冊歴史読本永久保存版　玉砕戦と特別攻撃隊』新人物往来社、一九九八年）。

〈7〉特攻隊員の経歴の表記については、海軍飛行予備学生出身者の場合、海軍に入る前の出身大学などを略記し、その下に海軍飛行予備学生としての訓練を受けた期の数字を記した。海軍飛行予備学生は一年間の訓練で士官に任用され、戦争末期には特攻作戦に多用されている。海軍飛行予科練習生（予科練）出身者の場合は、予科練の甲種・乙種・丙種の種別を「甲飛」とか「乙飛」と略記し、その訓練を受けた期を数字で示した。ちなみに、甲種飛行予科練習生とは、旧制中等学校の高学年在学者から選抜され三年間の教育訓練を受けた後、飛行下士官に任用される者を言い、乙種飛行予科練習生は、旧制の小学校高等科卒業者から選抜され四年半ほど教育訓練を受けて飛行下士官に任用される者、丙種飛行予科練習生は、現役の下士官、兵の中から選抜され飛行技術を習得させる者を言う。丙種は一九四三年に募集を中止した。海軍航空特攻兵力の大半は各種予科練出身者だった。

第二章◉米軍、沖縄本島上陸後の喜界島

1　米軍、沖縄本島上陸の日の喜界島

✴上陸即日飛行場整備

〔四月一日〕

午前五時三〇分、米軍艦隊は沖縄本島の中部西岸の渡久地海岸に艦砲による猛烈な集中砲撃を開始した。前日占領した慶伊瀬島《けいせしま》（神山島）からの砲撃もこれに加わった。午前八時、八マイル（約一二キロメートル）幅の横一列になって、水陸両用戦車が一斉に発進し、続いて上陸用舟艇が数波に分かれ、次々と横一列に進み始めた。米軍の沖縄本島上陸開始である。日本軍の抵抗はほとんどなかった（太田嘉弘『沖縄作戦の統帥』相模書房、一九八四年）。

大勢の現地住民を動員して造った北（読谷《よみたん》）飛行場と中《なか》（嘉手納《かでな》）飛行場にほど近い海岸への上陸

攻撃中の米軍機によって撮影された中(嘉手納)飛行場
(1945年 3月27日撮影。写真提供／沖縄県公文書館

を無抵抗で許した沖縄守備軍について、鹿屋《かのや》の宇垣長官は「夕刻までには沿岸一帯の地、あっ気なくも占領せられたり。斯くて飛行場の使用も近きにあらん。守備陸軍部隊は予定の取込み戦術と言はんも余りにも手ごたへなきなり」と、その日の『戦藻録』に不満を書いている。

まったく無傷の状態で沖縄本島に上陸した米軍は、放棄された陸軍の中飛行場と、北飛行場を早ばやと確保し、夕刻までには持ち前の機動力で中飛行場を不時着用に使用できる状態に整備した。宇垣長官の不安はたちまち現実のものとなった。

「派遣隊日誌」によると、喜界島では一四時六分から一六分間、艦上機八機が飛来して高空を哨戒飛行し、一四時四三分から一三分間、大型爆撃機B29が高空を旋回しただけで、空爆はなかった。『福岡記録』も空襲の記載なく、飛行場から遠い集落では「各小学校無事入学式終了せり」という。島民はこのような安穏の日が今後も続くのではないかとの淡い期待さえ感じていた。
また「派遣隊日誌」は、非特攻の「天山」四機が、深夜の二三時〇五分に攻撃のため発進し、翌二日になって、四機ともに帰投、燃料補給の上、午前四時四七分に串良《くしら》に向け出発した、という。

この日は早朝、海軍は南九州から「一式陸攻」六機（うち三機に「桜花」搭載）、石垣島から爆装「零戦」六機、台湾から「彗星」四機を特攻出撃させ、陸軍は、新田原《にゅうたばる》、知覧《ちらん》、徳之島《とくのしま》及び石垣島から、一式戦闘機「隼《はやぶさ》」、三式戦闘機「飛燕《ひえん》」、「九九襲」など約二〇機を特攻出撃させている。

この日、徳之島を出撃した特攻機は第二〇振武隊の一機だけで、それは早朝五時に発進した群馬県出身の学徒兵・山本秋彦少尉（一九二一〈大正一〇〉年生・特操一期。「特操」については本書一三二頁参照）の搭乗機だった。第二〇振武隊はさみだれ式に出撃しており、どうやら出撃準備が間に合わないままに急きょ出撃命令が出て、整備が間に合った飛行機から順次出撃して行ったものと思われる。

米側資料によると、この日は貨物揚陸艦アカーナー、同ティレル及び揚陸輸送艦アルパインが特攻機により、駆逐艦プリシェットと掃海艦スカーミッシュが急降下爆撃機により、そして揚陸輸送艦エルモアが水平爆撃機により、それぞれ損傷を受けた、という。

掃海艦スカーミッシュは、二六日に特攻機により損害を受けている機雷敷設艦スカーミッシュと艦船番号が同じだから同一艦であろう。ただし被害を受けた位置を示す経緯度が違うから二度、損害を受けたものと思われる。

米側資料のこの日の被害艦六隻のうち、三隻は特攻による被害ではなく急降下爆撃、あるいは水平爆撃による被害としている。米側が特攻機による被害であることを否定するのは、それなりの根拠があるのであろう。三月三一日の深夜に出撃し現地の攻撃が四月一日となった、そして五〇％以上の犠牲を出したという、先述の非特攻の天山隊による被害であった可能性も大きい。

『戦藻録』によると、この日の夕方、奄美大島南方五〇浬《かいり》付近に偵察機が空母四隻を含む機動部隊を発見したので、午後五時、五航艦は、第一戦法〈註1〉「用意」を発令したが、偵察機からの続報がなく取りやめたと言う。

＊海軍喜界航空基地司令・佐藤少佐の着任

「派遣隊日誌」は、この日、新設の喜界航空基地司令として、五航艦司令部から佐藤勇少佐が着任した、と記している。おそらく前日着陸した「彗星」で来島したものであろう。

「航空基地司令」とは海軍の新設の役職である。これまでの航空隊は地上勤務者と搭乗員で構成された大所帯で、出撃基地の変更の際は移動が大変だった。そこで海軍省は「空地分離」という新しい構想の下に、これまでの航空隊司令は搭乗員の指揮官として残し、これとは別に地上勤務員を、その必要が予測される基地に張り付け、その指揮官として佐官クラスを配置することにした。

沖縄航空戦を前にして、いかにも泥縄式と言うべき制度いじりであるが、海軍省はその要員として、佐官クラスの士官を五航艦に一三名派遣して来たのである。その中の一人が佐藤少佐で、たまたま喜界航空基地の配属となり、喜界島にやって来たのだった。

もともと、喜界島には地上勤務専門の航空隊である南西諸島海軍航空隊（巌部隊《いわお》）喜界島派遣隊が駐在しており、派遣隊長伊藤三郎大尉の指揮のもとで、離発着機の支援機能を果たしていた。佐官級士官がいないと地上勤務者の管理が機能しないという考えは、当時の喜界島基地の現場を見る限り根拠がない。佐藤少佐は、中央官僚考案の、現場ではほとんど意味のない役まわりで、このあと二カ月間喜界島にいたばかりに、後述（第Ⅲ部）の米軍捕虜斬首事件の責任を問われることになった。

宇垣長官も『戦藻録』で「空地分離の主義と現状を両立せしめ、之等《これら》の任務分担は相当に問題なり」と批判している。批判の根拠は示していないが「空地分離の主義」と「現状」を両立させることは難しい、と言っている。実際に喜界島では沖縄航空戦を控えて、従来方式で整備要員を輸送機で移動させて来た航空隊もあり、「空地分離」の施策は徹底していなかったように見える。

✳「神雷部隊」第三建武隊の四機が進出

この日の午後七時過ぎ、第七二一海軍航空隊（神雷部隊）の爆装「零戦」四機が喜界島に進出してきた。この四機の搭乗員は、もともとは「神雷部隊」の援護戦闘機隊員であったが、同じ「神雷部隊」の「零戦」による特攻要員に編制替えとなり、第三建武隊先遣隊として、近く行なわれる特攻出撃のために喜界島に前進を命じられたのである。出撃命令があるまで待機するため、飛行機は周辺の格納庫に分散収容された。しかし島にはコンクリート製の掩蓋《えんがい》を持つ格納庫は一つしかなかった。そこに入らない飛行機は、誘導路に沿ってコの字型に土手を築いただけの格納庫で、掩体壕《えんたいごう》とは言っても、上部は木の枝などで偽装しただけの、間に合わせの掩体壕に格納されたと思われる。

2　巌《いわお》部隊幹部らを沖縄に運んだ旧式の九六式陸上攻撃機

✴非特攻の夜間雷撃隊の連夜の出撃

〔四月二日〕

この日、海軍は鹿屋《かのや》、宮崎、石垣島から四〇機以上、陸軍は宮古島、徳之島《とくのしま》から十数機の特攻機を発進させた。

なお、攻撃を終えて喜界島に帰っていた非特攻の「天山」四機が、午前四時四七分、喜界島を離陸して鹿児島の串良《くしら》へ帰って行った。夜になって、午後七時二四分、新たに非特攻の「天山」六機が喜界島に到着、うち四機が日付が変わった三日午前〇時三〇分、夜間雷撃のために発進した。

この攻撃に参加した「天山」二機が喜界島に午前三時五五分帰投、燃料を補給して串良《くしら》基地に帰って行った。この日の攻撃に参加した合庭喜俊上飛曹、大内公威上飛曹、中根音松二飛曹搭乗の一機は帰還しなかった。他の一機は燃料の補給なしに串良へ帰ったのだろう。山下清則上飛曹、牛尾栄中尉、高木一信上飛曹の搭乗機と、佐藤勇上飛曹、峯村昇上飛曹、片寄守正二飛曹の搭乗機は故障のため出撃できず、喜界島待機となったという（宮本『われ雷撃す』）。

✴対空砲隊の死闘

米軍機は、朝八時頃から午後五時頃までに「F6F（グラマン）」が一四機、二機、一三機、一〇機と来襲し、高角砲一基が爆弾の直撃で破壊され、兵三名が戦死、一名が負傷した。対空砲部隊は五機を撃墜したという。「F6F（グラマン）」は艦上戦闘機であるが、四五〇キロ爆弾二個を搭載できる爆撃兼用機であった。

一日の出来事をまとめるとこれだけの記述であるが、状況はまさに地対空の〝死闘〟である。

✴九六式陸上攻撃機、米軍上陸の沖縄に強行着陸

この日、巌《いわお》部隊所属の九六式陸上攻撃機（以下、「九六陸攻」と略す）二機のうちの一機が、巌部隊の内務、整備、工作、主計、医務、通信の各科の科長たちを鹿児島の鹿屋《かのや》から沖縄に送ることになった。「九六陸攻」は当時はすでに旧式のため輸送機として使われていたのである。巌部隊の科長らは、鹿屋の五航艦司令部であった科長会議に出席していたのであるが、沖縄の各飛行場に対する米軍の空襲で飛行機が飛べず帰隊の機会を窺っている間に、沖縄本島に米軍が上陸して戦況はさらに悪化してしまったのであった。

小禄《おろく》飛行場（現在の那覇空港の場所にあった海軍航空基地）は、まだ巌部隊が確保していたものの、夜間着陸も危険になっていた。しかし、鹿屋に出張して来ていた科長たちは巌部隊の実務を動かす大尉クラスの幹部である。この幹部士官らを沖縄に送る任務は当然、同隊所属の「九六陸攻」が担った。搭乗員の一人、市川靖人兵曹がその時の状況を手記に記している（「悲しき飛行靴」『丸』エキストラ版、一九八六年三月号所収）。

「九六陸攻」は乗員五名の双発機で、八〇〇キロ爆弾の搭載が可能であったので輸送機としてもそ

米軍機によって撮影された小禄（那覇）飛行場（1945年5月20日撮影。写真提供／沖縄県公文書館）

れに相応する人や貨物の搭載が可能だった。

巌部隊の科長らを乗せた「九六陸攻」が夜陰に乗じて五〇メートルという超低空で沖縄の小禄飛行場に近づいた。

「海を埋めんばかりの敵の艦船に包囲された小禄の基地は（中略）ひっそりと静まり返っていた。わたしたちは誘導コースを回ることもせずに、敵艦の上をすれすれに飛び越えて波打際からエンジンのスイッチを切って滑走路に滑り込んだ」

夜間にこのような着陸ができるのは、何度も通っていた飛行場だったからだろう。無事に着陸した「九六陸攻」の周りには、巌《いわお》部隊の兵士たちが集まって来て科長たちの帰還を喜んだ。

このあと鹿屋《かのや》へ戻るに際しての離陸の時には、こんどは日本軍機と気付いた米艦船から猛烈な対空射撃を受けて右エンジンから火を噴き、火は消し止めたものの片肺飛行になり、その上、左フラップが銃弾で効かなくなった。しかし操縦困難な飛行機を操作してどうにか鹿屋に辿り着き、滑走路を一〇〇メートルオーバーしただけで無事着陸した、という。

ベテラン搭乗員により運行された巌部隊所属の二機の「九六陸攻」は、その後も何回か夜間を利用して米軍機制圧下の沖縄や喜界島に飛来し、弾薬、食料、医薬品などの補給に従事したが、小禄飛行場には以後は着陸できず、空中投下による補給となった。

喜界島ではこの日、午前一〇時、グラマン二機が湾《わん》集落に焼夷弾を投下し一戸焼失、午後二時には島の最南端の上嘉鉄《かみかてつ》集落に三機が焼夷弾を投下し、一六戸が焼失した。

宇垣長官の『戦藻録』によると、この日、喜界島南方付近に空母一と戦艦一を発見したと索敵機が伝えてきたので、攻撃機を向かわせたが発見できず帰ってきたという。

3　陸海軍の非特攻出撃にも使われた喜界島基地

✴奄美大島・喜界島上空の空中戦

〔四月三日〕

この日、奄美大島南方四〇浬《かいり》に空母群を発見し、午後三時過ぎ、海軍は宮崎基地から爆撃機「銀河」八機、鹿屋《かのや》基地から爆装「零戦」二二機、第一国分《こくぶ》基地から「彗星」や爆装「零戦」など二四機、台湾から「彗星」四機、石垣島から爆装「零戦」三機、陸軍は「九九襲」一一機を新田原《にゅうたばる》と知覧《ちらん》から、一式戦闘機「隼《はやぶさ》」一機を知覧から一斉に発進させた。またこれとは別に、まだ夜の明けないうちに南九州の万世《ばんせい》基地から「九九襲」三機、石垣島から三式戦闘機「飛燕《ひえん》」六機を、特攻出撃させている。

この特攻出撃には海軍は戦闘三一〇、戦闘三〇八飛行隊の「零戦」や戦闘四〇二飛行隊の「紫電」〈註2〉など約四〇機の戦闘機が特攻機の進路の制空のため出動、奄美大島、喜界島付近で米軍機と遭遇し、空中戦となった。この戦闘状況を戦闘三一〇飛行隊、白浜芳次郎上等飛行兵曹の著書『最後の零戦』(朝日ソノラマ、一九八四年)から引用させていただく。

「(引用者註：喜界島上空を眺めると) いるわいるわ、TBF艦爆 (引用者註：通称「アベンジャー」と呼ばれる艦上爆撃機) 約三十機が、鬼界ヶ島のわが基地に対し爆撃中である。しかもなめたことには、高度一〇〇〇メートルくらいで、爆撃練習中ですといったように二機ずつになり、単縦陣で急降下爆撃を悠々とやっている」(「鬼界ヶ島」とは喜界島のこと。軍用地図の中にはこのように表記するものもあった)

この日の喜界島上空で行なわれた空中戦で日本側は「零戦」八機 (清水真大尉、藤島上飛曹、磯部、和久、最上、中谷、田植、山崎各飛行兵長)、「紫電」二機 (矢花一飛曹、斉藤飛行兵長) を失った。一方、この戦闘で日本側は米軍機を十数機撃墜、六ないし八機を撃破したという。

「派遣隊日誌」によると、朝七時四五分から八時八分にかけて「F4F (グラマン)」八機が来襲して飛行場を爆撃、午後四時二〇分から五時にかけて、「F6F (グラマン)」と「F4U (コルセア)」混成の二七機が来襲して飛行場を銃爆撃した。地上砲火は「F6F (グラマン)」二機を撃墜した。この空爆の最中に、日本の戦闘機隊が現れ、飛行場西方一〇キロの上空で空中戦になったという。

白浜上飛曹が語る空中戦の相手は、「派遣隊日誌」の言う「午後四時二〇分から五時」に空爆していた米軍機であろう。白浜上飛曹は空爆していたのはＴＢＦというが「派遣隊日誌」の記述とは機種が違う。「Ｆ４Ｕ（コルセア）」も「Ｆ６Ｆ（グラマン）」も爆弾搭載可能であり、喜界島の対空砲部隊にとっては見慣れた機種である。断定はできないが、対空砲部隊の観測が正しいような気がする。

この空中戦で戦闘三一〇飛行隊の梅林義輝上飛曹は搭乗の「零戦」が被弾して喜界島に不時着したという（杉山利一ほか『艦隊航空隊』今日の話題社、一九八六年）。「派遣隊日誌」によると、この日の午後五時頃、「零戦」一機が被弾して不時着し、機体は大破した、という。これが梅林上飛曹の搭乗していた「零戦」であろう。

✴陸、海ともに非特攻出撃に利用した喜界島基地

米側資料によると、この日は、特攻機により、護衛空母ウエークアイランドと高速掃海艦ハンベルトンが損傷し、急降下爆撃機により駆逐艦スプロストンが損傷した、という。急降下爆撃機による損害は彗星隊によるものであろう。

この日、陸軍第二二振武隊の一式戦闘機「隼《はやぶさ》」七機が特攻出撃のため徳之島《とくのしま》に進出したが、グラマン戦闘機の銃撃をうけて隊長の藤山二典中尉は着陸後機上で戦死し、伊東信之少尉は一キロ沖の海上に墜落して死亡した。

この日の喜界島基地の離発着状況は、「派遣隊日誌」によれば「〇〇三〇、天山四機攻撃ニ発進、〇三五五、天山二機帰投燃料補給ノ上串良向ケ発、〇六一〇、Ｋ二五六天山一機新竹ヨリ那覇湾攻撃

後当基地ニ着、〇九一三、陸軍九九式襲撃機一機不時着、一七〇〇、六〇一空零戦一機被弾不時着機体大破、一八〇〇、陸軍九九式襲撃機一三機進出、一九〇〇、六〇一空彗星八機攻撃実施後着陸（内一機着陸時大破）」となっている。

この日の喜界島発進の飛行機には特攻機はいないが、陸軍も海軍も非特攻の基地として頻繁に利用した様子がうかがえる。

午前〇時三〇分発進の「天山」四機のうち、二機が予定時刻に帰っていないが、必ずしも未帰還とは限らない。南九州の基地に直行する場合もあるからである。宮本『われ雷撃す』によると、二日の夜に喜界島に到着し、日付が変わった三日になって喜界島を発進した四機の「天山」のうち一機は未帰還となったが三機は戻っている。「派遣隊日誌」には帰投したのが「二機」と記す。「派遣隊日誌」の記録には、四月三日午前六時一〇分「天山一機新竹より那覇湾攻撃後当基地着」と記されている。

この「天山」の所属部隊は判読するに「K二五六」と読める。これが正しいとすると、これは攻撃第二五六飛行隊の記号であるが、四月二日、鹿児島の串良《くしら》基地を出発して喜界島を中継に三日午前の日付が変わった直後に喜界島を出撃した「天山」四機の中の一機がこの飛行隊所属である（宮本『われ雷撃す』）。「新竹より」とは台湾北部の新竹からの飛来を意味するが、喜界島を三日午前〇時三〇分発進して沖縄に向かった「天山」が何らかの理由で沖縄を越えて台湾まで行き、燃料補給の上、出撃基地に帰って来たのであろう。この機は「巡洋艦轟沈」と報告しているが、三日に撃沈された米艦船の記録はない。米国以外の連合国軍の艦船の可能性もあるが、確認はできない。

また、攻撃に参加した「彗星」八機が、午後七時頃、攻撃を終えて着陸し、そのうちの一機が着陸時に大破したという。この非特攻の彗星隊は鹿児島県中央部の国分《こくぶ》に司令部を置く七〇一空所属であったが、司令の木田大佐は整備要員を事前に喜界島に配置していた。熟練搭乗員による非特攻夜間攻撃の航空隊であった。米側資料は前記のように、急降下爆撃による駆逐艦スプロストンの損傷を認めている。

『福岡記録』によると、三日午前一一時頃、早町《そうまち》集落に空襲があり、六戸を焼失、午後二時頃には湾《わん》集落と中里《なかさと》集落が空襲を受け、機銃掃射と焼夷弾により、湾で一戸、中里で四戸焼失した。

＊攻撃を逃れ不時着する偵察機

〈四月四日〉

午前一一時、グラマン三機が来襲して飛行場を爆撃するとともに隣接する湾集落に焼夷弾を投下して四戸が焼失、模擬飛行場に近い志戸桶《しとおけ》集落も午後二時頃までに三機の襲撃を受け、一三戸が焼失した。

「派遣隊日誌」は、午前は六時五五分から八時四五分にかけて「F6F（グラマン）」八機が来襲して飛行場を爆撃した後、周辺を哨戒飛行し、午後は四時一三分から四〇分にかけて「F4U（コルセア）」一七機が来襲し砲台を銃爆撃した、と書く。対空砲は「F4U（コルセア）」六機を撃墜したという。

なお米軍はこの日の午前、前日の空中戦があった海域を、哨戒飛行艇一機と戦闘機四機で捜索したという（「派遣隊日誌」）。空中戦の際の落下傘降下は広範囲に及ぶので、島の対空砲火で落とされた場合のようにすぐに救出というわけにはいかないが、人命救助のこの努力は、さすがだと思う。

この日の黎明、米軍機動部隊の偵察のため鹿児島の鹿屋《かのや》を発進した「彗星」二機のうち、一機が「敵飛行機発見」の無線を発信したまま消息不明になった。鹿屋では撃墜されたものと思っていたが、実はこの偵察機は追撃を逃れて喜界島基地に不時着しており、翌日鹿屋に帰って行ったという（渡辺洋二『彗星夜戦隊』図書出版社、一九八五年）。もっとも「派遣隊日誌」の四月五日の項にはこの事実の記載はなく「六日」の項に「午前六時三〇分、彗星一機鹿屋向ケ発」とあり、これが『彗星夜戦隊』で記述されている「翌日」鹿屋に帰ったとされている「彗星」だと思われる。

海軍航空隊の中で特攻を意識的に実施しなかったと言われる国分《こくぶ》基地の芙蓉部隊では南西諸島に沿って洋上を初めて飛んで沖縄方面への攻撃に参加する「彗星」艦爆や「零戦」が航続距離の関係から帰還不能になることを懸念し、往路は奄美大島で機位（乗っている飛行機の地上との位置関係）を確認して飛び、帰路は燃料不足を予測して喜界島で燃料を補給する手はずになっていたが、実際に実施してみたところ燃料補給なしに往復が可能と判明したので、「彗星」や「零戦」は特別の事情がない限り、喜界島に降りずに往復することになったという。しかし航続距離が短い飛行機はもちろん、「彗星」や「零戦」の喜界島不時着も後を絶たなかった。米軍機に追われて燃料を使い果たしたり、銃弾を受けて飛べなくなった飛行機は不慣れな南西諸島の夜の洋上を不時着可能の島を探し求めて命がけで飛んだのである。

4　陸軍の特攻基地にもなった喜界島

✴陸軍の第一飛行攻撃集団長が来島、作戦指揮

〔四月五日〕

この日、陸軍第六航空軍（六航軍）の第一飛行攻撃集団長・河原大佐が喜界島に進出してきた。「派遣隊日誌」は「河原大佐進出、当隊に仮入隊、作戦す」と記している。また、戦時中に鹿児島県立大島中学校の生徒だった人たちが軍隊に動員された体験を記した手記、特設防衛通信隊記念誌頒布委員会『記録のない過去』（私家版、二〇〇〇年）には、「四月二日、特攻第一飛行集団（集団長川原大佐）徳之島《とくのしま》へ前進、翌日飛行場は空襲で破壊、出撃ならず」との記載がある。

この「川原大佐」と「派遣隊日誌」が巌《いわお》部隊喜界島派遣隊に「仮入隊」したという「陸軍第一飛行攻撃集団長河原大佐」とは、同一人物の可能性がある。そうだとすると、河原大佐は、当初徳之島で陸軍機の出撃を指揮するつもりであったが、米軍の空爆が激しく出撃基地として使うことが困難と見て、徳之島よりはややましな喜界島に移ってきたのかも知れない。

当時は陸軍と海軍が協同作戦をすることになっていて、陸軍の六航軍が海軍基地の喜界島を航空作戦の最前線基地として使うことになっても、別に奇異ではなかったのである。以後、喜界島は特攻基地としては陸軍が頻繁に利用し、海軍は主として非特攻の夜間雷撃に使用することになる。

「派遣隊日誌」によると、この日の午後七時、陸軍一式戦闘機「隼《はやぶさ》」二機、三式戦闘機「飛燕《ひえん》」

三機、「九九襲」八機が進出してきた。この陸軍機の進出は、河原大佐が着任後、喜界島を攻撃基地として使うという作戦意図を実行したものであろう。

この日、喜界島に到着した陸軍機のうち三式戦闘機三機は、援護戦闘機隊で、緒方尚行中尉が指揮していた。喜界島基地を攻撃隊が離発着する際、上空の米軍機を排除して離発着を助けるための配置である。しかし、米軍機に制空権を握られているだけでなく、喜界島基地が本来海軍の飛行場のため陸軍機の部品の用意がなく、故障機が出ても修理ができず、この制空隊は期待されたほどの活動はできなかったらしい（渡辺洋二『液冷戦闘機「飛燕」』朝日ソノラマ、一九九二年）。

なお、この日の午後四時頃、第二一振武隊の水川禎輔中尉と第二二振武隊の大貫健一郎少尉と大上弘少尉が一式戦闘機「隼」三機で喜界島に進出した、という（大貫健一郎・渡辺考『特攻隊振武寮—証言・帰還兵は地獄を見た』講談社、二〇〇九年）。ただ「派遣隊日誌」にはこれに該当する記録はない。しかし、その後の出撃状況から見て彼らがこの日に喜界島に進出してきたことは確かだと思われる。

＊日増しに増える集落の被害

この日、四月五日も、米軍は喜界島の軍事施設と集落に対し猛爆撃を加えた。具体的被害状況の資料は『福岡記録』の「喜界町空爆状況」と「喜界島焼失家屋調」しかない。前者は集落ごとの被災家屋を数値で示しており、後者は被災家屋の世帯主名と思われる人名を列記しているが、同日の被災者の数が、読み比べると必ずしも一致しない。しかし、その真否を検証する手立てはない。矛盾は矛盾のままで受け容れて、被害の大きさを確認するほかない。

この日は、まず午前七時、艦上機五機が「震洋」特攻隊の駐屯する島の西岸北部の小野津《おのつ》集落を爆撃し民家四二戸を焼失し、午前八時一六分、三五機が来襲し飛行場を爆撃して四十数発の爆弾で滑走路を使用不能にし、午前一〇時頃には島の西岸中部の坂嶺《さかみね》集落を二機が襲って民家四戸を焼失、正午から午後一時にかけて二機が殿森《とのもり》の高角砲陣地に隣接する赤連《あがれん》集落を空襲し民家一二戸を焼失、午後二時には飛行場に隣接する湾《わん》と中里《なかさと》に八機で銃爆撃を加え、湾で四四戸、中里で六戸を焼失した。

こうしてこの日だけで喜界島では一〇八戸の民家が焼き払われた。『福岡記録』の同日の「喜界島焼失家屋調」に記載された氏名を数えると、小野津は七六戸で「喜界町空爆状況」より三四戸多くなる。このうち坂嶺の四戸と赤連の一二戸は一致しており、湾は四三戸で一名少なく、中里はこの日の被災者の具体名の記載はない。なお「喜界町空爆状況」には全く記載されていないが「喜界島焼失家屋調」に記されている四月五日の阿伝《あでん》集落での被災者家屋を数えると、この日の午後三時三〇分に八四戸、午後四時に一戸の被災者名を記載した後に、同日三時三〇分に被災として六一戸の被災者名を追加記載している。この同じ時刻の二つの記録に氏名の重複はない。後で半焼の家屋などを書き足したとも考えられるが、これを合計すると阿伝集落は、この一日で、一四六戸の家が全焼か半焼の被害を受けたことになり、集落の全域がこの日焼失したことになる。

この阿伝集落の被災戸数を加えると、四月五日の喜界島の被災戸数は二八〇戸を超えている。

✴激化する地対空の戦闘

この日は「F6F（グラマン）」や「F4U（コルセア）」が、午前八時一六分から九時二一分にかけて三五機が来襲し、午後一時二三分から二時一九分にかけては四〇機が来襲し、飛行場を爆撃した。

この日、巌《いわお》部隊の対空砲は六機を撃墜し、二機を撃破した。しかし、巌部隊も戦死一名、負傷一名の損害を出した上、駐機中の「彗星」一機が炎上し、陸軍機一機が大破し、「彗星」と「零戦」の各一機が小破した。そのほかに、兵舎二棟が損壊し、四〇発以上の爆弾の穴で飛行場は使用不能となった。

しかし、二時間後の午後四時二五分には、滑走路を使用できる状態に復旧したという。芝生を植えただけの草原の飛行場だから爆弾の穴は、石ころや廃材、果ては飛行機の残骸を投げ込んで土をかぶせローラーで地均しをして、飛べるようにしたのである。この作業を担当したのは、設営隊の兵士たちだった。

午後四時過ぎ米軍の飛行艇（水上機）が、グラマン八機の援護のもとに、近くの海面に着水し、落下傘降下の搭乗員を捜索し、午後五時過ぎに飛び去った。

＊盲人夫婦の死

連日猛爆撃を受けていた中里《なかさと》集落では焼失する家屋が急速に増えていった。

『福岡記録』は全島の被災者を記録しているが、中里の加桃嘉《くわえとうか》、ナベ夫婦について、四月五日に夫は「自宅で焼死」、妻は「自宅防空壕で爆死」と記している。しかし、二人の遺体がそれぞれ自宅の焼け跡と、直撃弾を受けた防空壕で発見されたとしても、果たして死亡日が同日であったか、検証の手立てがない。

飛行場と誘導路に囲まれていた中里の住民は米軍の空爆の激しさに敷地内の簡易な防空壕では危ないことを悟り、日にちはまちまちであるが、家を捨てて、ムヤと呼ばれる横穴式墓跡などに緊急避難した。私は子どもだったので詳しい事情はわからないが、盲人夫婦は「私たちは皆さんに迷惑をかけるだけだからここで死ぬ」と集落民の申し出を断わったという話を聞いた記憶がある。福岡氏が記録する盲人夫婦の死亡日の「四月五日」は早すぎる気がする。集落の誰かが盲人夫婦の生存を最後に確認した日が四月五日だったのではなかろうか。中里集落は空爆で壊滅したが、集落内で空爆により死亡した人は、この二人だけであった。集落民の死者はほかにもいるが、いずれも集落の外で受けた銃爆撃で死亡している。

私の記憶は不明確であるが、四月五日頃は、私たちは、まだ集落にいたと思う。というのは、陸軍の三式戦闘機「飛燕《ひえん》」が離発着機の援護に来た時は私たちはまだ家にいて、私は集落と飛行場の境界まで出て見に行ったからである。先端が円錐形に突き出した見慣れない形の飛行機が、掩体壕には入らず、いつでも飛び出せる態勢で、飛行場の湾《わん》集落寄りの草原に駐機していた。私たちが見ている間は搭乗員は乗ったままで、空から丸見えの状態で大丈夫かと気になったことを思い出す。米軍機来襲に備えて即応態勢で待機していたのだと思う。三式戦闘機が来て喜界島に滞在したのは四月五日からほんの二、三日であり（渡辺『液冷戦闘機「飛燕」』）、私たちはそのころは集落に残っていたが、数軒先の加桃嘉宅に爆弾が落ちたことを聞いていないし、盲人夫婦の死も聞いていない。今となっては確かめる術もない。

5 「菊水一号作戦」の日の喜界島

✴特攻出撃機二九七機、うち未帰還が一二二機

〔四月六日〕

この日の早朝、五航艦の偵察機が奄美大島南方に空母六隻を含む米海軍第五八機動部隊の大艦隊を発見した。正午、連合艦隊司令部は「菊水一号作戦」（陸軍の呼称は「第一次航空総攻撃」）実施を発令し、沖縄戦始まって以来の陸海協同による航空機大挙出動となった。

なお、沖縄戦における大規模な航空作戦を、海軍は実施順に番号を付して「菊水〇号」と称し、陸軍は「第〇次航空総攻撃」と称した。

宇垣長官はこの日の出撃について、沖縄から奄美上空にかけて陸海軍協同で多数の戦闘機による制空を行ない、また「機動部隊に対する攻撃が南方より掬《すく》い上げの形になりたるとともに、敵大部隊を南大東島方向に吸引せしめるを得たり。この虚に乗じ、海軍特攻隊は（十航艦の分）百十余機西方に迂回航路をとりて沖縄の敵艦船に体当たり攻撃を行ふ。六航軍陸軍特攻九十機も亦概《またおおむ》ね同時刻突入し、八航軍、一航艦の分も亦之《これ》に策応したるを以《もっ》て、沖縄島周辺は全く修羅場となり……」と『戦藻録』に記している。五航艦の主力が南大東島付近の米軍機動部隊を攻撃したことによって、米戦闘機群をその方向に引きつけたために、十航艦や六航軍の特攻隊が米軍機の妨害を受けることが少なく、特攻作戦がうまくいった、というのである。

宇垣長官が「（十航艦の分）」と記すのは「一航艦や五航艦の出撃機数を除いて」との趣旨であろうが、宇垣長官は五航艦の出撃機の数は書いていない。森本忠夫『特攻—外道の統率と人間の条件』（文芸春秋、一九九二年）によればこの日の出撃機数は、陸軍一三三機、海軍三九一機、うち特攻機は陸海合わせて二九七機で、未帰還は二一二機となっている。ほかに台湾方面を除き、九州各基地からの出撃は、海軍特攻一六四機、陸軍特攻九〇機とする資料もある（安延多計夫『あゝ神風特攻隊—むくわれざる青春への鎮魂』光人社、一九八六年）。

海軍の「一航艦」は台湾に司令部があった。宇垣長官が言う陸軍の「八航軍」はその存在がはっきりしない。たぶん、台湾の「陸軍第八飛行師団」のことと思われる。

森本氏の挙げる陸海の出撃機数を合計すると五二四機となり、うち特攻機は記述どおり二九七機とすると、非特攻の戦闘機や攻撃機は二二七機となる。台湾からの出撃を除く特攻機は、安延氏によると陸海合わせて二五四機である。これを前提にすると、台湾からは陸海合わせて四三機の特攻出撃となる。

宇垣長官は、特攻機は海軍は十航艦（第一〇航空艦隊）から一一〇機余り、陸軍は六航軍から九〇機と述べている。安延氏の書くとおり九州各基地からの特攻出撃が陸海合わせて二五四機だとすると、宇垣長官指揮下の五航艦から出た特攻機は五〇機ほどになろうか。ということは、特攻機の数で見ると、「菊水一号作戦」では、宇垣長官が指揮する五航艦は主役ではなかったのである。ちなみにこの日特攻機を数多く出撃させた十航艦は前田稔中将を司令長官とする航空艦隊で、霞ヶ浦に司令部を置いていた。

この日の奄美周辺の海と空は、攻撃する日本軍機と、迎撃する米軍機や米艦船が入り乱れて大混乱の様相を呈していた。撃墜される飛行機も多く、被弾して島や海面に不時着を試みる飛行機も少なくなかったと思われる。

米側資料によると、この日の米軍艦船の被害は、沈没、あるいは損傷がひどく米軍の手で沈めた艦船は、駆逐艦ブッシュ、駆逐艦コルフン、高速掃海艇エモンズ、上陸用舟艇四四七号の四隻であり、損傷を受けた艦船は、軽空母サンジャシントの他、駆逐艦一一隻（うち一隻は水平爆撃による）、護衛駆逐艦二隻、掃海艦四隻、高速掃海艦二隻（うち一隻は水平爆撃による）、掃海艇二隻の合計二六隻である。

✴不時着も命がけの喜界島基地

折原昇編『われ特攻に死す―予科練の遺稿』（経済往来社、一九七三年）には、もと海軍の「天山」搭乗員だった峯村昇氏が書いた、同じ機の搭乗員・片寄守正氏の両親宛ての手紙が紹介されている。そこには次のような事実が報告されている。峯村氏が偵察員として搭乗していた飛行機は攻撃第二五一飛行隊の「天山」雷撃機で、鹿児島の串良《くしら》が出撃基地であったが、八〇〇キロという重い魚雷を搭載するため燃料を多量に消費し、沖縄までの往復ができないので、喜界島に着陸して燃料を補給し、月の出を待って沖縄に向けて再発進するという出撃方法を取った。喜界島からの出撃は、上空の米軍機が島から何キロか離れたことを飛行場守備隊の電波探知機（レーダー）が確認した後ただちに発進、という慌ただしい出撃であったが、その電波探知機の性能がよくなかった。

「四月六日午前二時過ぎ、例の如く月の出と共に出た時も米機が近くで待機しておりまして、当日はたった三機出たのみですが一機は目の前で撃墜され、小生らの機も攻撃されましたが、優秀な操縦員のため被弾もなく高度を上げ下げして島を回り、様子を見守りましたところ、島の沖合約一千米《メートル》上空にて佐藤君の「不時着シマス」の報を受けて、その準備にかかって次第に高度が下がって海面すれすれになり、岩礁に激突して直ちに発火してしまいました。（中略）激突のショックにて佐藤君、片寄君は、前面の計器盤か、電信機に当たり所悪く、気絶したまま外へ飛び出せなかったのではなかったろうかと考えられます」

峯村氏は助かったが、片足切断の重傷を負った。ただし、宮本『われ雷撃す』に紹介されている「第四次夜間雷撃隊編成」の「記事」には、この飛行機について「喜界島より参加、海中に不時着炎上、偵重傷、電軽傷、他一名戦死」と記載されている。「偵」とは偵察員のことで峯村昇上等飛行兵曹を指し、「電」とは電信員のことで片寄守正二等飛行兵曹のことである。操縦員の佐藤勇上等飛行兵曹は戦死したという。これによると、片寄氏はこの時は助かった可能性もあるが確証はない。

この日午後四時四五分、鹿児島県中央部の第一国分《こくぶ》基地の「彗星」爆撃隊一二機にも空母攻撃の出撃命令が出たが、準備が整わないことなどのために四機だけが発進し、全機帰還しなかった。そのうち、茅原幸蔵飛行兵長が操縦する一機は奄美大島の海岸に不時着し、また南喜市二等飛行兵曹が操縦し鈴本喜久男二等飛行兵曹が偵察員として同乗する一機は午後六時三五分に米艦に魚雷攻撃をかけた際に被弾し、喜界島に不時着している（杉山ほか『艦隊航空隊』）。

「派遣隊日誌」は「当基地発着機状況」として「〇三二〇、天山二機沖縄周辺艦船攻撃ニ発進（一機飛行場東方海面ニ不時着炎上）、〇六一〇、陸軍一式戦二機着陸、〇六二〇、天山一機攻撃ヨリ帰投、一〇二〇、天山一機串良向ケ出発、一二四五、爆戦一機、機動部隊攻撃ノ為発進、一七〇〇迄ニ零戦七機（内二機中破）、彗星二機（内一機着陸時F４U二機ノ銃撃ヲ受ケ大破）、天山五機、一式戦三機、九七戦四機着陸」と記している。

第二五二海軍航空隊の増戸興助一等飛行兵曹の『彗星特攻隊—ある予科練艦爆操縦員の手記』（光人社、一九九九年）によると、四月六日午後一時一〇分、第一国分《こくぶ》基地を他の二機の僚機とともに発進、奄美大島南東の米軍機動部隊を特攻攻撃するため八〇〇キロ爆弾を積んだ「彗星」を操縦して飛行中、奄美大島上空を北から南に横切った直後の午後二時五〇分頃、グラマン戦闘機三機の奇襲攻撃を受けたので、急降下して爆弾を海に落とし、海面に触れるほどの低空を飛んで追撃をかわし、一時間ほど追撃された後、グラマンが諦めて帰ったのを見て、進路を西に取り、約一時間後に喜界島の島影を発見し、滑走路らしきものを見つけて着陸したところ、そこは米軍の目を欺《あざむ》くための模擬飛行場だった。翌朝早く、模擬飛行場を飛び立ったが、片方の脚を折損《せっそん》してしまい、島の南西部にある本物の飛行場に着陸した時は胴体着陸だった、という。

増戸氏はここで、頭を包帯でぐるぐる巻きにした田中新一・二等飛行兵曹に会っている。田中は国分を一緒に発進した三機のうちの一機の搭乗員で、オイル洩れのため途中で僚機と別れていた。その田中が喜界島にいた。田中は喜界島に緊急着陸しようとして着陸態勢に入ったところを折りから空襲中の米軍機に銃撃されて墜落した。しかし高度が低かったため頭に傷を負っただけで命拾いしたという。第一国分基地を一緒に発進した三機のうち二機が喜界島に不時着していたのである。

「第二五二海軍航空隊戦闘詳報第十六号」によると、六日に喜界島に不時着した同隊の隊員は、彗星隊の増戸一飛曹、田中二飛曹のほかに、爆装零戦隊の田村馨上飛曹と堀川光政二飛曹がいたという。「派遣隊日誌」が着陸機として記す「一七〇〇迄ニ零戦七機」というのは、この爆装「零戦」二機も含まれている数字だろう。

前述の「派遣隊日誌」が記す「彗星」二機のうち、大破したという一機は田中二飛曹の搭乗機と思われる。もう一機の「彗星」は増戸氏の飛行機ではなく別の「彗星」だったかも知れないが、「派遣隊日誌」には模擬飛行場に着陸したという増戸機に相当する記録はない。

この日は、特攻機や非特攻の攻撃機を援護するために戦闘機隊も九州本土から多数出撃した。午前一〇時三〇分に第一国分基地を発進した「零戦」一二機と「紫電」一〇機からなる一隊は、故障で引き返した機を除く一七機が徳之島《とくのしま》南方でグラマン四〇機と遭遇し空中戦となり、三機を撃墜したが、日本側は五機が撃墜され、一機は海上に不時着し、二機が喜界島飛行場に不時着したという（杉山ほか『艦隊航空隊』）。

6　捕虜になった日米両軍の航空兵

＊喜界島発進特攻兵の生死の謎

ウォーナー夫妻『神風』によると、四月六日、海上に浮かんでいた日本軍パイロットが空母ホーネットに拾い上げられた、という。そのパイロットは「意匠をこらした赤い救命胴衣」を着用し「第三神風特別攻撃隊」という文字が記入されている絹のマフラーを首に巻いており、米兵たちに「自分は飛行教官であり、喜界島から出撃してきた」と話した、と記されている。

「意匠をこらした赤い救命胴衣」とは「千人針」のことであろうか。当時は千人の女性が一枚の布に一針ずつ赤い糸の玉を縫い込んで装飾し、これを贈られた兵士が胴に巻いて弾除けのお守りにする風習があった。日清、日露戦争のころに始まった風習で、「虎は千里走って千里をもどる」の言い伝えから寅《とら》年生まれの女性千人が参加して作成したというが、後に寅年生まれに限らなくなった。

当初、私はウォーナーのこの記述を読んで、喜界島から出撃したという供述は米軍を欺くための嘘ではないか、と思った。大日本帝国の航空兵がやすやすと出撃基地を敵に伝えるとは容易に信用できる話ではなかったからである。半信半疑で、この日出撃した特攻隊で、名称に「第三」のつく特攻隊があるかどうか調べてみた。四月六日出撃で第三のつく特攻隊は三隊あった。午前一一時過ぎに鹿児島の鹿屋《かのや》から発進したのが「神雷部隊第三建武隊」の爆戦（爆装戦闘機）一九機であり、午後一時過ぎに第一国分《こくぶ》から発進したのが「第三御盾隊」の爆戦二〇機、午後一時一〇分から午後四時四五分にかけて第一国分から発進したのが「第三御盾隊、他一隊」の「彗星」四四機であり、午後三時三五分に鹿児島の串良《くしら》から発進したのが「第三御盾天山隊と菊水部隊天山隊」の「天山」一六機である。当初、私が読んだ特攻隊の出撃記録にはどの本にも喜界島からの発進の記述はなかった。しかし、この日、鹿屋航空基地が受信した喜界航空基地発の「機密電」に、次のような記述があった。

「七二一空、爆戦一機敵機動部隊ヲ攻撃ノタメ一二四五発進、他ノ三機ハ本日ノ空襲ニヨリ被弾、使用不能」

これは四月一日に喜界島に進出していた第七二一海軍航空隊（神雷部隊）の爆戦四機に関するものである。「派遣隊日誌」もこの飛行機の発進を記録している。特攻か非特攻かの区別はせず、攻撃のための発進か否かだけを区別している。四月一日に喜界島に来て待機していた「七二一空の爆戦」四機のうち三機が空襲で破壊され一機が「攻撃のために出撃」していることは確かである。しかし、これだけでは、喜界島発進の特攻隊員が米艦に救われて捕虜になったとは断定できない。

ところがある日、たまたま古本屋で見つけた内藤初穂『桜花―非情の特攻兵器』（文芸春秋、一九八二年）を読んで驚いた。この本には、この日喜界島から出撃した特攻機のことも記載されていた。

「神雷部隊の五〇番爆戦「第三建武隊」一八機もこれ（引用者註：沖縄北方海面の米軍機動部隊攻撃）に加わり、喜界島に進出していた四機の一機を合わせて（残り三機は空襲により地上大破）目標海域へ向かった」

ちなみに「五〇番爆戦」とは「五〇〇キロ爆弾を搭載する戦闘機」の意味である。通常の特攻が二五〇キロ爆弾を搭載したのに対し、より強力な爆弾を搭載したことを強調した表現だろう。

この日、喜界島から第三建武隊の一機が出撃していたことは間違いない。この搭乗員は、ウォーナー夫妻が記す「空母ホーネットに拾い上げられた日本軍パイロット」だったのだろうか。

そうこう考えているうちに、喜界島から出撃した第三建武隊の一機の搭乗員は「指田良男一等飛行兵曹」だと明示する資料も現れた（加藤浩『神雷部隊始末記―人間爆弾「桜花」特攻全記録』学研パブリッシング、二〇〇九年）。「指田良男一等飛行兵曹」の名は「連合艦隊告示第九九号」記載の特攻戦死者一八名の中に列記されている。捕虜になった特攻隊員は特攻戦死者には認定されないとすれば、ウォーナー夫妻『神風』で「喜界島から出撃した」と述べたという搭乗員の発言は、嘘だったのかも知れない。しかし、前述の内藤『桜花』に従えば、喜界島からの一機を加えるとこの日の第三建武隊の出撃機数は一九機になり、特攻認定者は一人足りない。一九人の中の一人が米軍艦に救い上げられた可能性は消えない。謎は未解決のまま残った。

✴空母ホーネットの甲板日誌

そんなある日、四月六日に米空母ホーネットの捕虜になったという日本軍搭乗員が喜界島から出撃して来たという記述の信憑性を確かめたいという気持ちに駆られて、私は米国の「情報の自由法」を利用して空母ホーネットの当日の「戦闘報告書」等の開示を請求してみた。

米国国立公文書館の回答は「要望する捕虜の情報は見つからない」というものであったが、私が請求した空母ホーネットの該当年月日の戦時日誌などを開示してくれた。

ホーネットの戦時日誌の四月六日の項の末尾には、日本艦隊の動向について「戦艦一隻、巡洋艦二隻、駆逐艦九ないし一〇隻の日本艦隊が九州の東海岸を南へ移動中との報告あり。明日はこの艦隊に対する攻撃が予想される」との記述があった。戦艦大和を中心とする〝特攻〟艦隊の出撃の情報を、米軍側が早くも把握していたことに驚かされた。

そこには日本軍捕虜に関する記述は見当たらなかった。ところが同時に送付されてきた同艦の甲板日誌を読んでいて思いがけない記載があることを発見した。甲板日誌には、空母ホーネットが頻繁に速度や進行方向を変える様子や、飛行機を発進させたり、他の艦に給油したり、負傷兵を受け取ったりする状況が時間を追って克明に記載されていた。甲板士官は二時間ごとに交代している。一八時から二〇時まではアイ・F・アンデス少尉が甲板士官をつとめていた。「一八時二五分機動部隊の速度を一九ノットに変更。一八時三〇分、トーシグ（駆逐艦七四六号）が右舷に接舷、日本軍捕虜一名が引き渡された。氏名：サタオマイチ。日本帝国海軍兵曹。捕虜は衛兵の監視のもとに監禁状態に置かれている。診断：顔面及び頭部に火傷。病状：良好」と明確に記録されていた。

空母ホーネットが、直接、日本軍パイロットを捕虜にした記録ではない。ウォーナー夫妻『神風』で、空母ホーネットに拾われたという捕虜と、空母ホーネットの「甲板日誌」記載の、駆逐艦トーシグから引き渡されたという捕虜は同一人である可能性は大きい。しかし、せっかく記録された名前が「SATA　OMAITI」としか読めず、適切な日本名が復元できない。

日本軍の戦陣訓で捕虜になることを禁じていたとしても、戦場で撃墜されて海に落ち、負傷して海面に漂っている間に米艦に拾われて捕虜になることは防ぎようがない。米国と異なり、捕虜を恥ずべきものとする文化を、今も精神の深い所で日本人は克服できていない。これが、この国の戦史の中で捕虜となった日本兵について検証が進まない理由かも知れない。ウォーナー夫妻の著書から、四月六日にホーネットに収容され「喜界島から出撃した」と述べたという日本人搭乗員は、ホーネットの甲板日誌が記す駆逐艦トーシグから引き渡された捕虜と同一人物かどうかは、氏名が不明確で確定できないが、喜界島から出撃した搭乗員だった可能性は高い。ただし、その人のその後の消息はわからない。

✴米機搭乗員捕虜・トマス少尉

一方、四月六日には、喜界島では米軍機搭乗員も日本軍の捕虜になった。海軍喜界航空基地発の「機密電」によると「午後来襲時地上砲火ニヨリ撃墜セル搭乗員一名捕虜ニシ、訊問セル事項左ノ如シ」とあり、捕虜が空母「エセックス」から発進してきたことや、その発進時の位置、また同じ位置には空母「バンカーヒル」もいたことなどを答えた、と報告している。

撃墜された捕虜は「アーサー・L・トマス少尉」といい、飛行場に近い巌《いわお》部隊喜界島派遣隊の小屋に収容されていて、番兵が一人いるだけで自由に会わせたらしく、不時着搭乗員たちが訪ねてきて会話したりした様子などが不時着搭乗員の手記などで伝えられている。トマス少尉はコロンビア大学出身の学徒兵であった。陽気で憎めない性格の若者だったらしく、話題が多かった。

私も、巌部隊の兵曹たちが島の大人たちとトマス少尉の話をするのを聞いたことがある。捕虜なのに悪びれず堂々としているとか、戦争が終わったら返すからウイスキーを飲ませてくれ、と要求する話をしながら「俺たちだって飲みたいよ」と笑い合っていた。彼らはトマスとの会話を楽しんでいるようにも見えた。軍医の治療で次第に快復に向かっていると言われていたが、米軍の空爆が深刻化して米軍上陸近しという情報も流れ始めた時期に、飛行場を守備する巌部隊喜界島派遣隊の士官の手で斬首された。

派遣隊の衛生兵だった兵士は、後年、筆者にトマス少尉を捕まえた時の状況をこう話してくれた。

「私がいた対空機銃陣地が、トマスが落下傘降下した所に一番近かったので、野戦電話で捕まえろとの命令を受け、軽機関銃を持って駆けつけました。現場に駆けつけた時はトマスは沖に向かって泳いでおり、沖あいには米軍の飛行艇がいました。機関銃をぶっ放すと飛行艇は飛び去り、トマスは岸に向かって泳いで帰ってきたので捕まえました。腕から上半身にかけてひどい火傷を負っていました。泳ぐために靴を脱いだのか、珊瑚礁の岩で足裏を切っていて、歩けなかったので陣地から担架を持って来て運びました。途中、頻りに何か喚いていましたが、誰も英語がわからない。もしかして縛られている手が痛いと言っているのではないかと、皆で話し合い、紐を解いてやると「サンキュー」と言って静かになりました」

アメリカ側の「事故死傷者記録」は、「アーサー・ラビア・トマス予備少尉（認識番号354453）とアーサー・メルビン飛行兵（認識番号902583）は一九四五年四月六日、喜界島上空でSB2C4e機にて連絡を絶つ、一人は落下傘降下。両名とも死亡と推定」と記している。二人のうちのどちらか一人が落下傘降下したことまでは確認したが、機関銃の発射音などから死亡と推定したのかも知れない。「SB2C」とは、トマス少尉らが乗っていた艦上爆撃機「ヘルダイバー」である。トマス少尉の話によると、同乗の搭乗員は機上で戦死し、トマスだけが落下傘降下したという。

戦後、兵隊たちが島を去った後、トマス少尉の斬首現場に近い木麻黄《もくまおう》林（註3）の道を歩くと「アメリカ民謡の口笛が聞こえる」という話が人々の間に広がった。その後、私が島を離れてだいぶたってから、現場は開発されトマス少尉が斬首された砂山はなくなったが、近くでとった集合写真に白人の若者が写っていたという噂が流れていた。トマス少尉が斬首された時は相当数の島民も見ていたというから、その記憶が憐憫《れんびん》の情とともに幻聴や幻影となって現れたのだろう。

7　猛爆にさらされ続けた飛行場と隣接集落

✴奮闘する飛行場守備の対空砲

「菊水一号作戦」が実施された四月六日、「鹿屋《かのや》航空基地」は「喜界航空基地」から「機密電」を何通か受信している。もっとも、電報綴りの電報のすべてに「機密〇〇番」と番号が付されているので、私が「機密電」と呼んでいるのであるが、軍でどのように呼ばれていたかは知らない。

「〇四五〇艦上機二機来襲飛行場砲台ヲ銃撃、〇六〇〇迄」「〇六三九F４U一六機来襲飛行場砲台ヲ銃爆撃、〇六五四撃退、戦果二機ヲ撃破、被害ナシ」「〇八〇二戦爆連合約四〇機来襲主トシテ飛行場及周辺飛行機秘匿場地域ヲ銃爆撃、戦果撃墜三機撃破六機、被害零戦大破二、中破一、被弾四、飛行場主滑走路使用差支エナシ」「一三二〇戦爆連合約五〇機来襲一六五〇迄間断ナク二〇機内外ノ編隊ニテ飛行場及砲台ヲ銃爆撃、戦果撃墜六機、撃破二機、捕虜一、被害飛行場及滑走路大型爆弾破孔約三〇」「飛行場ハ明日〇三〇〇頃迄主滑走路（東西）ノミ修理復旧ノ見込」

この日の喜界島における戦闘の激しさを窺わせる電文である。「派遣隊日誌」によると、この日の人的被害は「戦死二名、負傷三名」だったという。

✴不時着機を隠した民家の敷地

中里《なかさと》の集落民がいつ集落を捨てて逃げ出したか、各自の判断だったので明確にはわからない。人によっては空襲が始まる前に避難した人もいたが、わが家が集落から逃げ出すことを決めたのは、中国戦線の経験のある兄の判断だった。私は次のような内容のことを兄が父母に話しているのを聞いた。

「今日の空襲で誘導路の近くの家が焼け、敷地内のガジュマルの蔭に臨時に隠していた飛行機を誘導路に引き出したところを敵機に見つかった。集落が集中的に攻撃されるおそれがある。すぐに集落外に避難しよう」

私は誘導路の近くの民家の敷地を、軍がそのように利用しているのを見たことはないが、掩体壕《えんたいごう》にまで運ぶ時間がない時などは咄嗟《とっさ》にそのような隠し方をしたのかも知れない。私たち一家は兄の提案にしたがって避難することにしたが、空爆が長く続くとは判断していなかった。私たちが避難したのは集落の外とは言っても、防風林に覆われた集落の外れから一〇〇メートルとは離れていない畑のすみのアダンの蔭に掘った簡易な防空壕だった。何しろ喜界島は隆起珊瑚礁の島で、とりわけ私たちが住む中里集落は砂地の上にできていて、水は珊瑚礁の岩盤を流れる地下水が頼りで、すべての家が庭に掘った井戸水で生活していた。集落の外に出たら水の補給に困る。両親が集落に近い畑の防空壕を避難場所に選んだのは、水のことを考えたからだと思う。

＊爆弾で一掃された家財

畑の防空壕に移った翌日のことだったと思う。母が食事の支度に井戸のある集落内のわが家に帰ると言うので私もついて行った。普段は一緒にくらしていない母方の祖母も一緒だった。空襲があまりない夕方だったかも知れない。母はなぜか、家の台所ではなく、庭に臨時のかまどを作ってそこに鍋を据えて夕食作りの準備を始めていた。間もなく、爆音が近づく気配がして、私たちは急いで庭の片隅の防空壕に駆け込んだ。腰をかがめて入ると、上は土が覆っているので薄暗い。中は畳一枚ほどの広さしかない。私たちはそれぞれ土壁に背中をつけてうずくまった。

初めのうちは高角砲の音らしい破裂音が聞こえていたが、やがて敵味方の機銃の音が入り混じり、その音に混じって米軍機の急降下するらしい音も聞こえる。私は学校で教えられたとおり耳と目を押さえる用意をして外の音に聞き耳を立てていた。

突然鋭く甲高い急降下音がまっすぐに近づいてくる気配があり、私は緊張に震えながら耳と目を押さえた。防空壕のすぐ脇の地面をバシッバシッバシッと、土を跳ねるような音が駆け抜け、頭上で何かの機械が動くようなカチャカチャという音とともに、戦車が頭上を通過するかのように重圧感を伴いながら金属性の物体が壕の真上を過ぎ去った感じがしたかと思うと、ズッシンという地響きがして、一瞬の後、真っ黒な煙とも土埃とも判じ難い気体が、ウアッという感じで壕の入口から押し入ってきた。何かどぶのような臭いも混じっている。近くに爆弾が落ちたと思ったが、私たちは恐怖で身動きできない。

その時、祖母が一心に呟いているのが聞こえてきた。「トートガナシ、トートガナシ」と祖母は繰り返していた。初めて聞く言葉だった。母は黙っていた。祖母の口をついて出てきた言葉は後に知ったことであるが、遠い祖先の祈りの呪文であった。至近弾の恐怖が、祖母の心の奥底に眠っていた神への祈りを呼び覚ましたのであろうか。後にも先にも祖母の口からこの時以外に「トートガナシ」という言葉を聞いたことはない。

米軍機が去って外に出てみると猛烈な台風が吹き荒れたように、家は傾き、家の中は土ぼこりに覆われて、いっさいの家財が攫《さら》われたようにがらんとした感じになっていた。食事の支度をしていたかまどの鍋もどこに消えたのか、影も形もない。不思議なことに、近くに落ちたはずの爆弾の穴がない。見ると家の脇のガジュマルの木は泥にまみれている。ガジュマルの木の下には溝状の穴を掘ってそこに台所や風呂の排水を流して地面に吸い込ませていたので、そこは年がら年中、水溜りになっていた。爆弾はそこに落ちたのだろうか。それにしても穴がないのが不思議だった。不発弾でも家を傾けさせ、家の中の物を一掃するほどの爆風が起こるものであろうか。

これで、我が家の危機感は一気に高まった。戦局の容易ならざることを肌身で感じた父母や長兄は、集落内の井戸水を当てにすることはできないと悟ったのだと思う。両親は集落を離れることを決心した。

✴暗夜の逃避行

父が目をつけたのはムヤ〈註4〉（喪屋）である。私はその存在さえ知らなかったのであるが、それは先祖が掘った古い横穴式の風葬跡であった。

私は四月からは国民学校高等科二年に進級しているはずであったが、学校には行けず、戦々恐々とした日々を送っていた。日にちや曜日の感覚はなく、ムヤに行った日が何日であったかもわからない。ただ空襲が激化していた状況から四月上旬の後半だったことは確かだと思う。

ムヤは集落から二キロほど南東の、中里《なかさと》集落の領域の畑地と荒木《あらき》集落の領域の畑地が接する辺りにあって、丘の麓に人が屈んで入れるくらいの小さな口を開けていた。そこに行くには集落を囲むように点在する高角砲や対空機関銃の陣地のある木麻黄《もくまおう》林の丘を越えなければならない。

私たち一家は父母のほかに七〇歳を超えた祖父と二七歳の兄、一七歳の姉、一一歳の妹、八歳と五歳の弟と、母に背負われた一歳の弟と私の、総勢一〇人の大家族だった。あるいは一人暮らしの母方の祖母も加わっていたかも知れない。これほどの大家族なのに、あの空爆の最中、家族が一緒に日常を過ごした記憶はほとんどない。大家族で行動した記憶は、ムヤへの逃避行の時と、後に米軍上陸の情報を前にして軍の命令で島の中央山地に集められた時の移動時の、二回しかない。

白砂が闇夜に浮かぶように見える道を黙々と歩く一家の行列は、子供心にも敗残兵のようで惨めな気持ちだった。夜空の何処かに米軍機がいるのか、時折、見張りの兵士が「方位何度」と叫ぶ緊張した声が聞こえ、私たちは自ずと足早になった。

8　陸軍特攻専用の様相となった海軍基地

＊民間機乗員養成所出身者の特攻出撃

〔四月七日〕

「派遣隊日誌」によると、午前二時五〇分、海軍の「天山」三機が「攻撃のため発進」した。この天山隊は特攻ではない。夜間に魚雷で米艦を攻撃するという、技術的に困難な任務を担う航空兵士らである。

この日午前六時から七時三〇分にかけて、陸軍の一式戦闘機「隼《はやぶさ》」四機と「九九襲」二機が「那覇周辺船団攻撃発進」「九九襲五機徳之島《とくのしま》に進出」と記している。この日は午後五時三〇分にも「九九式襲撃機二機攻撃に発進」の記載がある。

「派遣隊日誌」は特攻と非特攻を区別していないが、特攻関係の資料を見ると、この日、喜界島から出撃した特攻機は、午前七時発進の陸軍第四六振武隊の「九九襲」の五機と、出撃時刻不明の第二二振武隊の「隼」の一機である（苗村七郎編『陸軍最後の特攻基地―万世特攻隊員の遺書・遺影』東方出版、一九九三年）。

この「派遣隊日誌」の記述と特攻出撃資料とを照らし合わせると、「徳之島に進出」とされている「九九襲」五機が特攻隊で、米軍機と遭遇して徳之島に着陸せず、そのまま進んだ可能性がある。特攻死した「隼」の一名は朝出撃した「隼」四機のうちの一機であろう。

出撃した特攻隊員の氏名は、次の通りである。

【陸軍第四六振武隊】（「九九襲」五機）
陸軍少尉・小山勝美（一九二三〈大正一二〉年生・福島県出身・特操二期）
伍長・伊原佐源治（一九二五〈大正一四〉年生・埼玉県出身・養成所不明）
同・古川栄輔（一九二五〈大正一四〉年生・京都府出身・都城《みやこのじょう》乗員養成所）
同・堀越　進（一九二六〈大正一五〉年生・栃木県出身・古河乗員養成所）
同・渡邉　博（一九二四〈大正一三〉年生・千葉県出身・都城乗員養成所）

【陸軍第二三振武隊】（二式戦闘機「隼《はやぶさ》」一機）

陸軍少尉・大上　弘（一九二三〈大正一二〉年生・広島県出身・特操一期）

「九九襲」は複座式であるが、この時は一人の搭乗だった。隊長の小山少尉以外は二〇歳前後の若さである。この「九九襲」のグループは隊長以外の階級は伍長で最下級の下士官である。全員、民間機の操縦士を目指していた逓信省管轄の航空機乗員養成所の出身で、予備下士官として陸軍に採用されている。飛行機の操縦ができるばかりに、特攻要員として総動員されたのである。

なお、小山少尉や大上少尉の経歴中の「特操」とは「特別操縦見習士官」の略。陸軍は戦局の逼迫《ひっぱく》に対応して一九四三年一〇月から一般の大学出身者一二〇〇名を採用して一年の短期の訓練で航空機搭乗員として養成し、少尉に任官させて実戦に投入した。二期生は一九四四年二月に採用され、沖縄航空戦では特攻要員として実戦に加えられた。その後、三期、四期と募集はあったが燃料と飛行機の不足で訓練はほとんど実施できなかったという。これと似た海軍の制度は「海軍飛行予備学生」で、一九三四年から実施されている。採用人員は一九四一年までは毎年、六名から四四名程度であったが、一九四二年には四二八名、四三年には五一九九名、四四年には五五二〇名になった。沖縄特攻などの実戦に加わったのはこの一四期までであった。

第二二振武隊の大上少尉については、同時に喜界島を発進した同僚の手記があるのですぐ後の次項に記す。

この日は、海軍は鹿児島の鹿屋《かのや》から爆戦（爆装戦闘機）九機、第一国分《こくぶ》から爆戦五機、「彗星」一一機、宮崎から「銀河」九機、陸軍は万世《ばんせい》から「九九襲」一一機、知覧《ちらん》から一式戦闘機「隼《はやぶさ》」一機、鹿屋から司偵[註5]二機、徳之島《とくのしま》から一式戦闘機「隼」二機、喜界島からは前述の「九九襲」五機、一式戦闘機「隼」一機が特攻出撃し、すべて未帰還となっている。

なお海軍機の「銀河」や「彗星」は一機に二人ないし三人搭乗したので、海軍の出撃機三四機に対し特攻死者は五五名である。陸軍は一機に一人の搭乗であった。

米軍側資料によると、この日、特攻機により空母ハンコック、戦艦メリーランドなど五隻が損害を受けたという。この日、陸軍と海軍が南九州や南西諸島の基地から出撃させた特攻機のうち未帰還は五六機。これらの未帰還機の中で米艦に突入できたのは五機か、多くてもこれを少し上回る程度だろう。

✴大上少尉の最期

第二二振武隊の大上少尉は、喜界島基地を同隊の大貫健一郎少尉と同時に発進している。大貫・渡辺『特攻隊振武寮』によると、四月七日早朝、大貫少尉と大上少尉はそれぞれ一式戦闘機「隼」を操縦して喜界島を発進したという。「派遣隊日誌」には「三式戦三機制圧下ニ、一式戦四機、九九式襲撃機二機、那覇周辺船団攻撃ニ発進」とある。この一式戦闘機「隼」四機の中に、大貫氏らの二機も入っていたのだろう。それにしてもなぜ、大上少尉だけが特攻死となったのだろうか。大貫氏の記述によると状況は次のとおりだった。

四月七日午前六時三〇分、喜界島を発進。前方に徳之島《とくのしま》が見えて来た時、「黒いカーペットのような雲に突然切れ目ができ、そこから迷彩色の戦闘機が飛び出して来た」。四機編隊のグラマン戦闘機だった。「一斉に撃ちこんでくる機関銃の弾は、まるで真っ赤なアイスキャンディーの束が、だーっと飛んでくるようで（中略）一発でも当たったら終わりだと思いました」という。

乗機の一式戦闘機「隼」からは機銃が取り外されていたので応戦することができず逃げるほかない。大上機は急上昇して雲の中に入って行った。大貫少尉も重い爆弾を落とし、ひたすら逃げた。米軍機の機銃に潤滑油冷却器を破壊されながらも逃げ延びた。大貫少尉が下に徳之島の滑走路があることを確認して、ほっとして上空を見上げた時、「大上が飛んで行った方向の雲がピカッと光ったかと思うと、ゆっくりと真紅に染まっていった」という。

この雲を赤く染めたものが大上機だったのかは確認できないが、南西諸島海域では目的を達成できないまま、米軍機に撃墜されて死んでいった特攻隊員も大勢いたのである。

9　戦艦大和「特攻艦隊」攻撃に向かう米軍機大編隊

山口県徳山沖から出撃した戦艦大和を中心とする特攻艦隊は、四月七日の未明に大隅半島と種子島の間を通過して東シナ海側に入り、一一時頃にはトカラ列島のはるか北西を迂回して南下していた。ベルナール・ミロー、内藤一郎訳『神風』（早川書房、一九七二年）には、次のような話が紹介されている。

「午前一〇時、ミッチャー艦隊は日本艦隊の南南西二〇〇マイルの位置に達していた。一番機が飛行甲板を蹴って発艦して行った。そしてこの三〇分後には総数三八六機におよぶ艦上機の大群が空中集合をおわり、二波に分かれて北の方日本艦隊をめざしたのである。この大編隊の北上は、一一時少し前にその直上を通過した喜界島の日本軍看《ママ》視哨が当然目撃するところとなった。しかしどうしたことか、此所の看視哨はそれを緊急通報することを怠り、報告が達したころにはもはや米軍機は日本艦隊上空に達して熾烈な海空戦が展開されていたのである」

この記述のうち喜界島の監視哨が緊急通報を怠ったという点は疑問がある。この日の『戦藻録』に、宇垣長官は戦艦大和に対する米軍の攻撃について「(大和艦隊は）昨夜大隅海峡を通過西航せるが此の間敵潜の発見する処となり特別緊急発信を以て敵軍に報道せられたり」と言い、七日の朝六時から一〇時にかけて五航艦の戦闘機で護衛したが、その帰還後、米軍の飛行艇が大和に接触したので心配していたところ「……新出現の敵空母より発進せりと考えらるる戦爆機多数は喜界島付近を通過大和隊に向い一二〇〇頃より連続約二時間二―三〇〇機を以て攻撃を加う」と記している。この記述では「喜界島付近を通過」という報告が何時にあったのかはわからないが、日本海軍は大和艦隊を飛行機で護衛することは事実上放棄していたのである。

喜界島の私も、数え切れない艦上機の群れが空を覆うほどに広がって、南から北へ、大きめの模型飛行機大に見える高度を、上になり下になるように競い合い、飛んで行くのを見た。下界の喜界島など目じゃないという感じで急いでいる趣きであった。喜界島の対空砲火は一発も撃たなかった。

この日の「派遣隊日誌」は「一一三〇敵戦爆連合約二〇〇機及び約四〇機の二群上空ヲ通過、

攻撃中の米軍機によって撮影された戦艦大和（米海軍の公式サイト「Naval History and Heritage Command」から）

一四一〇敵編隊約七〇機上空通過」と記している。米艦上機群が「大和」の視野に入ったのが一二時三〇分頃で、喜界島上空を通過した時刻の一一時三〇分から算定して、私たちが見た艦上機の大群は、その時は知らなかったが、大和艦隊攻撃の第一陣だったのである。

「大和」の沈没位置については諸説があった。一時は徳之島沖説がほぼ確実な情報として流布された。実際は九州南端から西寄りの東シナ海を南下し始めて間もなく、米軍機の大群に捕捉されてしまったのである。一九八二年五月、民間の有志で結成された「戦艦大和探索会」の手で、海底の大和が発見されて沈没位置に関する論争に終止符が打たれた。北緯三〇度四三分、東経一二八度〇四分の地点の、水深三四〇メートルの海底に発見されたという（三井俊二『戦艦大和発見―悲劇の航跡を追って』日本放送出版協会、一九八二年）。その位置を地図上に落とすと、東シナ海の北域で、薩摩半島の坊ノ岬の西南西約二三〇キロ、徳之島《とくのしま》の北北西約三〇〇キロ、沖縄まではまだ四〇〇キロもある海域だった。

この攻撃で、日本側は、戦艦大和の他、軽巡洋艦二隻、駆逐艦四隻が沈められた。

米軍艦上機は、この日は「大和」の攻撃に集中したためか、喜界島では、午後四時過ぎに「F6F（グラマン）」七機が飛行場を銃撃しただけで、被害もなかったと「派遣隊日誌」は言う。しかし、民間居住地域は別で、夜の一〇時頃、島の南部の上嘉鉄《かみかてつ》に米軍機三機が来襲、三八戸の住居と高倉（穀物倉庫）一棟を焼失した。

10　ムヤ隠《ごも》りのわが家の暮らし

＊幽霊も雲散霧消

私たちが落ちつくことになったムヤ（喪屋）は、集落から南東へ二キロ、他の集落からも離れていて、そこへ向かう道は左右前方の三方が小さな丘に囲まれており、突き当たりの左斜面の根方に小さな入口を開けていた。付近には幾つかのムヤが散在しており、集落民は放置されて久しいこの風葬墓所の遺跡に逃げ込んだのである。近くにトドロキという小字《こあざ》名の畑があって、私は芋植えの手伝いに何度か行った場所であるが、ムヤの入口は藪に覆われて見えず、親たちも話したことがなかったので、子どもだった私はその存在さえ知らなかった。私たちがムヤについた時、すでに父や兄によってムヤの中にあった墓石や中味のない骨壺は運び出されて、近くの雑木の陰に無造作に転がっていた。夜目にも白くここかしこに浮かぶ墓石の印象は、何か禁忌に触れるような不気味な感じがしたことを思い出す。

私たちが入ったムヤは、入口が長方形で大人が屈んで入れる程度の大きさであるが、丘の斜面に掘り貫いたその入口から一メートルほど中へ進むと、高さ約二メートル、奥行き約四メートル、左右にそれぞれ約四メートルはあろうかと思われるほどの広さがあり、奥の壁沿いには壁いっぱいに高さ奥行きともに数十センチ程度の段があった。石灰分を大量に含む砂の壁は表面が風化して床も壁もセメントのように固くなっていた。明り取りのような穴はなく、中は真っ暗で入口から差す光が頼りであったが、空爆を逃れて安眠するにはもってこいの場所であった。

中里《なかさと》集落の住民の一部は空爆が激化する前に政府の疎開政策によって鹿児島県本土の農村地帯に分散して移住したが、農業を生業とする大半の者は土地を離れることができず島に残った。残った住民の避難には軍も行政も責任を持たない。集落民は空爆を恐れて、てんでんばらばらに逃げ出したのである。どこに避難するかは各自の判断であった。一部は比較的安全な他の集落の親戚知人を頼ったが、多くは私たちと同じようにムヤや自然壕を探して逃げ込んだ。一家そろって家族の空気を持ち込んだせいか、夜中に目を凝らして見ても幽霊が出てくる気配はなかった。

✴ムヤと埋葬の風習

昇曙夢『大奄美史』によると、古くは南西諸島全体において風葬が行なわれていたが、その風習も歴史とともに変化し、当初の、人里離れた場所への遺体の放置から、次第に遺体を菰《こも》などで包むようになり、最終的には棺桶に遺体を入れ、その上にモーヤ（喪屋）と呼ばれる、木柵を廻らした仮小屋を建て、中で家族が服喪するようになった、という。今は、土葬時代を経て、火葬に付するのが一般的になっている。喜界島で「ムヤ」と称している風葬遺跡は「家族が服喪する小屋」ではなく、昇曙夢が言う「モーヤ」とは違うようである。

私が子どものころは喜界島ではまだ土葬であった。集落の墓地の一郭に、深さ一・五メートルほどの穴を掘り、そこに棺を安置して埋め、その上に棺と同じくらいの大きさのミニチュアの社《やしろ》を置き、中に故人の名を書いた木札を立てる。社の周囲は尖った板の柵を廻《めぐ》らし、「改葬」と称する洗骨の儀式が終わるまで数年間そのままにしておく。洗骨が終わると遺骨は近くの墓石の下に納骨される。喜界島に見られた、埋葬場所の上に置かれたミニチュアの社は、昇曙夢の言う「モーヤ」の名残だろうか。

喜界島でムヤによる風葬がいつまで行なわれていたか正確にはわからない。江戸時代、薩摩の喜界島代官所の役人や家族に死者が出た場合、彼らは薩摩の風習により土葬に付したであろう。これを見た島民の間にも徐々に土葬が広まったのかも知れないが、風習はなかなか変わらない。私の父が祖父から聞いた話として語ったところによると、祖父が子どものころ、大人たちがムヤから墓石を担いで集落の共同墓地に移すのを見たという。一八七七（明治一〇）年、鹿児島県令が「死人葬式儀は随意に任すといえども（モーヤに籠《こも》る風習は）衛生上甚《はなは》だ不宜《よろしからぬ》事に付き、自今、右様之弊害は屹度《きっと》相改め……」との諭達を出している。この諭達で示されているのは「モーヤと呼ばれる死者と共に過ごす小屋」であるが、風習の形は喜界島のムヤも同じだったと思われる。ムヤからの墓石搬出はこの諭達と関係があるのだろう。

✴水なし火なしトイレなし

ムヤは空爆を避けるためには絶好の場所であったが、生きている人間が住むようにはできていないから、人が住むには様々の問題があった。最大の問題は水であった。付近は砂山と畑であり、湧き水も小川もなかった。畑中の道を西へ海岸に向かって一キロほど行った小さな森の斜面から絞り水程度の湧き水が出ていた。私たちはそれを頼りにするしかなかった。トイレはムヤの外に作らなければならないが、米軍機に見つかるので小屋を作ることはできない。藪陰に穴を掘って蓆《むしろ》で囲っただけのトイレしか作れなかったと思うが、トイレのことは完全に記憶から欠落している。風呂はもちろんない。煮炊きはムヤの換気がよくないので中ではできない。外で煙を出すと米軍機に見つかる。夜でも、米軍の夜間戦闘機が飛んで来るので火は焚けない。米軍機がいないのを見計らって昼間、ムヤの入口近くで急いで煮炊きするほかない。私は母が急いで火を消すのを何度も見た。

しかしこのムヤが攻撃を受けたことがないのは、米軍機に気付かれなかったというだけではないだろう。今思えば、ムヤは、高空の米軍機を撃つ高角砲陣地や、低空の米軍機を撃つ対空機関銃陣地（以下、両者を併せて「対空砲陣地」という）の南に一キロ足らずの位置にあって、対空砲陣地の北側の飛行場とは対空砲陣地を挟んで直線上にあった。南からやって来た米軍機はムヤの真上あたりから急降下に入って行く。ムヤを狙って急降下すれば、対空砲陣地に腹を見せて通過することになるので、地上の対空機関銃で撃たれやすい。私たちは期せずして爆撃を受けにくい位置にいたのではないか。仮に米軍機がムヤに気がついたとしても、命を賭して攻撃をかける対象ではなかったのであろう。ムヤが空襲を受けたことは一度もなかった。

それでも米軍機に脅える戦々恐々の毎日であった。何を食べたのか、いつトイレに行ったのか、体は臭気を発していなかったのか、そのような日常生活の記憶は全くない。空爆の恐怖感が強すぎて心身は緊張し、日常的な欲望を失っていたのではないかと思う。記憶に浮かぶのは日常生活と離れた異常な出来事だけである。

＊米軍機の休憩中の水汲み

ムヤ暮らしを始めた当初、一三歳の私と四歳年上の姉が一家の水汲みの担当になった。日がたつにつれて米軍機がやってくる時間帯が大体わかってくる。真昼の一二時前後は比較的静かであった。この時間帯を狙って、私たちは水汲みに行った。一斗樽に縄をかけて二人で担ぐのである。父と私の時もあったが、たいていは姉と二人であった。背の高い姉が後ろで、担ぐ棒の中心より自分の方に樽を寄せて私の負担を軽くしてくれた。

一応は米軍機の少ない時間を選んでも、米軍機はいつ現れるかわからない。足早に歩きながら爆音が近くないか、四六時中、耳を澄ましている。上空を編隊で飛んでくる時は真上から見られているようで怖かったが、自分たちの方に急降下する心配はないので近くの物陰に身を隠して米軍機が去るのをじっと待つことができたが、度肝を抜くのは超低空で来る時である。気がついた時は米軍機は銃撃態勢に入っている。米軍機が遠い樹木すれすれに真正面の姿を見せる時は、狙われているような気がした。実際には猛スピードで対空砲陣地の上空を通過しなければならない米軍機にとって、水汲みの島民を狙う余裕などないはずであるが、怖かった。

ある日、水汲み場で、少し慣れてきたからか、姉が少しずつしか出ない水を樽に貯めている間に、私は付近を歩き回っていた。突然、爆音が聞こえたので南に目を向けると、荒木《あらき》集落の上空から低空でこちらに向かって来る飛行機が見えた。プロペラが高速回転する丸い形と、その両側に延びる翼の線だけが見える。真正面に突っ込んでくる非常に危険な位置である。

私は慌ててすぐ近くの斜面の岩の窪みに飛び込もうとしたが、そこには何人かの大人の女性たちが身を押し付けあうように隠れており、入る余地がない。女性たちは早く離れろ、と手で払うような仕草をしている。もう猶予はできない。私は咄嗟に一番近い木立が飛行機の来る方向にあるのを確認すると、背を低くして木立の中に駆け込んだ。その瞬間、米軍機はバリバリと機銃掃射をしながら轟音とともに頭上を通り過ぎて行った。

一機だけではないだろうと考えて、私は安全な場所を探して林の奥に走った。この間、実際には何秒という短い時間だったと思う。突然林の中に大きな岩が見え、その向こうに崖が現れた。林の木に隠れて崖が見えなかったのだ。私は崖の傍の岩陰に駆け込んだ。驚いたことに岩陰の向かいの崖には天井の高さが二メートルはあろうかと思われる大きな隧道《ずいどう》（トンネル）が掘ってあり、隧道の中にむき出しの魚雷が一個転がっていた。海軍はいつの間にかこんな所にも隧道を掘り、どうやって運び込んだのか魚雷を隠していたのだ。むき出しのところを見ると不時着機から外して飛行場から遠く離れたここに運んだのであろう。周囲には兵隊は見えない。隧道の入口の正面は大きな岩が視野をさえぎっており、私は、爆弾が直撃しない限り大丈夫だと思ったが、気持ちは落ち着かず、隧道の入口に立ったまま米軍機が去るのを待った。

もう一度は、姉と二人で一斗樽に満杯の水を担いで帰る時だった。ムヤと水汲み場は徒歩で往復三〇分ほどかかったが、その中間付近の畑中の道で、突然、銃撃音が聞こえた。飛行機の爆音は全く聞こえなかった。超低空で、爆音を殺して近づいたような突然の銃撃音だった。

この時も私たちを狙ったわけではないと思う。突然の銃撃音に慌てて姉と呼吸が合わず水の入った樽を引っくり返してしまった。道端の土手の陰に身を寄せて米軍機の様子を窺《うかが》っていたが、その一撃のみであっけないほどすぐに静かになった。その時、姉が何と言ったか覚えていないが、私は泣きたい気持ちで、再び、姉とともに水汲み場に引き返した。

後で聞いた話ではその時の米軍機の一撃は不時着しようとする日本軍の飛行機に加えたもので、銃撃されたその飛行機は私たちが隠れた道端の土手からさほど離れていない所に墜落したらしい。それにしても日本軍の飛行機の爆音にも気付かなかったし墜落する音も聞こえなかった。もしかしたら日本軍の飛行機はほとんどエンジンが止まる状態で飛行場に向かっていて、銃撃を受けた時、畑に不時着したのではなかろうか。じっさい、島にはそのような飛行機があちこちに落ちていたのである。

その時であったか覚えていないが、水汲みの怖さ、辛さを私は父に訴えた。父はどのような方法を考えたのか、やがて私は水汲みから解放された。ムヤ暮らしの長期化を予想した父や兄が、アタッパル（荒木《あらき》集落の領域の中里《なかさと》寄りにある地名）の、ちょろちょろしか出ない水を頼りに子どもに水汲みを続けさせるのは危険だし、無理だと考えたのかも知れない。たぶん夜の間に、兄が、森に隠してある馬で、荒木集落の家の井戸から水をもらって運んでいたのではなかろうか。私は馬の隠し場所を知らなかったが、後に述べる出来事でムヤからそれほど遠くない森の木陰に我が家の馬がつながれていたことを知るのである。

11　連日出撃した陸軍特攻

✴「九七戦」(高等練習機)の特攻隊出撃

〔四月八日〕

この日は悪天候のため海軍は特攻機を出していない。しかし陸軍は悪天候をおかして、知覧《ちらん》から四機、石垣島から一機、喜界島から四機出撃した。喜界島から出撃したのは第四二振武隊の「九七戦」四機で、発進は午後五時三〇分と記録する文献が多いが、「派遣隊日誌」によると、該当する陸軍機の出撃は「一七〇〇、陸軍九七戦五機攻撃ニ発進」となっている。一機は何らかの理由で特攻とは認定されなかったのであろう。

【陸軍特攻第四二振武隊】(「九七戦」四機)

陸軍少尉・牛島久男(一九二二〈大正一一〉年生・埼玉県出身・特操一期)

同・尾久義周(一九二二〈大正一一〉年生・神奈川県出身・特操一期)

同・仙波久男(一九二四〈大正一三〉年生・愛媛県出身・特操一期)

同・松沢平一（一九二二〈大正一一〉年生・長野県出身・特操一期）

「派遣隊日誌」によると、前日七日の午後五時四五分に「九七戦」五機、一式戦闘機「隼《はやぶさ》」三機が喜界島に到着している。

第四二振武隊は、米艦の哨区（米軍が日本軍機の来襲に備えて、見張りと警戒のために小型艦を配備した沖縄本島北方、北緯二七度付近の海域）に到達し、一機が駆逐艦グレゴリーの中央部汽缶（ボイラー）室付近に突入して大損害を与えた。同艦は終戦まで戦列に復帰できなかったという（木俣滋郎『陸軍航空戦史―マレー作戦から沖縄特攻まで』経済往来社、一九八二年、他）。

「九七戦」は、低翼単葉の戦闘機で、一九三九年頃から実戦に使われており、ノモンハン事件にも出撃しているが、太平洋戦争開始時には戦闘機としては使い物にならず、高等練習機として使われていたという。こういう旧式飛行機までも特攻機にして、速成で育てた優秀な若者を乗せ、特攻として突入させていたのである。

米側資料によると、この日は駆逐艦グレゴリーのほかに、駆逐艦チャールズ・J・バッジャーと上陸支援貨物船スタールの損害を記録するが、この二艦は舟艇特攻による被害としている。被害場所は沖縄本島・中（嘉手納）飛行場の沖合九キロ付近であるが、この時期、米軍はその海岸一帯はすでに占領し牧港付近まで南下しているから、舟艇特攻が出たとすれば牧港以南からだろう。

この日、喜界島では、一二時四〇分から午後三時三〇分にかけて米軍の「F6F（グラマン）」四機、「F4U（コルセア）」五機が旋回哨戒しつつ、飛行場、砲台を銃撃し、陸軍襲撃機一機が炎上した。対空砲火による戦果は撃墜「F6F（グラマン）」二機、撃破「F6F（グラマン）」一機、と「派遣隊日誌」は記す。

『福岡記録』は、この日、午前一〇時、湾《わん》集落にグラマン二機来襲し、一戸焼失したというが、具体的な被害家屋の明示はない。他方、平田武重『喜界島の戦時中日誌』（平田静也発行、二〇一七年。以下、『平田日誌』という）によると、午後三時に荒木《あらき》集落が低空爆撃を受け、「鎌田佐生氏の自宅全焼。益田清六氏の長女は、防空壕の側に爆弾が投下され無惨な最後を遂げた」という。この「益田清六氏の長女」とは『福岡記録』が四月九日の「爆死」として記す「益田夏江」と同一人物である。本書では記述者が死者と同一集落のことでもあり、『平田日誌』に依拠することとした。なお、この日誌を書いた平田武重氏は横浜市の元小学校教員で、一九四二年に退職して喜界島に帰り、戦後は町議会議長などを務めた知識人である。この日誌には事実が率直かつ簡潔に記されており、島民による戦争体験記録として貴重であり、本書でも参考にさせていただいている。

✴混乱する出撃基地の記録

〈四月九日〉

この日も南九州の天候は雨で海軍の特攻機出撃はない。陸軍は石垣島から一機、喜界島から「九七戦」四機を出撃させている。喜界島からの出撃時刻は午後五時四〇分で、次の四名が出撃した、という。

【陸軍特攻第四二振武隊】（「九七戦」三機）
陸軍少尉・猫橋芳明（一九二三〈大正一二〉年生・大分県出身・陸士五七期）
同・近藤幸雄（一九二三〈大正一二〉年生・大分県出身・特操一期）
同・馬場　洋（一九二三〈大正一二〉年生・東京都出身・特操一期）

【陸軍特攻第六八振武隊】（「九七戦」一機）
陸軍少尉・山口怡一（一九二三〈大正一二〉年生・佐賀県出身・陸士五七期）

右のうち猫橋少尉と山口少尉は士官学校出身で、他の二人は特操出身である。

この日の「派遣隊日誌」には右の時刻の特攻出撃に該当する記述がない。陸軍襲撃機四機に燃料を補給したことを書き「一九一〇陸軍九九式襲撃機四機攻撃ニ発進」と記している。四機という機数は合うが時刻も機種も合わない。この「九九襲」四機は特攻隊ではなく沖縄地上軍支援の出撃であろう。喜界島で燃料を補給しているのは沖縄の地上目標の攻撃の後、直接九州本土に帰るためと思われる。

右の午後五時四〇分発進の特攻出撃については、苗村『陸軍最後の特攻基地』は、山口少尉を除く三名について喜界島出撃と書く。山口少尉についての記載はない。生田『陸軍航空特別攻撃隊史』は喜界島出撃として右の四名の名を挙げている。ウォーナー夫妻『神風』も、右の両特攻隊の出撃基地を「喜界島」という。

当時は喜界島基地で陸軍第一攻撃飛行集団長の河原大佐が指揮しており、海軍側の手を煩わせずに、到着後、小休止の後にすぐに出撃させたため、飛行場を管理する海軍側に記録されなかったこともあり得るだろう。他の基地を発進基地とする記録も見当たらない。

木俣『陸軍航空戦史』によると、喜界島から出撃した四機はV字型をなして駆逐艦ステレットを攻撃し一機が体当たりして損傷を与えたと記述している。記述の内容から見て米側の戦闘資料によるものと思われる。ステレットを攻撃した特攻隊は喜界島発進の四機と見て間違いないだろう。

米側資料は、駆逐艦ステレットが特攻機による損害を受けたほかに、この日、高速輸送艦ホッピングと戦車揚陸用舟艇五五七号が、北緯二六度一五分、東経一二七度五五分付近で沿岸防備砲による損害を受けた、としている。この経緯度は沖縄南部海岸であり、沖縄守備軍が地上から砲撃したものと思われる。宇垣長官は翌一〇日の『戦藻録』に「中城湾《なかぐすくわん》の海軍射堡が侵入し来れる敵艦隊に空襲下攻撃を加え駆逐艦一撃沈、掃海艇一を撃破せるは大昔の戦術を復活して意気を表せるものにして面白し」と記している。艦種や損害の程度は異なるが、宇垣長官は、沿岸防備砲による攻撃を沖縄の海軍部隊からの無電情報で知っていたものと思われる。

喜界島には一一時一五分から午後五時二分にかけて「F6F（グラマン）」が八機、二四機、八機と断続的に来襲、飛行場や砲台を銃撃した。対空砲は、「F6F（グラマン）」一機を撃墜した。一方、対空砲陣地の兵が一名戦死した。

＊続く集落民の被害

『福岡記録』によると、四月九日の焼失家屋は、志戸桶《しとおけ》で一戸、荒木《あらき》で一戸という。これだけ見ると、その日の空襲が大したことでなかったように見えるが、次のような死者の死因を見ると、集落が受ける空爆の実態が見えて来る。

志戸桶では、浜川里明が胸部爆弾破片創で、我原安哲が背部爆弾破片創で、宇陽テイが爆弾破片による両手切断で、それぞ自宅防空壕や防空壕周辺で死亡し、大喜慶益が消火中に胸部頭部に機銃弾貫通銃創を受けて死亡した。

✴徳之島からの一機だけの出撃

〔四月一〇日〕

この日も南九州は雨で、海軍の特攻出撃はなく、陸軍が徳之島から一機出撃させた。午前五時三五分、陸軍特攻第三〇振武隊の横尾賢二伍長（一九二五〈大正一四〉年生・樺太《からふと》出身・仙台乗員養成所）が、「九九襲」一機で出撃した。日本軍ただ一機だけの出撃である。悲壮と言うより、あまりにも寂しい。米護衛駆逐艦サミュエル・エス・マイルズが特攻攻撃に直面しているが損害の程度はわからない（ウォーナー夫妻『神風』の付録「特別攻撃戦果一覧表」）。

横尾伍長の属していた第三〇振武隊は、伍長三人で構成された特攻隊で、やがて喜界島から出撃して死ぬことになる池田強伍長や今井実伍長らと同じ隊であった。

「派遣隊日誌」によると、午前九時二〇分から四二分にかけて米軍の艦上爆撃機八機が来襲し飛行場に銃爆撃を加えたが、戦果も被害もなく、軍の記録上は静かな一日であった。

しかし『福岡記録』はこの日も民間の被害があったことを伝えている。午前中は飛行場周辺の中里《なかさと》、湾《わん》、赤連《あがれん》、荒木《あらき》が、午後は飛行場から遠い小野津《おのつ》、志戸桶《しとおけ》が空爆され、中里で三八戸、湾で七戸、赤連で二戸、荒木で一戸、志戸桶で五戸、小野津で一戸、合計五四戸が焼失した、という。荒木の被害については『平田日誌』は「八時半数機飛来し、陣地爆撃の帰路、要為康氏の門に二五〇キロ爆弾らしく、高倉及び馬一頭即死」と記す。

12 「菊水二号作戦」前日の喜界島

✴喜界島からも少年特攻兵の出撃

〔四月一一日〕

漸く快晴となった。鹿児島の鹿屋《かのや》の五航艦には偵察機「彩雲」から米軍機動部隊の動きに関する情報が続々と入電して来た。『戦藻録』によると「〇九三〇喜界島南方海上七〇浬《かいり》付近に正規二、特一の空母を含む一群を発見し、戦闘機約六〇機を先行せしめ、続いて昼間攻撃隊として約四〇機を発進せしめたり」という。

正規空母（航空母艦として建造された軍艦）二隻、特設空母（別の用途の艦船を航空母艦に改造した軍艦）一隻を含む米軍機動部隊が喜界島南方七〇浬に現われたのである。

さらに午後になって喜界島の東約五〇浬に空母二隻を含む機動部隊を発見。さらに午後四時三〇分には喜界島南方三〇浬に空母三隻を含む機動部隊が発見された。喜界島周辺海域では米軍の空母機動部隊が活発に動いている。

海軍は第一国分《こくぶ》から爆戦（爆装戦闘機）五一機、「彗星」九機、鹿屋から爆戦一六機、宮崎から「銀河」一七機を発進させ、陸軍は台湾の宜蘭《ぎらん》から三式戦闘機「飛燕《ひえん》」五機、徳之島《とくのしま》から一式戦闘機「隼《はやぶさ》」一機、喜界島から「九九襲」一機を発進させた。

喜界島からの発進時刻は午前五時三五分。搭乗していたのは米山和三郎伍長。階級こそ伍長であるがまだ一七歳か一八歳の少年である。南の島の朝まだき、コンクリート製の半地下壕の戦闘指揮所前に立ち、たった一人で陸軍第一飛行攻撃集団長・河原大佐から特攻出撃の命令を受けた米山伍長の姿は、想像するだけでも痛ましい。

【陸軍特攻第四六振武隊】（「九九襲」一機）

陸軍伍長・米山和三郎（一九二七〈昭和二〉年生・埼玉県出身・少年飛行兵一五期）

この若さで、たった一人で初めての敵地に向かう。こういう若年者の孤独な特攻出撃が当時の喜界島や徳之島《とくのしま》であったことを、私たちは、これを命じた権力が存在した史実とともに、島の歴史の中に刻んでおかなければならないと思う。

同じころ、徳之島から陸軍特攻第二二振武隊の柴田秋蔵少尉の一式戦闘機「隼《はやぶさ》」一機が出撃した。この日の特攻出撃は海軍が南九州から九三機、陸軍が台湾からの五機を含めて七機だった。海軍側は米軍機動部隊の動向に関する偵察機の情報に対応して動いたものと思われる。

米軍側はこの日、空母エンタープライズや戦艦ミズーリの他、駆逐艦二隻、護衛駆逐艦一隻が特攻機による被害を受け、空母エセックスと駆逐艦一隻が急降下爆撃機による損害を受けたという。

なお「派遣隊日誌」はこの日の発着状況として、夕刻に海軍の爆戦一機、「彗星」二機の着陸と、艦攻六機の進出を記すのみで、早朝の陸軍特攻の出撃は記していない。しかし、各種の陸軍特攻関係の記録では米山伍長の「午前五時三五分喜界島出撃」が定説となっている。

＊戦艦ミズーリと空母エンタープライズへの攻撃

この日、喜界島上空では日本の戦闘機隊と米軍機が衝突し、空中戦となった。

『戦藻録』は「制空隊は喜界島上空にてF6F八機と交戦し、攻撃隊は一三五〇より一七〇〇の間、概ね攻撃を決行、空母に突入を報ぜる戦爆特攻（五〇番装備）七機、彗星四機、艦船に突入を報ぜしもの戦爆三機なり」と記している。特攻機突入の数字は確認が難しく、「零戦」二〇機、「彗星」五機、「銀河」五機が突入した、との資料もある（奥宮『海軍特別攻撃隊』）。

ウォーナー夫妻『神風』によると、四月六日に喜界島から出撃して捕虜になった日本軍パイロットが「四月十一日更に大規模な菊水作戦が実施され、侵攻中の艦隊は残らず徹底的にやっつけられるだろう」と述べたので、米側は沖縄本島上陸軍に対する航空支援を中止して「哨戒駆逐艦や沖縄沖の空母群に対する航空直衛兵力を増加し、母艦搭載中の急降下爆撃機と雷撃機からガソリンを抜き取り」特攻機の突入に備えていたという。実際に「菊水二号作戦」が実施されたのはその翌日の四月一二日であったが、同書によると前哨戦ともいうべき四月一一日、戦艦ミズーリの甲板に特攻機一機が激突し、空母エンタープライズには「彗星」一機が機銃台に激突し、一機が右舷艦首の下に突入して飛行

戦艦ミズーリに突入する日本軍の特攻機（1945年４月11日撮影。米海軍の公式サイト「Naval History and Heritage Command」から）

甲板に機体を散乱させ、カタパルト上の戦闘機を炎上させ、同艦は二日間戦闘不能状態になったという。

『戦藻録』によると、一五時三〇分から一八時にかけて「銀河」や「天山」計三八機を薄暮攻撃（戦場到着が夕暮れとなるような出撃を薄暮攻撃と言った。空戦力で劣勢な日本軍は、米軍から発見されにくく、地上の目標がまだ見える時刻を選んで特攻機を発進させた）のため出撃させ、一八時五〇分から一九時二〇分にかけて現地に到達して雷撃を実施したという。これは前述した宮崎基地一五時三〇分発進の「銀河」特攻一七機も含む数であろうが、艦上攻撃機「天山」については特攻のリストに該当するものがない。おそらく非特攻の夜間雷撃隊だったと思われる。

宇垣長官は「あれだけ空母に突入を報じながら、次々と平気なる空母は例え囮《おとり》船としても健在し得ざる理なり」と『戦藻録』に書き、空母突入電の信憑性に首を傾げている。

✴夥しい日本軍機の残骸

四月一一日の喜界島基地は、不時着機や翌日の菊水作戦参加部隊の到着などで一日中多忙を極めた。第二国分《こくぶ》基地を一二時三〇分に発進した制空部隊の「零戦」二八機、「紫電」六機が二時前後に喜界島上空で「F6F（グラマン）」の一群と遭遇し空中戦が行なわれたが、日本側は南九州の基地に帰らなければならず、近くに空母が待つ米軍機に制空権を握られ、多くの特攻機が撃墜され、難を逃れて不時着する機も地上で撃破され使用不能になる機が多かった。

この日の午後三時二五分頃、爆装「零戦」搭乗の木村浩一等飛行兵曹はグラマンに追われて喜界島に不時着した。続いて大野英男中尉の爆装「零戦」も不時着した。さらに、午後三時に国分を発進した艦上爆撃機「彗星」四機のうち、斉藤巌少尉、浅川正二等飛行兵曹搭乗の一機と、新屋輝清、長嶺但文両一等飛行兵曹搭乗の一機が五時過ぎに不時着している（杉山ほか『艦隊航空隊』）。

増戸興助『彗星特攻隊―ある予科練艦爆操縦員の手記』（光人社、一九九九年）によると、この日の午後三時頃、南から飛来してきた「彗星」二機が着陸しようとして上空にいたグラマンの攻撃を受け、一機が火だるまとなって飛行場の東南方に墜落したという。基地部隊の兵士の知らせでこの飛行機に乗っていたのが増戸氏と同隊の小柳金一飛行兵長と聞き、増戸氏が民家の石垣を盾にして空爆を避けながら墜落現場に行ってみると、遺体はすでに埋葬されていたが飛び散った肉片が残っていたという。

海上に逃れた他の一機もたちまち撃墜され、搭乗の安本春二少尉と菊田純二二等兵曹は死亡した、という。

他方、翌日の「菊水二号作戦」に参加するため前進を命じられた小松万七大尉指揮の「九七艦攻」六機（搭乗員は一機三人で計一八名）が鹿児島の串良《くしら》基地から喜界島に向かった。特攻隊ではなく、米艦船に魚雷攻撃を加えて帰還することが予定されていた。喜界島からの無線連絡によると、喜界島上空はグラマン約二〇機が一日中制圧しているが午後四時頃に引きあげ六時頃交替機が来るというので、その間に進出することにした（宮本『われ雷撃す』）。この時間帯については私たち島の住民も「アメリカの飯の時間だ」とか「休憩時間だ」と言い合ったのを覚えている。しかしこの九七艦攻隊の喜界島到着は何かの都合で遅れたようである。「派遣隊日誌」は「一九三〇、九七艦攻六機進出」という。以下、この部隊の搭乗員の一人であった宮本道治氏の前出『われ雷撃す』からその場面を抜粋して再現する。

「編隊は島の上空で散開し、指揮官機に続いて二番機、三番機と着陸していった。外を見て、私はアッと驚いた。滑走路付近に味方機の残骸がいっぱいある。あたりは暗くなっていた。着陸に失敗した何機かがまだ（着陸）誘導コースを回っていた。その最後尾の機がオルジス（発光信号に使う電灯）を地上に向けて点滅させている。……誰だろう？　やがて全機が着陸したらしい。整備員が懐中電灯で我が機を誘導してくれた。……懐中電灯が急に消えた。潜んでいたグラマン夜間戦闘機が超低空で機銃掃射を浴びせてきたのである。飛行機から飛びおり伏せたり走ったりしながら松林の中に逃げ込んだ。搭乗員は無事であったが、機を誘導していた整備員は機銃弾で手首を撃ち抜かれた。……この直後、翌日の「菊水二号作戦」を指揮するため、片山信夫飛行隊長が整備員一六名と共に零式輸送機で喜界島上空に到着したが、上空に敵機がいることを知らせる術もないまま敵機の銃撃を受け火を吹き海上に落ちて行った……」

『平田日誌』はこの日の撃墜される日本軍機について、「友軍機も新手新手と襲いかかる敵には如何とも為し難く、陣地へ引上げやうとするとグラマン五機が一機めがけて襲いかかった。左へ右へ上へ下へと身を転したが力及ばず遂に落下するのを認めた」と目撃状況を記している。

このように、「菊水二号作戦」の前日の四月一一日、喜界島基地は激しい前哨戦のまっただなかにあった。

串良《くしら》から要務飛行（重要事項の連絡のための飛行）に喜界島へ向かった艦上攻撃機「天山」一機も消息を絶った。この飛行機には児玉研治一等飛行兵曹、芝祐寅二等飛行兵曹、喜多主俔飛行兵長が搭乗していたが、「喜界島で敵夜戦と交戦自爆せるものと認む」と攻撃第二五一飛行隊の戦闘記録に残されている（宮本『われ雷撃す』）。喜界島基地から「四月十二日発」の鹿児島の鹿屋《かのや》「十五時五八分受信」の電文によると「二〇時頃味方機一機（天山と認めらる）飛行場上空に於て敵夜戦と空戦、自爆」とあり、受信時刻から見て、一一日の二〇時頃の出来事で、宮本氏の「天山」に関する記述と符合する。

「派遣隊日誌」は「当基地発着機状況」として「一七五〇爆戦一機、彗星二機着陸」と記し、「被害」として「一七三〇彗星二機飛行場北端上空ニ於テ敵六機ノ攻撃ヲ受ケ炎上墜落。二〇〇〇味方機（天山ト認ム）飛行場東端ニ於テ夜戦ト交戦自爆」と記すが、飛行場以外の場所に墜落した友軍機も少なくなかったのである。

＊第七〇一海軍航空隊司令・木田大佐の喜界島着任

この日、四月一一日、第七〇一海軍航空隊（七〇一空）司令の木田達彦大佐が喜界島に着任した。「派遣隊日誌」は「喜界島海軍部隊指揮官着任」と書く。喜界島には、先に陸軍の第一飛行攻撃集団長の河原大佐が着任して陸海の航空出撃を指揮している。木田大佐の立場は、夜間攻撃に出撃する七〇一空の深夜雷撃を指揮することだったと思われる。

後に喜界島で発生した捕虜斬首事件で、戦後、戦犯に問われた木田大佐は、法廷で喜界島における彼の役割は単なる「空戦観測将校」だったと弁明したが、第一国分《こくぶ》基地に司令部を置く艦上爆撃機を主体とする第七〇一海軍航空隊司令という職務のままの来島で、三月二四日から二六日にかけて、あらかじめ配下の士官六名を含む整備要員六四名を喜界島基地に派遣してきており、彼が単なる空戦観測のために喜界島に出張したという裁判での弁明は首肯できない（本書第Ⅲ部で詳述）。

木田大佐は、夜間雷撃の専門部隊の指揮は、陸軍指揮官に任せておけないとの思いがあって、陸海協同作戦の方針のもとで喜界島基地を拠点とする航空攻撃が形式的には陸軍の河原大佐の指揮下にあったとしても、七〇一空の夜間攻撃作戦の指揮は三月末から立てていた方針にしたがって自分が前線基地の喜界島で責任者として指揮する、と考えて来島したのだと思う。

『福岡記録』によると、四月一一日は、中里《なかさと》で二戸、志戸桶《しとおけ》で一戸、小野津《おのつ》で二戸の焼失を記すのみで、比較的民間被害の少ない日であった。日本軍の「菊水二号作戦」への対応で、米軍も無害の民間集落を攻撃する余裕はなかったのだろう。

「派遣隊日誌」は、「F6F三機撃墜、七機撃破」、「陸軍襲撃機一機炎上」と記す。

13 「菊水二号作戦」決行の日の喜界島

＊海軍航空隊も指揮した陸軍大佐

〔四月一二日〕

この日、沖縄方面の米軍機動部隊に対する大規模な特攻作戦が実施された。海軍はこの作戦を「菊水二号作戦」、陸軍は「第二次航空総攻撃」と称した。

この作戦に参加した海軍機の数は資料によって若干の差異があるが、資料を総合して推定すると、次のようなことが言えると思う。台湾の基地からも出撃したが、大半は九州の各基地から出撃した。九州から発進したのは三五四機で、そのうち特攻機は「桜花」搭載の「一式陸攻」八機を含む一〇三機、その他は援護戦闘機や非特攻の攻撃機だった。

特攻機一〇三機のうち未帰還となったのは六九機、その他の海軍機で帰還しなかった機が四五機ほどあった模様である。台湾から出撃した特攻機は二一機で、うち一二機が未帰還となった。これを見ると、特攻として出撃しながら不時着などにより帰還したものもあれば、非特攻で出撃しながら未帰還となったものも多数あったことがわかる。

陸軍機は九州の第六航空軍一九六機が参加し、うち特攻機四九機が未帰還となった。当時、基地に帰ってこない飛行機は米艦船に突入したのか、撃墜されたのか、何処かに不時着したのか、いずれとも確認できないまま「未帰還」という言葉で伝えられた。

米側資料によると、特攻機により、戦艦アイダホと戦艦テネシーの他、駆逐艦三隻、護衛駆逐艦四隻、軽機雷敷設艦一隻、掃海艇一隻が損害を受け、「桜花」により駆逐艦が一隻沈没し、もう一隻が損害を受け、高速掃海艇一隻は「桜花」と特攻機の両方に突入され損害を受けた、という。

この日、喜界島や徳之島《とくのしま》から発進した特攻機の記録はない。喜界島は前夜、激しい爆撃を受けて飛行場が爆弾の穴だらけになった。宮本『われ雷撃す』からこの日の喜界島基地の状況を見よう。宮本氏はこの日未明、まだ星が輝いている時刻に起こされた。

「指揮所に着くと飛行場では百数十人の設営隊員が爆弾の穴埋め作業をしていた。昨夜の攻撃で相当ひどくやられたのだ」

宮本氏らは出撃命令を受けるつもりで、指揮官のいる戦闘指揮所の地下壕に行き、喜界島の最高指揮官の前に整列した。最高指揮官は歴戦の勇士を思わせる陸軍大佐だった。一同を見つめていたその指揮官（河原大佐）から発せられた命令は、意外なものだった。

「昨夜来の攻撃で、設営隊の努力もむなしく滑走路は八〇〇メートルぐらいしか使用できない。君たちは残念であろうが、南九州へ帰れ」

と命じられたのである。宮本氏は「物量を誇る敵の前に必死の覚悟でいた私たちであったが、この命令を受けて正直なところ、心の緊張が一瞬、崩れた」と述懐している。

南九州に帰るにも滑走路は必要だが、魚雷を積まなければ八〇〇メートルでも離陸できるという意味ではないだろう。当日の夜間雷撃に滑走路の修理が間に合わないから、滑走路の修復を待って、いったん南九州の基地に帰って出直せ、という趣旨だったと思われる。

宮本氏の著書を読んだ当初、彼らが海軍であったのに陸軍大佐の指揮を受けたという記述に疑問を感じた私は、著者の宮本氏に手紙を出して問い合わせた。彼は、間違いなくその日の喜界島航空基地の指揮官は陸軍大佐だったと言った。

沖縄航空戦の最盛期には、陸海協同で作戦が実施され、陸軍の第六航空軍も海軍の連合艦隊の指揮下に入っていた。五航艦から派遣された喜界島航空基地司令の佐藤少佐の任務は地上勤務者の指揮に限定されており、七〇二空司令の木田大佐は国分《こくぶ》が本拠地であり、先に四月五日に着任した陸軍第一飛行攻撃集団長の河原大佐が、陸海軍協同作戦に則《のっと》り陸海協同の航空作戦の指揮官となっていたとすれば、海軍の搭乗員に攻撃中止を命じたことにも得心がいく。

＊沖縄・小禄の巌《いわお》部隊本隊との無線連絡は続く

この日、海軍喜界航空基地の発した「機密電」は「午前二時三〇分迄継続的ニ爆撃ヲ受ケ滑走路被弾修復間ニ合ハズ、九三一空艦攻ノ攻撃ヲ取止メ串良ニ帰投セシム」とあり、続いて「三時五〇分以後爆撃三回本日各飛行機ノ出発見合ハス」となっている。宛先は、鹿児島の鹿屋《かのや》基地と串良《くしら》基地の他、国分《こくぶ》基地と沖縄本島の小禄基地である。巌《いわお》部隊喜界島派遣隊はこの時期、なお、米軍上陸後の沖縄・小禄《おろく》の本隊と無線連絡を取り続けていたのである。

この日の特攻機は鹿屋、串良、知覧《ちらん》、万世《ばんせい》、都城《みやこのじょう》の各基地から、一一時から一三時にかけて一斉に発進して沖縄に向かった。

『戦藻録』によると、宇垣長官はこの日は米軍機動部隊の動向がつかめずやきもきしている。夕方戻ってきた電信機故障の偵察機の情報で、その日の一三時三〇分頃、沖縄北端東方六〇浬《かいり》ないし八〇浬に、正規空母六隻、特設空母二隻を擁する三つの空母群がいたことがわかったという。「なかなかあるものなるが、これが恐らく残存全力なるべし。是非一掃したきものなり」と長官は書いているが、容易に空母撃沈とはならない作戦の状況に悔しさを滲ませている。

✴「紫電改」の空中戦

四月一二日は、特攻機の進路を開くために陸海両軍の戦闘機隊が、七時、一一時、一一時三〇分、一二時と逐次出撃して米軍の戦闘機と戦い、おおむね制空の目的を達した、と宇垣長官の『戦藻録』はいう。続けて「元気者の源田司令麾下の三四三空・紫電隊三四機は奄美大島、喜界島付近迄進出、十三時頃、喜界島上空付近にて敵戦闘機約七〇機と空戦、二〇機以上撃墜破、略《ほぼ》確実なり、未帰還約十二機」と書いている。別の資料によると陸海の戦闘機一五〇機が出撃したという。

零戦搭乗員会編『海軍戦闘機隊史』（原書房、一九八七年）によると、この日出撃した戦闘機隊は、第一波が陸軍戦闘機一五機、第二波が海軍「零戦」三三機、第三波が海軍「零戦」三七機、第四波が海軍「零戦」二六機で、南西諸島から沖縄にかけて空中戦を行ない二〇機を撃墜したが日本側も一四機が未帰還となった、という。他方、三四三空の「紫電改《しでんかい》」三二機が、喜界島上空で一三時頃、米戦闘機約八〇機と交戦し、撃墜二三機（うち不確実三機）の戦果を挙げたが、日本側も未帰還一一機、不時着三機を出したという。

同書の戦死者名簿から拾ってみると、この日喜界島で戦死したと報告されている三四三空の搭乗員は予科練出身の青山芳雄と新里光一の二名であるが、このほかに、戦闘三〇一空の海軍兵学校出身の橋本達敏、予科練出身の大森修、宮田広利の三名がこの日の喜界島での戦死者として挙げられている。戦闘三〇一飛行隊は第三四三海軍航空隊の配下の戦闘機隊であり、「紫電改《しでんかい》」搭乗員であろう。階級は不明であるが、橋本達敏は士官、青山芳雄、新里光一、大森修、宮田広利らは兵曹で、喜界島上空での戦死が確認されたものと思われる。

『平田日誌』には「友軍四機が空中戦を演じ、敵機を撃墜したるも、敵は水艇を伴い、第一高角砲陣地から撃ち出す砲弾も恐れずこれを救い去った。一飛行士すらこれを捨てずに救い行く米軍の真の人情美に感服せざるを得なかった」と書かれている。島に不時着した搭乗員らも同様の感想を記している。

＊米軍機の軍民無差別爆撃

「派遣隊日誌」によると、四月一二日は米軍の夜間戦闘機が午前三時五〇分から午前六時まで上空を制圧し、爆弾三四個を飛行場に投下した。昼間も一八時頃まで「終日四機乃至《ないし》八機」の編隊で「上空ヲ旋回、飛行場ヲ銃爆撃」したという。明らかに「菊水二号作戦」を知っての行動のようだ。「紫電改」の空中戦は地上部隊からも見えて「撃墜二機、自爆紫電三機、敵味方不明落下傘降下四」と記す。そのほかに「一四五〇紫電二機Ｆ６Ｆ一五機ト空戦、自爆」という。「自爆」は味方機の墜落を意味する。

この日は地上の被害も大きく、「戦死兵三、戦傷兵二」「飛行機炎上（九機）」という。

『福岡記録』によると、民間では、佐手久《さでく》で一二〇戸、志戸桶《しとおけ》で八戸、白水《しらみず》で一戸、中里《なかさと》で一戸、赤連《あがれん》で一戸、大朝戸《おおあさと》で一戸が焼失した。米軍は喜界島北部の太平洋側集落を焼夷弾で焼き払う計画のようだ。後に示す上陸作戦と関係があるのかも知れない。

この日は、佐手久で加藤里奥、栄禎登の二名が爆弾破片創で死亡、大朝戸では、福おめとが爆弾直撃による全身粉砕で死亡、政元一子が同じく頭骨粉砕で自宅付近で死亡した、という。同集落ではほかに三名の負傷者が出た。大朝戸は内陸の静かな集落で、基地もない。爆弾が投下されたのは午後八時である。何ゆえの爆弾投下であったか、理由がわからない。おそらく飛来した米軍機が、何かの灯りを見つけて気まぐれに落としたものと思われる。

14　米軍による制空権下の出撃つづく

＊米軍機に昼夜監視される喜界島基地

〔四月一三日〕

一一日に喜界島に進出していた「九七艦攻」六機は、一二日の空爆で三機が炎上したため、その三機の搭乗員も残りの三機に分乗し、偵察員らは島に残して、午前四時五五分に鹿児島の串良《くしら》に向けて離陸した。

宇垣長官は『戦藻録』に、偵察機による索敵のうまくいかないことを嘆き、「如何《いかん》とも為《な》し難《がた》く本日の総攻撃を取止むるの已《や》むなきに至る」と書き、さらに「昨夜来索敵機は二回迄《まで》喜界島の北五〇浬《かいり》に怪しき電波の感応ありしが、指宿《いぶすき》よりする水偵は同地域に燈火を出して着発艦中の空母を発見せり。正《まさ》しく夜戦空母なり。喜界島之《これ》が為殆ど終夜制圧を受くるのみならず、我が南下機を邀撃《ようげき》せんとする夜鷹なり。過般来の夜戦の出現之にて読めたり。今夜はこの小鷹狩を行う事とせり」と記す。

しかし、この日は海軍の特攻は台湾と石垣島から爆装「零戦」二八機が一二機の戦闘機に守られて出撃しただけであり、陸軍は喜界島、知覧《ちらん》、万世《ばんせい》の各基地から合計一八機が散発的に出撃した。

喜界島から出撃した特攻は陸軍の「九九襲」二機で、一八時一五分に発進した。搭乗していたのは次の二人である。生まれた年から計算するとその年の誕生日が来て一九歳という若さである。

【陸軍特攻第三〇振武隊】(「九九襲」一機)
陸軍伍長・池田強(一九二六〈大正一五〉年生・岡山県出身・少年飛行兵一四期)

【陸軍特攻第四六振武隊】(「九九襲」一機)
陸軍伍長・小林貞三(一九二六〈大正一五〉年生・東京都出身・少年飛行兵一四期)

「派遣隊日誌」は「一八一五陸軍襲撃機四機攻撃ニ発進」と記す。発進したのは四機だが特攻と認定されたのはこの二人だけだった。喜界島発進の攻撃には、陸軍にも海軍にも特攻と非特攻があったから、残りの二機は始めから非特攻の出撃だったのかも知れない。

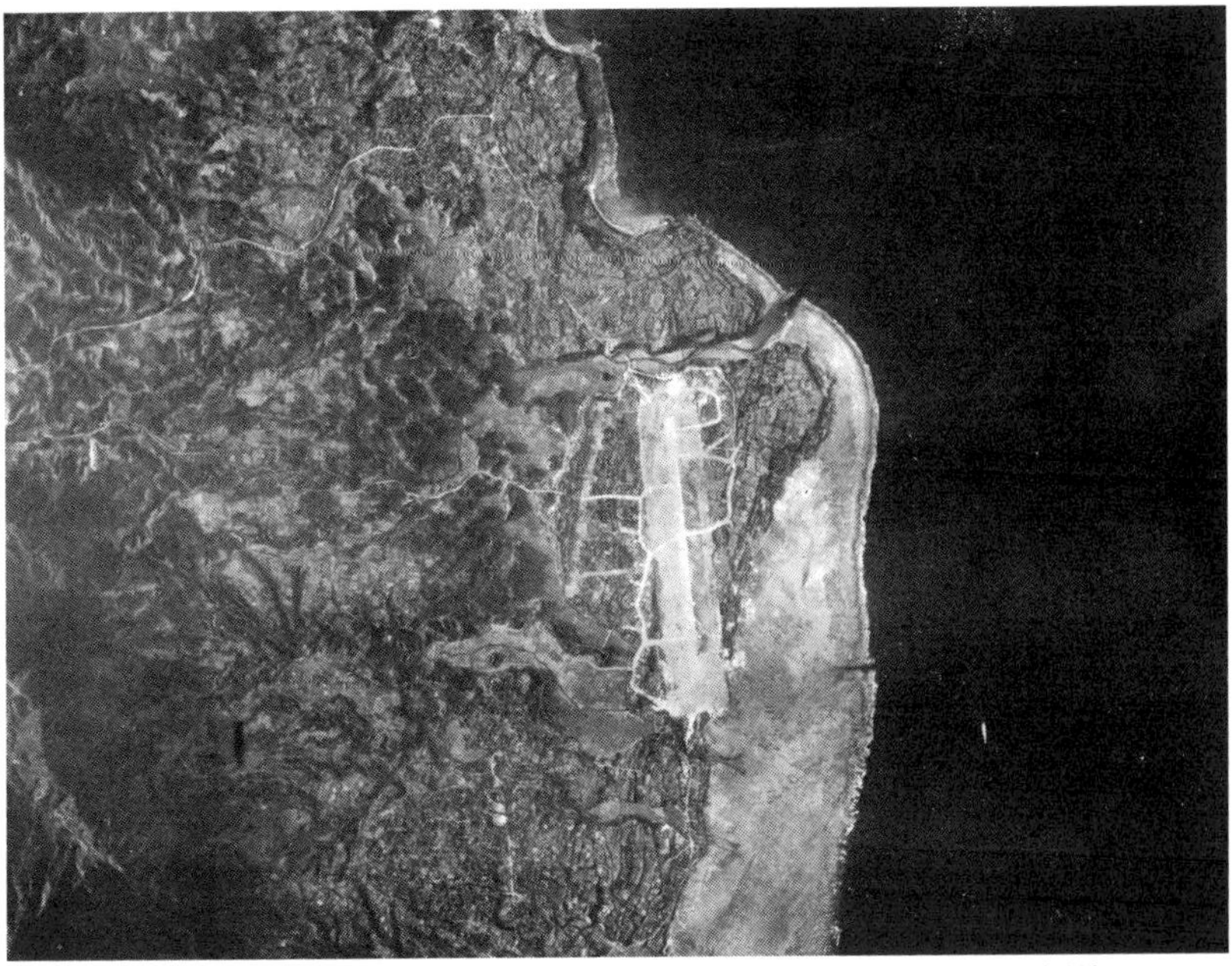

米軍機によって撮影された徳之島の飛行場（写真提供／沖縄県公文書館）

米側資料によると、この日、護衛駆逐艦一隻が特攻機による損害を受けたという。その位置は沖縄本島北部の伊平屋島《いへやじま》近海であり、陸軍特攻による被害である可能性が高い。

この日の「派遣隊日誌」は、「敵ハ昼間夜間未明ニ基地上空ニテ交代哨戒ヲ連続シツツアリ」と記す。夜も少数機で照明弾を落として飛行場を制圧し、朝は八時頃から夕方一八時四〇分まで「F4U（コルセア）」九機、「F6F（グラマン）」と「F4U（コルセア）」の連合二七機と交替で来襲して飛行場を銃爆撃した。対空砲部隊は「F4U（コルセア）」六機を撃墜し、五機を撃破したが、この日の空爆で、「天山」一機と「彗星」一機が大破炎上し、主滑走路が使用不能となった。

この日の午後、徳之島《とくのしま》の陸軍飛行場は米軍機の猛爆を受け使用不能となり、同地に滞在中の井戸田参謀は「進攻基地としてもはや使用放棄止むなきに至る」と九州の第六航空軍に報告した。

こうして沖縄本島以北の南西諸島で、陸上機の離発着基地として使えるのは喜界島だけになった。なお、特攻を扱った書物の中には奄美大島にも陸上機の基地があったかのように記すものもあるが、奄美大島にあった航空基地は南部の大島海峡にあった水上機基地である。ここは沖縄地上戦の敗北後も少数機による夜間攻撃のため使用され続けた。

喜界島ではこの日、湾《わん》集落で二四戸、赤連《あがれん》集落で三四戸、上嘉鉄《かみかてつ》集落で一三戸が焼失し、湾の山本栄碩が自宅で「爆弾の爆風」で死亡した。

＊特攻死を、「男子の本懐」と書いた遺書

〔四月一四日〕

この日の朝、陸軍偵察機が徳之島《とくのしま》南東七五浬に空母一隻を含む機動部隊を発見。五航艦は一一時三〇分から午後二時三〇分にかけて鹿児島の鹿屋《かのや》から「桜花」七機を搭載した「一式陸攻」七機と爆装「零戦」二九機を、また石垣島からは爆装「零戦」六機を出撃させた。また、南九州発進の特攻の援護のため、各基地から一二五機の戦闘機が出動した。ところが、喜界島上空付近で味方戦闘機同士が敵と誤認して戦闘態勢に入り、補助タンクを切り離したため予定の地点まで行けなくなった、と宇垣長官は『戦藻録』に書く。空戦では時々こういうことも起こったのである。

この日、喜界島東方六〇浬に濛々《もうもう》と黒煙に包まれた米艦を偵察機が目撃した。米側資料によると、この日は戦艦ニューヨークの他、駆逐艦三隻が特攻機による被害を受けたという。被害を受けた海域の経緯度を見ると、戦艦は沖縄本島南部の太平洋側海域であるが、駆逐艦シグスビー、同ダシール、

同ハントの被害海域は喜界島の南南東一〇〇キロ付近である。「濛々たる黒煙」はこの被害による火災であろう。

経済学者大内兵衛のもとでマルクス主義経済学を学んだ佐々木八郎が、学徒動員で海軍飛行予備学生になり、第一昭和隊の一員として爆装「零戦」に乗って喜界島東方で戦死したのもこの日である。出撃の前日、鹿屋《かのや》から友人に宛てた手紙の中で彼は淡々と書く。

「ここ南国の基地は八重桜の満開です。昨日から引き続き絶え間なしに再び帰ることなき飛行機が飛び立って行きます。……もう命令が下るのも近いと思います。総攻撃です。男子の本懐、言う言葉もありません」（佐々木八郎『青春の遺書─生命に代えてこの日記・愛』昭和出版、一九八一年）

最高学府に学びながら二二歳の若さで特攻死することを「男子の本懐、言う言葉もありません」と書く。特攻死を、最高学府で学んだ者の「男子の本懐」と観念しているのである。しかしすぐ後に続く「言う言葉もありません」に、自分に納得させようとして、納得できない心のもやもやがこもっている気がする。

この日、一九時一〇分、陸軍は喜界島から一式戦闘機「隼《はやぶさ》」二機を特攻出撃させている。

【陸軍特攻第二九振武隊】（一式戦闘機「隼」二機）

陸軍伍長・及川喜一郎（一九二四〈大正一三〉年生・岩手県出身・少年飛行兵一三期）

同・上川　幟（一九二一〈大正一〇〉年生・福島県出身・少年飛行兵一三期）

苗村『陸軍最後の特攻基地』の六航軍関係特攻名簿には、この二人のほかに「寺田実伍長」の名も見えるが、特攻隊慰霊顕彰会編『特別攻撃隊』所収の「特別攻撃隊戦没者名簿」では寺田の戦死は四月八日であり、第二九振武隊の本隊は染谷勇少尉指揮のもとに四月八日に知覧《ちらん》から出撃している。途中の島に不時着して出撃が遅れたことも考えられるが確証はない。なお「派遣隊日誌」は「一九一〇、陸軍一式戦二機攻撃ニ発進」と記録している。寺田伍長については喜界島発進の裏付けはとれないが、「派遣隊日誌」に記載されない出撃もあったので、あり得ないことではない。

＊「まだ子どもではないか」

〈四月一五日〉

この日の午後四時から三〇分間、飛行場が二六機の米軍機の銃爆撃を受け、応戦した地上砲火が二機を撃墜した、と喜界航空基地発の「機密電」は伝えている。

「派遣隊日誌」は、午後七時二〇分、陸軍「九九襲」二機が攻撃のため発進したと記す。

この二機に乗っていたのは、他の資料から次の二名であることがわかる。

【陸軍特攻第三〇振武隊】（「九九襲」一機）
陸軍伍長・今井　実（一九二六〈大正一五〉年生・岐阜県出身・少年飛行兵一四期）

【陸軍特攻第四六振武隊】（「九九襲」一機）

陸軍伍長・中林　稠（一九二七〈昭和二〉年生・大阪府出身・少年飛行兵一五期）

二人とも未だ一九歳以下、中林伍長は一七歳か一八歳の若さである。送り出す整備兵たちは、このような特攻兵を見て「まだ子どもではないか」と囁《ささや》き合ったという。二人とも陸軍飛行学校少年飛行兵出身である。

この日は喜界島からはこの二機の特攻のほかに、海軍の非特攻の「天山」二機が午前一時三〇分から三時三〇分にかけて夜間雷撃のため発進した。

零戦搭乗員会編『海軍戦闘機隊史』には予科練出身の富杉亘兵曹が喜界島で戦死と記録されている。

この日の空襲で、赤連《あがれん》集落で一八戸、早町《そうまち》で七戸、志戸桶《しとおけ》で四戸、中里《なかさと》で一戸など、四集落で合計三〇戸が焼失した。

15　喜界島東方海域での大規模戦闘

〈四月一六日〉

この日、「菊水三号作戦」（陸軍は「第三次航空総攻撃」）が発令された。『戦藻録』に宇垣長官は「夜間索敵に依り喜界島南東六〇浬《かいり》に敵群を探知し昼間の索敵に依り三群を発見す」と書き、それが空母六隻、特設空母三隻を含む大部隊であることに興奮したのか、「好餌《こうじ》は常にこの付近の壷に嵌《はま》りて策動す。いで貰ひ受けて酒の肴とせん」と意気込んでいる。

まず黎明に南九州の基地から発進した「彗星」と「零戦」の夜間戦闘機〈註6〉八機が、米軍に占領された沖縄本島中部の北（読谷）飛行場及び中（嘉手納）飛行場を銃爆撃した。

さらに、「零戦」五二機が鹿児島から沖縄北端に至る列島沿いに展開して八時四〇分から九時にかけて空中戦を行ない、沖縄の米軍艦船碇泊地への攻撃の道を開いた。別働隊の紫電戦闘機隊は奄美大島と喜界島間で米戦闘機隊と遭遇し交戦した。

他方、八時三〇分から一〇時にかけて、艦爆や爆戦（爆装戦闘機）四〇機、「銀河」一二機、「桜花」搭載の「一式陸攻」六機が沖縄方面の米艦船に特攻をこころみ、これに呼応して陸軍も戦闘機隊一五機が制空する中、特攻隊五〇機が沖縄の米艦船群を攻撃した。

さらに一二時から午後二時にかけて戦闘機隊五〇機の援護のもとに、爆戦や「彗星」、「銀河」などの攻撃機からなる特攻六〇機が、喜界島近海の米艦船群に突入した。

この日、喜界島から出撃した特攻機の記録はない。近海が戦場となったためか、基地は時折上空に空中戦を見るだけで静まり返っていた。当日「一機動基地航空部隊」が一九時二〇分に受信した喜界航空基地発の電文は簡単で、「一二二〇、次後只今ニ至ルモ一二〇度方向ニ断続的砲声聞エツツアリ。攻撃隊突入シツツアルヲ認ム」と報告している。喜界島から一二〇度方向と言えば東南東であり、海を渡って砲声の聞こえる位置に米艦隊がいたのであろう。島の中央高地を挟んで東シナ海側に住む私たちには砲声は聞こえなかった。

前日まで四六時中米軍機が跳梁していた孤島の基地も、この日は米軍が日本軍機の応戦に追われたのか、比較的静かな一日となった。民間の被害もなかった。

他方、南九州の出撃基地には米軍機が大挙来襲している。「一〇三〇から一一三〇頃迄に敵艦上機約百機、南九州地区に来襲、主として戦闘機をもって銃爆撃を加ふ。若干機を焼きたり。敵味方入れ違いに攻撃することとなりたるもの之《これ》も面白し」と『戦藻録』は記している。空母への突入電を聞いているので、米軍機来襲にも余裕のある書き方である。米軍側資料でも、空母イントレピット、戦艦ミズーリの他、駆逐艦三隻、護衛駆逐艦一隻、高速掃海艇二隻など、八隻が特攻機による被害を受け、うち駆逐艦一隻が沈没したという。そのほかに、雷撃機により掃海艇が損害を受けたという。

零戦搭乗員会編『海軍戦闘機隊史』にはこの日の戦死場所を喜界島とする戦闘機搭乗員として、海軍中尉・奥海真ほか一六名が記載されているが、白浜『最後の零戦』では、奥海中尉は喜界島上空の空中戦からの帰途、鹿児島湾上空で米軍機と遭遇し戦死した模様、とされている。搭乗員の戦死場所の特定は難しい。それはそうとして、『海軍戦闘機隊史』でこの日の戦闘での戦死場所を喜界島とされている者の氏名を列記しておく。

奥海真、浅間六郎、中原正義、森茂士、上田英二、本間由照、岩本五郎、新井春雄、中尾正海、佐藤善之助、白井貞吉、浅井善二、尾中健喜、中別府重信、栗山虎雄、小竹等、西鶴園栄吉。

16 「今一息と思うも兵力続かず…」

〔四月一七日〕

前日に続き陸海軍航空隊が喜界島南東の米空母群を攻撃した。宇垣長官は『戦藻録』に「天気は尚続く。攻撃の手緩むべきに非ず」と書きながらも、「敵機動部隊に対しては今一息と思ふも既に兵力続かず幹部以下の疲労も相当に加わる。一先ず整理を要するに至りたるは残念なり」と記す。

この日、特攻出撃したのは、海軍は爆装「零戦」二五機、「彗星」一五機、「銀河」四機であり、陸軍は特攻用に改造した「四式重爆撃機」三機であった。このうちの重爆撃機の一機は、機首近くに電気信管を付けた二九〇〇キロ爆弾を装着して機体もろとも敵艦に突っ込むように改造された特攻機で、これを「さくら弾」または「さくら弾機」と称した。他の二機は八〇〇キロ爆弾二発を装着していたという。さくら弾装備機を含む二機が米艦を見つけ突入を試みたらしい。

『戦藻録』では、この日は、「制空隊六二機をもって制空に任じ一部は喜界島方面において空戦せり。本日の攻撃は昼間、彩雲の索敵を待たず制空しながら例の壺に索敵攻撃せしめたるものにして、敵水上部隊見ゆ、空母見ゆ、我空母に突入す、等の電報相次ぎその間敵の妨害を受けざりしが如く誠に気持ちよく飛び込めるは大いに嬉し」と書く。「例の壺」とは前日の日記に「好餌《こうじ》は常にこの壺に嵌《はま》りて策動す」と書いた「喜界島南東」海域を指す。制空の戦闘機隊も陸海軍双方から出ており、奄美大島、喜界島上空が日米戦闘機隊の空中戦の戦場となった。

米側資料によれば、この日、駆逐艦ベナムが沖縄海域で特攻機による損害を受けたが、どの特攻によるものかはわからない。

喜界島からの特攻出撃の記録はないが、午前七時頃第一国分《こくぶ》基地から出撃した一八機の爆装「零戦」の中には喜界島に不時着した機もあり、基地部隊は朝から多忙であった。喜界島に不時着したのは七機であり、七機ともその日のうちに南九州に帰って行った。残りの一一機のうち、三機は故障で引き返しており、他の一機は喜界島南方で米軍機と遭遇し爆弾を投棄して空戦に入りそのまま第一国分基地に帰還している。未帰還は七機であり、米艦突入かあるいは撃墜されたものと思われる。喜界島に不時着した七機のうち、三機は米艦を発見して攻撃を加えた後の不時着であり、四機は米艦を発見できずに不時着したもので、不時着の原因は燃料不足だった。

石垣島からも七機の爆装「零戦」が出撃しているが、そのうち二機の搭乗員が特攻死している。南九州の出水《いずみ》基地から出撃した特攻「銀河」四機のうち一機が喜界島東方の米軍機動部隊を攻撃して未帰還となった。

この日は、喜界島には午前八時三〇分から一二時五〇分にかけて米軍の艦上機延べ一三機が飛来し「周辺哨戒飛行」をした、と「派遣隊日誌」は記すのみで、空爆のことは述べていない。『福岡記録』は、湾《わん》集落では空爆により二戸を焼失した、という。

17　不時着搭乗員の喜界島脱出

＊喜界島方面空襲「昨今閑散」なり

〔四月一八日〕

南九州は曇りのち雨、沖縄方面の天候も不良であったが、『戦藻録』は「敵に休戦を申し込み整備に努力すべき本日、〇七三〇～〇八三〇間敵B29約六〇機来襲、九州四国方面の要地を面爆す。鹿屋《かのや》、笠原、串良《くしら》、国分、多少宛《ずつ》の損害あり」と記す。「休戦申込」とジョークめいて書きながらも、しかし「(過日来の)攻撃により我指揮下兵力の炎上二十数機損害計五〇機に及ぶは、報告に於て損害軽微と片付くるも、放任し難き事なり」と告白している。他方「喜界島方面は敵機の来襲、昨今極めて閑散なり」と記す。

「派遣隊日誌」も「〇七四四、F6F四機来襲。南東方向へ去ル」と何ごともなかったように記す。しかし、『福岡記録』によると、赤連《あがれん》集落では登記所を含む三戸を焼失した、という。

✴救出輸送機を待つ不時着搭乗員

喜界島にはこの日までに不時着して、空爆その他の理由で搭乗機を失った飛行兵が相当数残留していた。宮本『われ雷撃す』によると、鹿児島の鹿屋《かのや》から「九六陸攻」二機が喜界島基地に来るとの情報が入り飛行場に駆けつけたところ、飛行機を失った海軍の搭乗員が二〇名くらい集まってきたという。喜界島には陸軍の不時着搭乗員もいたが、この時集まったのは海軍だけだったようである。しかし、一機はエンジン不調で途中で引き返したという知らせがあり、不安な気持ちで待っていると、午前二時頃、一機が無事着陸した。「機長は海軍中尉であったが、指揮官に経過報告する際、飛行帽の下から長い頭髪が少し出ていて、丸坊主の指揮官と対照的であった」という。丸坊主の指揮官とは陸軍の河原大佐であろうか。何となく陸軍と海軍との雰囲気の差を感じさせる光景でもある。

「九六陸攻」は大急ぎで弾薬などを降ろした後、午前四時、不時着搭乗員を乗せて離陸した。グラマンに襲われることもなく「幸運にも喜界島を脱出できた」と宮本氏は述懐している。帰る飛行機がなく足止めを食っていた喜界島から九州本土に帰ることは、まさに「脱出」だったのであろう。

この日の海軍喜界航空基地からの「機密電」は、「一八日以降毎日、日没後、兵装完備ノ艦爆隊五乃至《ないし》六機ガ喜界島基地ニ進出シ、翌朝未明ニ発進シテ沖縄周辺艦船ヲ攻撃シ、第二国分基地ニ帰投サセル予定」という。その作戦のとおり、「派遣隊日誌」によると、一八日午後七時三五分、「天山」三機が喜界島に進出してきた。進出予定の残りの三機は天候不良のため途中で引き返した。しかし喜界島に進出した三機も天候不良のため出撃は中止となり、喜界島待機となった。なおこの時喜界島に進出した飛行機は「九七艦攻」とする資料もある。「天山」は「九七艦攻」の後継機で姿が似ているので、「派遣隊日誌」が「天山」と記録する時には「九七艦攻」の場合もあるのかも知れない。

〈四月一九日〉

『戦藻録』は、この日は雨で鹿屋《かのや》にも米軍機は来ず、大島、喜界島方面にも「来襲敵機殆どなし」としている。

「派遣隊日誌」は、午前九時二五分から五五分にかけて、「F６F（グラマン）」八機が飛行場を銃撃し、うち一機を撃墜、と書く。民間の被害はない。

〈四月二〇日〉

「天候回復せるも黄塵春霧に勝るものあり」と宇垣長官は書いている。大陸を発した黄砂が南九州の空までも掩ったのである。

喜界島では前日から深夜の飛行場で、不時着搭乗員たちが本土基地への迎えの機を待っていた。

「午前三時北の方角に爆音が聞こえる。迎えの九六陸攻だ。青白い排気ガスが見える。低空飛行だ。直ちに待機していた整備員が滑走路に着陸の指導灯と滑走路の幅を示す石油ランプを点灯すると、飛行機は北から着陸して指揮所の前に停止した。ドアが開くと中の搭乗員が「早く乗って下さい」と急《せ》き立てる。薄明かりの電灯がついた機内に駆け上がる。便乗者は六人だった。ドアが閉まると間を置かずに滑走路の南エンドから離陸を開始。その間の時間は十分足らずの短いもので、飛行場を離れて海上に出た。一瞬の離島だった」

増戸『彗星特攻隊』は、あたかも敵地における救出劇のような緊迫感をこのように伝えている。増戸氏は飛行場で待機した日について「その日は嘘のようにグラマン機の空襲がなかった」と述べているが、空襲がなかったと言えるほどだったのは一九日である。「派遣隊日誌」には、一九日夜から二〇日にかけて、午前三時に到着して一〇分足らずで離陸した発着機の記録はない。便乗者六人というのも少ない気がする。同じ航空隊の要員救出が目的の飛行機だったのかも知れない。

＊終日、島を襲った猛爆

二〇日午前九時と午後四時には「グラマンが小学校を爆撃し校舎に爆弾六個を投下した」と『福岡記録』は伝えている。また、民家についても、空襲を受けたことがない内陸部の城久《ぐすく》や大朝戸《おおあさと》の集落も空襲を受けて各一戸焼失した。湾《わん》、浦原《うらばる》、上嘉鉄《かみかてつ》、志戸桶《しとおけ》でも合計一一戸が焼失した。

なお『平田日誌』はこの日、朝六時頃に来襲した八機が陣地を爆撃した後、荒木《あらき》集落に機銃掃射を加え、「今井清信氏の妻は胸部に重傷を負い死亡」と記している。この死亡者は『福岡記録』の「今井マツカメ」の夫が「清信」であることから同一人物であると思われるが、『福岡記録』では、死亡日を「四月一三日」としている。福岡氏の記録は「統計」であり、平田氏の記録は「日誌」で記録者が死亡者と同一集落の居住者でもあることから、今井マツカメの死亡日については、平田氏の記述に従った。

海軍喜界航空基地発の「機密電」はこの日の米軍機来襲について「此処数日来ニナク熾烈ナリ」と述べ、午前七時一五分から午後四時二〇分にかけて、延べ四六機が滑走路及び機銃陣地を銃爆撃した、という。加えて「コノ間常時数機ヲ以テ船舶団周辺ヲ哨戒セリ」という。喜界島から見える範囲に米軍の船舶団が航行していたのであろう。「機密電」は「三機撃墜、三機撃破」と打電しているが、「派遣隊日誌」は「撃墜一機、撃破四機」と記す。

一方、この日は派遣隊側の被害も大きく、「士官一名、下士官五名、兵一七名戦死、兵九名負傷」「高角砲弾一〇発、機銃弾三〇〇〇発焼失」「主滑走路は使用不能」という損害を受けた。

この日午後五時、不時着搭乗員救出のため喜界島に向かった「九七艦攻」は、着陸不能の情報を受け引き返す途中、行方不明となった。

18　陸軍の「第四次航空総攻撃」と喜界島基地

四月二〇日、陸軍は、成田大尉指揮の四式戦闘機「疾風《はやて》」七機を、奄美、沖縄間の空域の特攻援護のため喜界島に進出させた（片山千彰「あゝ知覧基地特攻直掩隊始末」『丸』一九八五年三月号所収）。四月二〇日の「派遣隊日誌」は「一九〇〇陸軍四式戦七機進出、うち一機着陸時大破」と記している。

宮本『われ雷撃す』によると、二〇日午後九時五〇分喜界島を発進した夜間雷撃隊三機は、二一日零時四〇分頃、米軍駆逐艦による猛烈な対空砲火をうけながら、沖縄本島中部の嘉手納《かでな》沖に戦艦を発見して魚雷を発射した。攻撃後、一機は喜界島に帰着したが発動機を焼損、一機は喜界島東北海面に不時着（搭乗員は救出）、他の一機は種子島に不時着した、という。

二〇日の「派遣隊日誌」にはこれに該当する発進の記録はないが、二一日の記録に「〇二二六天山一機飛行場北方海上ニ不時着機体沈没」「〇三〇六天山一機攻撃ヨリ帰着（発動機一部焼損）」と記しており、宮本氏の記述と帰着の状況は一致する。なお、この「派遣隊日誌」からは一八日に喜界島に進出した「天山」三機の動向が不明であり、この日の出撃機の可能性もある。

米側資料は、この日駆逐艦アンメンが水平爆撃機による損害を受けたという。「天山」は海面に沿って水平爆撃も行なう。米側が「水平爆撃機による損害」というのは「天山」による被害であろう。

〈四月二一日〉

南九州の各基地がB29の空襲を受け、終日、時限爆弾が破裂して発進不能機が続出した。この影響で海軍夜間雷撃隊は前進基地喜界島に進出することができなかった。なお、時限爆弾とは、投下時には爆発せず、一定時間経過後に爆発するようにセットされた爆弾である。

この日の喜界島は、白水《しらみず》集落で一六戸、早町《そうまち》で七戸、花良治《けらじ》と赤連《あがれん》で各一戸焼失した。

〔四月二二日〕

この日、陸軍は「第四次航空総攻撃」を発令した。海軍はこの日の総攻撃に参加していない。宇垣長官は『戦藻録』で、索敵活動がうまくいかないことを嘆き、「天候悪化を予想して夜間攻撃の手を緩む。夜に入りても雨とならずして天候予想に敗けたり。但し本日の攻撃に於て陸軍特攻三十数機突入、尚夜間攻撃中なるは大いに可とす」と記している。悪天候を理由に陸軍側に同調しなかったが、その予想が外れたというのである。

しかし海軍も、菊水何号と銘打った作戦こそ発令していないが、米艦船の動きに応じた臨機の出撃は実施している。午後一時四五分頃、海軍偵察機二機が奄美大島南東と南方に米艦隊を発見したと打電してきたが、両機とも詳細を伝えないうちに撃墜され連絡を絶った。宇垣長官は制空戦闘機四〇機を発進させるとともに、午後二時三〇分、特攻の「彗星」五機、爆戦（爆装戦闘機）八機を国分《こくぶ》基地から出撃させた。

陸軍の出撃は知覧《ちらん》から海軍と同じ時刻頃、三五機の特攻機を出撃させている。「九七戦」一一機、「九九襲」一機のほか、一三機が九九式高等練習機であった。この陸軍の特攻隊の援護には、南九州から発進した三式戦闘機「飛燕《ひえん》」一八機が喜界島まで、四式戦闘機「疾風《はやて》」二一機が喜界島以南を援護した。二〇日に喜界島に進出していた成田大尉の指揮する別働隊の四式戦闘機「疾風」六機は、沖縄近海に集結する艦船群に突入する特攻機の上空で支援にあたった。「派遣隊日誌」が「一六三〇陸軍四式戦六機攻撃ニ発進」と記すが、成田大尉指揮の援護戦闘機隊のことであろう。同日誌は引き続き「一七〇〇彗星三機、零戦四機不時着。一七二〇四式戦一機敵機と交戦自爆」と記す。

この日の陸軍特攻機のうち「九七戦」の機数については、一機でなく一〇機という説もある。しかし、特攻隊慰霊顕彰会編『特別攻撃隊』所収の「特別攻撃隊戦没者名簿」によると、「九七戦」搭乗員のこの日の特攻戦死者は一一名である。うち、沖縄周辺洋上で戦死とされる者が一〇名で、一名は徳之島《とくのしま》近海で戦死している。徳之島近海の戦死者が、第一〇五振武隊の一員で福岡県出身、少年飛行兵一一期の藤野道人軍曹で、一九九一年一一月五日の『南海日々新聞』によると、藤野軍曹の戦死場所は徳之島町母間の花時名《けどきな》沖だったという。

特攻機援護のため喜界島から飛び立った四式戦闘機「疾風」六機は、夜になって帰投中に三機が行方不明になった（村岡英夫『特攻隼戦闘隊―かえらざる若鷲の記録』光人社、一九八二年）という。ほかにこの事実を確認できる資料が見当たらないが、著者の村岡氏は戦時中、陸軍飛行第二〇戦隊長として沖縄航空作戦にも参加した人物であり、信頼の置ける情報による記述と見てよいと思う。

米側資料によると、この日、駆逐艦三隻、軽機雷敷設艦一隻、掃海艇二隻が特攻機による損害を受けた、という。特攻機に突入された海域は沖縄本島の西の東シナ海である。

「派遣隊日誌」は、早朝四時一〇分から夕方五時四五分まで間断なく、グラマン八機ないし一二機で喜界島と奄美大島上空を哨戒し、この間に延べ六〇機が飛行場と集落を銃撃したという。

『福岡記録』はこの日は、前日に引き続いて白水《しらみず》集落の二〇戸、坂嶺《さかみね》三戸、早町《そうまち》、志戸桶《しとおけ》、小野津《おのつ》、湾《わん》で各一戸が焼かれ、合計二七戸を焼失したことを記す。

19　米軍の電話を傍受した通信班

〔四月二三日〕

この日、南九州は天候が悪く米機の来襲もなかった。宇垣長官は迎撃戦闘機「雷電」四〇機の増援を得て米軍機来襲を待ったが「戦闘機も宛外れなり」と『戦藻録』に書く。「雷電」とは、海軍が一九四四年に採用した局地戦闘機で、最大時速六一五・八キロの性能を誇り、グラマンに対抗できる戦闘機として、宇垣長官は鹿児島の鹿屋《かのや》上空に米軍機が来襲するのを待っていたが、期待外れになったというのである。

一方、喜界島では、午前六時頃、「零戦」五機が燃料補給の上、国分《こくぶ》基地に向け出発したが、離陸直後に「F６F（グラマン）」と遭遇して空中戦となり、一機が撃墜され、二機が喜界島に引き返してきた、という。

当日の米軍機の来襲状況は、午前六時以降一七時三〇分まで間断なくグラマン八機ないし一六機が飛行場と砲台を銃撃し、対空砲は一機を撃墜した。日本軍では下士官一人が負傷した。

米軍側は、滑走路を破壊してもすぐに修復されて飛んでくる草原の飛行場に、常時滞空することによって飛行場を使用させないように、作戦を変えたのであろう。

空襲による集落の火災も赤連《あがれん》一戸、早町《そうまち》一戸のみであるが、早町に隣接する白水《しらみず》集落の山本スエが自宅で機銃掃射の銃弾を受け死亡した。

〔四月二四日〕

この日も南九州の天候は回復しない。鹿屋《かのや》基地の宇垣長官は、マリアナから東京に向かったB29爆撃機一二〇機について「待つ時は来たらず」と嘆き、「東京はいずれ焼きつくされん。而して新たなる芽を吹き出せ」と『戦藻録』に記す。その思いはさらに軍需に及び、飛行機の生産機数が四月で海軍六〇〇、陸軍四〇〇では「大なる補充も期し難し。飛行機出来るも燃料なければ結果は同じ」と悲観的である。

さらに、ナチスドイツにも言及し「伯林《ベルリン》市内に赤軍遂に侵入せり。ヒットラーは尚《なお》市内にありて激励を続くるも所詮は運命とぞ知る。ボルセビイキを一掃せんとして反《かえ》りてその為に滅ぶ」と感想を述べている。「ボルセビイキ（ボルシェヴィキ）」とは当時のソ連共産党政権を指している。宇垣長官はヒトラーの運命に思いを馳せ、この日の日記は沈みがちであり、自らの最期をも予感しているように見える。

「派遣隊日誌」は「終日天候不良、敵を見ず」と書くが、『福岡記録』によると、午前一〇時に早町《そうまち》で一戸、午前一一時には小野津《おのつ》で二戸、午後三時には志戸桶《しとおけ》で一〇戸を空爆により焼失した。米軍機は悪天候の中を雲の下に出て来て、対空砲火を受けることのない集落を爆撃したものと思われる。

派遣隊通信班は米軍側の無線電話も傍受し、その内容を打電している。例えば四月二四日付け海軍喜界航空基地発の「機密電」は、「二〇日ヨリ二二日マデノ電話傍受ニ於テ「イーグル」「ボビー」「デーリジアン」「ロージャス」ナル四（つの）名称出現シアリ。交話ノ内容ヨリ推《お》シ何《いず》レモ空母ナルコト確実ニシテ、本日全ク感度無シ。宮古島ノ一五〇度一〇〇浬《かいり》ニ発見セル特空母群ト認メラルルノ算大ナリ」と報告している。宛先は、鹿屋《かのや》の機動基地航空部隊司令部、呉《くれ》鎮守府、連合艦隊司令部、沖縄根拠地隊司令部である。私たち島民は島の海軍部隊がこのような重要な仕事もしていたことは全く知らなかった。

「派遣隊日誌」によると、ここ喜界島での陸戦に対処するため、本部作戦室（通信、庶務、気象等）を、西海岸の航空基地周辺から山地の川嶺《かわみね》地区に移動した、という。いよいよ、米軍の上陸を考慮すべき時が迫ったと考えたのであろう。「派遣隊日誌」にはこの日の米軍機来襲の記録はないが、『福岡記録』によると、志戸桶《しとおけ》で一〇戸、小野津《おのつ》で二戸、早町で一戸、焼失した、という。

〈四月二五日〉

この日も天候は回復しなかった。偵察機の報告もなく、海軍も陸軍も出撃命令は出なかった。海軍喜界航空基地発の「機密電」も空襲が閑散であったことを伝え、飛行場が二回各八機による銃爆撃を受けただけであるが、一機を撃墜し一機を撃破した、と報じている。雲の下に出ての攻撃に危険を感じたのか、午後三時頃からは米軍機も来なかった、という。

宇垣長官は「本日桑港（引用者註：サンフランシスコ）にて反枢軸国会議開かる。独逸及び日本の戦後経営とは、糞いまいましき限りなり。彼らをして皮算用に終わらしめざるべからず」と、あえて自らを鼓舞するように記している。国民には知らせないようにしていた米国の放送も、五航艦司令長官はリアルタイムで聞いていたのである。

文中、「反枢軸国」とは、「枢軸国」と戦った米英などの「連合国」を指し、「枢軸国」とは、日本、ドイツ、イタリアの三国同盟を中軸に、これに協力したフィンランド、ハンガリー、ルーマニア、ブルガリア、タイなどの諸国を指す。

「派遣隊日誌」は、一七時三〇分に陸軍の九九式重爆撃機一機が「緊急輸送」のため喜界島に着陸し、一七時五〇分には鹿児島の鹿屋《かのや》に向け出発した、と書く。飛行機の大きさから見て不時着搭乗員を運んだのであろう。

この日も民間集落は爆撃を受けた。午前一〇時に北部の早町《そうまち》で一戸、正午に西部の赤連《あがれん》で一〇戸、午後二時には北部の志戸桶《しとおけ》で一〇戸を焼失した。

〔四月二十六日〕

この日もまた南九州の天候は悪く、宇垣長官は「不良の天候においても敵は来るに反し、我は鉾《ほこ》をおさめて攻撃の手を緩むること茲《ここ》に四日なり。遺憾千万とや言はん」と書く。

沖縄では、米軍は本島中部戦線で激戦を重ねながらも、日本陸軍の沖縄守備軍が総司令部を置く首里の北方数キロにまで迫り、地下陣地に立てこもった日本軍は押され気味ながらなお激しく抵抗している。

この日、喜界島基地を離発着した特攻機はない。雨模様の天気で「雲高二〇〇乃至《ないし》三〇〇」にもかかわらず、午前四時二五分から一〇時三五分まで米軍の艦上機が延べ三六機で飛行場を銃爆撃し、その後も「絶えず雲の上にて爆音を聞く」と海軍喜界航空基地発の「機密電」は報じている。

「派遣隊日誌」によると、夕方四時五分から四時四〇分にかけても、「F6F（グラマン）」一六機が飛行場を爆撃したという。

この日、二三時六分、「彗星」一機が不時着した。非特攻の夜間彗星隊は大きな作戦がない時も、国分《こくぶ》、串良《くしら》、鹿屋《かのや》などの鹿児島の基地から沖縄付近の米艦船攻撃に発進していたのである。

この日は、南部の浦原《うらばる》で午前一一時に一戸、北部の志戸桶《しとおけ》で午後一時に一戸焼失した。また志戸桶と飛行場の中間付近の小集落の先内《さきない》で、基《もとい》治安と基美慧子が自宅近くで爆死した。祖父が孫の子守り中だったらしい。このように米軍機の気まぐれな爆撃もあって、普段は空襲のない集落でも安心できなかった。

〔四月二七日〕

沖縄方面の天候不良は続いているが、南九州の天候は回復した。宇垣長官は『戦藻録』に「天候回復を機として今夜より連続の夜間攻撃、明日総攻撃を企図す」という。しかしその夜間攻撃隊も敵の時限爆弾で発進が思うようにならず、また、沖縄まで到達できた日本軍機も「泊地《はくち》煙幕を以て覆ひ成果意の如くならず」と正直に書く。泊地とは「安全に舟が碇泊できる水面」をいう。泊地に碇泊中の米軍艦船はその上空を煙幕で覆い、姿を見えなくしていたのである。

渡辺『彗星夜戦隊』によると午後七時三四分鹿屋《かのや》を発進した三機のうち、鈴木上飛曹と玉田中尉が搭乗する一機は、沖縄北（読谷）飛行場を爆撃し離脱する際に左翼の燃料タンクに被弾したため、喜界島に不時着し、燃料を補給して鹿屋に帰ったという。「派遣隊日誌」の「二三一六彗星一機不時着」

がこれであろうか。なお午後八時過ぎに鹿屋を発進した「彗星」一機は中（嘉手納）飛行場を攻撃して被弾し、燃料漏れのため喜界島に不時着しようとしたが「空襲があったのか赤く（島が）燃えているように見えた」ので飛び続け鹿児島湾上空で燃料が切れて墜落、夜釣りの舟に救助されたという。

この日の海軍喜界航空基地発「機密電」は「本日の来襲状況は従来に比し稍《やや》閑散」といい、午前中、延べ二八機、午後三時三〇分以降、延べ二四機が来襲、一機を撃破し、味方の被害はなかったという。「派遣隊日誌」は、「F6F（グラマン）」、「F4U（コルセア）」が連合で延べ四一機、午前九時五分から一七時三〇分にかけて八機ないし一六機の編隊で来襲し、飛行場を銃爆撃したという。

海軍喜界航空基地発「機密電」では、九時二〇分に傍受した電話で、「サバナ」と称する米艦が沖縄の北東六九浬《かいり》で撃沈されて僚艦や飛行艇が救助活動中、という臨場感に満ちた状況を伝えているが、米軍艦船被害資料には「サバナ」という艦の沈没記録は見当たらない。ウォーナー夫妻『神風』収録の資料では、沖縄海域で、七〇〇〇トンの弾薬を積んだ輸送船カナダ・ビクトリーが、特攻機か潜水艦発射の特攻艇「回天」の攻撃を受けて沈没した、と記す。同書によると、「カナダ・ビクトリー」は一発も応戦せずに沈没しており、「飛行機三機が探照灯の光芒のなかに照らし出されているのが認められたが、敵機か友軍機か不明だった」という。

この日の朝五時五〇分、知覧《ちらん》から陸軍の九九式高等練習機二機、「九七戦」一機が特攻出撃しているが、この三機のどれかが輸送船カナダ・ビクトリーに突入し、その救助要請無電を喜界島の通信隊が傍受したのではないか、とも思われる。「サバナ」は同艦の暗号名か、「カナダ」の聞き間違いかも知れない。米側資料にないのは米国以外の艦船だからだろう。

この日、二〇時一五分、陸軍の重爆撃機二機が喜界島に着陸し、二一時一〇分鹿屋《かのや》に向けて出発した、という。「派遣隊日誌」は、簡単に「人員輸送」とのみ記す。不時着搭乗員の収容の任務をもっての着陸だったと思われる。

20　特攻機に突入された病院船

＊「特攻の成果、下火なるが如し」

〈四月二八日〉

この日、「菊水四号作戦」（陸軍は「第五次航空総攻撃」）が発令された。宇垣長官は、この日の『戦藻録』に「海軍特攻二八（艦攻艦爆）、陸軍のものと略《ほぼ》同時突入」と記すが、全体像はわからない。ウォーナー夫妻『神風』の特攻機出撃リストは、海軍五九機、陸軍四九機の出撃を記す。奥宮『海軍特別攻撃隊』によると、海軍の特攻機は、九州方面から「九九式艦爆」二二機、「九七艦攻」一二機、「一式陸攻」四機（「桜花」四機）、水上偵察機「瑞雲」二機の合計四四機が出撃した、という。うち特攻を実行したと思われる機は「桜花」四機を含めて三六機だったようである。なおウォーナー夫妻『神風』所収のリストには、石垣島からの爆戦（爆装戦闘機）一一機と台湾の新竹からの「彗星」六機の特攻出撃も記載されており、奥宮氏の記録は南九州からの出撃数を示したものである。生田『陸軍航空特別攻撃隊史』は、陸軍側の特攻出撃は、南九州側から三六機、台湾から一二機、宮古島から二機、という。

渡辺『彗星夜戦隊』によると、夜間攻撃に参加した「彗星」一機（伏屋国男一飛曹、鈴木淑夫上飛曹搭乗）は「いったん未帰還と判断されたのち、喜界島に不時着（乗機は大破）していることがわかった」という。「派遣隊日誌」にはこの日に「彗星」の不時着は記されていない。喜界島に不時着したと表現される場合、派遣隊が管理する飛行場への着陸だけでなく、燃料不足などのために飛行場でない場所に不時着を試みる場合もある。「派遣隊日誌」はそのような不時着の場合は記録しないのであろう。

宇垣長官はこの日の攻撃には満足がゆかず「敵の電探は約四十機を標定しあれば錨《びょう》地《ち》近く迄《まで》は進攻せる事明らかなり。特攻もその成果、下火なるが如し。其の原因はバラバラの進攻にして、戦闘機及び防禦《ぼうぎょ》砲火により命中以前相当の損害あるに、一機の爆発威力而《しか》く大ならざるに原因せずやと憂う」と書く。その趣旨は、かなりの数の特攻機が米艦船の碇泊地まで行き着くが、うまく突入できていないということのようだ。その原因は、米軍機や防禦砲火で特攻機がぶつかる前に撃墜される上、ぶつかっても搭載の爆弾が小さいからではないか、ということだろう。

✴特攻機、病院船に突入

この日の特攻について、ウォーナー夫妻『神風』は次のように書いている。

「四月二八日の晴れた明るい夜、五隻の駆逐艦と、負傷兵を満載した病院船「コンフォート」が、特攻機の体当たり攻撃を受けた。そのとき空に満月がかかり、「コンフォート」はジュネーブ条約にしたがって、十分に電灯で照明していた。攻撃を受ける直前、マストと同じ高度を飛んでいる飛行機が発見された。この飛行機は「コンフォート」の船首を右舷から左舷に旋回し、それから船尾を通過して完全に一周したあと、同艦に約五〇度の角度で急降下体当たりして、上部構造物に穴をあけ、抱えていた爆弾が破裂した」

ウォーナーは、特攻機が病院船であることを確認しながらあえて突入した事実だけを淡々と述べているが、病院船がジュネーブ条約にしたがって煌煌《こうこう》と電灯をつけて航行していたことを示してこの船に対する攻撃が国際法違反であることを告発しているのだろう。

この攻撃で沖縄から収容したばかりの負傷兵二八名を含む、軍医や看護士ら三四名が「殺され」、四八名が「重傷」を負った。突入した日本の陸軍中尉の死体から発見された文書は、グアムの米軍情報部に送られたという。

米側資料によると、この日、駆逐艦四隻、高速掃海艇一隻の他、病院船一隻、傷病者搬送船一隻が特攻機による損害を受けたという。ウォーナー夫妻の報告する特攻機の病院船攻撃は間違いないようである。

「派遣隊日誌」によると、この日の朝の五時二〇分から九時二〇分にかけてグラマン戦闘機延べ一八機が来襲して飛行場を銃爆撃し、午後は一三時から一七時四五分にかけて、延べ約五〇機が七回にわたり飛行場を銃爆撃した、という。

『福岡記録』によると、この日は、中里《なかさと》集落で二戸、赤連《あがれん》集落で五戸焼失した。私の集落だった中里は飛行場のど真ん中の集落であり、赤連は飛行場を守備する対空砲陣地のある集落で、いずれも集落が狙われたというよりは飛行場や対空砲陣地に対する銃爆撃のとばっちりであろう。

＊「ゲリラ戦を以てせば降伏の要なし」

〔四月二九日〕

南九州の基地では、この日も朝から米軍機約一〇〇機の空襲を受け、待機中の新鋭戦闘機の「雷電」が数機炎上した。宇垣長官は、「雷電」が一時間しか飛べないので連続空襲には対応できないことを嘆き、投下された時限爆弾の位置を標示する赤旗の林立を見ながら、七二時間後に爆発するものもあるので「不発弾として処理も出来ざるなり」と、お手上げの態である。

この日は、偵察機「彩雲」から沖縄東方に二群の米軍機動部隊を発見の通報を受け、午後二時過ぎに鹿児島の鹿屋《かのや》基地の爆装「零戦」三五機に出撃を命じた。「敵戦闘機を発見せるもの二機のみにて、空母に突入八、艦艇に突入を報ぜるもの十一にて成績良好、近来の溜飲を下げたり」と宇垣長官は喜んでいる。米側の資料では大きな損傷は駆逐艦二隻で、あと敷設駆逐艦二隻が何らかの損害を受けたという。突入開始の無電は打ったが、大半が撃墜されたのだろう。

鹿屋《かのや》から出撃した爆装零戦隊のうち神風特攻第四筑波隊の大塚章少尉と山崎幸雄少尉の二機は喜界島上空で米軍機と遭遇し空戦となって消息を絶った、と横山保氏は『あゝ零戦一代―零戦隊空戦始末記』（光人社、一九六九年）に書いており、宇垣長官が「敵戦闘機を発見せるもの二機」と言うのは、正しくは「敵戦闘機に発見されしもの二機」であって、喜界島上空で米軍機に邀撃《ようげき》されたのである。

この日の午前五時、徳之島《とくのしま》から陸軍特攻第七七振武隊の金子誓伍長（一九二六〈大正一五〉年生・福岡県出身・少年飛行兵一四期）の「九七戦」一機が飛び立った。第七七振武隊は前日の午後四時五〇分、知覧《ちらん》から八機で出撃しており、金子伍長の出撃時刻から見て前日の夜、何らかの事情で本隊と別れて徳之島の飛行場に着陸していたものであろう。

この日、ドイツが無条件降伏したとの情報が宇垣長官のもとに届いた。彼は『戦藻録』に「ゲリラ戦を以てせば降伏の要なし」と記している。日記での呟《つぶや》きではあるが、降伏否認の思想の表明である。

21　トマス少尉斬首さる

✴一七〇余機来襲、戦闘指揮所に直撃弾

四月二九日午前中は八時二〇分から九時五分にかけて米軍の艦上戦闘機や艦上爆撃機など約一〇〇機が来襲して飛行場を銃爆撃し、午後は一四時三〇分から一五時にかけて七四機が来襲して飛行場を銃爆撃した。この戦闘で、戦闘指揮所の地下壕入口が直撃弾を受け、兵二名が戦死し、一名が負傷した。主滑走路は使用不能となり、米軍機が去った後も一八時二五分までに二七個の時限爆弾が爆発した。「派遣隊日誌」には記載されていないが、私が兵隊から聞いた話によると、もう一人が行方不明となり、数日後、戦闘指揮所入口の瓦礫の中から死体で発見された、という。対空砲は六機を撃墜し、六機を撃破したと記す。

この日は、飛行場から北に二キロほど離れた中間《なかま》集落で八戸、坂嶺《さかみね》集落で二戸を焼失した。坂嶺は三度目の空襲であるが、中間は初めての空襲であった。両集落とも軍事施設はない。中里《なかさと》でも午前

一一時に二機来襲し三戸焼失した、と『福岡記録』は記すが、記録中にある「家屋焼失調」には中里の被災家屋の記載がない。調査に入れず、後からまとめたものと思われる。時間についても、中里の場合、集落の位置関係から「派遣隊日誌」が記す米軍の空爆の時間帯と一致するはずであるが、『福岡記録』では一致しない場合も多い。しかし、中里集落民は全員が集落から逃げ出してムヤなどに隠れ、集落には人が残っていないのであるから、具体的な家屋被災状況が記録されていたこと自体が不思議である。区長などの役職者が空爆の少ない雨の日などに見て回っていたのだろうか。

＊深夜の空中投下で弾薬補給

〔四月三〇日〕

朝、五航艦には「大島西方百浬《かいり》に敵空母一隻を含む機動部隊を発見」との報に続き、午後「喜界島南方百浬に空母五隻の機動部隊を発見」との無電が偵察機から入った。しかし援護戦闘機隊も用意できず、特攻機の準備もままならず攻撃は中止し、夜間攻撃も、雨のため中止した。

「派遣隊日誌」は、「〇〇五五、九六陸攻一機物糧投下（二五ミリ機銃弾）」と記す。着陸が危ないので、飛行機から、落下傘を付けた弾薬箱を投下して補給したのである。

米軍は、早朝の特攻出撃を阻止するため、午前四時五分から九時三〇分にかけて「F6F（グラマン）」四ないし八機で飛行場周辺を哨戒飛行した。午後は四ないし八機で飛行場周辺を哨戒しつつ、延べ一六機が飛行場を銃撃したという。対空砲は一機を撃墜した。この日の戦死者は一名、負傷者は二名であった。

海軍喜界航空基地からの「機密電」は「飛行場修理箇所多ク輾圧《てんあつ》不充分ニ付キ応急不時着以外使用ヲ避ケラレ度《たし》、今夜中ニ修理完了ノ見込」という。「輾圧」とはローラーなどで地面を固めることで、喜界島の滑走路が芝生を植えた土のため、爆弾痕を埋めたあとローラーで固める必要があった。

『福岡記録』によると、午後三時に湾《わん》集落で一戸焼失した。

喜界島からは弾薬その他の緊急補給を求める「機密電」が五航艦に届いている。宇垣長官は『戦藻録』に「鬼界《(ママ)》島次々の攻撃にて離着陸不能にして急送を要する物件多し。昨夜も中攻を以て機銃弾の空輸を行う。交通の困難身近に迫る」と記している。「中攻」とは中型攻撃機のことで、「派遣隊日誌」がいう「九六陸攻」などがこれに該当する。

折原昇編『われ特攻に死す』に引用された峯村昇氏によると、四月六日夜、米軍機に追われて喜界島基地に緊急着陸しようとして搭乗機「天山」が海岸の岩礁に激突して片足を切断して治療を受けていた峯村氏が内地に送還されたのが「四月末日」だったという。「派遣隊日誌」には四月三〇日の項に深夜の物糧投下の記載はあるが、出発機の記載はない。しかし前日の二九日の項に「午前〇時二五分天山一機串良向け出発」という記録がある。峯村氏が便乗したのはこの飛行機ではないか。この「天山」は二八日二三時一五分に着陸した一機で、わずか一時間ほどの滞在で帰っている。同じ部隊の飛行機が負傷した峯村氏の救出のために来たものと思われる。

〈五月一日〉

九州は朝から大雨であった。「航空関係一同小休止すれど、B29は容赦せず、昼食頃より上空を飛び廻る」と宇垣長官は『戦藻録』に書く。

喜界島は、午前六時二二分から夜の二〇時にかけて終日、「F6F（グラマン）」四機が常時上空を哨戒している、と「派遣隊日誌」は記すが、空爆はない。

一方、『福岡記録』によると、この日も午前一一時に二機が来襲し、湾《わん》で四戸、赤連《あがれん》で三戸が焼失した、という。

✴爆弾痕の穴で斬首されたトマス少尉

派遣隊の軍医により火傷の手当を受けていたトマス少尉は、五月一日の夕刻、派遣隊の対空砲分隊の兵曹長の手によって斬首された。私は処刑を直接は見ていないが、当時聞いた話によると、トマスは目隠しされて砂山の爆弾痕の縁《ふち》に坐らされて斬首されたという。

多くの島民が遠巻きに見ていたらしい。斬首される直前、手真似で銃を撃つ真似をして銃殺を懇願したが無視され、最後は十字を切って何か祈りの言葉を呟きながら死んでいった、と島民の間で語り草になっていた。

大学出の下士官や士官の中にはトマスの持つ雰囲気に親近感を抱く人もいて「戦争が終わったら返すからウイスキーを飲ませてくれ」と言われたことを、ムヤの入口で島の大人たちに話しているのを私も聞いた。「俺たちだってあれば飲みたいよ」と大人たちが面白そうにしゃべり合っていた。私には何が面白いのかわからなかったが、トマスのことを気の合う友だちのように話す彼らの口ぶりに違和感を感じた。国民学校で教えられた米兵に対する感じ方とは違うと思ったが、私は言うべき言葉を知らなかった。斬首した兵曹長については「皮膚一枚を残す古来の儀式にしたがった斬首だった」と、賞賛のニュアンスで語られていた。このことも、私には何が良いのかわからなかった。

学徒出身の若い下士官の中には「殺さなくてもよかったのではないか」という声も囁かれてはいたが、兵隊たちの一般的な雰囲気としては、米軍捕虜を斬首したことに対する批判的な雰囲気はなかったように思う。島民の間にも、処刑に対する忌避の感情はあっても、軍が捕虜を処刑することに、人道や国際法の観点からの批判はなかった。当時、喜界島にいた軍の幹部にも、捕虜の処遇に関する国際的決まりについての認識はなかったのだろう。

ただ、軍医がトマス少尉を治療して傷が次第に良くなっていくことには、良かったなという雰囲気はあった。そういう意味での人道的措置は行なわれていた。それがどうして処刑に急転したのか、私たちにはわからない。島民も、処刑と決まったら、それはそれで当然の行き着く先のように、捕虜の処刑を受け容れていた。この斬首が、後に戦争犯罪として裁かれることになるとは誰も思わなかったのである。この問題は第Ⅲ部「BC級戦犯『喜界島事件』の検証」で検討する。

この日の午前四時五七分に関東海軍航空隊の「彗星」一機が出発したが、すぐに引き返してきて、着陸の際に車輪を折損した、と「派遣隊日誌」は記す。何らかの不具合で引き返し、未だ修復不完全な滑走路で車輪を折損したのであろう。関東海軍航空隊の飛行機がなぜ喜界島にいたのか、理由はわからない。この日の午前三時現在の滑走路の整備状況は、最長一四〇〇メートルのところ「九〇〇×八〇使用可能」であったが、まだ暗い時間帯の着陸には短か過ぎたのかも知れない。

22　ますます熾烈、米軍機との攻防

＊宇垣長官のムッソリーニとヒトラー人物評

（五月二日）

鹿児島の鹿屋《かのや》では前日より降り続いた雨が午後にはやんだが、敵味方ともに航空機の顕著な動きはなかった。

「派遣隊日誌」によると、喜界島では早朝の四時二〇分に「F6F（グラマン）」四機が哨戒飛行を開始し、六時二〇分には別の四機が飛行場を銃爆撃し、九時三〇分には六機が飛行場を銃爆撃し、一四時五五分に哨戒機が去った、と記す。また、夜の二〇時二六分から四七分にかけて夜間戦闘機が飛来し上空を制圧した、という。滑走路は、設営隊の深夜の工事で、長さ一〇〇〇メートルが使用可能になった。

『福岡記録』によると、午後一〇時に湾《わん》で二戸、赤連《あがれん》で二戸が焼失した。集落に対する空襲が夜間に行なわれているが、飛行場や対空砲陣地に隣接する集落であるから、日本軍機の夜間離発着を警戒する夜間戦闘機が、何かの明かりに向かって銃撃したものと思われる。

宇垣長官は同盟国イタリアの総統について「ムッソリーニは伊太利国境から瑞西《スイス》に入らんとして拒絶され、税関吏に捕はれ領袖《りょうしゅう》と共に処刑、遺骸をミラノに曝《さら》されたりと伝ふ。敗者の末路概《おおむ》ね斯《かく》の如し」と書いている。同盟国イタリアの戦争指導者の死を「敗者の末路」という一般論で述べつつ、

日本の戦争指導者の末路がどうあるべきか、胸に去来するものがあったのかも知れない。

〔五月三日〕

九州南部の航空基地がＢ29の爆撃を受けた。一方、沖縄現地の守備軍はこの日の夕方から翌日にかけて、それまでの地下陣地に立てこもっての持久戦から地上に出ていっせいに総攻撃を行なう計画を立てていた（しかしこの総攻撃は米軍の圧倒的な火力の前に押し返され、五〇〇〇人もの犠牲者を出して失敗に終わった）。この地上軍の総攻撃作戦を前に、航空部隊は米軍への集中的な航空攻撃を行なうことになっていたが、この沖縄守備軍の作戦について、宇垣長官は「坐して滅びんよりは元気ある内の一合戦というが当れる所」と、冷淡とも見える感想を述べている。沖縄地上戦の戦況については客観的に見ていたのである。

この日は南九州から飛んだ特攻機は報告されておらず、台湾から海軍が一〇機、陸軍が一五機の特攻を発進させた、という。

宇垣長官はドイツのヒトラーについては高く評価し、この日の『戦藻録』に「一日午後伯林《ベルリン》死守に敢闘中遂に斃《たお》れたり。ボルセビーキの災禍より全欧州を救はんとして一生の努力を傾注せる英傑は赤軍のために返り討《うち》の悲運に会せり」と哀惜し「然《しか》れ共《ども》其の精神は永く独逸国民の享受する処多かるべく、又《また》英米も不日、赤禍に悩み、強力な支檣《ししょう》ヒトラーを斃したるを悔《くや》むべし」と述べて「遺嘱により立てるデーニッツ提督、独逸国民を収拾して更に盟邦として奮闘を続けん事を望む」と結んでいる。この望みも空しく、ナチスドイツは崩壊するが、ヒトラーに対する宇垣長官の評価は、日本社会に牢《ろう》乎《こ》として残る優越民族の思想と底流において通ずるものがあるように思われる。

＊延べ一五〇機、ひっきりなしの襲撃

この五月三日、喜界島基地は激しい爆撃に曝された。午前八時五分から一〇分にかけて「コルセア」四機が来襲して上空を哨戒し、九時三〇分から一〇時二〇分の間には「グラマン」約三五機、「ヘルダイバー」約一五機が飛行場を銃爆撃し、一二時四五分から一三時二〇にかけて「グラマン」八機が島の周辺を哨戒飛行しながら機銃陣地や集落を銃爆撃し、一四時二〇分には「コルセア」四機が飛行場を銃爆撃し、一五時二五分から三〇分には「グラマン」四機、「ヘルダイバー」一五機、一五時三五分から五〇分には「グラマン」、「ヘルダイバー」の連合約三〇機、一六時一五分から三〇分にかけて「グラマン」約一五機と「ヘルダイバー」約一五機が飛行場を銃爆撃し、その後「グラマン」四機が一九時四〇分まで哨戒飛行を続け、一九時四五分から二〇時二七分まで夜間戦闘機が二機ないし三機で飛行場を銃撃した。この爆撃で士官宿舎や一般兵舎の他、軍用トラックが焼失した。

この日、対空砲部隊は「グラマン」二機を撃墜し、四機を撃破した。という。

二三時には、台湾の新竹から「天山」一機が着陸した。用向きはわからない。

＊奄美大島から船で緊急弾薬輸送

この日の夜、奄美大島から長水丸と報国丸が弾薬を積んで喜界島の湾《わん》港に入港し、二時間後に帰って行った。連日の戦闘で弾薬欠乏の対空砲部隊に、奄美大島防備隊から緊急に輸送してもらったものである。この二隻の大きさはわからないが、夜間密かに喜界島の小さな港に入港できるのはせいぜい、数噸《トン》の小型船だろう。一二サンチ高角砲弾二九六発、二五ミリ機銃弾五〇〇〇発、その他弾薬火工兵器（砲弾に火薬を充填する用具）が補給された、と「派遣隊日誌」は記す。

『福岡記録』によると、時間は不明であるが、この日は湾《わん》国民学校とその周辺にも空爆があり、爆弾三〇発が着弾した。なお、この日は飛行場周辺の兵舎も爆撃している。湾国民学校に近い赤連《あがれん》集落では民家四戸が焼失したという。

湾集落の中島永円、喜島豊志、喜島チク、星山軍剛の四名が、自宅防空壕への直撃弾で死亡した。

〔五月四日〕

この日、前述の沖縄守備軍の総反攻に呼応して、「菊水五号作戦」（陸軍は「第六次航空総攻撃」）が実施された。海軍は特攻一三六機を含む約三〇〇機を出撃させ、陸軍は特攻三三機を含む九五機を出撃させたという（奥宮『海軍特別攻撃隊』、村岡『特攻隼戦闘隊』など）。ただし、この日も出撃数は資料によってまちまちで、作戦に使用した陸軍の総機数は一二五機で、うち特攻機が七一機（横井俊之「菊水作戦遂にならず」『別冊知性1「太平洋戦争の全貌」』河出書房、一九五六年、所収）という説や、出撃特攻機数の合計が陸海合わせて一四四機（ウォーナー夫妻『神風』）という説もある。出撃機数がわかっても、特攻実施機数は不時着機などもあり、正確を期し難いのであろう。

✴被弾しての不時着機、続出

この特攻隊の進路を切り開くため海軍戦闘機隊の「紫電」が出動し、奄美大島、喜界島上空付近で米軍戦闘機と空中戦を交えた。宇垣長官は『戦藻録』に「約二〇機を撃墜」と記す。味方の損害は書いていないが、零戦搭乗員会編『海軍戦闘機隊史』によると、この日、戦闘機隊は三〇名の戦死者を出しており、うち特攻隊員と思われる者が一五名おり、残りの一五名が支援戦闘機隊員だったと思われる。支援戦闘機隊で喜界島で戦死とされる者は桐山輝夫、藤木喜久男両兵曹、奄美大島で戦死とされる者は小間孫七兵曹である。もっとも戦死場所は沖縄とか南西諸島と記載される者が多く、戦死場所の特定ができないので、目的地あるいはその途中を含む広い地域概念を戦死場所としたものと思われる。島名が特定されている場合は同僚の目撃とか遺体の収容等で確認された場合であろう。

大野景範編著『十八歳の遺書―予科練・学徒兵の生と死と』（昭和出版、一九八五年）には、当時一八歳だった吉田敏夫兵曹の「死ななかった少年兵」という手記が載っている。彼はこの日、神風特攻第五神剣隊の一員として僚機一六機の「零戦」で鹿屋《かのや》を出発したが、離陸後四〇分ほどしてエンジンが不調をきたし、海に不時着して三〇分ほど泳いでいたところを漕ぎ寄せて来てくれた漁師の「伝馬船」に救助されたという。そこは奄美大島の宇検《うけん》村生勝《いけがち》沖で船頭は女性だった、と吉田氏は述懐している。こういう形で記録に残っていない不時着機も多数あったのかも知れない。

海軍喜界航空基地発の「機密電」は、この日は明け方から夕暮れまで常時約一六機の米軍機が島の周辺を哨戒飛行し、延べ約一〇〇機の艦上機により飛行場や周辺の集落が銃爆撃を受け、飛行場は明朝まで使用不能になった、と伝えている。

「派遣隊日誌」は、終日米軍機が上空を制圧していた状況を次のように記している。

「〇五四〇、四機来襲哨戒開始（機種の記載を省く）。〇六一五、一六機来襲飛行場銃爆撃。〇七・九、一二機来襲飛行場銃爆撃。〇七四五、一二機来襲飛行場銃爆撃。〇八〇〇～〇八二五、上空ニ於テ空戦、敵一五機～一六機、味方一五機～一六機。自爆五機ヲ認ム。〇九四〇～一〇二〇、七機来襲本島周辺哨戒。一〇四〇、一四機来襲飛行場銃撃。一〇五五、約五〇機本島侵入、一一一二去ル。一一四五、五機哨戒。一二三五、四機飛行場付近集落銃撃（焼夷弾及び爆弾）。一二五〇、飛行艇一機花良治《けらじ》沖着水、搭乗員救助後去ル。一四一〇、四機来襲飛行場爆撃。一四二五～一四三五、一一機飛行場付近部落爆撃。一五二〇、六機来襲飛行場爆撃（時限爆弾）。一五四〇、一二機来襲飛行場爆撃。一六二〇、敵機去ル。一七三〇、一六機来襲内四機飛行場銃撃本島周辺哨戒。一九四二、哨戒機去ル。二〇二五、時限爆弾二、二二四〇、時限爆弾一、炸裂ス」

対空砲部隊は一機を撃墜し、地上部隊の被害は「ナシ」という。「派遣隊日誌」は、滑走路の整備状況として「〇〇四五、一二〇〇×八〇修理完成」と書く。前日の空爆の被害の修理であろう。海軍第三二一設営隊の夜を徹しての奮闘の姿が目に見えるようである。

「派遣隊日誌」が記す味方機の離発着状況を順次羅列すると次のようになる。

午前三時、「天山」一機が台湾の新竹に向けて出発。これは前日二三時に新竹から到着した「天山」が帰ったものと思われる。沖縄を越えて到着してからわずか三時間の滞在である。夜間攻撃機のこのような運用もあったのだろうか。

「天山」出発後の飛行場の状況は――午前四時一三分、零戦一機鹿屋向ケ出発。午前五時三〇分、九九襲一機着陸。午前八時四五分、四式戦一機飛行場ニ着陸大破。午前九時九分四式戦一機飛行場西

方海中ニ自爆。四式戦一機赤連集落ニ不時着。零戦一機志戸桶海岸ニ不時着。零戦一機坂嶺集落ニ不時着。翌午前〇時五分、陸攻一機上空物量投下セズ引返ス。

このような具合で、午前五時三〇分までの離発着は成功したものの、以後はまともに使用できていない。

「自爆」とは「撃墜」されたことの言い換えである。この日は飛行場以外の場所への不時着が目立つ。不時着の時間帯はわからないが、赤連《あがれん》は飛行場から東へ一キロ足らずの集落、坂嶺《さかみね》は北東へ四キロ、志戸桶《しとおけ》は北東へ一〇キロほどの集落である。飛行場を目前にして着陸できなかったのであろう。

なお坂嶺集落に不時着した飛行機については坂嶺集落編集推進委員会『坂嶺集落誌』（一九八八年）に脇田巌氏の話として英啓太郎氏が書いている。

脇田氏は日にちは明確でないが坂嶺海岸に近い海に不時着した友軍機の搭乗員を二度、助けたという。一度は「零戦」搭乗員の「安楽上等兵曹」で「敵三機を撃墜した」と言ったと語り、二度目は陸に近い所で泳ぐこともなく救助し、駆けつけた海軍の兵士らと防空壕へ連れて行った、という。階級は中尉で、白タスキに「細川」と記されていたという。「派遣隊日誌」は不時着箇所を「坂嶺部落」と書き、「海岸」と書いていない。脇田氏の救助した搭乗員が五月四日の不時着搭乗員だったのか、それはわからない。

『福岡記録』はこの日の被害について、中里《なかさと》で五戸、赤連で一戸焼失したことを記す。

23　連日猛爆を受ける喜界島

＊延べ一八〇機来襲、米軍の沖縄基地からの発進も

〔五月五日〕

「派遣隊日誌」は、この日の来襲状況について、早朝、午前五時一五分グラマン四機による哨戒開始から始まり、夕方、一七時四五分グラマン八機による飛行場銃撃まで逐次詳記した後、「本日ノ来襲延べ機数一八〇機、投弾延べ機数一〇〇機以上、飛行場被弾二〇〇個以上。本日ノ爆撃ハ極メテ熾烈ニシテ時限爆弾ヲ多数使用セシハ特異ナリ」と記す。兵士一名が戦死し、兵舎二棟が炎上した。

海軍喜界航空基地発「機密電」は「五日午後、七〇機編隊喜界島基地空襲ハ沖縄陸上基地ノモノナリ」と報じ、撃墜された搭乗員救助をめぐる電話を傍受したことを伝えている。

この日も飛行場が使用できない状態が続き、午前一時二〇分と三時二〇分に「九六陸攻」が物量投下し、二二時三〇分から三八分にかけて「九六陸攻」三機が物量投下した、という。「派遣隊日誌」によると、午前一時二〇分に投下された八箱は飛行場付近集落に落下したが一個だけが完全で、三個は炸裂し、四個は変形した、という。また午前三時二〇分に投下された八個は飛行場に落下して八個が完全な状態で回収され、さらに夜二二時三〇分から五八分にかけて三機により投下された二五ミリ機銃弾二四箱（一二〇〇発）は飛行場に落下し、うち七箱は使用不能状態だったという。飛行機からの物量投下は地上部隊が入手できても、必ずしも中味が無事なわけではないのである。

1945年5月5日、米軍機によって撮影された喜界島（写真提供／沖縄県公文書館）

派遣隊の対空砲部隊がこの日使用した弾数は、二五ミリ機銃弾一六七八発、一二サンチ高角砲弾二八発だった、という。五月三日に小型船二隻で運ばれて来た二五ミリ機銃弾が五〇〇〇発であったが、この消費状態では三日分しかないことになる。飛行機で投下した弾は戦闘の激しい日の一日分もない。

この日、対空砲は八機を撃墜し、九機を撃破した。「派遣隊日誌」は、一四時一〇分飛行艇一機と援護戦闘機四機が飛来し、飛行艇が着水して「搭乗員救助作業ヲナス」と記す。

『福岡記録』は、この日は午前一〇時、赤連《あがれん》で二二戸、坂嶺《さかみね》で一戸が焼失した、と記す。中《なか》里《さと》でも一五戸焼失したと記されているが時間は書いていない。

✴哨戒、爆撃ともに「低調」とは言うけれど…

〔五月六日〕

この日は、鹿児島の鹿屋《かのや》は快晴であったが沖縄は雨模様。索敵がうまくいかず海軍の特攻出撃はない。陸軍は早朝、知覧《ちらん》より沖縄泊地《はくち》の艦船を求めて一一機の特攻機を飛ばした。

喜界島は前日と打って変わって空襲も延べ一六機程度で「哨戒爆撃共に最近ニナク低調ナリ」と海軍喜界航空基地発の「機密電」は言う。しかし、滑走路は「明朝三時三〇分マデ使用不能」と打電している。「派遣隊日誌」によると、米軍は六時五〇分から四機で繰り返し哨戒飛行を始め、時折飛行場を銃撃し、時には投弾するものもあり、八時一五分には飛行場が銃撃され、付近集落が火災、一二時三〇分にも四機来襲し飛行場と付近集落に投弾し、午後も一四時三〇分から一七時過ぎまで八機で上空を哨戒飛行したという。対空砲は一機を撃墜し、三機を撃破した、と書かれている。

『福岡記録』は、午前一〇時湾《わん》集落に二機来襲し一二戸焼失し、また、同じ時刻にふだんは空襲を受けない北西部の伊砂《いさご》集落に三機来襲し一戸焼失、一一時には赤連集落に二機が来襲し七戸焼失した、と書く。「派遣隊日誌」が八時一五分の四機来襲の際に「付近部落火災」と、珍しく民間の被災を記している。時間の記録にずれがあるがこの日の湾集落の火災を指すものだろう。

この日の空爆で湾集落の鮫島武夫と鮫島セイが自宅防空壕で焼夷弾の直撃を受けて死亡した。

なお「派遣隊日誌」は、午前三時三〇分陸軍機三機出発、午前四時三〇分「零戦」一機出発と記す。「攻撃のため」とは記されていないので、おそらく九州本土へ向かったのであろう。

✴破壊と修復のいたちごっこ

（五月七日）

この日は、沖縄への特攻出撃はなく、海軍は鹿屋《かのや》から一三六〇浬《かいり》（約二五〇〇キロ）も離れたウルシー環礁に艦上爆撃機「銀河」二一機を特攻出撃させたが、事故や故障で脱落する機も多く、沖の鳥島付近では隊長機以下五機程度になり、攻撃を断念して引き返した。「結局大山鳴動して鼠一匹も出でず徒《いたずら》に航空自滅戦に終われるのみ」と宇垣長官は嘆いている。この作戦に参加した「銀河」は、三五航艦（司令部は鹿屋）と三航艦（第三航空艦隊、司令部は木更津）の両航空艦隊から出ているが、三航艦側の主導だったのか、宇垣長官は「遠征奇襲の快味のみを夢想し、これが至難性を察知せずして作戦実施を命ずる事の適当ならざるを知る。特攻銀河の使用については異見を有し、丹作戦に予《かね》て賛意を表せざる所以《ゆえん》ここにありとなす」と第三者的に批判している。「丹作戦」とはウルシー環礁の泊《はく》地《ち》に集結した米艦隊を、海軍の大型機で攻撃する遠距離特攻作戦のことである。

「派遣隊日誌」によると、この日の米軍の来襲は前日より早く、午前四時四五分から四機が飛来し、飛行場を銃撃した上で引き続き哨戒飛行をし始めたという。明らかに喜界島を出撃基地と見て警戒している行動である。六時一四分から四〇分の間に八機、午前七時二〇分には六機、七時四五分には八機、九時一八分から二二分には八機、一一時には八機、一二時二五分から一四時二七分にかけて八機、一六時三五分に八機、一八時一五分には四機、と終日、飛行場や砲台や周辺集落を銃爆撃し、その後は二〇時三五分まで夜間戦闘機が上空を哨戒した、という。補修を終わったばかりの滑走路が爆撃され、再び使用できなくなった。

『福岡記録』によると、この日は午後三時に、湾《わん》集落で六戸焼失し、午後四時に池治《いけじ》集落で一〇戸焼失した。池治は飛行場に近接しているとは言えない総戸数五〇戸ほどの小集落である。常時滞空する米軍機の集落攻撃は、気まぐれのように見える。いつ何処がやられるかわからない。池治では一人、焼夷弾による火災で負傷者が出た。

〈五月八日〉

前日、ドイツが無条件降伏に調印したとの報が宇垣長官にもたらされた。

この日、雨のため特攻機は飛ばなかった。喜界島には一五時五二分グラマン四機が飛来したが、上空を一周しただけで去った、という。

『福岡記録』は、午後七時、米軍三機が湾集落に来襲し、四戸を焼失したと記録している。「派遣隊日誌」にはこの米軍機来襲の記載はない。おそらく上空を哨戒していた夜間戦闘機が気まぐれに銃撃し、その曳光弾《えいこうだん》が茅葺《かやぶ》きの屋根に突き刺さって燃え上がったものであろう。

設営隊は滑走路の補修に全力を傾注して二四時頃までに一一〇〇メートルの補修が完成し「大型機着陸可能」になった、という。

24　米軍提督、集落焼き払い指示？

＊荒木集落に焼夷弾大量投下

〔五月九日〕

喜界島には午前五時過ぎから四機が来襲して哨戒飛行を開始し、飛行場周辺の集落を銃爆撃し、また午後一時五〇分にも八機が飛来し飛行場と周辺集落を銃爆撃し、午後二時五〇分には三二機が来襲して飛行場及び周辺を爆撃、一部には大型爆弾も使用され、さらに一六時四五分から一七時にかけて各種の艦上機六八機が来襲し飛行場と周辺集落に小型爆弾多数を投下した、と「派遣隊日誌」は記す。

その日の空爆の特徴について、「派遣隊日誌」は「(1)焼夷弾を多数使用して部落山林を攻撃せること、(2)長さ一尺位の鉄製筒（筒内には油脂様のものあり）先に信管発火装置を付したるもの（引用者註：焼夷弾をさす）多数投下」と記している。喜界島では都市と異なり、焼夷弾の大量投下は珍しかったのである。集中的に焼夷弾投下の対象となったのは荒木《あらき》集落と赤連《あがれん》集落である。

「派遣隊日誌」はまた、撃墜四機、撃破四機と記す。日本側の損害は、戦死者五名、兵舎二棟炎上、三式戦闘機（「飛燕《ひえん》」）一機炎上、滑走路被弾四個、使用不能、という。

『福岡記録』は、「午後二時八機来襲。飛行場猛爆破。地上砲火は中里《なかさと》砂丘陣地及び殿森《とのもり》陣地より猛攻撃を試み撃退せり。我が飛行場蜂の巣」と記す。この日は湾《わん》集落で二戸、赤連《あがれん》で四三戸、荒木では一四三戸が一挙に焼失した。荒木集落の六五％が一日で焼き払われた。

荒木では二歳の幼児、平田守利が母の手に抱かれた状態で機銃掃射の弾が命中して死亡し、母は子を抱いていた手を射貫かれたが命には別状なかった。

この時の様子を、『平田日誌』はこう記している。

「午後三時、数十機襲来、猛烈な爆撃を陣地へなした。四時頃、南の方へと引き上げて帰ったが、直ぐその後を追って、四機が機銃掃射を始めた。去った積もりに農民が安心しているところを掃射され、機を逸せず油脂焼夷弾を投下され、見る間に荒木集落の半分は火の海と化し、馬四〇頭、一二〇戸、約四八〇棟が灰燼にきした。(早々と夕食を済ませて小麦刈りに行こうと思って) 家族が夕食をしていると、機銃掃射に遭い、待避の機を失い、守利（二歳）を抱いてゲン（長男の嫁）が床下へ隠れているところを左手に摩傷し、守利（孫）を貫通し、右手腕に止まった。守利は即死した」

ムヤ生活で、時ならぬ馬肉のご馳走に預かったのはこの時だったのかも知れない。私は、いたいけな幼児の死は聞かされなかった。大人たちはその話題を避けたのかも知れない。

それにしても、荒木集落が一挙にこれほどの猛爆を受けたのはなぜだろうか。

✴ミッチャー提督の疑心暗鬼

二〇一〇年の夏『特攻　空母バンカーヒルと二人のカミカゼ―米軍兵士が見た沖縄特攻戦の真実』という本がハート出版から出た。著者はマックスウェル・T・ケネディというアメリカ人である。五月一一日に空母バンカーヒルに突入した二人の特攻隊員が誰だったのかを特定しようとしたドキュメントであるが、この本の中で喜界島のことに触れた部分がある。第五八機動部隊の旗艦であったこの空母に乗艦していた司令長官・ミッチャー提督は、喜界島を主要な特攻基地の一つと見ていて、頻繁に偵察機を出して警戒していた。同書によると、この空母では「キカイ」と言えば「定期偵察行動」のことを意味するほどだった、という。その一カ所に「集落に対する爆撃」について、次のようなことが書かれている。

「五月九日、第八四航空団は、喜界島の民間人居住地域に焼夷弾を投下せよとの指令を受けた。情報部は、日本軍が民間人の家屋の中に航空機を隠していると考えていたのだ」

いくらなんでも喜界島に飛行機を中に隠せるような民家はない。飛行場を破壊しても、なお特攻機が飛んでくることをミッチャーは疑問に思い、防風林で被われた集落の中に民家を装った格納庫があって、日本軍が飛行機を隠している、と考えたのかも知れない。飛行場に直に接する中里《なかさと》や湾《わん》はほぼ破壊したが、その外側にやや離れて存在する集落が怪しいと思ったのだろう。

ケネディはこの本の中で「喜界島」のことを「古来より、天皇の統治も文化もおよぶことのない、孤立した、神話的な地と考えられてきた」と記している。この日の荒木《あらき》、赤連《あがれん》の被害は、叩いても叩いても飛行機が飛んでくる不気味な島と考えた米軍側の疑心暗鬼から生まれた空爆だったのである。

実際には特攻出撃基地としての喜界島の役割は大きくはなかった。しかし、少数機による非特攻の夜間出撃は反復して行なわれており、米軍は、多数の米軍機が撃墜される喜界島の対空砲部隊の働きなどから、日本軍にとっての喜界航空基地の役割を過大に見ていたと思われる。

25　目撃した米軍機撃墜の瞬間

✴対空機関銃が続けざまに三機撃墜

飛行場に隣接する中里、湾《わん》の集落は爆弾の穴だらけになったが、飛行場の東から南にかけて広がる丘の上の対空砲陣地の外側、中里の畑地には爆弾の穴はあまり見あたらなかった。目標を外れた爆弾が落ちなかったわけではないが、その程度の危険は無視しないと生きていけなかった。そういうわけで、父は対空砲陣地のある丘の麓の畑に私を連れてゆくこともあった。父なりに考えて空爆の少ない時間帯を見計らって連れ出したのだと思う。

確かソラマメの収穫に行った日のことだった。畑に着き、収穫を始めて間もなく南の空から爆音が近づいてきた。ソラマメの畝《うね》の間に身を低くしているほかに身を隠す場所はない。恐る恐る顔を上げると空は丸見えで、真上からやや西に寄った上空を一機のグラマンが機首を北に向けて急降下に移るところであった。グラマンは飛行場を狙ったらしく高角砲陣地がある木麻黄《もくまおう》林の丘を右に見る形で機銃掃射をしながら降下して行ったが、突然、飛行機の真下の対空機関銃陣地から激しい射撃音が聞こえ、グラマンの機体に白い煙がぱっと上がるのが見えた。グラマンはそのまま丘にさえぎられて見えなくなった。気がつくと別のグラマンが全く同じコースを急降下してきていて、地上からの銃撃を受けて白い煙をあげ、さらに三機目が急降下してきて同じように地上からの銃撃で白煙を上げて低空のまま飛行場の方向に消えて行った。

見上げると、四機目が前の飛行機と同じコースを急降下に入る位置に来ていた。グラマン四機が一列縦隊になって同じコースで急降下爆撃をする手筈になっていたと思われるが、四機目のグラマンは急降下に入ると見えた瞬間に機首を上げた。後で聞いたところによると前の三機は三機とも低空で飛行場上空を通過しそのまま海に墜落し、乗員は三人とも低空から落下傘で海上に降下したという。

海に落下傘降下した飛行士は、上空を旋回する戦闘機に守られながら、間もなく着水した飛行艇に救助された。その救助場面は私たちの位置からは見えなかったが、同じ状況を目撃したと思われる不時着搭乗員が、ある日の出来事として、次々と撃墜され、落下傘降下した三機の搭乗員が飛行艇に救助されてゆく目撃状況を書いている（増戸『彗星特攻隊』）。撃墜の場面は喜界島では頻繁に見られたが、三機が同じコースで次々と落とされた場面は滅多にない。たぶん同じ場面を見たのだと思う。

＊高角砲による撃墜光景

ムヤ生活にも慣れて、ムヤの周辺が爆撃されないことがわかってくると、私たちは不必要に米軍機を恐れることはなくなった。米軍機に発見されないように気をつけながら、ムヤの入口で上空に来る飛行機の見物をするのである。子どもたちは対空砲陣地の兵士たちが飛行機の機種を言うのを聞いて、いつの間にかそれを覚え、あれはシコルスキー、あれはグラマン、あれはロッキードなどと言い合った。

その日の機種が何であったか覚えていないが、四機の編隊だったと思う。南からやってきて編隊のままムヤの真上のやや西寄りの空を、大きめの玩具くらいに見える高度で北上していた。飛行場爆撃のいつものコースより少しばかり高角砲陣地に近いと思っていると、木麻黄の林に覆われた丘から撃つ高角砲の弾が、運動会の合図の花火のような感じで大空に小さな煙をあげ始めた。編隊前方にパッパッと煙がはじけるが、なかなか当たらない。

その時、先頭を行く飛行機の真正面で煙がはじけた。惜しい、もう少しタイミングが遅ければ直撃だったのに、と思った瞬間、先頭の飛行機が左翼を下に傾けたかと思うと編隊から離れて荒木《あらき》集落の上空を横切って海に向かったが、海上に辛うじて到達したと思われる辺りで機首を下に真っ逆さまに落ちて行き海面に大きな水柱を上げた。飛行機が落ちていった後の空には、落下傘がゆっくりと降下して行った。海面に降下した人の姿は集落の木の梢にさえぎられて見えなかったが、落下傘が降下した辺りを僚機が低空で飛び交うのが見えた。

ほどなく、近くで待機していたのか、大きな飛行艇が着水して海面を動き回り始めた。荒木集落の木に隠れて飛行艇は時々見えなくなる。やがて飛行艇が真っ黒い煙を吐いて海面を滑走し始めた。その煙を見て私たちは日本軍の弾が当たったものと勘違いして歓声を上げたが、離水した飛行艇を見ると煙は消えておりそのまま真っ直ぐに南へ飛んで行った。

それにしても、撃墜された飛行機は高角砲の弾が近くで破裂しただけであって、煙も出さず火も吹かず、地上から見ていた限りでは無傷のように見えたが、あっという間に落ちてしまったのはなぜだろうか。数秒であるが飛行機を海に向けて滑空させるだけの操縦は可能だったようであるが、あの無言劇のような墜落場面は今でも鮮明に目に浮かぶ。

あの時、少年の私にはもう一つの疑問が心に残った。一人の操縦士を救助するために大きな飛行艇が銃撃される危険を冒して、島の海岸近くまでやってくる、その行動の不可解さである。米軍飛行兵は喧伝されていたほどに臆病ではなかった。当時の私は、兵士の命を守るために国家ができる限りの力を尽くすという点で、日米両国には決定的な違いがあることに思い至らなかった。ただ、米兵といえども勇敢さにかけては侮《あなど》り難いことを、事実によって認識させられていた。

海軍高角砲部隊に馬場という名の二二、三歳と思われる学徒兵の兵曹がいて、私の父や兄が数年前まで東京で暮らしていたという話を聞いて親近感を感じたのか、戦闘の合間に時々ムヤに遊びに来た。馬場兵曹は時には死と紙一重の戦場の緊迫した雰囲気を、私たちの居住空間に持ち込むこともあった。彼は、こげ茶色の線状の頬の傷を示しながら「昨日、敵の銃弾が掠《かす》ったのだ」と言い、その時の様子を「敵機は刺し違えるようにこちらの撃つ弾を物ともせず突っ込んでくる。敵ながら勇敢だよ」と言った。彼の近くで高角砲の操作を指揮していた同僚の兵曹が、鉄兜の上から額の真正面を撃ち抜かれて即死したという話には、少年の私は緊張のあまり身体が小刻みに震えるのを抑えることができなかった。

26　米軍機搭乗員、二人目の捕虜

✴設営隊が捕まえた米軍機搭乗員

〔五月一〇日〕

この日は特攻出撃の記録はない。

午前一時五〇分、陸攻一機が二五ミリ機銃弾三八箱を空中から投下、四時一五分には陸軍重爆一機が物量投下、さらに深夜の二三時三〇分には陸攻一機が二五ミリ機銃弾を空中から投下した。

「派遣隊日誌」によると、午前六時三五分にグラマン八機が来襲して飛行場を銃爆撃、九時一六分まで哨戒飛行し、一〇時五五分にはグラマン六機が来襲して飛行場と周辺集落を爆撃し、一二時五〇分にはグラマン一七機が来襲して飛行場を爆撃し、一四時四五分には戦闘機の援護を受けながら飛行艇が落下傘で降下した搭乗員を救助のため着水し、一五時三五分に離水、一九時五〇分には夜間戦闘機が七ないし八機来襲し、照明弾で地上を照らしつつロケット弾と焼夷弾を投下した、という。

その日の戦果として、「派遣隊日誌」は「撃破二機、捕虜一名（シャングリラ搭乗員）」と記す。「シャングリラ」とは米空母の艦名である。「撃墜」ではなく「撃破」なのに捕虜が一名いるのは変だが、海軍喜界航空基地発のこの日の「機密電」は「戦果、撃墜二機（搭乗員二落下傘降下）、撃破二」と打電している。「派遣隊日誌」の記載洩れだろう。

これまで調べた情報をまとめると、米搭乗員を捕虜にした状況は次のとおりである。

落下傘降下した米兵二名はそれぞれ、単座の戦闘機「Ｆ６Ｆ（グラマン）」の搭乗員だった。二人が降下したのは南部の上嘉鉄《かみかてつ》海岸で、ほとんど同時刻頃に着地した。この位置は飛行場守備隊からは丘にさえぎられて見えないが、中央高地の南端の川嶺《かわみね》に駐屯していた第三二一設営隊（宮本部隊）から目撃され、同隊の兵士たちが降下地点に急行した。しかし米軍戦闘機が低空を飛び回り機銃掃射するので、日本兵たちはなかなか近寄れない。やがて沖合に救助の飛行艇が着水した。

米兵の一人は泳いで飛行艇に向かい、救助された。ところが、もう一人は顔中血だらけで、茫然としている様子で、救命筏《いかだ》を投下しても動かず、海に入ろうともしなかった。飛行艇は五〇分ほど待機していたが救助を断念して離水し、戦闘機も引揚げた。こうして火傷を負って動けなかった米搭乗員は第三二一設営隊（宮本部隊）の捕虜になった。捕虜になったのは、空母シャングリラ搭載の戦闘機搭乗員キンカノン大尉だった（米海軍省人事局長より国防省戦争犯罪局海軍部宛の「戦闘機パイロットの消息」と題する書簡等を参考に記述）。

キンカノン大尉は海軍喜界航空基地司令・佐藤勇少佐の尋問を受けた後、軍医の治療を受けていたが、一八日後の五月二八日、米軍上陸切迫という情報で緊張するなか、設営隊の士官の手で斬首された。斬首直前のキンカノン大尉を、私は他の少年数名と一緒に偶然見ている。そのことは後に触れる。

『福岡記録』は、この日、五月一〇日の午後二時、米軍機一〇機が来襲し、湾《わん》で一六戸、中里《なかさと》で二七戸、志戸桶《しとおけ》で一戸焼失した、と記す。飛行場で時限爆弾が終日爆発したとも記しているが、「派遣隊日誌」は合計一六個の「爆弾投下」と記すのみで「時限爆弾」のことは記していない。さらに福岡氏は、友軍機三機が現れ、空中戦となり「菊池飛行士搭乗機は敵四機に射たれ上嘉鉄《かみかてつ》と川嶺《かわみね》の間の……畑中に墜落せり。遺体は在川嶺の宮本部隊の兵員により埋殁せらる」と書いている。戦死したという菊池飛行士については、その日付の前後を含めて調査したがわからない。この日は特攻出撃はなく、海軍戦闘機搭乗員の戦死者名簿にも見当たらない。埋葬したのは海軍部隊であるが、陸軍の戦闘機搭乗員だった可能性もある。

（五月一一日）

この日、九州南部は「曇り後雨」の天候であったが、「菊水六号作戦」（陸軍は「第七次航空総攻撃」）が実施された。海軍では「桜花」を搭載した「一式陸攻」四機を含む特攻機六三機が、陸軍では一式戦闘機「隼《はやぶさ》」など特攻機三六機が出撃した（奥宮『海軍特別攻撃隊』、生田『陸軍航空特別攻撃隊史』など）。なお宇垣長官の『戦藻録』は「基地攻撃に海軍二〇機、陸軍三〇機、泊地攻撃に海軍四八機、陸軍五〇機、援護に零戦六五機」と記すが、これは作戦上の数値を記したものと思われる。

この日の攻撃で、第五八機動部隊の司令長官ミッチャー提督が乗艦する空母バンカーヒルのほか、駆逐艦二隻が大損害を受けて、終戦まで戦列に復帰できなかったという。

✴慶大出身クリスチャン特攻隊員の遺書

さる四月中旬、喜界島に不時着し、英語のわからない不時着搭乗員たちに捕虜のトマス少尉の言葉を通訳してやった本川譲治少尉も、この日、鹿児島の串良《くしら》から再出撃して特攻死した。彼は慶大出のクリスチャンで、『増補版・雲流るる果てに—戦没海軍飛行予備学生の手記』（白鴎遺族会編、河出書房新社、一九九五年）に遺書が収録されている。その一部を再録する。

「我らは今こそ、この国のために祈らねばなりません。日本の隆盛、しかり、天父の嘉み給う隆盛を切願します。イザヤ、エレミヤの言々切々たる正義の声を思うにつけても我らは祈らねばなりません」

「私は故若林翁から贈られし小型の聖書とその袋（植村環先生の下されしもの）と賛美歌を持って行くことにします。聖書こそ人類に与えられた最大の書であり救いの兆し、希望の旗であります」

「主のため、国のため如何なるところにありても全力奉仕の生涯を送らねばなりません。『我らの国籍は天にあり……されば我の慕うところの兄弟我の喜び我の冠たる我が愛する者よ、今我が勧むるところに従って……堅く主に立つべし』私は我が家の上に天の恩寵、いよいよ豊なるを信じ祈ります」

この学徒兵、本川少尉は、出撃に当たって、自己の信じる精神的な価値に向き合おうとして遺書を書いている。「我らの国籍は天にあり」と言いつつ彼は何のために死んだのだろうか。「主のため、国のため」と二つを並べているが、ここで言う「国」とは天国ではない。彼が命を捧げようとしている国は「大日本帝国」である。しかし、特攻死への道しかないとすれば、それを神の意思として受け容れなければならない。しかし、これで、彼が突き詰めて自分と向き合ったと言えるのだろうか。

本川少尉は、一回目の出撃で喜界島に不時着して滞在中、捕虜のトマス少尉に会っている。トマス少尉が処刑されたのは、本川少尉が南九州に帰った後である。彼らが会った時点では、捕虜のトマス少尉にはまだ生きる希望があった。この敵味方の「学徒兵」が喜界島で会って、胸襟を開いて話し合っていたとしたら、どのような会話が成立しただろうか。私の想像力の及ぶ話ではないが、二人の慰霊のためにも想像力を働かせたいテーマである。

27　特攻機に突入された旗艦空母

＊喜界島基地の粉砕に向かっていた空母バンカーヒル

空母バンカーヒルに乗艦していた従軍記者デニス・ウォーナーは、特攻機突入の当時の様子を次のように記している（ウォーナー夫妻『神風』）。

「五月十一日午前十時四分（中略）、「空襲警報、空襲警報！　敵機二機がバンカーヒル目がけて急

日本軍特攻機による攻撃を受け、炎上する空母バンカーヒルの甲板（1945 年 5 月 11 日撮影。米海軍の公式サイト「Naval History and Heritage Command」から）

降下中」という警報が飛び出してきた。（中略）特攻機の一番機である零戦が水面近くをこっそりと高速でバンカーヒルに接近して遅動信管付の五〇〇ポンド爆弾を投下した後、飛行甲板に並べられていた三四機の米軍機のなかに突入した。それから数秒後、彗星一機が殆ど垂直に近い大角度急降下で艦尾から接近して、ミッチャーが立っているところから三〇メートルも離れていない後部飛行甲板に激突し後甲板で爆発した。……この攻撃で幕僚やパイロットらの戦死三五三名、行方不明四三名、重傷二六四名の損害を受けた」

私が注目したのは続けて記述されていた次の部分である。

「操艦不能に陥った「バンカーヒル」は神風特攻の主要基地の一つである喜界島に向かって直進していた。……傾いた「バンカーヒル」はゆっくりと回頭し、炎上中のガソリンと油及び甲板にたまった多量の残骸と水を舷側から落とし……七〇度回頭して方向を変えた」操艦不能になったバンカーヒルが「神風特攻の主要基地の一つである喜界島に向かって直進していた」とはどのような意味だろうか。ただ単に艦の針路をさすのだろうか。

米側資料によるバンカーヒルの被害位置は経緯度から見て喜界島の南方二五〇キロの海域である。そのまま進めば喜界島にぶつかるという近さではない。戦後明らかになったアイスバーグ作戦（沖縄攻略作戦）の資料を見ると、喜界島上陸が五月一七日に設定されていた可能性が高いという。この機動部隊は、上陸前に空爆で喜界島守備軍を徹底的に叩く意図があったと見てもおかしくない。「喜界島に向かって直進していた」という意味は「喜界島に目標を定めて」というほどの意味であろう。それに対しこの特攻突入は、ミッチャー提督の出ばなを挫《くじ》いた、と私は密かに考えている。

「派遣隊日誌」は、前夜から引き続き米軍機が上空を制圧して警戒し続けていることを記し、八時一五分、グラマン四機の飛行場銃爆撃があり、一三時三七分にはグラマン八機が来襲して飛行場を銃撃し、一七時頃までグラマン八機が時々上空に来るが「極めて低調」で、戦果も被害もなく、滑走路も九〇〇メートルは使用可能であり、午前二時二五分に陸攻一機が二五ミリ機銃弾の投下補給を行なった、と記す。

＊石嶋少尉の戦死の謎

この日、午前八時五〇分、陸軍の四式戦闘機「疾風《はやて》」一機が着陸し、燃料を補給して一〇時過ぎに離陸している。九時過ぎには第七二一海軍航空隊（神雷部隊）の「零戦」一機が着陸した、と「派遣隊日誌」は記す。この「零戦」の搭乗員は戦闘三〇六飛行隊の石嶋健三少尉の可能性が高い。雑誌『丸』エキストラ版八七号（一九八三年新春二月号）「特集・航空決戦記」収録の元「神雷爆戦隊」海軍中尉・佐藤孝一氏が書いた「神雷特攻隊回想記・鹿屋の空にひびけ神風昭和隊の詩」記載の「谷田部航空隊特攻隊員名簿」には、石嶋少尉について「喜界島に不時着したのち戦死」と記されている。特攻隊員として作戦に参加したが、喜界島に不時着後死亡したため、特攻死として扱われなかったのであろう。

戦闘三〇六飛行隊は、第七二一海軍航空隊（神雷部隊）傘下の援護戦闘機隊であり、後にその一部が爆装零戦隊に改編され建武隊を名乗る特攻隊になっている。もっとも零戦搭乗員会編『海軍戦闘機隊史』では、石嶋少尉は翌々日の五月一三日に「沖縄方面で戦死」となっている。この日は南九州から沖縄方面への作戦はない。「派遣隊日誌」には五月一一日の該当機と思われる飛行機の着陸は記しながら、その後の消息の記録がない。情報を総合して思うに、石嶋少尉は、五月一一日に喜界島に不時着後、一三日に不時着時の負傷か、その後の爆撃により喜界島で死亡したのであろう。本土から見れば喜界島は沖縄方面に違いない。

『福岡記録』は「午前中米軍機四機来襲し、飛行場爆撃、蜂の巣」と書き、午後四時、荒木《あらき》集落に三機来襲し、二戸焼失したという。

「派遣隊日誌」の書く「空爆は低調」というのは連日激しい爆撃を受けている戦闘部隊の目から見ての相対的な評価であるが、空爆が「低調」になった最大の理由は、その日の午前一〇時過ぎに、喜界島を目指していたミッチャー提督の旗艦、空母バンカーヒルが、特攻機二機に突入され、別の艦に旗艦を移すことを余儀なくされるなど、大損害を受けていたことと関係があるように思われる。

この日は、飛行場から北に三、四キロメートル離れている中間《なかま》集落では、森スイと永井タメが畑で麦刈り中に爆死した。畑があるだけで軍事施設がない所だから、爆弾は落とされないと思って畑に出ていたのであろう。当時、米軍機は本土空襲の帰りに余った爆弾を落として行くという話を聞いたことがあるが、この二人の死がこのようなふざけ半分の行為によるものとすれば、何とも腹立たしい話である。

＊「最近稀に見る現象なり」？

〔五月一二日〕

この日、南九州に頻繁に米艦上機が来襲したが、日本側には目立った出撃はない。

「派遣隊日誌」は、午前六時三八分にグラマン四機が来襲しロケット弾八個を兵舎地区に投弾し、六時四五分、八機、七時四〇分、八機、九時五〇分、八機、一一時三〇分、八機、と来襲し、上空を哨戒しつつ時折、兵舎地区や砲台にロケット弾を投下し、午後は一二時三〇分から四〇分にかけてロッキード二機が偵察飛行を行ない、一三時一八分から四五分にかけてグラマン八機が哨戒飛行し、一四時五五分には砲台に一二個の爆弾を落とし、一七時一〇分にはグラマン八機が砲台及び飛行場を銃撃した。日本軍のこの日の戦果は無く、戦死兵一名、負傷兵一名、二五ミリ機銃一基が破壊されるという損害を被《こうむ》った。

集落では、午後一時頃、赤連《あがれん》で一戸焼失し、中里《なかさと》で二戸焼失した。

〔五月一三日〕

宇垣長官の『戦藻録』は、偵察機が午前四時五〇分、佐田岬の南東一三〇浬《かいり》に空母四隻、駆逐艦五隻を発見したと報告してきたことを記し、「当然予期せらるべき敵機の来襲は、第一波が午前六時二二分から八時まで三百機、第二波十一時二〇分から十三時まで二百二十機、その中間に約二〇機あり。更に夕刻までに約三百機来襲す」と記し「第一戦法を発令し、今夜より明早朝の攻撃法を下令す」と書く。

夜になって偵察の飛行艇から、高知県の足摺岬《あしずりみさき》の南方一二〇浬に敵艦群を発見した、との知らせがあり、「重爆及び銀河の攻撃機十六機出る」ことになった。宇垣長官は「厳重なる対空陣に対し雷撃の成功を祈る」とその日の日記を結んでいる。たぶん護衛なしの夜間雷撃だろう。しかし夜間に米艦を発見し、艦種を識別して攻撃するのは極めて熟練を要するという。米艦から撃つ対空砲も凄まじい。成功を「祈る」との言葉の裏にある本音は、大きな期待は掛けられないという気持ちであろうか。この夜間攻撃はうまく米戦艦に接近して魚雷を発射したが結果は不明という報告だったようで、「命中しあらざるべし」と宇垣長官は予測どおりというような感じで書いている。

他方、喜界島の「派遣隊日誌」は、この日は午前八時一五分にグラマンなど一七機が来襲して飛行場と砲台を銃爆撃し、一三時五八分にはロッキードなど三機が上空に来て偵察し、一六時一九分には一機が飛来しただけで去り、「本日銃撃せるもの午前のグラマン十六機のみにして……最近稀に見る現象なり」と記し、「敵機動部隊午前六時頃より九州南部を空襲す」と付記している。

喜界島に対する空爆が手薄になったのは、米軍機動部隊が喜界島の東を通り過ぎて南九州にターゲットをしぼっていたからであろう。前々日、ミッチャー提督の旗艦バンカーヒルが特攻攻撃を受けて大損害を受け、米軍が大反撃に出たものと思われるが、喜界島ではそこまではわからない。おそらく朝のグラマン戦闘機一六機は南九州を襲った艦上機の別働隊で、昼間喜界島上空の哨戒にあたった飛行機は沖縄の陸上基地から飛んで来たものであろう。

『福岡記録』によると、一三日午前九時、池治《いけじ》集落に三機が来襲して一二戸を焼失し、赤連《あがれん》では午後三時、三機が来襲して一戸焼失した、という。なお、この日は湾《わん》集落の女性が「就寝中に右足膝下に貫通銃創を受け歩行困難」と記す。この日は米軍機の来襲が少なく、軍隊の見方では「最近稀に見る現象なり」というが、島民の被害は日常化していた。

✴ミッチャー提督、再度の受難

〔五月一四日〕

黎明、南九州から戦闘機四〇機の援護のもとに爆装「零戦」二八機が、宮崎県の最南端の都井岬《といみさき》東六〇浬《かいり》付近まで接近した米軍機動部隊に対する特攻攻撃に向かった。宇垣長官は『戦藻録』に「空母に突入を報ぜるもの六、艦艇突入を報ぜるもの二なり」と記す。「午前の制空戦闘機は特空母一の炎上を認めたるが戦果の認定不能なり」と、戦果確認の偵察機が思うように動けないことを嘆く。

しかし、実はこの日は、ミッチャー提督の、代わったばかりの旗艦の正規空母エンタープライズが種子島の東方一四〇キロ、喜界島の北北東二五〇キロの海域で特攻機に突入され、戦列復帰不能の大損害を受けていた。ウォーカー夫妻『神風』は次のように記す。

1945 年 5 月 14 日、日本軍の特攻機による攻撃を受けた空母エンタープライズの甲板（米海軍の公式サイト「Naval History and Heritage Command」から）

「（エンタープライズに）特攻機が体当たりしたのはこれが三回目であり、ミッチャー提督が特攻攻撃を生きのびてきた四日間のなかで二度目の攻撃に当たっていた。この零戦が抱えていた爆弾は、梱《こん》詰めのぼろ切れがいっぱいに積み込まれていた倉庫で爆発しそのために多くの乗員が助かった。（中略）一四名が戦死し、六八名が負傷したが、この零戦一機により受けた損害の割には死傷者は少なかった。だが、エンタープライズにとって、これが最後の戦闘になった。（中略）翌日、ミッチャー提督は将旗を空母ランドルフに移した」

喜界島には早朝三時過ぎから艦上機二、三機で上空を哨戒し四時一〇分から五八分にかけて照明弾やロケット弾を投下し、夜が明けると六時四五分から七時まで艦上機一六機が来襲して飛行場、砲台、兵舎を銃爆撃し、七時三五分には一六機、一五時四五分二機が飛来したが、攻撃を仕掛けることなく去り、この間、対空砲部隊は一機を撃墜し、一機を撃破した、という。「派遣隊日誌」はこのような戦況を記した上、「敵機動部隊は依然として九州南東海面約百浬付近行動中」と米軍機動部隊の動向も記している。

『福岡記録』は「午前六時米軍機十二機来襲、飛行場、中里《なかさと》等爆撃を受けたるも、敵機二機撃墜せりと聞く。豈《あに》快ならずや」と書く。家屋焼失の被害はない。しかしまだ暗いうちのロケット弾攻撃は、私たちが隠れ住むムヤの上空辺りで低空から発射するので、その〝豚の叫び声〟のような発射音に眠りを破られ、不安だった。

28　撃墜された米軍機とわが家の馬

＊行方不明になった馬

喜界島では戦前から農耕用に馬が飼われていた。さつま芋の苗の大きな束や肥料の袋を背中に乗せて畑に運んだり鋤《すき》を引かせたりする一方、換金用に子馬を育てていたので、飼っている馬はほとんどが雌であった。国策の軍馬の需要もあって種馬の雄は力強い立派な体格の馬が使われ、島には種付けを仕事としている家もあった。昔は「喜界馬」と呼ばれる小型の馬がいたらしいが、私が小学生のころは軍馬の需要に応えて農耕用の雌馬も大きくなり「喜界馬」は目にしなくなっていた。

小学校に通う道路沿いに「種馬屋」があって、たまたま種付けの場面にぶつかる時もあった。貧弱な体格の雌馬の背中に背後から逞しい雄がのしかかる様子は、雌馬にとって可哀想な感じもしたが、道端から見える種付けの場面は、少年たちにとってはちょっとした好奇心をそそる出来事で、覗き込んでは種馬屋のおじさんから「こら、学校に遅れるぞ」と怒鳴られて駆け出したりしたものだった。

空爆が激しかった当時、それぞれの家で馬をどう措置したのか、資料もなく子どもだった私にはよくわからない。中里《なかさと》集落には、集落から二キロほど南の海岸の丘陵に放牧場があった。牧場と言っても農作業がない時に馬を遊ばせておく場所で、自然に生えた草があるだけで、普段は夕方になると家に連れ帰って餌を与えていた。空爆が始まってからは米軍機から丸見えの放牧場に放置するわけにはいかないので、わが家の場合は父や兄がムヤからそれほど遠くない森かげに隠して世話をしていた。

それは四月下旬か五月上旬のことだったと思う。米軍機の爆音に緊張しながら私は家族とともにムヤの中から入口の向こうの小さな明るい空を見ていると、突然、轟音とともに真っ赤な火の塊《かたまり》が翻《ひるがえ》るようにして通り過ぎるのを見た。その直後に、兄が「馬が危ない」と叫んで飛び出していった。馬をつないであった小さな森かげの近くに飛行機が落ちたというのである。

帰ってきた兄の話によると、米軍機がムヤから数百メートルのキビ畑に落ちていたが、その近くの森かげにつないでおいた馬の姿は見えなかったという。馬をつないでいた丈夫な縄は切れていた。馬は目の前に落ちた火の塊に吃驚《びっくり》して普通には切れない綱を切って逃げたのである。怪我をしたことも予想されるが、馬は見つからなかった。

＊落下傘生地《きじ》のシャツ

兄は見渡す限りの野に馬の影が見えないので取り敢えずムヤに引き返そうとして、燃えくすぶる米軍機の残骸から少し離れたサトウキビ畑の中に半開きの落下傘があるのを見つけた。落下傘の紐の先には米兵が横たわっていた。兄は、米兵が生きているとピストルでも向けられたら危ないと思って落下傘の端を掴んで引っ張ってみたが、米兵に反応がないので近寄り、持っていた鎌で根元から落下傘を切り取り、近くのキビ畑に隠した。

その後、米兵の遺体を処理した海軍部隊は落下傘がないのに気付き、戦利品だから民間人は取ってはならないものだと問題にしているとの噂が伝わってきたが、米軍が上陸してくるとの情報があってそれどころではなくなったのか、落下傘を持ち去ったのが誰かの詮索はすぐに沙汰止みになった。兄は中国戦線の経験があり、警官になれば召集されないだろうとの思惑から鹿児島県の警官になったが、たまたま帰郷していて職場に帰る船がなくなり喜界島にいたので、在郷軍人としての動員も受けない自由な立場で、振る舞いも大胆だった。

戦後、母親がその落下傘の生地を桑の実で染めてシャツを縫ってくれたが、気密性の高い落下傘の布は汗が肌にべとつき、心地よいものではなかった。しかし落下傘と人の体をつなぐ紐には、その一本一本の中に何十本もの絹糸が束ねるように入っていて、母親たちは落下傘の紐から糸を取り出して、衣服の繕《つくろ》いや、縫い物に重宝し、戦後の物不足の時代にたいへん助かった。

✷生きていたわが家の馬

馬は空襲の合間に探し廻ったが見つからなかった。諦めていたところ、戦争が終わって間もなく、数キロも離れた東海岸の集落に逃げてきた馬を飼っている家があるという噂を聞いて、父が見に行ったところ、わが家の馬だったので、相応の謝礼を渡して引き取って来た。

帰ってきた時、馬は子馬を連れていた。空襲が始まる前に種付けしてあったのである。馬の帰還は農耕の助けとなったばかりでなく、飛び跳ねて走り回る子馬は子どもの私たちにも明るい気分を呼び起こした。近くに米軍機が落ちたのに馬が全く怪我をしていなかったのも、不思議といえば不思議であった。戦争の何かも知らない馬にとって、米軍機の墜落は驚天動地の出来事であり、息が続く限り闇雲に走ったのであろう。

それより前の話になるが、国民学校の上級になったころ、私は轡《くつわ》のはめ方を習い、放牧場に馬を迎えに行く役目を与えられた。裸馬に乗って帰れるのでこの役目は嬉しかった。初めて一人で馬を迎えに行った時、まだ背が低かった私が牧場の囲いの石垣と並行に馬を寄せて石垣に登って乗ろうとすると、馬はひょいと尻を振って石垣から背中を離し、私を見て笑うのである。明らかに私をからかっているが、優しい目であった。三度ほどそのような動作を繰り返した後、不安になった私を見て「今のは冗談、ほら乗せてあげるよ」と言わんばかりに乗りやすいように背中を向けてくれて、私を乗せると下手な手綱捌《たづなさば》きなど無視して家に向けてすたすたと歩き始めたのだった。

そのことを父に話すと、「馬は家族を知っているのだよ、初めて背に乗せるキミが可愛くて、ちょっと遊んでみたのかも」と言って笑った。このようなわけで、私にとってもわが家の馬は特別の存在であり、その行方が気になっていた。その馬が戦後帰って来たので、奇跡が起こったように感動した。そのことをありありと思い出す。

＊海軍部隊「陸戦配備」信令一号

（五月一五日）

南九州の基地に動きはない。「敵機動部隊去れり」と宇垣長官はひと安心の雰囲気である。「さるにても彼に痛撃を与え得ずして我が内かぶとを見透かされたるは遺憾なり」と記す。しかし、実際には特攻隊はこの四日間で米海軍の提督が旗艦を二度も変えなければならないほどの損害を与えていたのである。

「派遣隊日誌」は、一三時一五分、グラマン一二機が来襲し飛行場に投弾、二〇時三〇分から二一時二〇分にかけて夜間戦闘機二機が来襲し、飛行場と周辺集落に照明弾を投下し、ロケット弾を発射し、銃撃を加えたという。この一両日は、米軍は沖縄の陸上基地を利用して、喜界島基地の、早朝及び真夜中の使用阻止に作戦の重点を変えているようだ。

「派遣隊日誌」によると、この日、喜界島の海軍部隊は米軍の上陸に備えて「陸戦配備に関する信令・作戦第一号」を発令した。喜界島島民はまだそのことは知らない。

『福岡記録』は「午後二時十六機来襲し飛行場爆撃せり。……午後八時照明弾投下、飛行場爆撃」と書く。この日は赤連《あがれん》と中里《なかさと》が二機の空襲を受け、赤連で二戸、中里で二戸、焼失した、という。

29　離陸直後に撃墜された不時着機の搭乗員救援機

＊「出張」という名の指揮官の喜界島「脱出」？

（五月一六日）

この日も南九州の基地に動きはない。宇垣長官は陸軍から乗馬用の馬の提供を受けて「本日久し振りに試乗を試む」と『戦藻録』に書く。沖縄の陸軍部隊は緒戦で北（読谷）飛行場及び中（嘉手納）飛行場を米軍の手に渡してしまったが、海軍部隊は南西諸島海軍航空隊（巌《いわお》部隊）がこの時点でも小禄《おろく》の飛行場地域を確保していた。

この日、木田達彦大佐は「出張」と称して喜界島から鹿児島の鹿屋《かのや》基地に向かった。彼は、国分《こくぶ》基地に司令部を置く七〇一空の司令であるが、前線基地の喜界島では「七〇一空司令」であると同時に「喜界島海軍部隊指揮官」となっていた。戦後、彼は喜界島滞在中に起こった米搭乗員斬首事件でBC級戦犯に問われたが、裁判では、自分は単なる「航空戦観察将校」として喜界島に行ったのであって、捕虜斬首事件とは関係がない、と抗弁している。彼が捕虜斬首事件に関与していないことは事実であろうが、単なる「観察将校（observer）」だったという主張は、沖縄航空戦におけるその役割を軽く見せるための法廷戦術だったのではないかと思う。この問題は第Ⅲ部で詳述する。

「派遣隊日誌」は「七〇一空司令木田大佐要務の為鹿屋基地に出張」と記しているが、宇垣長官は『戦藻録』の五月一七日の項に「喜界島に出張し海軍部隊を指揮し多大の貢献を致せる木田司令昨夕帰着、本日午前報告を聴き事情を審《つまび》らかにするを得たり。出先の要望は訴えられずとも先んじて取計らひ前線をして有利なる戦闘を継続し得る如く仕向く、これ指揮官なり」と讃えている。単なる「観戦将校」でなかったことは明らかだろう。

しかし「派遣隊日誌」が「鹿屋に出張」と記述しているのを見ると、木田大佐は現地部隊には喜界島からの退避ではなく「出張」と説明したのであろう。BC級戦犯裁判で処刑された佐藤勇少佐も、

「木田大佐は喜界島を離れる際、帰ってくると言っていたが帰って来なかった」と供述している。

木田大佐が喜界島から南九州に帰った日の喜界島の米軍機来襲状況は、「派遣隊日誌」によると、次のとおりである。午前四時四五分、午前五時の二回にわたりグラマン一機が来襲して飛行場に照明弾を投下し、五時一二分には二機が飛行場を銃爆撃したが、後は上空を通過したのみで空爆の記録はない。

『福岡記録』は午後二時グラマン一機来襲し、湾《わん》で四戸焼失した、という。

ここ数日、飛行場は修復できても、米軍の制空を受けて着陸できない状態が続いていたが、この日の米軍機来襲状況の閑散なのを見ての判断か、夜になって日本軍機二機が着陸した。一機は「天山」で、一八時四〇分に着陸して一〇分後に離陸している。これはおそらく「出張する」木田大佐を乗せて慌ただしく帰って行ったものと思われる。前日、喜界島の海軍部隊には「陸戦配備」が発令されている。「玉砕」も覚悟しなければならない現地に残る兵士たちに対して、木田大佐には後ろめたい気持ちもあって、喜界島に帰る予定がないことを言えなかったのではなかろうか。

＊不時着搭乗員救援機の悲劇

木田大佐を乗せたと思われる「天山」が南九州の基地に向かった四時間後に、巌《いわお》部隊の「九六陸攻」が弾薬を積んで到着した。「派遣隊日誌」は「二二四〇、九六陸攻一機着。二三二四、右機出発。二三三〇、敵夜戦ノ攻撃ヲ受ケ二〇度方向ニ於テ火ヲ吐キツツ海中ニ突入セシヲ認ム」と記している。

「二〇度方向」というのは、戦闘指揮所から見て真北からやや東寄りの方向になる。戦闘指揮所の上の監視所の隊員の目視可能の位置で撃墜されたのであろう。しかし、「派遣隊日誌」の記述だけではこの「九六陸攻」にまつわる悲劇の実相は見えて来ない。

実は、この日、五航艦は、南西諸島海軍航空隊（巌部隊）所属の「九六陸攻」二機のうち、一番機には沖縄の巌部隊に対する「衣料品、食料品、信管」の落下傘投下を命じ、二番機には喜界島派遣隊に対する「機銃弾」の落下傘投下、または、状況が許せば着陸して積み荷を降ろし、帰途、不時着搭乗員を収容して来るように、と命じていた。沖縄に向かった一番機は、無事任務を終えて鹿屋《かのや》に帰着した。

二番機は二二時四〇分喜界島に着陸した。米軍機の来襲の少ない日だったので、地上部隊も大丈夫と判断したのだろう。急いで積み荷の機銃弾を降ろし、救出を待っていた陸海の不時着搭乗員を乗せて、二三時二四分に離陸した。ところが、その直後の二三時三〇分に、同機は米軍の夜間戦闘機の攻撃を受けて炎に包まれ墜落した。その飛行機には、乗員四名の他、喜界島から脱出する海軍搭乗員二名と陸軍搭乗員一二名が乗っていたのである。

苗村『陸軍最後の特攻基地』に引用されている、当時喜界島にいた赤堀春一中尉の語るところによると、陸軍の一二名は徳之島《とくのしま》から四月一三日に舟艇で脱出して奄美大島に渡り、さらに海軍の砲艦で喜界島に渡り、そこで救出機を待っていたという。赤堀中尉は語っている。

「運命の日五月十四日私は朝から突然四〇度近い高熱に襲われ苦しんだ。その夜九時過ぎ海軍から「間もなく中攻一機が着陸するので六六戦隊全員帰還するよう」と連絡があった。病気中の私と兵長を残して全員が山を下って行った。（中略）一時間程した十一時半頃、至急連絡があり「只今発進した中攻は敵戦闘機に撃墜され搭乗者全員戦死せり」と。私は声も出なかった。鬼界《(ママ)》島には海軍のレーダーもあり敵機の侵入は直ちに判る筈であったのに……。海軍の飛行場に限界灯をつけ中攻がエンジンをかけた時、真上から第一撃を受け、強行離陸し海上を低空飛行中第二撃により火を吹き海中に墜落したとのこと」

赤堀中尉は「五月十四日」と語っているが、派遣隊日誌には一四日に飛行機の発着記録はなく、前記の苗村『陸軍最後の特攻基地』の末尾の「万世陸軍航空基地の動きと戦死者」から見ても「五月十六日」が正しいと思う。赤堀中尉は海軍部隊のレーダーが機能しなかったと言うが、後述の米軍側の「航空戦闘報告書」によれば、米軍機は上空に潜んでいたのではなく、タイミング良く上空に接近したことがわかる。

墜落した「九六陸攻」の搭乗員は次の四名である。

海軍飛行兵曹長大島篤、同・堀口貞夫、上等飛行兵曹志田昭、整備兵曹長渡辺勲

陸軍側の便乗者は次の一二名である。

(曹長)田野本源二、栗本一雄、井塚武好、入星弘勝、渡辺正衛、(軍曹)志村初夫、(伍長)長谷部春夫、北地仁、(兵長)桧山光衛、久賀野務、田口貞一郎、平出忍澄

海軍側の便乗者は二名いたようで、藤井少尉、太田上等兵曹との不確実情報があるが、その氏名については文献が見つからなくて確認できていない。

現在の喜界空港から一キロほど南の海岸の「遊歩道」を行くと、隆起珊瑚礁の岩場に小さい碑が立っている。これは巌《いわお》部隊の一番機搭乗員らが、二番機の戦友を追悼して建てた碑で、搭乗員四名の氏名だけが刻まれている。しかし、この「九六陸攻」の墜落では、前記の便乗した不時着特攻隊員ら一四名もともに死亡した。彼らは一カ月ほど喜界島に滞在して救出の順番を待っていたのだ。よう

やく救出機に乗れて、米軍上陸近しと噂される喜界島から脱出できるとの希望を持った矢先の悲劇であった。ところが、この「九六陸攻」の墜落にはもう一人の悲運の犠牲者がいたのである。

＊殊勲の米軍機も消息を絶つ

私は戦記物を読む時はいつも喜界島関連情報を探す。渡辺洋二『大空の攻防戦』（朝日ソノラマ、一九九二年）を読んだのも喜界島上空の空中戦の模様を知りたかったからであるが、思いがけない情報に気がついた。この日、「九六陸攻」を攻撃した米軍の夜間戦闘機も消息不明になっていたのである。

「読谷飛行場の米第五四二海兵夜戦飛行隊の撃墜機のうち機種不明のケースが二例ある。第一のケースは五月十六日、奄美大島の東の喜界島付近で、夜の十一時過ぎに撃墜を報じたのち、地上レーダーのスコープから消えたウイリアム・W・キャンベル少尉。一ヶ月まえに四式戦を落とし、部隊に初戦果をもたらしたパイロットである。この夜は日本側の夜戦は飛んでいないから、狙った機の防御火網に落とされたのか、撃墜機の爆発に巻き込まれたか、あるいは乗機にひどいトラブルが生じて墜落したかのいずれかだろう」

撃墜した飛行機の機種は不明と言うが、時刻と場所から見て喜界島を離陸直後の「九六陸攻」に間違いないだろう。私はこの情報についてさらに確かめたいと思い、米国国立公文書館を通じて米海兵隊第五四二夜間戦闘機隊の「航空戦闘報告書」を取り寄せた。記載されていた内容は次のとおりである。

「五月一六日二一時四〇分、わが夜間攻撃飛行隊の二機は奄美群島の徳之島《とくのしま》及び喜界島の飛行場及び対空砲陣地攻撃のために沖縄読谷飛行場を離陸した。二機は六個の五インチ・ロケット弾と二個の照明弾を搭載していた。二二時三〇分、目標の徳之島に到着。照明弾を落とし、一〇〇〇〇フィート上空から三〇度の角度で急降下し、四〇〇〇フィートでロケット弾を発射した。このような攻撃を三回繰り返した後、同様の攻撃のため、次の目標である喜界島に向かった。僚機のアーコノー少尉の報告によると、キャンベル少尉が喜界島の湾《わん》飛行場の北北西二マイルに航空灯を点灯した敵の飛行機一機を発見し、これを攻撃し炎上爆発させた。アーコノー少尉がキャンベル少尉に無線電話で祝福を述べると、キャンベル少尉はいったん応答したが、更なる呼びかけの試みには応答がなく、以後は全くキャンベル少尉の声も聞こえず飛行機の姿も見えなかった。アーコノー少尉は無線で基地に位置を知らせて帰途につき、午前一時緊急着陸した。救難飛行艇が出動し捜索したが見つからなかった」

この報告文には、撃墜した時刻が書かれていない。しかし、徳之島《とくのしま》飛行場攻撃を二二時三〇分から開始し、その後、喜界島に向かい、キャンベル少尉が日本軍機の撃墜を報じた直後に消息を絶ち、僚機のアーコノー少尉が捜索したが見つからず、読谷基地に午前一時に緊急着陸したという事実と、喜界島で二三時三〇分に「九六陸攻」が撃墜されたという目撃事実とを照らし合わせて見ると、「九六陸攻」を撃墜したのはキャンベル少尉と見て間違いないだろう。ちなみにキャンベル少尉が搭乗していた夜間戦闘機の機種は「F6F-5N」と記載されている。「F6F（グラマン）」に夜間攻撃仕様を施した機種であろう。

この報告書では、喜界島の飛行場を「ワン飛行場」と呼んでいる。米軍は喜界島の飛行場を「ナカサト飛行場」と呼ぶこともあれば、このように「ワン飛行場」と呼ぶこともあるが、もしかすると、湾《わん》集落側と中里《なかさと》集落側の二つの滑走路に、別々の名称をつけていたのかも知れない。

「派遣隊日誌」によると、その日の夜の風は「南南西、風力三」である。飛行機は風上に向かって離陸するから、救援機の「九六陸攻」は南に向かって離陸し、機首を北に向けて上昇しようとした際に襲われたのだろう。「派遣隊日誌」は「二十度方向」と言い、米軍夜間戦闘機の報告は「湾飛行場の北北西二マイル」と言う。米軍が言う「湾飛行場」が湾側の滑走路を意味し、その西側の中里にあった戦闘指揮所から二〇度方向（北北東）に墜落したとすれば、発見されて撃墜されるまでわずかしか動いていない。たまたま徳之島《とくのしま》から喜界島に向かった米軍夜間戦闘機が、離陸直後の「九六陸攻」を発見し、北に進路を変えたばかりの「九六陸攻」の航空灯に向かって銃撃したのであろう。その日の朝の風向は西、正午の風向は西北西である。夜の風が昼間と逆にならなければ米軍機と鉢合わせにはならなかったかも知れない。

米軍側は「撃墜された敵機の爆発の破片が当たったものと思われる」と戦闘報告書に記すが、推定の根拠は示していない。「九六陸攻」には七・七ミリ機銃四丁、二〇ミリ機銃一丁を装備しており、機銃のうちの一丁は背後に向かって撃てるようになっていた。その反撃の機銃弾がキャンベル少尉に命中した可能性もある。少尉は僚機の祝福の声を聞きながら、声をあげる間もなく、一八名の日本兵とともに喜界島の夜の海に消息を絶った。

【註】

〈1〉第一戦法とは、宇垣長官の米艦隊に対する攻撃戦法の一つで、第一陣は夜明け前に夜間攻撃隊に雷撃させ、続いて夜が明け始めるころに第二陣として陸上爆撃機銀河隊に爆撃させ、さらに夜が明けてからとどめの攻撃として、第五航空艦隊の全力を挙げて強襲する戦法だという（『戦藻録』）。

〈2〉「紫電」は水上戦闘機「強風」を陸上局地戦闘用に改造した海軍の戦闘機で、「紫電一一号」と称したが、これに改良を加えた機種が「紫電二一号」で、通称「紫電改」と称した。速度は「零戦」より速かったが、局地戦闘機のため航続距離は短く、そのため奄美大島の先から沖縄までの制空は「零戦」などが担当し、「紫電」及び「紫電改」は奄美大島、喜界島付近までの制空を担当した。

〈3〉木麻黄は、オーストラリア原産モクマオウ科の高木で、外観は杉に似ている。砂丘でも成育するため昭和の初め頃に植林して、大戦末期には一部の丘では高さ数メートルの林に成長しており、日本軍が身を隠しながら米軍機を撃つ対空砲陣地になった。

〈4〉ムヤとは喪屋の喜界島方言と考えられている。横穴式の墓所で、入口は人が屈んで入れるくらいの方形になっており、中は数畳から十数畳の広さがあった。死者はムヤの中で白骨化すると壷に入れ、ムヤの中に建てた墓石に納めたという。もっとも墓石を建てたのは鹿児島から入ってきた習慣だったのかも知れない。

〈5〉「司偵」とは陸軍の「司令部偵察機」の略。百式司令部偵察機は最大時速六三〇キロ。海軍偵察機「彩雲」の最大時速六〇九キロを上回る。海軍基地鹿屋から出撃の事情は不明。

〈6〉「夜間戦闘機」とは、夜間に敵機や地上目標を攻撃できるように仕様が装備された戦闘機を言う。「夜戦」と略称。通常の戦闘機に夜間用の仕様を装備した戦闘機もあった。

第三章◉米軍の島嶼上陸作戦と喜界島

1　米軍の喜界島上陸作戦

＊宇垣長官の慨嘆

〔五月一七日〕

沖縄本島では、日本軍司令部が立てこもる首里の陥落が刻一刻と迫っていた。五月一五日から一六日にかけて、米軍は日本軍司令部の東二キロ半の「運玉森《うんたまむい》」付近、西二キロ半の「五二高地」付近に達し、丘の陣地の日本軍に攻撃をかけ、日本軍が守る丘の陣地の争奪をめぐって死闘をくり広げたが、火力にまさる米軍には勝てず、米軍が首里の司令部に到達する日は目前に迫っていた。米軍はこの丘をめぐる死闘について、「運玉森」は「コニカル・ヒル」、「五二高地」は「シュガー・ローフ・ヒル」と名付けて記録している。

一方、この日の宇垣長官の『戦藻録』は、「日没後当地に来て初めての映写を楽しむ時、双発敵機一が来襲して照明弾、ロケット弾を投下し折角《せっかく》の興を冷ましたり」と記す。私たちがロッキードと言っていた双胴双発の戦闘機P38（ライトニング）であろう。速力が早く、ただ一機で鹿児島の鹿屋《かのや》航空基地の上空に侵入してきたのである。宇垣長官は「前はサザンクロス（引用者註：南十字星）を仰ぎたるに、今日は北極星の下に追いつめられて、艦という艦無く、海軍の大部が陸上に上る。之《これ》を遺憾とせずして何ぞや」と嘆く。

『福岡記録』によると、この日、喜界島では集落の被害はない。他方、「派遣隊日誌」は、終日米軍機が上空を制圧し、時折飛行場や砲台に銃爆撃を加えたことを記す。

「派遣隊日誌」によると、午前三時一五分から五時三〇分にかけて「グラマン」二機が島の周辺を哨戒飛行しつつ飛行場を銃爆撃し、六時三五分には「グラマン」一二機が飛来して島の周辺を哨戒し、七時二五分から三五分にかけて大型機二機が飛来したが爆弾は落とさずに去り、九時三〇分から四〇分にかけて「コルセア」一六機が来襲してロケット弾で砲台を爆撃した後、哨戒飛行し、一〇時二〇分から三〇分には「コルセア」八機が来襲して飛行場を銃爆撃し、一〇時三七分には「グラマン」四機が砲台を銃爆撃した後、哨戒飛行し、一五時三七分から一八時一五分にかけて「グラマン」一二機が上空を制圧飛行し、一九時五〇分から二一時三〇分にかけて「グラマン」八機が上空に飛来し周辺を哨戒飛行した、という。未明から夜まで終日、断続的に米軍機に来襲されたのである。

この日の爆撃で、二五ミリ機関銃一基が爆弾の直撃を受けて破壊され、六名の兵士が戦死し、一名が負傷した。「派遣隊日誌」の記述は、戦果は「なし」と正直である。

夜、小型船二隻で、白米三〇〇俵と、一二サンチ高角砲弾一五〇発、二五ミリ機銃弾五〇〇〇発が補充された。

＊米軍の沖縄攻略作戦の中に含まれていた「喜界島上陸」

戦後、判明したことであるが、米軍は「アイスバーグ作戦」と称する沖縄攻略作戦の中で、喜界島上陸計画を立てていたという。この事実は、沖縄県公文書館が、米国空軍歴史調査センターから入手した資料（『南海日日新聞』一九九八年五月四日付）で明らかになっている。

その作戦では三通りの上陸地点を想定しており、作戦図には上陸地点からの進撃コースが示され、「五月一七日」の記載がある。この日付が何を意味するかは明確でないが、沖縄占領作戦の進捗状況の想定からそのころは喜界島上陸作戦を実行することが可能と予想していたのかも知れない。このような上陸作戦図の存在は、当時の機動部隊の動きと相まって、喜界島上陸作戦が切迫していたことを物語る。五月一七日に作戦は実行されなかったが、爆撃の状況から見ると上陸作戦は始まっていたのかも知れない。

なお、上原正稔訳編『沖縄戦　アメリカ軍戦時記録—第10軍G2マル秘レポートより』（三一書房、一九八六年）によると「アイスバーグ沖縄占領作戦」は三段階に分かれていて、第一の作戦段階では慶良間《けらま》諸島を占領して海軍の投錨地となし、沖縄本島上陸前日に慶伊瀬島《けいせしま》（神山島を含む三つの無人島の総称）を占領して重砲を設置し、次いで沖縄本島に上陸作戦を行なうこととなっており、第二段階では、伊江島を占領して沖縄北部の支配を確実にすることとされており、第三段階で、沖永良部島《おきのえらぶじま》、

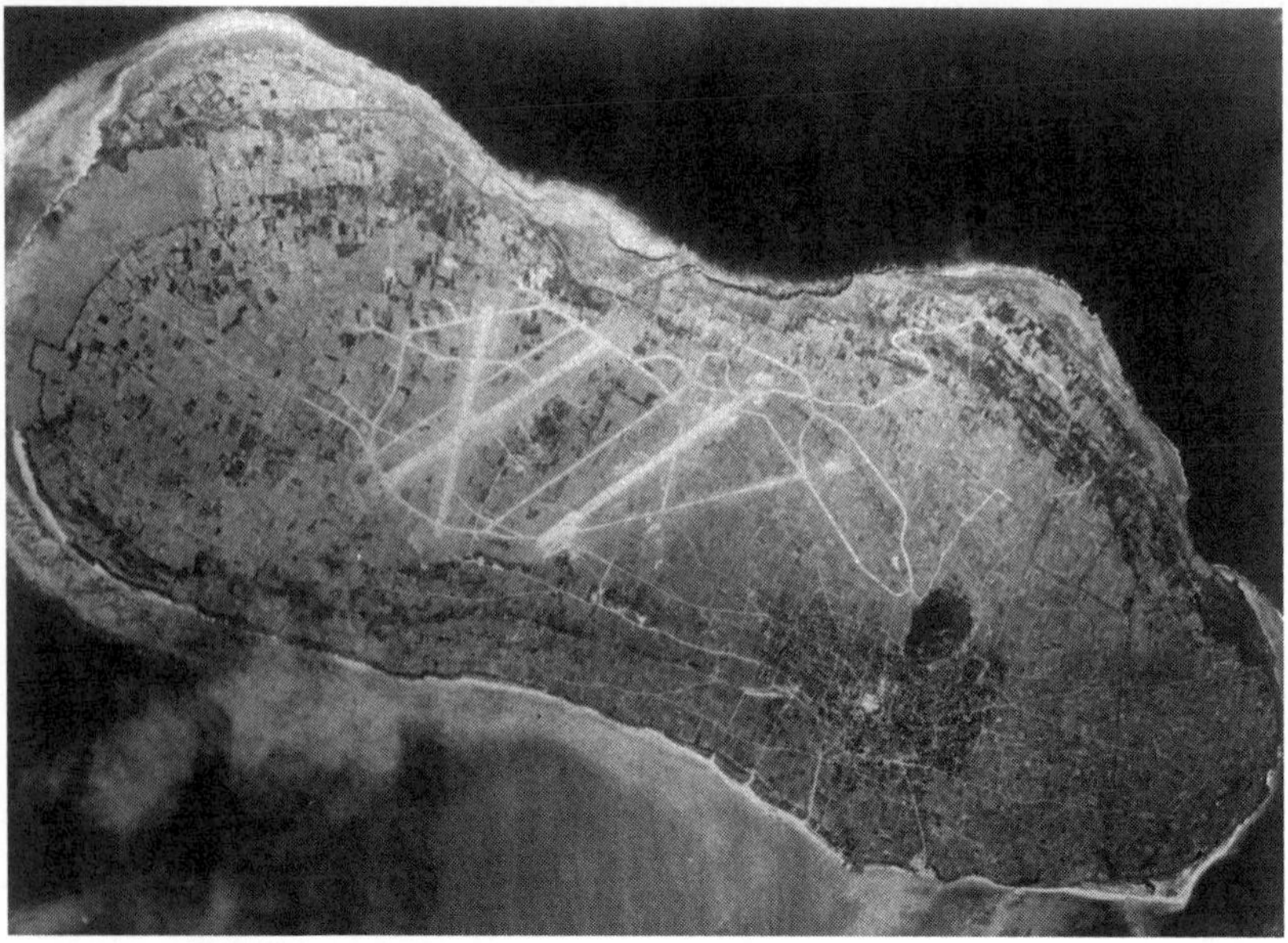

米軍機によって撮影された伊江島の飛行場（1945年3月20日撮影。写真提供／沖縄県公文書館）

久米島《くめじま》、宮古島《みやこじま》、喜界島、徳之島《とくのしま》を作戦の目標としていた、という。

ところが、第一段階と並行して進められた第二段階の作戦は第一段階よりも早く終了し、第三段階とされていた久米島は第一段階の作戦に参加した海兵隊によって占領され、第一段階の終了前に第三段階の作戦は放棄、あるいは無期延期されたという。作戦の延期決定が、なぜ、いつなされたのかは明確でない。

五月一七日の一八時四〇分、第七二一海軍航空隊（神雷部隊）の「零戦」一機が喜界島を出発した。行き先はわからないが、おそらく南九州に帰ったと思われる。一一日朝着陸して何らかの目的で待機していたものであろう。二二時二五分には陸軍の「九九襲」一機、二四時一三分に海軍の「天山」一機が着陸した。いずれも南九州の基地から沖縄泊地《はくち》の夜間攻撃に向かった帰りの不時着、と思われる。

〔五月一八日〕

この日の『戦藻録』で宇垣長官は、「本日はチョロチョロ敵機近接し警戒せるも大した事なし」と言う。しかし、喜界島は前日と一変して激しい空爆に見舞われていた。午前六時二七分から八時四〇分にかけて「グラマン」一二機が来襲し、上空を哨戒しつつ砲台と飛行場周辺集落に銃爆撃を加え、九時三五分から一〇時二〇分にかけて「グラマン」一二機が飛来して上空を哨戒、その後も頻繁に高速偵察機P38が単機で偵察飛行し、一六時二五分から五〇分にかけて「コルセア」一六機、「グラマン」一六機が来襲して、砲台と飛行場周辺集落を銃爆撃した。

戦果は「グラマン」一機撃破。被害はなく「滑走路は使用可能」だった。米軍の爆撃の目標は対空砲陣地と周辺集落に集中し、滑走路は破壊せず、上空を制圧して使用させないように哨戒するだけに留めている。その空爆の態様からすると、占領後すぐに自軍機が飛行場を使用できるようにしておく、との意図を示しているかのようにも見える。

✴「上陸地点は当方面なる算極めて濃厚なり」

この一八日、海軍喜界航空基地発の「機密電」は「数日前ヨリ当方面ニ対シPBM及ビP38ニヨル哨戒開始セルモノノ如シ」と報じ、奄美諸島の海軍部隊を統轄する大島防備隊は、喜界島守備隊に対し、こう伝えた。

「一、諸情報ヲ総合スルニ既報ノ如ク敵KDB及攻略部隊当方面近海策動中ナルコト確実ナリ。二、本日当方面ニ対スル特異ナル空襲状況ニ鑑《かんが》ミ敵ノ今次上陸地点ハ当方面ナル算極メテ濃厚ナリ。三、各隊ハ予定ノ邀撃《ようげき》態勢ノ完成ヲ急グト共ニ所要ノ地点ニ哨兵ヲ配シ海面ノ見張ヲ厳ニシ敵ニ奇襲上陸ヲ致サレザル如ク厳重ナル警戒ヲ要ス」

電文中の「ＫＤＢ」とは「機動部隊」のローマ字書きを短縮したもので、このような表現が海軍では普通に使われていたようだ。「ＰＢＭ」とは、哨戒や海上救難に使用された飛行艇で、私たちは「マーチン」と呼んでいた。「Ｐ38」はライトニングと呼ばれた双発・双胴の戦闘機で、高速のゆえに偵察機としても利用された。私たちは兵隊たちに習ってこの飛行機を「ロッキード」と言っていた。

『福岡記録』は、午前九時から午後四時まで、延べ一二機による飛行場に対する波状爆撃があったと記す。また「波状爆撃にて飛行場蜂の巣。夜間補充作業に又《また》過労乎《か》」と書いている。砲台と飛行場周辺集落が爆撃されているのを遠望して飛行場がやられていると誤解し、例によって集落民が動員されて爆弾の穴埋めをさせられると予測して、思わずため息を洩らしたという感じだが、実際には先述のように米軍は飛行場周辺を爆撃しても滑走路は爆撃していない。

米軍機動部隊の動きを観察している島の陸海軍部隊は、極度の緊張状態にあった。米軍の喜界島攻略作戦は、選択肢の一つとしては実際に存在していたのであり、米軍側の動きを見ると実行寸前までいっていた、と私は思う。

2　迎え撃つ喜界島の日本軍戦力

喜界島では、予想された米軍の上陸に備えて、陸軍部隊は海岸や主要道路に地雷を敷設し、各所に塹壕を掘り、二つの舟艇特攻隊は、「震洋」（マルヨン艇）をいつでも出撃させられる態勢で舟艇秘匿壕に集結し、陸戦を担う陸海軍部隊はそれぞれの守備位置についた。

米軍を迎え撃つ喜界島守備隊の兵力は、正確な数値を示す資料はないが、『福岡記録』や『町誌』その他の戦記等を参考に推定すると、陸軍は田村少佐指揮下の守備隊約六五〇名、海軍は伊藤三郎大尉指揮下の南西諸島海軍航空隊（巌《いわお》部隊）喜界島派遣隊が約六〇〇名、宮本芳英大尉指揮下の第三二一設営隊約九〇〇名、舟艇特攻の第四〇震洋隊（単座五〇隻・安藤大尉指揮）と第一一一震洋隊（複座二五隻・後藤中尉指揮）が各約一〇〇名、海面砲部隊（友寄中尉指揮）一八〇名、電波探知機隊（磨《みがき》兵曹長指揮）四〇名、という陣容で、陸海合わせて二五〇〇名ほどだった。

しかし、人数が多い海軍部隊には、陸戦の訓練を受けた兵隊はいない。米軍が上陸して来たら陸軍の指揮下で戦うことになるが、鉄砲を持たない海軍の兵隊は、米軍に銃弾を消耗させることはできても、戦う力になったとは思えない。

喜界島に来た陸海軍は、島民を作業に動員しただけでなく、軍隊のなかにも組み入れた。一九四四年七月に陸軍先遣隊として来島した由良隊（由良中尉指揮）一二〇名は、喜界島で三七名を現地召集して補充し、一〇月には現地召集組も連れて徳之島《とくのしま》へ移動した。由良隊に代わって来島した田村部隊には一四名が現地召集された。さらに、一九四五（昭和二〇）年五月、米軍の上陸が迫ったとして在郷軍人も総動員された。島の西半分の旧喜界町の在郷軍人三六三名は元陸軍曹長福岡永彦を隊長とする「陸軍独立第十七中隊」と名乗る在郷軍人だけの部隊に編入され、東半分の旧早町《そうまち》村の在郷軍人一五〇名は元陸軍軍曹宮島喜蔵を隊長とする「陸軍独立第十八中隊」と名乗る在郷軍人だけの部隊に編入された。

海軍部隊にも数は多くないが現地召集された島民がいたという。私より国民学校一級上の同じ集落の少年はその時点で国民学校高等科を卒業していたので、志願兵として海軍の海面砲部隊に配属された。海面砲というのは対艦砲で、戦時中、私は中里《なかさと》集落と手久津久《てくづく》集落の間の内陸部にあるのを知っていたが、喜界島全体では、周辺の海に向かって撃てるように六門が据えられていたらしい。米艦を砲撃するためのものであるが、制空権が米軍に握られた状況では果たして機能したかどうか。一発の試射もなく、戦後米軍によって破壊された。

このように島で急きょ徴兵された人たちも守備軍の指揮下に加わっていた。すでに補給難で腹を空かした陸軍守備隊と、陸戦の訓練を受けていない海軍部隊と、兵士としては老年の在郷軍人部隊が、米海兵隊の上陸に備えることになったのである。その悲壮感は相当なものだったと思われる。

しかし、未だ国民学校高等科の生徒だった私には主体的にこの事態に立ち向かう役割分担はなく、通っていた国民学校は空爆で消滅し、教師陣もどこに行ったかわからず、組織としての学校は事実上なくなり、生徒として集団行動をする機会もなくなっていた。日常生活はただ空爆から逃げるだけで過ぎていった。有り体に言えば、学校からも軍隊からも当てにされず、放置されていたのである。

3　全島民に対する軍指定壕への集合命令

＊「集合命令に従わぬ者は銃殺」の布告

〔五月一九日〕

この日の喜界島は一転して空襲のない一日となった。『戦藻録』で宇垣長官は一九日の項に「去る十四日約二個師団兵力のウルシー出撃、レイテ方面の作戦通信、十六日夜の掃海艦艇に対する出撃準備命令、昨十八日の大島、喜界島に対する多数機の陸上攻撃等に鑑《かんが》み何か敵の新企画あるが如し……昨夕の電波輻射の位置は喜界島の百七〇度百浬《かいり》なる情報により早速索敵を下令せり。本日、彩雲二機満足に動けるも、敵を見ず」と書く。

喜界島現地では空襲のない静かな中で、緊張感は極度に高まっていた。「派遣隊日誌」によると、午前九時「喜界島海軍部隊信令作戦第二号」が発令され、午後四時には「陸戦第二警戒配備」が発令されたという。指令の意味する具体的な内容はわからないが、米軍の上陸に備えて海軍部隊に陸戦態勢を整えることを求める指令であることは明らかだ。『福岡記録』によると「郷軍防衛召集」も発令され、第一七および第一八独立中隊に編入された在郷軍人は全員、二一日午前八時に滝川《たきがわ》集落の田村部隊本部に参集するように命じられた。

守備隊長の田村少佐が、非戦闘員の島民に対しては避難命令を発した。その文言は「派遣隊日誌」によれば次のとおりである。

「五月十九日午後五時より四八時間以内に所定の場所に集合すべし。同時刻以降、従前の居所に残る者は銃殺す」

この日は米軍機の来襲がなく、「派遣隊日誌」は「終日敵を見ず」と書き、『福岡記録』は「休戦日《び》和《より》にて我ら朗暢《ろうちょう》に反比して午後五時より四八時間以内に避難せよとの命令あり」と記す。

私の記憶では、中里《なかさと》の場合、この命令は、集落の区長が各家の避難場所を回って伝えた。伝えられた内容は、島の中央部の「百の台」と呼ばれる、島で一番高い台地の下の斜面に軍が用意した壕があるから、そこに集結するように、とのことであった。

喜界島は隆起珊瑚礁の島で全体的に平たく、島の一番高い所も、山というよりは平坦な標高約二〇〇メートルの台地であり、島の人はここを「ひゃくのだい」と称していた。島の守備隊はこの台地を支える斜面に全島民を集結させる横穴を幾つも掘っていたのである。中里の場合は集落はすでに空爆で破壊されて住民は集落周辺の森やムヤ（横穴式風葬遺跡）などに隠れていたので、区長は隠れ場所を回ってこの命令を伝えた。

米軍が上陸してくる海岸部に住民がいては邀撃《ようげき》作戦の邪魔になる。このような意図の下での措置であろう。あるいは、島民が米軍に情報を提供するのを恐れたのであろうか。

伝えに来た区長は恵畑実彦氏で父方の叔母の夫である。ムヤの入口で区長と父が深刻な様子で立ち話をしていたのを覚えている。父が「山に上がらんで、ここに残れんかね」と言うと、区長はきっとなって「命令に従わんば銃殺するっちど」と答えた。私は子どもなりに、容易ならざる事態が迫っていることを察知した。海岸部の島民はこの避難行を「山上がり」と言った。

それにしても「違反者射殺」の命令を出す権限が島の守備隊長に与えられていたのだろうか。多くの島民が家畜を置いて避難したので、長引けば家畜の世話に帰る者も出ただろう。実際に射殺事件は起きていないが、もしこの「山上がり」が長引いたら軍との間のトラブルは避けられなかった、と思う。

✴五航艦参謀長、喜界島利用作戦を変更

「派遣隊日誌」は、午前一時四〇分「天山」一機が着陸し、三時一二分に鹿児島の串良《くしら》に向けて出発した、と記す。非特攻の夜間雷撃に行った帰りに不時着して燃料を補給したのであろう。

また、この日の「派遣隊日誌」は、木田大佐について「喜界島海軍部隊に対する指揮を解かる」と記し、一六日に鹿児島の鹿屋《かのや》に「出張」と称して出発した木田大佐が、喜界島に帰って来なくなったことを明らかにする。この状況に対応して、五航艦参謀長は「喜界基地の使用方針は従来通り小型機の中継補給基地として使用す」と通知している。これを見ると、木田大佐の喜界島での任務は、やはり単なる「航空戦観測将校」ではなく、五航艦の沖縄航空作戦の一環を担うものであったことがわかる。

航空基地司令として赴任して来た佐藤少佐については何の音沙汰もない。海軍喜界航空基地が作戦上の出撃基地としての役割を終えて、中継補給基地として位置付けられたとすれば、作戦上の見地から喜界島航空基地司令に任命されていた佐藤少佐の役割も終わったと言うべきだろう。海軍省から臨時の航空基地司令という職に任ぜられて喜界島に来ていた佐藤少佐は、五航艦にとっては「客」である。佐藤少佐は、海軍省から次の職が割り当てられない限り、動けなかったのであろう。

米軍の上陸近しとの情報を前にして、木田大佐や不時着特攻兵が迎えの飛行機で島を去って行くのを見ながら、佐藤少佐は自分の立場をどのように感じていたのだろうか。海軍機関学校出身の技術少佐でありながら異例の航空基地司令になって喜界島に来た佐藤少佐が、米軍上陸近しの情報を前にしてどのように過ごしていたか、私は知らない。佐藤少佐が島を去った日がいつか、明確な情報はない

が、米軍捕虜キンカノンが処刑された五月末頃に佐藤少佐が在島していたことは、BC級戦犯裁判記録から明らかになっている。

✴ひどかった軍指定の避難壕

〔五月二〇日〕

軍に指定された壕は、前述のとおり内陸の川嶺《かわみね》集落の東方、「百の台」と呼ばれる高さ二〇〇メートルの台地を支える崖地にあった。雨模様の暗い夜、私たち一家はそこへ向かった。祖父と母方の祖母、父母、二七歳の兄、一七歳の姉、一三歳の私、一一歳の妹、八歳、五歳、二歳の弟の総勢一一人の逃避行であった。約三キロの道のりを、私たちは黙々と歩いた。

『福岡記録』は「各部落民は五月二〇日夕刻より、老幼男女を先に、次で食糧衣類を所命の地点に送致退避せしめるに至れり。要路の要点は、敵の上陸進攻作戦に備え遮断せられあるに依り、道なきに田畑中央といへども捷路《しょうろ》（近道）を前進し、恰《あたか》も百の台攻撃の為全軍一斉総攻撃せる如し」と書く。

子どもだった私は、わずかの身の回り品を持って夜の薄暗がりの中を親たちに混じって黙々と歩いたことしか思い出さない。目的地に至るまで、足もと以外に何も見てなかったように思う。福岡氏は、避難民が田畑の真ん中を捷路にして、まるで軍隊の総攻撃のように勇ましく進んで行く、と真面目とも自嘲的ともとれる言葉で表現するが、空爆を避けて夜しか移動できない飛行場周辺に集落を持つ私たちは、惨めな心を抱くように俯《うつむ》いて、黙々と歩いた。

軍指定の壕は集落ごとに分かれており、中里《なかさと》集落が割り当てられた壕は大きな岩の下をえぐったもので、腰を屈《かが》めないと入れないほどに天井が低かった。その上、粘土質の地面はじめじめして横になれる状態ではなかった。壕はかなり広く奥行きもあって、集落民は割り当てられた壕に、三々五々に場所をとって腰を下ろし、軍の次の指示を待った。父や兄が芒《すすき》を刈ってきて敷き詰めたものの、背中にじわりと水が這い上がってきた。

翌日は本降りになった。父と兄は壕の前の樹木の枝に棒を渡してその上にソテツの葉や芒で屋根を葺《ふ》き、当座の雨を凌ぐ小屋を作ったが、壕の外の地面も雨でぬかるみ、大した役には立たなかった。それでも立つこともできない壕の中よりは気が晴れるので、私たち子どもも昼間は壕の外で過ごした。

雨が上がると、同じ集落の子どもたちと探検と称して付近を歩き回った。上空は米軍機が飛んで来ないので静かであった。米軍はもっぱら海岸地帯を爆撃していたのだ。避難壕では軍から島民に対する格別の指示はなく、周囲の住民は自由に振る舞っていた。山を降りて生活必需品を調達してくる者もいたようだ。軍は住民に軍指定の壕に入るように命令はしたが、生きるための生活物資は用意してなかったので各自で調達しなければならなかったのである。

『福岡記録』によると川嶺付近の山には、中里、湾《わん》、荒木《あらき》、手久津久《てくづく》、上嘉鉄《かみかてつ》、浦原《うらばる》、先山《さきやま》、羽里《はざと》、川嶺の九集落の一四九六戸、人数にして六一六四名が収容されたという。当時の私にはそれほど大勢の人が川嶺の山に集まっているとの認識はなかった。森の樹木にさえぎられてお互いに見えなかったせいかも知れない。

島全体について『町誌』を見ると、坂嶺《さかみね》の集落民はトンガア山の壕に、中間《なかま》、中熊《なかぐま》、西目《にしめ》、大朝戸《おおあさと》、先内《さきない》、伊砂《いさご》、伊実久《いさねく》、小野津《おのつ》、志戸桶《しとおけ》、佐手久《さでく》、塩道《しおみち》、早町《そうまち》、白水《しらみず》の集落民は大朝戸のマンヌー山の壕に、赤連《あがれん》、城久《ぐすく》の各集落民は城久の山の壕に、花良治《けらじ》、蒲生《がもう》、阿伝《あでん》、嘉鈍《かどん》の集落民は阿伝の山の壕に、山田《やまだ》、滝川《たきがわ》、島中《しまなか》の集落民はそれぞれの集落の近くの壕に割り当てられた、という。喜界島の全集落のうち、池治《いけじ》集落がどこに指定されたかこの資料からはわからないが、おそらく隣接の赤連と一緒だったろう。

障害者や高齢者、妊産婦や乳幼児を含めて島全体で一万七〇〇〇人の大移動だった。昭和初期の喜界島の人口は約二万人であったから、残りは軍隊や軍需工場に動員されたり、本土へ疎開していたのだろう。

福岡氏は、この避難命令について「密集したるは可ならず。爆弾投下に遭遇すれば住民全滅」と批判的な見方を『福岡記録』で記している。しかし、避難命令の主眼は米軍が上陸して来た場合の作戦上の「障碍《しょうがい》」を取り除いておくことであって、住民の命を守ることは二の次、三の次だったと思われる。

「派遣隊日誌」によると、五月二〇日、早朝六時五分から「F6F（グラマン）」八機による哨戒飛行が始まり、この八機が七時五分に砲台に銃爆撃を加えて去り、後は銃爆撃はなく、八時頃、一三時三〇分頃、一五時頃、一六時頃と断続的に一機ないし四機で哨戒飛行をした、という。

他方、『福岡記録』は、中里《なかさと》集落で午前七時二機が来襲し三戸焼失し、赤連集落で午後三時に一二戸焼失した、という。中里集落も赤連集落も対空砲陣地に隣接している。「派遣隊日誌」の記述と中里集落の民家焼失は時間的にほぼ一致するが、赤連集落の家屋焼失は一致しない。「派遣隊日誌」は哨戒だけのように書くが、一五時頃に来襲した米軍機が哨戒中に銃撃したのであろう。

横山長秋『海軍中攻決死隊』（光人社、一九八五年）によると、この日の午後九時、海軍の「九六陸攻」一機が弾薬、食糧等の輸送のために鹿児島の鹿屋《かのや》から喜界島に向かった。暗やみの喜界島上空を高度三〇〇メートルで通過すると誘導灯がつき無事着陸した。乗降口から荷物を投げ下ろし、陸軍の負傷兵一二名を急いで便乗させると離陸した。着陸から離陸までわずか一五分。翌二一日午前二時過ぎに無事鹿屋に帰着したという。もっとも「派遣隊日誌」にはこの陸攻の離発着の記録はない。

宇垣長官は『戦藻録』の五月二〇日の項に「昨日來敵５Ｆ・ＫｄＢ（引用者註：アメリカ第五艦隊・機動部隊）、沖縄方面との重要交信多く何事か画策しつつあること確実なり」と記す。

＊避難先の高地から見た空襲の光景

〔五月二二日〕

この時期、南西諸島は本土より早い雨期（梅雨）のさなかである。

この日も朝から雨雲が垂れ込める悪天候であったが、「派遣隊日誌」は、七時三〇分から八時一五分にかけて「Ｆ６Ｆ（グラマン）」四機が来襲して飛行場を銃撃し、八時二〇分から五〇分にかけて爆音から五〇機以上の編隊と推定される米軍機が雲上に飛来し、うち約二五機が飛行場及び周辺集落を銃爆撃した、と記す。以後豪雨となり、米軍機は現れなかった、という。

私は、避難壕のある標高一五〇メートル前後の斜面の木の間から、遥か西海岸の空爆を見た。低く垂れ込めた雲の下に米軍機が現れてはまた雲の中に入る。文字通りの「高みの見物」であった。この日、爆撃の目標になっていたのは飛行場とその周辺の集落であった。暗雲のもたらす鬱々した気分に加えて、雨雲を物ともせぬ米軍機の爆撃を見ていっそう不安が募った。

この日の『平田日誌』は避難先での洞窟生活を「哀れな朝である。泥濘の中に漸《ようや》く巻筵《まきむしろ》一枚を敷いての生活、炊事の支度といっても流れ水で洗ひ又《また》煮る」と記している。

この日の「派遣隊日誌」は、「天山一機炎上、魚雷誘爆。戦果なし」と書く。人的被害については書いていないが、別の資料（南西諸島海軍航空隊喜界島派遣隊整備分隊記事）によると、整備兵長小林幸八がこの日の八時五〇分、爆弾が命中し全身粉砕で死亡したという。整備兵の空爆による戦死者は累計で一五名になった。

〈五月二二日〉

海軍喜界航空基地発の「機密電」によると、朝九時三五分頃と午後四時一〇分頃と午後四時四〇分頃の三回にわたり、延べ一一五機の米軍機が来襲し、飛行場や対空砲陣地や周辺集落を銃爆撃した。特に午後四時一〇分から五〇分にかけては戦闘機や爆撃機の連合した編隊が多数機で来襲し、砲台や周辺集落を銃爆撃したという。この爆撃で対空砲要員二名が重傷を負った。滑走路は無傷だという。この二、三日の爆撃の重点が滑走路ではなく、滑走路以外の飛行場施設、対空砲陣地、周辺集落に集中している。米軍が特定の意図をもって爆撃を実施していたことは明らかである。

『福岡記録』は、この日、大朝戸《おおあさと》集落で一二戸の家屋のほか、高倉（穀物倉庫）と馬小屋各一棟が焼失し、羽里《はざと》集落で九戸、坂嶺《さかみね》で一戸の家屋が焼失したと記す。

『平田日誌』は集団避難壕の生活について「昨夜は降雨の為め先づ人間生活として無き雨洩り空洞生活。座り寝しながら着物は濡れる」という状態だったので、この日は、笹を刈って来て小屋を葺《ふ》く者や、米軍機に見えないように木の陰に濡れた衣服を干す者など、それぞれに働いた、という。

〔五月二三日〕

本土は晴れたが沖縄は雨。沖縄本島においては首里はすでに米軍の包囲下に入り、首里城の地下に陣取っていた沖縄守備の第三二軍司令部は摩文仁《まぶに》への退却作戦を策定しつつあった。南西諸島海軍航空隊（巌《いわお》部隊）を主力とする海軍部隊は、この作戦で陸軍部隊の退却の援護を求められたが、いざ実行してみると米軍の攻勢が激しく、第三二軍司令部に要求された行動は取れないことがわかり、結局は小禄《おろく》付近に留まることになる。

喜界島の「派遣隊日誌」は、一四時三〇分頃、哨戒中とおぼしき爆音が聞こえ、一六時三〇分に「F6F（グラマン）」八機が哨戒飛行を行ない、一六時四五分には別の八機が合流して飛行場及び周辺集落を銃爆撃し、滑走路の一部が被弾したが「一〇〇〇メートル使用可能（明朝までに一三〇〇トナル見込み）」、と記している。

『福岡記録』によると、午前一一時に一二機が飛来し、友軍機二機と交戦となったが、友軍機が中熊《なかぐま》、伊実久《いさねく》集落の北方海上に墜落した、という。「地上砲火は友軍機に援護射撃をなさない」と書く。地上砲火の沈黙は、このところ空爆が対空砲陣地に集中していることと関係があるのかも知れない。午後三時にも米軍機三機が来襲し湾《わん》集落で一一戸、同時刻に大朝戸で五戸焼失した。

『平田日誌』は「若《も》し上陸といふことになればおそらく喜界島民は玉砕という美名の下に死なねばならぬ」と述べている。平田氏の言辞には戦争に対する批判的精神がほの見える。

4　不時着特攻隊員・水川中尉の行動の謎

✴練習機まで出撃した特攻

〔五月二四日〕

『戦藻録』によると、五月二四日、奄美大島の古仁屋《こにや》から発進した水上偵察機「瑞雲」が午前〇時四五分頃、沖縄の伊江島北西で八隻の駆逐艦に守られて北上する約五〇隻の輸送船団を発見したが「通信系路不良」のため詳細がわからず、朝になって急きょ「紫電」に偵察させた。しかし奄美諸島には異常は見られなかったという。

一方、海軍大島防備隊司令部は「瑞雲」の報告を受けて、二五日黎明時には米軍輸送船団が徳之島《とくのしま》北西に到達すると推定して、傘下の奄美諸島の各隊に対し所定の「邀撃《ようげき》戦闘配備」につくよう命じている。喜界島ではすでに島民を移動させて上陸軍を迎え撃つ態勢に入っていたが、これで奄美諸島の全軍が邀撃態勢に入った。

五月二四日から二五日にかけて「菊水七号作戦」(陸軍は「第八次航空総攻撃」)が実施された。

これに先立ち、陸軍は、二四日の夕刻七時、沖縄守備軍の支援のため、「義烈空挺隊」一三六名を乗せた重爆撃機一二機を熊本の健軍飛行場から出撃させた。空挺隊とは言うものの落下傘降下では

1945年5月24日、読谷飛行場に強行着陸した「義烈空挺隊」の九七式重爆撃機
（写真提供／沖縄県公文書館）

なく強行着陸して斬り込みを敢行しようというのである。一二機のうち四機は故障等で引き返し、あるいは不時着し、照明弾投下を担当した先導の一機は撃墜され、残りの七機が二二時四〇分頃、北（読谷）及び中（嘉手納《かでな》）飛行場に強行着陸を試み、一部が着陸に成功して、空挺隊員らが駐機していた米軍機や飛行場施設を攻撃して、一時は米軍を大混乱に陥れた。

特攻隊慰霊顕彰会編『特別攻撃隊』所収の「特別攻撃隊戦没者名簿」によると、強行着陸を試みた七機に乗っていた空挺隊員を除く、搭乗員の戦死者は二五名、撃墜された先導機の戦死者は七名である。生田『陸軍航空特別攻撃隊史』により計算すると、強行着陸した七機の搭乗員を除く、空艇隊員だけでも七七名から八一名いたことになるが、同書は、米軍側が埋葬した遺体は六九体だった、という。

この日、陸軍は義烈空挺隊の強行着陸に先立ち、台湾から「九九襲」六機を特攻出撃させるとともに、非特攻の爆撃機二三機を出撃させて沖縄本島と伊江島の米軍飛行場を爆撃させた。

一方、海軍は、鹿児島の鹿屋《かのや》及び串良《くしら》から、午後七時から一一時にかけて練習機「白菊」延べ四九機が特攻出撃した。もともと足の遅い練習機に二五〇キロ爆弾を積んだためにますます足は遅くなり、米軍機の妨害がなくても沖縄到着は深夜から未明となる。宇垣長官は「敵は、八五節（ノット）から九十節の日本機が駆逐艦を追う、と電話す。幕僚の中には駆逐艦が八、九十節の日本機を追いかけた、と笑う者あり」と書いている。因《ちな》みに「八五節」は時速一五七キロ程度である。宇垣長官は「之《これ》が使用には余程制空を完《まっと》うせざるべからず、数はあれ共之《どもこれ》に大なる期待はかけ難し」と制空のままならないことを熟知している沖縄特攻最高指揮官としては無責任かつ冷淡な感想を開陳している。

このほかに海軍は、「銀河」、「九九式艦爆」、「桜花」搭載の陸攻など四〇機ほどを出撃させた。しかし、この日の奄美や沖縄の天候は雨で、引き返す機が続出した、という。

宇垣長官の『戦藻録』は、海軍機については「銀河特攻隊四機の漸くにして敵を発見突入（戦艦、空母）せる外、桜花の神雷隊も引き返し来れり」と記している。

✴非特攻夜間雷撃隊の不時着

鹿児島の串良《くしら》からは、二四日の深夜に非特攻の「天山」一〇機が沖縄泊地《はくち》の米艦船に対する魚雷攻撃に向かい、現地に二五日午前二時頃到達しており、そのうちの一機に搭乗していた宮本道治氏はその著書『われ雷撃す』にその時の状況を記録している。宮本氏搭乗の「天山」が放った魚雷は大型輸送船に命中し、船は火柱を上げた後、船尾から沈没するのを目撃したという。

ウォーナー夫妻『神風』の戦果リストには、五月二四日から二五日にかけて、輸送駆逐艦ベイツ、中型揚陸艦一三五号が沈没、掃海駆逐艦バトラー、掃海艇スペクタクル、掃海艇ローパー、護衛駆逐艦オーネイル、駆逐艦ストームズが戦列復帰不能の損害、輸送駆逐艦バリが損害を受けたという。

米側資料では、五月二五日にベイツを攻撃したのは「特攻」だったというが、深夜のことでもあり、宮本氏らの魚雷攻撃を「特攻」と誤認したものと思われる。

宮本氏らは串良を出発の際に「喜界島飛行場も現在使用可能である。不時着をした際は内地にはないオクタン価九一の航空燃料を満載してくるように」との指示を受けていた、という。喜界島では飛行場周辺の丘の横穴に航空燃料を隠していたが、早々と米軍側に制空権を握られたため、当初予想されたほどには出撃基地として利用できず、内地で枯渇していた航空燃料が残っていたのであろう。なお、オクタン価とは、燃料の過早発火や異常爆発を抑える度合いを示す「耐爆性指数」をいう。

宮本氏らの「天山」は、燃料不足のため、二五日午前四時頃、喜界島に不時着した。宮本氏の『われ雷撃す』によれば、喜界島上空を旋回して味方識別信号を出しても地上から反応がなく、最後の手段として脚を出して超低空で喜界島上空をぐるぐる廻ったところ、急に着陸誘導用のカンテラの照明がついたので着陸したが、上空に待っていた米軍の夜間戦闘機二機の銃撃を受けた。その時は難を免れたものの、急いで擬装した甲斐もなく、一六機に増えて再度来襲した米軍機の銃撃で、飛行機は炎上した、という。

〔五月二五日〕

「派遣隊日誌」によると、五月二五日は、前述の「天山」の他、午前八時四二分に陸軍の「九七戦」一機、直協偵察機一機が不時着し、夜の一九時二五分には陸軍の重爆撃機「靖国」（陸軍の四式重爆撃機「飛龍」の海軍での呼称）一機が着陸し、五〇分に熊本に帰って行った。前日の二四日二三時五八分、エンジンに被弾して不時着していた「靖国」の搭乗員の救出に来たのであろう。なお、「直協偵察機」とは、「直接協同偵察機」の略称で、地上部隊と協力して対地攻撃も行なう陸軍の偵察機である。

『福岡記録』は、この日、赤連《あがれん》で三戸、中里《なかさと》で四戸焼失した、と記す。

沖縄では、米軍が東方の与那原《よなばる》の防衛線を突破して首里に迫り、首里の北から那覇の泊《とまり》港を結ぶ線も米軍の手中に落ちた。この米軍の攻勢に撃退不可能と判断した第三二軍司令部は、五月二五日、一部の部隊に首里の防衛線を維持させながら、司令部を本島南端の摩文仁《まぶに》へと移すことに決定した。この時点で、海軍部隊は小禄《おろく》飛行場の周辺に留まり、米軍が小禄飛行場を使用するのを防いでいた。

〔五月二六日〕

鹿児島は晴れているが喜界島以南は依然として雨が降っている。海軍の特攻出撃はない。「派遣隊日誌」も「終日降雨続き全然敵機を見ず」と記す。米軍の上陸に備えてじめじめした山地の壕に集められた島民は、これから起こるであろう地上戦闘がどのようなものか具体的なイメージを持てないまま、じっと我慢の避難生活を続けていた。

前日喜界島に不時着し、米軍の夜間戦闘機の銃撃で搭乗機「天山」を破壊された搭乗員三名は、昼間は飛行場から離れている比較的安全な集落を散歩して過ごし、夜になると、鹿児島の串良《くしら》基地に帰るために便乗できる不時着機を待つ生活が始まった。『われ雷撃す』で宮本氏は、同氏らが初めて喜界島に着陸した四月一一日の状況に比べ、島が一変していたことに驚いている。

「我々が一夜仮眠した宿舎は爆撃で吹っ飛び、食事を共にした整備員は戦死していた。同島で無線を傍受したところ、米軍が上陸するとのことで、島民は軍命令で強制的に山中に避難し、軍人は山の洞窟や急造のバラックに立て籠った。そして道路には至るところ地雷が敷設してあった」

当時、山地に避難していた私たちは、飛行場で何が起こっているのか、守備軍はどうしているのか、具体的には何も知らなかった。

二六日、陸軍は、第一一〇振武隊の「九七戦」六機を特攻出撃させた。陸軍機の特攻隊は知覧《ちらん》から出撃とすることが多いが（生田『陸軍航空特別攻撃隊史』など）、生田氏より一五年後に陸軍特攻をテーマにした苗村氏の著書では、この時の出撃基地は「不明」としている（苗村『陸軍最後の特攻基地』）。

おそらく出撃基地について巷間《こうかん》言われていることを確認できる資料がなかったのであろう。この日は数少ない出撃なのになぜ確認できなかったのか。当時は徳之島《とくのしま》の飛行場は前進基地としては使われておらず、喜界島から出た形跡もない。常識的には薩摩半島の知覧か万世《ばんせい》と考えるべきだろうが、詳細に研究した苗村氏が、生田氏らが言う「知覧出撃」に同意せず、「出撃地不明」としていることが気になる。沖縄に飛ばすには発進基地はなるべく南にしたいところだが、何かの都合でやや内陸部の基地から発進して戦場に直行したこともあったかも知れない。

米側の資料ではこの日、高速掃海艇フォレストが大損害を受けて戦争終結まで戦列に復帰できなかったほか、駆逐艦アンソニー、同ブレイン、駆潜艇1603号、測量艦ダットン等が特攻により損害を受けている。この日出撃した陸軍特攻機による損害の可能性が大きいが、そのころ、夜間攻撃を繰り返していた海軍の非特攻の航空攻撃による可能性も否定できない。

＊水川中尉と田宮少尉は特攻出撃したのか？

五月二六日に喜界島から特攻出撃したとされる陸軍第二一振武隊の水川禎輔中尉と第七八振武隊の田宮治隆少尉についても、わからないことが多い。

資料の中には、水川中尉が一式戦闘機「隼《はやぶさ》」、田宮少尉が「九七戦」に乗って、二機で出撃したかのように記すものもあるが、水川中尉の一式戦闘機「隼」が喜界島で大破して使えなくなったのは事実のようだ。

「この日の第二十二振武隊長水川中尉は、徳之島で待機中に飛行機を破壊され、舟艇で喜界島に移動して、再出撃の機を待っていた。同地に第七十八振武隊の田宮中尉が不時着したので、水川中尉は田宮中尉を同乗させて出撃したのだ。当時の特攻隊員の烈々たる闘志が感じられる」と元飛行第二〇戦隊長村岡英夫氏は言う（村岡『特攻隼戦闘隊』）。

なお村岡氏は、水川中尉の所属隊を「第二十二振武隊」と言い、田宮の階級を「中尉」と言うが、多くの資料から見て水川中尉は「第二一振武隊」であり、田宮の階級は「少尉」である。「水川中尉が田宮中尉を同乗させて」との記述についても疑問がある。

前出の生田『陸軍航空特別攻撃隊史』は「第二十一振武隊長であった水川中尉は飛行機を破壊され、

喜界島で再出撃の機を待っていた。同地に不時着した田宮少尉の機を譲り受けて出撃しようとしたが、田宮少尉がそれに同意せず、ついに両名同乗して特攻を敢行したのである。青年将校の烈々たる闘志が感じられる」と、「特攻精神」を賞揚する点では村岡氏と同じようなことを述べている。

しかしこれは著者たちが士官学校後輩の水川中尉のあるべき行動に対する心情的期待から生まれた想像の産物であって、水川中尉の喜界島における行動を見れば、著者らが記すほど単純ではない。

前述したように水川中尉の搭乗機は四月五日に喜界島に不時着して、何らかの理由で機体は飛べなくなっていた。徳之島《とくのしま》で機体を破壊されて、喜界島に来たという村岡氏の記述は、陸軍の主要基地は徳之島だったという先入観による誤りだろう。

水川中尉は陸軍士官学校（五六期）出身で、田宮少尉は特別操縦見習士官（二期）の学徒兵であった。年齢は田宮が一九二三（大正一二）年生まれで一歳上であるが、軍隊内での地位は水川が上であるから、田宮少尉に命令することはあり得るだろう。しかし水川の飛行機は一式戦闘機「隼《はやぶさ》」であり、田宮の飛行機は「九七戦」で、機種が違う。もしどちらかが操縦するとすれば、階級とは関係なく、飛行機の占有者であり、その型の飛行機に習熟した人が操縦桿を握るのが普通ではなかろうか。

第二一振武隊は水川中尉と須藤治韶軍曹の二人で編成されていた。須藤軍曹は四月五日に沖縄西方海面で戦死したという（特攻隊慰霊顕彰会編『特別攻撃隊』、他）。前出の『特攻隊振武寮』で、大貫氏は、大上少尉と水川中尉の三機で知覧《ちらん》を飛び立ち、午後四時頃、喜界島に到着した、という。隊は別でも同じ一式戦闘機「隼」であり、三機編隊で知覧を出発することになったとしてもおかしくはない。

大貫氏は、知覧を出発するに先立ち、水川中尉が二人に対し「不調の場合は躊躇せずに戻り、洋上故障の際は屋久島に続くトカラ列島の島々に不時着し、いずれにしても無駄死にせぬこと、敵機に遭遇したら爆弾を落として身軽になり、海上すれすれを超低空飛行でなんとか振り切るように」と「熱のこもった演説」をした、と書いている。無駄死にしないことに重点を置いた訓示で特攻隊らしくないとは思うが、特攻隊と言えども目標に到達しなければ任務を果たせないのだから、合理的な考え方である。

喜界島に不時着してから五〇日間の水川中尉の動向にも、今ひとつ腑に落ちない点がある。「派遣隊日誌」の四月五日の項を見ると「当基地発着状況」として「午前七時四〇分陸軍一式戦二機着陸、一機着陸時大破」と記されている。この大破した一式戦闘機「隼」が水川中尉の飛行機だった可能性はないだろうか。南九州の基地を何時に発進したかがわかれば特定できないかと思って探していると、前出の生田『陸軍航空特別攻撃隊史』に、「五日午前六時、知覧を発進した第二一振武隊の須藤治留軍曹は直路沖縄に進出して特攻攻撃を敢行した」と記されているのを見つけた。同隊の隊長の水川中尉も知覧を同時刻頃に発進したとすれば、午前七時四〇分に二機で喜界島に着陸した事実と矛盾せずに説明がつく。その時、大破した一式戦闘機「隼」が水川中尉機で、もう一機が須藤機だったとすれば、この日に特攻死した須藤軍曹の喜界島からの出撃記録があるはずだと思って調べたが見つからない。

生田氏が記すように、須藤機は「直路沖縄に進出」したのであろうか。「派遣隊日誌」には、この着陸機に対応する発進機は見当たらない。第二一振武隊の二機は、何かの理由で喜界島基地に不時着したが、飛行機に異常がない須藤軍曹はほとんど間を置かずに飛び立ち、乗機が大破した水川中尉が残ったのではないか。第二一振武隊の水川中尉が喜界島に滞在することになった事情に関する私の推定である。しかし、この推理は、大貫氏が著書『特攻隊振武寮』で報告する記述と合わない。

大貫氏は、大上少尉と水川中尉と三機で喜界島に着陸したのが「夕方四時頃だった」と記憶している、という。「派遣隊日誌」は「一七時、陸軍一式戦二機、三式戦三機、九九式襲撃機八機進出」と記している。この書き方だと「一七時」という時刻は正確にこの時刻の到着を意味するものではなく、この時刻頃までの到着機をまとめて記したものであろう。朝の到着は別に記されているから、これは夕方の到着を指すものだろう。しかしそう考えても、進出して来たのは「一式戦二機」であって、三機ではない。大貫氏の言う一式戦闘機「隼《はやぶさ》」三機による進出という事実とは合わない。水川中尉が四月五日頃に喜界島に到着し、五月二六日までいたことは種々の情報から事実と見てよいだろう。

実は、陸軍第一飛行攻撃集団長河原大佐が作戦指揮のため喜界島にやって来たのも四月五日である。「派遣隊日誌」には「河原大佐進出、当隊ニ仮入隊、作戦ス」と記している。沖縄特攻の途中、喜界島に不時着した水川中尉は、陸海協同の航空攻撃作戦の指揮官として着任した河原大佐とは、その任務の必要上、当然に会っただろう。士官学校出身の特攻隊員である水川中尉に対し、士官学校の大先輩である河原大佐は、指揮官として何を話したのか。水川中尉は南九州に戻ることなく、その後五〇日間、そのまま喜界島に残っている。それはなぜなのか。

水川中尉は喜界島でどのようにして過ごしていたのか。徳之島《とくのしま》に舟で渡ったりして出撃する飛行機を探していたと書く人もいるが、当時の徳之島は喜界島より搭乗可能の不時着機に遭遇する可能性は低い。しかも飛べる飛行機には出撃命令を受けた搭乗員が乗っているので、個人的に譲ってもらうことはほぼ不可能だろう。飛行機は大丈夫だが搭乗員が重傷を負っている不時着機もあるかも知れないが、そのような偶然はほぼ期待できない。

喜界島には、水川中尉が滞在していた五〇日間に、陸軍の重爆撃機が不時着搭乗員を収容するため二度ほど着陸している。海軍の陸上攻撃機も陸海の搭乗員の収容のために何度か着陸している。「九九襲」のように座席に余裕のある非特攻の陸軍機も着陸して燃料を補給して九州本土に帰っている。それなのに、水川中尉にはこれらの九州本土に帰る飛行機に乗ろうとした形跡がない。彼の心には、九州本土に帰ることを峻拒させる何かがあったのだろう。命令で帰る下士官兵や学徒出身の予備士官と違って、士官学校出身の彼には救援機による帰還命令が出なかったのではないか。つまり、在喜界島の航空参謀にとっては、職業軍人の面子にかけても、水川中尉は帰してはならない特攻隊員だった、と私は思う。

喜界島では、五月一九日には、米軍上陸を予測した守備隊が全島民を島の中央の壕に集めており、地上部隊は臨戦態勢に入って米軍の上陸に備えている。このような戦況を水川中尉は知っている。このような状況の島に、五月二五日、田宮治隆少尉の「九七戦」が不時着した。水川中尉が田宮少尉に何を話したかはわからないが、不時着した田宮少尉に喜界島が置かれている状況を話したであろう。そうして、今、彼らのとるべき行動も話しただろう。

水川中尉と田宮少尉には軍歴上の接点はない。部隊も搭乗機の機種も違う。出身地も水川は岡山、田宮は東京であり、軍歴以外の接点もない。

水川中尉を指揮官とする第二一振武隊は、部下は須藤軍曹一人の特攻隊である。部下はすでに戦死している。彼が喜界島に滞在していた間に、陸士出身二名を含む二一機の特攻機が出撃した。不時着搭乗員として喜界島で世話になりながら、彼はこれらの特攻出撃を見ていたはずだ。特攻隊員にとって喜界島は、南九州の基地を発進した後は死出の旅路の途中である。

士官学校出身の彼は軍隊内でのそれなりの出世を思い描いた時期もあっただろう。しかし、今は、少年兵らと同じ特攻隊員として死を命じられている。命令者の先輩たちと引き較べて自己の不遇を考えたことはなかっただろうか。九州に帰れば、特攻隊員の模範たるべき者の帰還に六航軍の参謀たちがどう対応するか、容易に想像がつく。無駄死にはしたくない。しかし、九州本土には帰れない。水川中尉の心境を語るものは何も残されていないからその行動の真意はわからないが、まだ暗い喜界島の飛行場を本来一人で乗るべき田宮少尉の「九七戦」に乗り込んだ水川中尉の心境が「当時の特攻隊員の烈々たる闘志」とか「青年将校の烈々たる闘志」という言葉でひとくくりできるほどに単純だったとは思えない。

「派遣隊日誌」は、五月二六日の項に「燃料補給状況／陸軍九七戦×1」「〇三五四、九七戦一機出発（知覧）」と記す。「九七戦」は田宮機に違いない。括弧内は行き先を示しているが、本当に知覧《ちらん》に向かったのだろうか。

田宮少尉の第七八振武隊は一一名の少尉で編成された特攻隊で、五月四日に六名が戦死し、同月一一日に一名、二五日には徳之島《とくのしま》出身の樺島資彦少尉を含む三名が戦死し、田宮少尉一人だけが残った。特攻の命令を受けている田宮少尉が、帰還命令もなく出撃基地に帰るとは考えにくい。仮に部隊の異なる水川中尉が知覧に帰るように命じたとしても、知覧で受けた正式の特攻出撃命令と、喜界島で初めて会った水川中尉の命令と、どちらを優先するだろうか。田宮少尉の気持ちは複雑だったであろうが、最終的に田宮少尉を律するのは知覧で受けた特攻出撃命令だ、と私は思う。

水川中尉にしても、帰還命令が出なかったのか、帰還を拒否したのか、確証はないが、数度にわたる不時着搭乗員救援機に乗っていないのは事実である。このような行動をとっていた水川中尉が、燃料補給で飛べる飛行機がたまたま不時着したのを、これ幸いとしてその搭乗員を説得して知覧に帰るとはとうてい首肯できない。

時あたかも喜界島では米軍の上陸が切迫しているとして、陸軍も海軍も臨戦態勢を敷き、住民は山に集められている。喜界島で航空作戦を指揮していた陸軍第一攻撃飛行集団長の河原大佐もすでに島から去っている。水川中尉に対する命令者は島にはいない。

「午前三時四五分」という出発時刻も、特攻機の出発としては異例である。喜界島発進の特攻機は早朝か薄暮に出発するのが普通だが、それは米軍機に見つかりにくく、目的地に着くころに突入目標が確認できるぎりぎりの時刻を選ぶからである。「午前三時四五分」という出発時刻は、彼らが米艦突入の成否に配慮していなかったことを示している。

ここから先は、調査した事実を加味しての私の推測である。

特攻出撃の命令を受けて燃料不足で不時着した田宮少尉が、燃料を補給した後、命令の変更もなく出撃基地に帰るということは、よほどの事情がない限り考えられない。特攻を中止して出撃基地に独断で帰る特別の事情は、田宮少尉にはない。

水川中尉はどうか。特攻出撃の途中喜界島に不時着して飛行機が大破し、搭乗機を失った士官学校出身の青年が、何度か来た救援機にも乗らず、五〇日間も喜界島に留まった挙句、たまたま燃料不足で不時着した搭乗員に対し特攻命令に背《そむ》くように説得することはありそうにない。

二四日の「派遣隊日誌」は「二三時五〇分、敵機動部隊を発見、屋久島百八十度四〇浬《かいり》、二群よりなる（索敵機）」と記している。この位置は屋久島の南七〇キロ、喜界島の北北東一三〇キロの位置である。また「〇時四五分、戦艦二隻、駆逐艦六隻、伊江島の北西十五浬北上中、針路四〇度、速力十五節（ノット）」とも記す。この位置は喜界島の南西二五〇キロの位置である。要するに米艦を標的とする場合は喜界島の南も北も米軍の活動領域である。喜界島からは北に向かっても南に向かっても米艦はいたのである。もっとも、洋上を索敵しながら飛んで攻撃を成功させることは難しい。普通に考えれば目標が発見しやすい沖縄泊地《はくち》に向かうだろう。「派遣隊日誌」に「九七戦一機出発（知覧）」と明示したのは本人たちがそう述べた可能性はあるが、本人たちにその意思があったとは考えにくい。

本来一人乗りの特攻機に二人乗れば、操縦が不自由になり目標に命中することが難しく、このような特攻出撃は不自然という指摘もある。しかし、例えば、八月一五日の夜、宇垣長官は、二人乗りの艦爆で電信員が降りるのを拒んだため定員オーバーの状態で乗り込み発進した、という。成果よりも死ぬこと自体が目的の「出撃」では、米艦命中の可能性は考慮外となる。水川中尉の「出撃」も同じような「心境」によるものだったかも知れない。

あれこれ考えて見ても、私には、この二人の搭乗員は特攻出撃命令の呪縛から解放されないまま、目標の定まらない夜空を、幻想の敵艦を求めて闇雲に飛んで行った、としか思えない。

陸軍では、これが喜界島発進の最後の特攻機である。

【陸軍第二一振武隊】（「一式戦」一機使用不能、田宮機に同乗）
陸軍中尉・水川禎輔（一九二四〈大正一三〉年生・岡山県出身・陸士五六期）
【陸軍第七八振武隊】（「九七戦」一機）
陸軍少尉・田宮治隆（一九二三〈大正一二〉年生・東京都出身・特操二期）

5　山中で斬首されたキンカノン大尉

✴練習機特攻「白菊」の不時着

（五月二七日）

この日は喜界島は雨のためか、空襲はない。

宇垣長官の『戦藻録』は「六航軍第九次沖縄総攻撃に呼応、菊水八号作戦を下令実施す」と記す。

「菊水八号」と銘打っているが、海軍は特攻に使用する飛行機はもはや調達が困難な状態になっていた。「白菊」と呼ばれる練習機がこの日の特攻出撃の主役である。練習の時は教官を含めて五人は乗れるが、特攻では二五〇キロ爆弾を積むので二人乗りだった。この日、記録によれば鹿児島の鹿屋《かのや》から二〇機、串良《くしら》から一一機出撃したという。果たして沖縄に何機が到達したのであろうか。

陸軍は万世《ばんせい》から「九九襲」九機、知覧《ちらん》から「九七戦」五機が出撃した。

陸海の不協和音も目立って来た。『戦藻録』の「第九次沖縄総攻撃に呼応」という表現も、主体は陸軍で海軍は呼びかけに応じた、という響きがある。「六航軍今夜半飛行場を制圧し明朝特攻攻撃の予定なり。敵機動部隊に備へ当部隊より明朝の沖縄制空隊の派遣出来ざるは遺憾とする処なり」と宇垣長官は書く。

他方、生田『陸軍航空特別攻撃隊史』によれば「第六航空軍は、海軍と協議して次の航空総攻撃を五月二八日と予定した。ところが決行の前日二七日午後、第五航空艦隊はこの総攻撃に協力中止を申し出た。理由は近く出現を予想される敵機動部隊に備える、というものである」と書く。そして、以後の特攻について、「第六航空軍は、第三二軍と沖縄県民を見殺しにはできなかった。陸軍単独で沖縄への特攻を続行した」と述べている。

艦隊攻撃を主眼とする海軍航空隊と、陸戦支援を主眼とする陸軍航空隊の考え方の違いからくる齟齬《そご》であるが、海軍側が沖縄特攻作戦を終了させたわけでないのは、五月二八日以降の海軍の航空出撃状況を見ればわかる。

米側資料によると、この日は沖縄近海で、特攻機により駆逐艦ドレックスラーが沈没したほか、高速輸送艦二隻、上陸支援輸送艦一隻、磁気消去船一隻が損害を受けたという。そのほかに、水平爆撃により掃海艇が一隻、航空魚雷により護衛駆逐艦が一隻、損害を受けたという。ただし日本側の飛行機の現地到達時刻との関係で、どの航空隊による被害か特定は難しい。水平爆撃や航空魚雷による米艦船の被害は非特攻の海軍機の攻撃によるものであろう。

なお、宮本『われ雷撃す』によると、この日の夜、特攻隊員二人が乗った「白菊」が一機、喜界島に不時着した、という。「白菊」の特攻隊員らは、白紙にコースと沖縄本島の図を記載したものを持っているだけでチャート（航空用地図）も持たされず、地上指揮官から「沖縄本島が近づけば激戦中で、敵味方の破裂する火炎が見えるからわかる」と言われて飛んできたが、いくら飛んでも沖縄本島らしい島が見えず、機位が不明になり明かりが見えた喜界島に着陸した、と語ったという。乗機を失った宮本兵曹らは、この「白菊」に便乗して南九州の基地に帰っている。

島原落穂『海に消えた56人―海軍特攻隊・徳島白菊隊』（童心社、一九九〇年）によると、鹿児島の串良《くしら》からこの日飛び立った「白菊」特攻のうち植原広昭二等飛行兵曹と相沢彬一一等飛行兵曹のペアについて、米艦を発見できず引き返す途中で燃料切れとなり喜界島に不時着したと記している。また、大野『十八歳の遺書』の中の古川太郎氏の「白菊隊かく戦えり」と題する手記には、徳島白菊隊の「戦闘報告」に五月二七日の出撃機の記載があり、二一時一〇分串良発進の相沢一飛曹と植原二飛曹のペアについて「爆弾投棄、爆装なきも突入を意図し、沖縄周辺に達するも敵影なく喜界島に不時着」と記している。この記録の欄外に「注：四〇七号機は翌々日天山隊員三名を乗せ帰投す」と付記されている。四〇七号機とは相沢、植原搭乗機の機体番号である。この「白菊」特攻隊の記録を見ると、出撃後、米艦を発見できない場合は帰還することが普通に行なわれていたようだ。

「派遣隊日誌」には、午前八時五三分、陸軍の「九九襲」一機が不時着して、一二時四四分に万世《ばんせい》基地に帰って行き、二一時四五分と二二時二〇分に陸軍第六五戦隊の一式戦闘機「隼《はやぶさ》」が各一機着陸した、と記されているが、「白菊」の記載はない。しかし、日付が変わって二八日の項には「午前二時四五分白菊一機着陸、一八時二六分白菊一機出発（串良）」の記載がある。宮本兵曹ら、「天山」の不時着搭乗員が便乗したのはこの「白菊」であろう。

五月二七日には、奄美大島の海岸にも山口清三郎二等飛行兵曹、三浦猛輝少尉の「白菊」一機が不時着した。奄美大島のどこかはわからない。島原『海に消えた56人』によると、三浦少尉は怪我をしていったん民家に救出された後、水上偵察機で串良《くしら》に戻ったという。この二人は帰還後、六月二一日に特攻再出撃を命ぜられたが天候不良で引き返し、六月二五日に再々出撃を命じられ、この出撃で戦死した。生還しても特攻命令は撤回されず、特攻死の呪縛から解放されることはなかったのである。

〔五月二八日〕

宮本氏によると、出発に際し喜界島基地の参謀らから「鹿屋基地の飛行隊指揮所まで届けてくれ」と分厚い秘密書類を託されたという。この時期に喜界島に残っていた参謀と言える人物は、喜界島航空基地司令の佐藤勇少佐しかいない。この「白菊」は特攻出撃の途中の不時着であったが、喜界島で燃料を補給した上、再出撃せずに鹿屋基地に向かう充分な理由を与えられた。出発した時刻は「派遣隊日誌」によると一八時二六分である。「白菊」は機銃も電信機も積んでおらず偵察員は立って見張りをするような旧式機で、米軍機に発見されたら万事終わりなので海面すれすれに飛んだ、と宮本氏は述懐している。

白菊隊には二八日も出撃命令が出て鹿児島の串良基地を次々と発進し始めたが、天候不良のため中止命令が出た。しかしすでに離陸した一〇機には無電機がないため命令が届かず、視界不良の中を機位を失って迷走した。清水盛正、土屋亘両少尉の搭乗機は幸運にも徳之島《とくのしま》を見つけて不時着して生還している。

「派遣隊日誌」によると、喜界島では朝五時三〇分から五〇分にかけてグラマン二機が飛行場を銃撃、六時、コルセア一二機が来襲して飛行場や砲台を銃爆撃、一一時三〇分から一二時にはロッキード偵察機が偵察飛行し、一二時一五分から一二時二五分にはコルセア七機が飛来、以後コルセア四機ないし七機が一七時まで繰り返し飛来して哨戒飛行を行なった。

「派遣隊日誌」は、「海護総参謀」からの無電情報として「通信諜報ニ依レバ5―24米有力部隊（上陸部隊ノ算大）ウルシー出港、北上セリ。二十八日以後KdB（引用者註：機動部隊）ノ空襲ニ対シ警戒ヲ要ス」と記す。二四日に太平洋のウルシー環礁を出港して北上した米艦隊が上陸部隊と予想されるから、二八日以降の空母艦上機の空襲には警戒せよ、というのである。なお、発信者の「海護総参謀」とは「海上護衛総隊」の「参謀」のことである。海上護衛総隊とは、輸送船団の護衛を任務とする組織で、その司令長官は、海軍全体を統括する海軍総隊と連合艦隊の司令長官・小沢治三郎中将が兼務していた。米艦隊の動きを偵察して得た情報を伝えて来たものと思われる。米軍の上陸近しと緊急配備についていた巌《いわお》部隊喜界島派遣隊は、この情報にいよいよ来たか、と緊張度を高めている。

この日の奄美地方は、薄曇りで晴れ間も見える天気だった。喜界島では米軍艦上機が数機で時折飛行場や周辺集落を銃爆撃するが大規模な空襲はなかった。

✴不時着搭乗員に遺書を託す島の兵士

当時、喜界島には、九州本土を出撃して途中の島に不時着した陸軍の特攻隊員が三〇人ほど集められ、米軍の上陸に関する情報を聞きながら救援機を待っていた。

その一人、大貫健一郎氏の手記によると、二七日の夜半、最後の救援機が来るという知らせが入り「残存者は全員飛行場に集合」との命令が出た。「一週間程前に不時着搭乗員を乗せた飛行機が目の前で撃墜されているのを見ているが、命令だから搭乗せざるを得ない。それでも敵の上陸を予想した喜界島基地の下士官や兵から家族への遺書や手紙を抱え切れぬほど託された」という（「天かける爆装隼に振武の詩をきいた！」『丸』一九八二年一〇月号）。喜界島に残る兵士たちの緊張状態が伝わって来る。

「午前三時半、重爆撃機二機が爆音とともに到着しました。夜間の超低空飛行だったため敵機の監視の目に引っかからなかったようです。私を含めた隊員二八名が一四名ずつ粛々と乗り込むことになりましたが、このまま三途の川を渡っていくんだなと考えたりしました」（大貫・渡辺『特攻隊振武寮』）

「派遣隊日誌」は五月二八日の項に次のように記す。「午前三時、陸軍緊急輸送機二機（重爆）着陸。午前三時三二分重爆一機出発（福岡に向う）、三時三四分、同、一機出発（同）」。大貫氏らが乗った飛行機であろう。この救出作戦でも残された搭乗員がいたようである。

もと陸軍伍長の山田忠男氏の著書『暑い暑い喜界島の夏』（私家版、二〇一五年）によると「五月下旬の最終日近くに行なわれた九七式重爆撃機による不時着搭乗員の救出作戦で、島に残された搭乗員は少なくなって、飛行服で島を行き交う姿は殆どなくなってきていた」という。その時点で何人残ったか正確にはわからないが、救援機に乗れなかった人がわずかではあるが残っていた。山田伍長は「六月に入っても陸軍宿舎から飛行場へ通う日課を過ごしていた。……島に残っている不時着搭乗員は山田一人になったようで、島内には飛行服姿で歩く姿は皆無となった」と書いている。

『福岡記録』は、二八日午後三時、湾《わん》集落を二機が空襲し焼夷弾で一戸焼失した、という。私たち住民は米軍の上陸に備え中央山地の軍指定の壕にいて、一軒の家の焼失にはほとんど関心がなかったが、空襲による民家の被害を記録していた人がいたのだ。

✴陸海の航空協同作戦終わる

前述のように海軍は陸軍の「第九次航空総攻撃」に呼応して「菊水八号作戦」を実施している。宇垣長官は陸軍側に対し「当部隊より明朝の沖縄制空隊の派遣」はできない、と断わっているが、協同作戦をやめたわけではない。しかし、沖縄地上戦支援のための協同作戦の意欲は薄れていたのだろう。

二八日、陸軍の第六航空軍は海軍総隊司令長官の指揮を離れ、陸軍航空総軍の指揮下に復帰した。この決定について、陸海の協力関係を懸念する声が聞こえて来たからだろうか、『戦藻録』で宇垣長官は「然《しか》れども余は始めより問題と為《な》しあらず（中略）凡《およ》そ今日の情勢に於て協同の目的の外、何物の介在も許さざる陸海軍間、国民間に離反的行為あるは正《まさ》に国賊と見做《みな》すべきものなり。況《いわ》んや彼此《ひし》相補《おぎな》い相扶《たす》けざれば兵力の損耗は今後の作戦実施を不可能ならしむるに於いてをや。（中略）一切の心配無用、倍旧の連携協同は今後の実績に徴《ちょう》すべし」と建て前を論じている。沖縄戦における航空作戦で六航軍が海軍の指揮下に入ったことについて、自分は初めから問題にしていなかった、今の戦況で陸軍と海軍、軍隊と国民が互いにいがみ合うのは国賊に値する、兵力消耗の現状を見れば、互いに補い助け合わなければ今後の作戦実施は不可能で、今まで以上に連携協同するから、これからの自分を見ていてくれ、というのである。

宇垣長官は問題にしていないと言うが、互いの自尊心を考えれば、うまくいくかどうかは、海軍の指揮を受ける陸軍側に大局的に行動する度量があってこそできたことであろう。この点で言えば、喜界島という協同作戦の現場で観察する限り、沖縄航空戦における陸海軍協同はうまくいった、と言えるのかも知れない。喜界島では陸軍の指揮官が、海軍の飛行場で陸海両軍機の出撃を指揮した。それは沖縄地上軍の支援という目的があって、沖縄泊地《はくち》の米艦船を主たる攻撃目標にしていたからだろう。「陸と海が助け合わなければ今後の作戦実施は不可能」という指摘はそのとおりであるが、しかし「攻撃を加え易い固着敵兵力」は「陸軍特攻の如きにこれを譲り」とか、「GF（引用者註：連合艦隊）の下にありながら六航軍の態度は温存主義にして相容れざるものありしなり」といった言い方は、陸軍は海軍の方針に従うべきだという、尊大な態度であり、このような姿勢では心からの協同は得られまい。

宇垣長官は「六航軍司令部に於ては海軍は機動部隊のみにかかり、陸上戦の根源をなす船団攻撃に力を入れず、剰《あまつさ》え陸軍の特攻をも一部機動部隊に指向しありとの不満を生ずるに至れり」と書いている。沖縄特攻の場合、主要なターゲットが艦船だったから海軍側が主導するのは頷《うなず》けるが、「本土決戦」を主眼とする陸軍側と、基本的なところで作戦思想が違っていた。前年一〇月のレイテ沖海戦においての壊滅的敗北により、すでに航空艦隊としての実体を失っていた海軍は、地上基地からの攻撃しかないとはいえ、沖縄戦は海洋を動き回る米軍機動部隊との最後の戦い、と宇垣長官は見ていたのであり、その前提で陸軍側の協力が不十分だと思っていたのだろう。

なお、同時期に喜界島にいた海軍の七〇一空の木田大佐と、陸軍の河原大佐には作戦指揮上の接点があったか否かわからない。木田大佐は航空隊指揮官としては七〇一空だけの指揮官に徹したのかも知れない。

四月五日の「派遣隊日誌」に「仮入隊、作戦ス」と記された陸軍第一飛行攻撃集団長・河原大佐が、喜界島にいつまで滞在したのかは記録がない。

✴偶然に見た処刑直前のキンカノン大尉

私たち島民は飛行場で何が起こっているかは全く知らない。軍指定の山の壕に収容されたものの、守備隊から何の具体的な指示もなかった。私たちは一カ所に集められただけで、一日一日と過ぎて行き、島民の緊張感は次第に緩んできた。米軍が上陸してくる気配も遠ざかったような気がした。国民学校高等科を卒業した者たちは軍に動員されるか、就職で本土に渡り、学校には一度も行っていないが高等科二年の私たちが子ども集団の年長者だった。学校の先生たちも、どこにいるのか音沙汰もない。久しぶりに軍の指示で一カ所に集められても、子どもらを統率する大人はいない。雨が上がると子どもらは自然に集まり、数人ごとに付近の山道を歩き回り、探検気分で過ごした。

その日は久し振りに晴れ上がって山道も歩きやすくなったので、ちょっと遠くまで足を伸ばしてみようということになり、まだ湿りの残る森の坂道を私たちは駆け上がった。中里《なかさと》集落の同級生の中で島外に疎開せずに残っていた者が何人いたか定かでないが、私の記憶にあるのは三人で、そのうち、ヒロタカは空爆に追われた壕生活の中で病に侵され、もう助からないとの噂がどこからともなく聞こえてきた。民間の医者もなく薬も乏しい状態で、軍医が診てくれたとの話も聞いたが、間もなく死亡した。

その時、川嶺《かわみね》の山中で行動をともにした子どもで覚えているのは、同級生のヒデオだけである。ほかに五、六人の下級生が一緒だったが、誰であったか覚えていない。

私たちが森の坂道を登ってゆくと、やがて空が開けて平らな場所に出た。道はそこで左に折れている。そこは畑が広がる台地と、森を形成している傾斜地との境で、斜面の上縁に沿って平坦な農道が続いていた。その平坦な道を歩き始めてすぐに私たちは異様な人に出会った。

その人は道端のちょっと高くなったところに腰をおろし、道に向かってしゃがんでいた。目には白い包帯がきつく巻かれており、包帯の上に銀髪が垂れていた。肩から毛布のようなものを羽織っており、毛布の間からはみ出た裸の膝小僧と長い脛が見えた。よく見ると膝が小刻みに震えている。誰かが「アメリカーやあらんな（アメリカ人じゃないか）」と言った。

その人は見えない顔を上げて私たちの方を見た。微かに唇を動かしたように見えたが声にはならなかった。その時、「子どもらはあっちへ行けえ！」と大きな声が聞こえた。どこにいたのか、兵隊が近くで怒鳴っている。私たちはびっくりして、もと来た道を一目散に駆け下りた。壕に帰って父に話すと、父は、そのことは誰にも話すな、と厳しい調子で言った。私は子どもなりに何か不吉な予感がして、それ以来、話題にするのを止めた。

これから後の話はヒデオから聞いた話である。彼は最後尾になって坂を下りかけたが兵隊が追いかけて来ないのを確かめると、森の木に隠れてそっと見ていたと言う。

私たちを追いはらった後、二人の兵隊が天秤棒《てんびんぼう》のようなものを担《かつ》ぎ、別の二人の兵隊が目隠しの米兵を立たせ、二人の兵隊が担いだ棒に凭《もた》れるように両脇を掛けさせると、その状態で歩かせて、近くの空き地に連れて行った。連行する時、兵隊たちは「くさい、くさい」と鼻をつまんでいた、という。私たちがそのアメリカ兵を傍で見た時には臭くも何ともなかったのにどうしてだろうと変に思ったことを記憶している。体を動かしたために火傷で腐乱した傷がにおったのかも知れない。

斬られた瞬間はヒデオには見えなかったが、刀を振り下ろした直後、兵隊たちが騒ぎだして「拳銃、拳銃」「目を狙え目を」と叫ぶ声が聞こえたと言う。この話は目撃者が私たち子どもだけだったせいか、島民の噂にもならなかった。

この事件より前に、中里《なかさと》集落の東の丘の爆弾の穴で斬首されたトマス少尉については、兵隊だけでなく大勢の大人の島民が現場を見ており、戦後、斬首現場付近で白人の亡霊が写真に写ったとか、夜中にアメリカ民謡の口笛が聞こえた、などという話が流布《るふ》していた。島に不時着した搭乗員の手記などにもトマス少尉の話はよく出て来る。しかし私たちが見た捕虜については、名前はおろか、そのような捕虜がいて斬首された事実さえも島の人の間に知られないまま、記憶から遠ざかって行った。

年を経るにつれて、私は、川嶺《かわみね》集落の上の台地のはずれで斬首された米軍捕虜のことが気になり出した。調べているうちに、戦後、米軍が横浜地方裁判所を接収して実施したＢＣ級戦犯裁判で「喜界島事件」と呼ばれる事件があることを知った。

私は、米国の「情報の自由法」が米国民に限らず他国の誰でも利用できることを知り、米国国立公文書館に手紙を出して、「喜界島事件」の裁判記録の公開を求めてみた。二週間ほどたって米国国立公文書館から、請求にかかる記録が存在することと、コピー代の概算を伝えてきた。私はアメリカの情報公開制度の開明性に驚きながら、早速、裁判記録の送付を依頼した。間もなく、段ボール箱に詰めた膨大な英文の記録のコピーが送られて来た。

斬首された米飛行士は「デイビット・C・キンカノン大尉」だった。斬首したのは海軍第二三一設営隊（宮本部隊）の大島中尉で、処刑を主導したのが海軍喜界航空基地司令の佐藤勇少佐となっている。公訴事実では「一九四五年五月頃処刑した」となっているが、私たちが軍指定壕に集められている間の久し振りに晴れた日の出来事であり、その天候に該当する日は一日しかなく、それは、五月二八日である。キンカノン大尉が斬首された日は「一九四五年五月二八日」に間違いないと思う。

世界地図で見れば、あるかなきかの極東の小さな島で、斬首されて果てたキンカノン大尉は、死に行く間際に何を考えていたのだろうか。死の直前に偶然に彼の前に現れた私たち島の子どもに何を言おうとしたのか、目隠しの下で微かに動いた唇を、私は折にふれて思い出す。

6　米軍の上陸なく、山を下る

＊避難命令の解除

〔五月二九日〕

終日雨で、友軍機も米軍機も飛ばず静かな一日であった。「派遣隊日誌」は「終日豪雨続き、敵機を見ず」と記す。島民が入れられた壕は、人の踏み跡でますますぬかるみ、加えて食糧も不足し、米軍の上陸がないまま壕で暮らすことは困難な状態になっていた。家畜の世話などで密かに平地に下りている人もいた。命令は出したものの、軍も大目に見ていたのではなかろうか。その点のトラブルは聞いていない。

壕のじめじめした環境に閉口した島民は、それぞれの壕の前に、木の枝を使って蘇鉄《そてつ》の葉や芒《すすき》などで葺《ふ》いた屋根を作り、男たちはそこで雨露を凌ぎ、できるだけ壕の中には入らないようにしていた。壕の中に入ったままの老人や女性や幼児は、じめじめした土の床に芒などを分厚く敷いて、その上に坐ったり、寝そべったりして、耐えていた。

〈五月三〇日〉

「派遣隊日誌」は、この日も「終日降雨続き全然敵機を見ず」と記し、「二四日ウルシーを出撃せる敵有力部隊は二八日レイテに到着せしこと判明」と書く。

『福岡記録』は、この日、島民に対する避難命令は解除された、と記す。山に避難した当初、上陸作戦の嚆矢《こうし》とも思わせる海岸地帯への猛爆が続いたが、上陸作戦実行の気配はなく、喜界島守備隊は、当面、米軍上陸はないと判断したものと思われる。

『福岡記録』は、喜界島の島民が避難する時に置き去りにして行った動物の様子について「鶏、猫、勇み出て、我を迎える意か、食糧受給の嘆願なるや、側近を離れず感無量なり」と書いている。

福岡氏の場合、飛行場から離れた集落に居住していたので、帰る家があり、通常の日常生活があったが、私たち中里《なかさと》集落民には、避難先のムヤや避難壕に帰る以外に帰宅できる集落はなかった。避難命令解除が出た後、直ちにムヤに帰ったと思うが、私は避難命令の解除のことは覚えていない。避難命令の時のように区長を通じての伝達はなく、避難命令が解除されたとの噂が伝わり、周囲の者が山を下り始め、なし崩し的にだらだらと山を下りたように思う。

『福岡記録』は、この日の午後二時、米軍機二機が来襲し中里で二戸焼失したという。

他方、「派遣隊日誌」は「降雨続き全然敵を見ず」とあり、両者は食い違っている。おそらく避難命令が解除され終日雨で米軍機も来ないので集落内に入った者がいて、焼失した家の後を見て報告したものであろう。二八日頃までにすでに焼けていたと思われる。

✴略奪に走った兵士も

『福岡記録』は、全島民が軍命令で山に避難していた間に、一部の兵士たちが集落に入り、盗みを働いた事実を記している。

「軍の無頼漢は時来たれりとばかりに、野菜、鶏、豚公の徴発盛んになりたり。武人食わねど高楊枝の教え焉《いずくん》ぞ。沙汰の限りなれば筆を止めん」と書きながら、憤慨抑え難し、という感じで筆を止めずに書き続ける。「略奪は懲罰令を適用せらる。徴発を知らず略奪に及ぶ者、数多《あまた》あるは遺憾とす。苟《いやしく》も天皇の股肱《ここう》なりし武人は徴発、略奪の区分を知らなければならない。不識とせば破廉恥である。敵に応えるべき軍人が、若《も》し略奪決行を敢てなさば、同胞を苦しめるべし。（中略）筆止めんと結びしも想尽きて所詮なく、注意を喚起せざれば止むに已《や》まざるなり」。

福岡氏は、徴発の場合は代価を払うが、略奪は泥棒であり懲罰の対象になると書き、略奪を問題にしない守備隊幹部を暗に非難している。

✴島民収容の壕に自爆装置?

怒りが収まらない福岡氏はさらに全島民への避難命令の軍の動機にも疑いの目を向ける。

「風聞せしに、待避壕に一万七千人の住民を収容し、最悪時来たらば、自爆的装置を進めありと云々《うんぬん》、住民を騒擾せしめたり。警備司令官の軽挙盲動とすれば一大不祥事態を惹起《じゃっき》するであろう」

「風聞」とことわってはいるが、福岡氏のこの記述には驚いた。福岡氏は「警備司令官の軽挙盲動とすれば」と仮定的に記している。しかし本当だとしても、軍幹部が、事前に明らかにするわけはないだろう。喜界島の島民の中でも最も陸軍守備隊に近かった在郷軍人部隊の独立混成第一七中隊長だった福岡氏が、デマだと否定せずに記していることが重要だと思う。あの警備司令官ならやりそうだと思っていたのだろう。子どもだった私は、指定された壕が大きな岩の下を刳《く》り貫《ぬ》いたもので、岩が落ちてきそうな恐怖を感じたものの、皇軍が意図的に島民を殺すとは夢にも思っていなかった。

✴再びムヤ生活始まる

米軍の上陸に備えた「山上がり」から解放されて平地に帰ってきても、私たち中里《なかさと》集落民はムヤなどの避難壕生活に戻っただけであった。遊びが中心の生活をしている子どもから見ると、米軍上陸前の束《つか》の間のことであっても、空爆の恐れがない山地の軍の避難壕の方がかえって自由な空間が広がっていたようなものであった。折からの梅雨でじめじめしていたが、山上がりの間は外にいても空爆の恐れがなく、のびのびとしていたような気がする。

ムヤに隠る生活が再び始まった。しかし、日常の食糧の確保に腐心していた親たちにとっては、行動範囲内に我が家の畑があるということは生きるための必須の条件であり、山の生活は一日も早く打ち切って欲しい異常な生活だったに違いない。

ムヤに帰った父や兄たちは、空爆の合間を見計らって食糧を求めて畑に出て行った。平時であれば一家総出で常食のさつま芋の苗を植えるのであるが、空から丸見えの畑では危険でそれはできない。父や兄は空襲の合間を縫って素早くさつま芋を収穫してきた。時にはさつま芋の葉ごと収穫してきて、葉や茎も野菜として食べた。しかし、我が家は畑がそれなりにあり、父や兄がいるだけ幸せな方であった。集落には畑の少ない家もあり、男手を軍に動員されて女と子どもしか残っていない家もあった。そのような家が沖縄戦による空爆のさ中、どのような生活をしていたか、子どもだった私には想像もできなかった。

〔六月一日〕

この日も空襲がなく、喜界島の空は珍しく静まり返っていた。九州南部の基地も同様で空襲がないだけでなく、日本側の動きもない。宇垣長官は『戦藻録』で「全くの梅雨気圧にして本日の攻撃、施すに術《すべ》無し」と記す。

7　米軍の島嶼上陸作戦は終了か

＊米軍、鹿児島湾でも搭乗員救出

〔六月二日〕

喜界島には午前八時頃に四機、午後三時頃に三機が来襲し、飛行場守備隊と激しい撃ち合いとなった。六月以降の「派遣隊日誌」は見つかっていないので、その戦闘状況はわからない。

『福岡記録』によると、この日、志戸桶《しとおけ》集落の高エカが自宅で爆弾の破片を受けて死亡した。しかし、福岡氏は「早町村《そうまちそん》空爆状況」の「志戸桶」の項で「六月二日（四機）午前七時、軽爆撃にして人畜家屋に被害なし」と記している。集落の責任者が「被害なし」と報告した後、自宅で死亡していたのを発見されたのであろうか。特定の氏名と死亡状況が記録されているので、この日の空襲による被害者というのは事実だろう。

九州南部にもグラマンやロッキードなど約一五〇機が来襲した。しかし天候のせいか大規模な爆撃はなく一部が銃撃したのみだという。しかし日本軍側は悪天候のため出撃さえできなかった。宇垣長官は『戦藻録』で「さるにても、同じ地域の戦闘に、一は来り、一は行けずとは何事ぞや。紫電二七機の佐田岬付近に於ける攻撃に於て、敵シコルスキー二十数機中、十三機を撃墜せる戦果のみに満足すべきに非ざるなり」と書く。

この日は鹿児島湾に落下傘降下した米搭乗員を救助するため、マーチン飛行艇が飛来して着水し、グラマン十数機の援護の下に救助して悠々と立ち去った。

宇垣長官は「沖合に於て潜水艦による救助に対しても癪《しゃく》の種なるに、鹿児島湾にて人も無げなる振舞い、許すべきに非ず。迅速なる情報と機敏なる小型機の活動により斯《か》かる行動を封止するに非ざれば愈々《いよいよ》敵をして増長せしむる処なり」と悔しがっている。

鹿児島湾は大隅半島と薩摩半島の間の入江である。大隅半島には宇垣長官が五航艦司令部を置く鹿《か》屋《の》航空基地があり、薩摩半島には陸軍の知覧《ちらん》航空基地がある。この入江に着水して活動する米軍の救援飛行艇さえ阻止できないほどに、日本の航空戦力は弱体化していた。海軍航空部隊最前線の司令官を自負する宇垣長官の「許すべきに非ず」と怒りながら、阻止できない悔しさは計り知れない。喜界島では落下傘降下の米兵を救助するため飛行艇が着水するのは見慣れた風景であったが、私は『戦藻録』の記述で、鹿児島湾にも着水していたことを知って、米軍の徹底した搭乗員救出行動に驚いた。この行為の根源にあるものは「個人の尊重」だろうか。それとも「国家の打算」だろうか。

＊海軍五航艦は陸軍六航軍にお付合い？

〔六月三日〕

陸軍の六航軍が連合艦隊の指揮を離れた後も沖縄航空作戦の現場では陸海の協同作戦が企画され、六月三日には海軍の「菊水九号作戦」（陸軍は「第一〇次航空総攻撃」）が実施された。しかし、出撃機数を見ると、五航艦側にやる気は見られない。

海軍は、九九式艦上爆撃機六機を国分《こくぶ》基地から発進させたが、うち三機は徳之島《とくのしま》に不時着した、という（奥宮『海軍特別攻撃隊』）。

他方、宇垣長官は『戦藻録』で「敵の昼食時を狙ふ陸軍特攻約三十機の出発に四五分遅延を来したるも艦爆九の特攻及び零戦六〇機これに策応、攻撃せしむ」という。しかし「艦爆七（ママ）中五機引返し、陸軍特攻十数機突入」と付記している。海軍側で特攻を実施した艦爆は二機ということになる。

しかし、特攻隊慰霊顕彰会編『特別攻撃隊』所収の「特別攻撃隊戦没者名簿」によると、この日は海軍の「第四正統隊」の戦死者は六名である。「九九式艦爆」は二名搭乗とされており、奥宮『海軍特別攻撃隊』の三機突入説が正しいと思われる。

陸軍は知覧から特攻機三九機発進させ、うち二七機が未帰還となった。

陸軍特攻第二一四振武隊の当山幸一少尉は、「九七戦」の僚機四機とともに知覧を発進しているが、米軍機に追われて二五〇キロ爆弾を装着したまま沖《おきの》永良部《えらぶ》島《じま》のきび畑に不時着して、生還している。

宇垣長官は「今日こそはと思いし菊水九号作戦も南西方面天候次第に不良化の状況に鑑《かんが》み遂に断念せざるべからざるに至る。天候に打ち勝ち得ざる航空戦全く泣くに泣けざるなり」と記す。しかし、天候が良ければ良いで米軍の防御戦闘機が活躍するから、特攻機の大半が固定脚の旧式飛行機という状態では、米軍の防御網をくぐることは所詮困難であり、幸運に頼るしかなかったのである。

米軍側の被害艦船リストによると、六月三日米軍貨物船アレガンが沖縄南端から東南東約二〇キロ沖で特攻による被害を受けている。

『平田日誌』によると「午後四時頃、敵機が一二機編隊で来襲し、左旋回後、南方から陣地に突入し、機銃掃射して去った」という。

＊伊平屋島《いへやじま》攻略で島嶼上陸作戦止まる

米側資料によると「六月三日、海軍機動部隊（リーフスナイダー少将指揮）は琉球諸島伊平屋島に海兵隊を上陸させた」という。伊平屋島は沖縄諸島北端の島で、北緯二七度のすぐ北に位置し、緯度としては奄美諸島最南端の与論島《よろんじま》と並ぶ位置にある。

私たち喜界島の住民は米軍が伊平屋島に上陸したことを知らなかった。その後の米軍の行動を見ると、米軍の島嶼作戦は、伊平屋島を北限にして終わり、同緯度の奄美諸島与論島以北には侵攻していない。しかし、喜界島の私たちは依然として米軍の上陸を予感して漠然とした不安な日々を過ごしていた。

宇垣長官は六月四日の『戦藻録』に、「昨日、伊平屋島、敵二十隻の砲撃を受けたりと言う。索敵に努めたるも天候不良とて鼻の先にて引返し、今日亦《また》、何も出来ずして終る。沖縄の敵は次第に南下、砲爆撃熾烈にして小禄《おろく》飛行場北端及び根拠地隊近くに迫り来れり。空輸予定の迫撃砲、雷管等も輸送できず」と記し、沖縄で上陸米軍と戦う海軍部隊への支援のままならないことを嘆く。

小禄周辺の海軍部隊は五月二六日の陸軍第三二軍司令部からの南部への撤退命令（この撤退命令については陸軍第三二軍側は海軍沖縄根拠地隊の「誤認」と主張）の実行の際に、重要な火器を自ら破壊して撤退を開始したため、元の陣地には飛行機から外したわずかの機銃や手榴弾しか残っておらず、鹿《か》屋《の》の五航艦司令部に対し、火器、弾薬の補充を求めていた。

第四章◉沖縄・巌部隊本隊の動向と喜界島派遣隊

1　小禄と喜界島に物糧空輸

✴小禄《おろく》に迫る米軍部隊

〔六月四日〕

『福岡記録』には空襲の記載はない。しかし『平田日誌』によると、午前中は「数十機が南方から爆音を立てて島の上空に現れ数回島の周辺を飛翔していたが、後に南上空から辷《すべ》るように陣地に突入し機銃掃射をなし」、午後は「十数機また現れて陣地に爆弾数発落下、砂煙天を突く」と記す。『戦藻録』によると、鹿屋《かのや》は「本日一日敵機来襲せず」という。

沖縄では、小禄飛行場の東から南に続く丘陵地帯に防御陣を築いていた巌部隊を主力とする海軍部隊に対し、この日、米軍の総攻撃が開始された。南部に撤退した陸軍部隊から孤立して、海軍部隊は、飛行場に近い豊見城《とみぐすく》や小禄の丘に複雑に枝分かれした深い地下壕を掘り、これを拠点に籠城戦を始めたのである。この時点で、三〇〇〇名の巌部隊の兵力は三分の一に減っていた、という（矢崎好夫『八月十五日の天気図―死闘沖縄ことぶき山　海軍気象士官の手記』戦誌刊行会、一九八三年）。

✴米艦隊を襲った迷走台風

〔六月五日〕

宇垣長官は、この日の『戦藻録』に「敵の天気予察は昨日沖縄の南方に颱風《たいふう》性低気圧あり北東進す、と言えるが、相当の強風となり、北西に進行を変えたるが如し」と記す。

「菊水九号作戦」を発令した長官にとって気になる天候情報であるが、南九州は「半晴」の天候で、夕刻、攻撃機を発進させた。ところが二〇時頃になって攻撃機は、目的地の天候不良のため引き返してきた。「低気圧発生か、不連続線（引用者註：大気中の気温・気圧などが大きく異なる境界線をさす。「前線」はその一種）の存在を物語る。茲《ここ》に於て又々《またまた》攻撃延期を下令するの已《や》むなきものあり」と残念がっている。

ところが、この台風のために米艦隊は日本軍の特攻攻撃に勝る大損害を受けていたのである。この事実は、前出の矢崎『八月十五日の天気図』に記述が見えるが、ほとんどの戦記に記述がない。これは事故で、戦果とは言えないが、宇垣長官がこの「台風性低気圧」による「攻撃中止」を残念がりながら、米艦隊の大損害について触れていないということは、日本側はその情報を知らなかったからだと思われる。

台風によって大きな損害を受けた空母ホーネット（オーストラリア戦争記念館〈Australian War Memorial〉のサイトから）

米側資料は、この台風による被害について、「六月五日（水）、琉球列島沖縄海域に於ける台風は合衆国艦船に大損害を及ぼした」という書き出しで、艦種と艦名を具体的に記している。

戦艦は「インディアナ」など四隻、空母は「ホーネット」など二隻、軽空母は「ベローウッド」など二隻、護衛空母は「ウインドハム」など四隻、重巡洋艦は「バルティモア」など三隻、軽巡洋艦は「デトロイト」など四隻、駆逐艦は「スクローダ」など一一隻、護衛駆逐艦は「ドナルドソン」など三隻、ほかに油槽艦二隻、弾薬補給艦一隻、合計三六隻が損害を受けた。この資料では被害艦船と隻数はわかっても、各艦の被害の具体的な状況はわからないが、被害を受けた当の米海軍第三艦隊司令長官のハルゼー提督がかつて日本の雑誌に「太平洋の刺青提督」のタイトルの手記を寄せており、その中で簡単に台風による被害状況についても触れている。

「……重巡ピッツバーグの艦首はへし折られ、その他三十二隻がたたき潰され、四十三機の飛行機が破壊された。一隻も沈んだものがなく、人員の損失が六名に過ぎなかったことだけがまだしも気休めとなった」（「ニッポンと戦った五年間―連合軍戦記」『特集文藝春秋』文藝春秋新社、一九五六年）

このような大規模な損害にもかかわらず日本側に知られなかったのは何故か。「合衆国海軍第二次世界大戦年表・一九四五年（U.S. Naval Chronology Of W.W.II, 1945）」（http://www.navsource.org/Naval/1945.htm〈二〇二一年一〇月二日閲覧〉）には、被害にあった時の米艦船の位置情報も記載されている。三五隻が被害を受けた海域はほぼ同じで、北緯二〇度三〇分前後、東経一三二度付近である。

私は、この台風による米艦船の被害は沖縄近海で起こったものと思い込み、沖縄地上軍が何も知らないはずはないだろうと思って資料を漁《あさ》ったが見つからなかった。それもそのはず、この経緯度を地図上に落とすと南大東島の南約三〇〇キロ付近であり、沖縄本島の遙か五〇〇キロ南東の洋上である。日本軍側に情報が入らなかったのは、沖縄地上部隊が知り得る海域ではなく、鹿屋《かのや》の偵察機の活動領域からも遠く離れていたせいだろう。

宇垣長官の六月五日の『戦藻録』は、この台風について前述のとおり米軍の天気予報を引用して、四日に北東に進んでいた台風が、五日には北西に向きを変えたようだ、と記している。米艦隊が五日に大損害を蒙った台風は「迷走台風」であり、東へ向かったはずの台風が戻って来て米艦隊を襲ったことになる。気象観測が進んでいたはずの米海軍もこの台風の進路予測を誤ったのである。

＊沖縄海軍部隊・太田実司令官からの訣別電

〔六月六日〕
喜界島には天候の悪いせいか、空襲はない。
宇垣長官は、夜間索敵に偵察機を出したが雨のため視界悪く敵情についての報告が得られず「夜間攻撃を取り止む」とした。早朝天気が回復したという沖縄も、南の海上にある台風のため天候は崩れやすかったのであろう。
この日、宇垣長官は、沖縄海軍部隊の太田司令官からの訣別電報を受信し、「太田実沖縄根拠地司

左：海軍司令部壕のあった小禄半島東部・豊見城地域の高地。右：地下壕へ下りる通用口の１つ（米海兵隊撮影。写真提供／沖縄県公文書館）

令官は九五一空と共に小禄《おろく》飛行場に在りしが、敵の同飛行場近くに上陸侵入せるにより……沖縄南部に後退せる陸軍との連絡断絶、遂に最後の訣別電報を発せり」と記した上、太田少将の「身はたとへ沖縄の辺に朽つるとも守り遂ぐべし大和島根は」という辞世の短歌を記している。

これだけを読むと、ごく普通の帝国軍人の型どおりの訣別電のようであるが、太田司令官は訣別電の最後に、沖縄県民の受けた苦難についても述べ、このようなことは本来は県政当事者が言うべきであるが、すでに民間の通信手段も途絶したので自分が代わって海軍の無電を使って伝える、と前置きして「……沖縄県民かく戦へり。県民に対し後世特別の御高配を賜らんことを」との願いを政府に伝達してくれるよう依頼している。

宇垣長官の『戦藻録』は、太田司令官の訣別電に付け加えられたこの最後の部分については触れていない。太田司令官のこの訣別電は小禄の巌《いわお》部隊の壕から打電したものと思われる。太田司令官は「(六月三日に)小禄第九五一海軍航空隊戦闘指揮所に移転して作戦指導中」とされており、訣別電を打った六日の夕方はまだ小禄にいた。小禄でなお無線機を確保していた巌部隊の無線機を使った可能性が高い。太田司令官はこの訣別電を発してすぐ自決したわけではない。この日の夜、豊見城の海軍壕に戻っている（宮里一夫編著『沖縄旧海軍司令部壕の軌跡』ニライ社、一九八六年）。

巌部隊本隊が死守していた小禄飛行場は、この日ついに米軍の手に落ち、生存隊員は、近くのことぶき山（地元では「カテーラムイ」と呼ぶ）の地下に掘りめぐらした壕に退却した。

✴漂着した少年特攻兵の手記

六月六日、知覧《ちらん》から発進した第一一三振武隊の「九七戦」一二機中の一人、杉崎（当時は椿）恵之氏は『証言・昭和の戦争』（光人社、一九九一年）の中の「ああ隼戦闘機隊」というタイトルの手記で、奄美大島付近まで行ったところでグラマンの群れに襲撃された体験をリアルに書いている。九州本土を出撃して沖縄に向かいながら目的を果たせなかった特攻隊員の死の寸前の状態とは、多かれ少なかれ、この椿伍長の体験と似たような状態だったたであろう。以下、その手記に添って彼の体験を復元してみよう。

第一一三振武隊の一二機は奄美大島付近で米軍機の攻撃を避けて散開し、特攻機一機に対し米軍機が二機も三機も襲いかかってくる劣勢の中を右に左に逃げ回った。椿伍長は米軍機の銃撃を受けて逃げながら僚機が撃ち落とされるのを見て「敵に襲われても戦闘を交えず、逃げて、任務を完遂せよ」との命令を振り切り爆弾を捨てて空中戦に入った。「もう目茶苦茶だった……私は手近の敵機に突進した。敵を一々探す必要がない。殆ど敵機だ」。椿伍長はどうせ死ぬのだと腹を決めて撃ちまくり、米軍機に銃弾を命中させるが、次々に襲いかかってくる米軍機の銃撃を避けることはできない。ついにエンジンを射抜かれて失速状態になり、機は大きく回転しながら落下し始めた。

「海面がくるくると回る。だめだ、おしまいだ！　俺は死ぬのだ。だが目は閉ざさなかった。じっと自分が落下して行く海面を見つめた。私は何も思わなかった。ただ落ちて行きながらも、死は怖ろしくないということを初めて知った。……突然どういうはずみか私はキリもみから脱することができた。無意識ながら操作した舵《かじ》がやっときいたのだ。海面が急速に近づいて来る。力いっぱいに桿《かん》を引く。激突寸前にして私は機を水平にすることができた。あと幾らもなく海面だった。……ふと気づくと、どこかで人の声が聞こえるような気がした……私の耳には聞き慣れないものだったが……偶然海岸に来た住民が私を見つけて驚いて話し合っていたものだった……私は潮流のおかげで喜界島にたどりついたのだ」

海面に墜落後、意識不明の状態で海流に乗り、喜界島に漂着した少年特攻隊員・椿伍長の生還は奇跡というほかない。第一一三振武隊では一〇名が特攻戦没者名簿に記載されているが、椿伍長の手記から推定して、この特攻隊の大半は奄美海域で撃墜されたと思われる。椿伍長が喜界島のどこに漂着したのか、これを確認する資料は喜界島側には見つからない。

米側資料によると、沖縄本島の中城《なかぐすくわん》湾付近で特攻機の被害を受けた艦船も複数ある。この日知覧を発進した約三〇機の陸軍特攻機の一部が沖縄に達して中城湾の米艦船に突入したのであろう。

九州南部を特攻として出撃した兵士の中には、椿伍長のように撃墜されながら島に漂着して生き残った例もあったし、不時着の際の事故で死亡し、特攻とは認定されなかった例もあったかも知れない。しかし、途中で撃墜されて目標に突入できなくても、特攻死と認定された例は数多くあった。そのすべてが特攻の現実の姿である。漂流中に米艦に救われれば捕虜になる。この日、奄美周辺で米戦闘機群の迎撃を受けた第一一三振武隊員の戦死場所は全員が「沖縄周辺洋上」とされている（特攻隊慰霊顕彰会編『特別攻撃隊』所収の「特別攻撃隊戦没者名簿」など）。要するに九州南部を出撃して南西諸島海域に入った特攻戦死者は大半が戦死場所を特定できず、漠然と「沖縄周辺」とか「南西諸島方面」とされる。椿伍長も戦死していれば「特攻」と認定され、戦死場所は「沖縄周辺洋上」とされたであろう。氏の手記を読み、あらためて沖縄へ向かう途中の奄美海域が、数知れぬ若い特攻隊員の〝墓場〟であったことを想起させられた。

✴米軍包囲下の沖縄・巌部隊からの返電

〔六月七日〕

この日の午前一〇時、喜界島には米艦上機二機ないし三機が来襲し、飛行場周辺集落に銃爆撃を加え、湾《わん》集落で八戸、中里《なかさと》集落で一戸焼失した。対空砲は飛行場を襲わない米軍機に対しては、弾丸を節約したのか沈黙したままであった。

五航艦は、前日、「菊水九号作戦」を発令したもののこれまでの航空戦の消耗が激しく、悪天候も加わって目立った特攻出撃の記録はない。石垣島から発進した「零戦」特攻七機のうち、第二一大義隊の二機が宮古島南方の米軍機動部隊を攻撃しただけである（奥宮『海軍特別攻撃隊』）。陸軍は第六三振武隊の「九九襲」六機が南九州の万世《ばんせい》基地から出撃している（生田『陸軍航空特別攻撃隊史』）。宇垣長官は『戦藻録』に、「名前は大袈裟なるも飛行場制圧、空輸、艦船攻撃全機合わせて僅かに四六機、内、艦船攻撃を実施せるものは十機に過ぎず」と記すが、一〇機の具体的内容は記していない。

この日、宇垣長官は海軍の沖縄根拠地隊参謀の棚町大佐と川村中佐の両名に電報を送っている。『戦藻録』には電文は記されていないが、宇垣長官は次のように記している。

「沖縄の南西（諸島）空司令川村匡中佐よりは何等音信無くその行動判然（と）せざるも小禄飛行場付近に在るべく、又《また》棚町ＧＦ参謀は沖根司令部に在りて昨日連絡通信に終止符を打つべき時期到来せりと報じたるに依り、本日午前、両者に対し、之迄の精忠努力を多とし尚奮闘を期すべき旨本職より打電せり。沖根は本日〇二三〇以後、感度無しと言えば、右電、果して彼等の手に入るや否や疑問あり。斯《かか》る電報は今少しく機敏に取扱ひ冥土にて相会うとするも此の世にて一言挨拶し置き度《たき》ものなり」（引用者註：（　）は引用者が補った）

当時の棚町大佐は海軍沖縄根拠地隊参謀だった。宇垣長官が棚町大佐を「ＧＦ参謀」と書くのは、肩書上はＧＦ（Grand Fleet）すなわち連合艦隊参謀を兼任とされており、宇垣長官は死に行く棚町大佐に敬意を表して格が上の肩書きを付したものと思われる。沖縄の海軍部隊の中で棚町大佐と川村中佐の二人に電報を打ったのは、棚町大佐が沖縄地上戦開始直前まで五航艦傘下の南西諸島海軍航空隊（巌部隊《いわお》）司令で、沖縄地上戦開始に当たって沖縄方面根拠地隊参謀に就任した人であり、代わって副官だった川村中佐が巌部隊司令に就任しており、この二人には部下として親近感を持っていたからであろう。

この電報を巌部隊は受信していた。司令の川村匡中佐は次のような返電を五航艦司令部に送った、という（矢崎『八月十五日の天気図』）。

「敵上陸以来部下一同ヨク結束下ニ勇戦敢闘中ニシテ特ニ小禄地域戦闘状態ニ入ルヤ連日連夜文字

通リノ肉攻斬込ミニ徹シ各自獅子奮闘中ノトコロ御懇篤ナル激励ニ接シ隊員一同更ニ奮起皇国護持ノ任ニ邁進モッテ御期待ニ沿ハントス」

察するに、この一、二日で、小禄《おろく》、豊見城周辺の戦況は急変し、最も小禄飛行場に近い巌部隊の壕があることぶき山と、太田司令官や棚町大佐がいる豊見城の七四高地は、それぞれ米軍に包囲され容易に連絡も取れなくなり、お互いの置かれた状況の把握もままならなくなっていたのであろう。川村中佐は二キロほど南の豊見城にいる棚町大佐の消息も確認できず、自分を差出人とする返信電報に、小禄周辺の巌部隊のことしか触れることができなかったのであろう。

✴弾薬の輸送「喜界島は成功なるも…」

〔六月八日〕

喜界島には午前一〇時艦上機が三機来襲し、うち一機は上空を哨戒し、二機で飛行場を銃爆撃するとともに、湾《わん》集落に焼夷弾を落とし、六戸焼失した。『福岡記録』は「地上砲火も攻撃を開始し撃退せり。我、豈《あに》快ならずや」と書く。

一方、鹿児島の鹿屋《かのや》では、宇垣長官は「午前敵少数機来襲。当方本朝より戦闘機の大部をもって喜界島方面制圧中の敵機を食うべく進攻せるが敵に会わずして空しく帰る。（引用者註：ところが昼食直後、米軍の）艦上機七、八十機三群来襲し、全部鹿屋に集中し各掩体《えんたい》を荒し、炎上数機、被弾四十余機に及ぶ」と記し、喜界島方面への戦闘機の出撃はいたずらに油を消耗しただけで、帰還直後に米軍機の空襲を受け、迎撃にも飛び立てず、大きな損害を被った、と嘆いている。

この日午前二時以降に、南九州の岩川基地から発進した艦上爆撃機「彗星」四機は、米軍に占領された沖縄本部《もとぶ》半島先の伊江島の飛行場を夜襲し、滑走路に爆弾を命中させ、飛行場施設数カ所を炎上させた、という（渡辺『彗星夜戦隊』）。この夜間攻撃を実施したのは、非特攻を貫いたことで著名な美濃部少佐指揮の航空隊（芙蓉部隊）で、この日に限らず繰り返し夜間攻撃を実施している。この日は無事に帰って来たが、夜陰に乗じて米軍陣地に忍び込むのであるから、激しい対空砲火を受け、時には夜間戦闘機に追撃されるので、未帰還機も少なからず出している。

この日の夜、五航艦は、陸攻二機を喜界島に、三機を沖縄に飛ばして物量投下を試みた（伊沢保穂『陸攻と銀河』朝日ソノラマ、一九九五年）。宇垣長官の『戦藻録』は「沖縄と喜界島に対する物糧投下成功せり。（沖縄は領収あらず）」と記す。宇垣長官が「領収あらず」と記す沖縄に運んだ物資は、手榴弾であった（伊沢『陸攻と銀河』）。太田司令官が訣別電を打った後も、海軍部隊は地下壕を拠点にゲリラ戦を行なっていたが、投下された手榴弾を回収できなかったのである。

喜界島行きの陸攻二機のうち、一機は第八〇一航空隊、もう一機は巌《いわお》部隊の所属で、この二機は喜界島の飛行場に着陸して、物資の補給に成功した、と巌部隊機の搭乗員の一人だった市川靖人氏は手記「悲しき飛行靴」（一九八二年から八六年にかけて雑誌『丸』エキストラ版に連載）で書いている。宇垣長官は「物糧投下成功せり」と記すが、当事者の搭乗員は「投下」ではなく「着陸」して物資を下ろしたことを記している。

宇垣長官は、沖縄では物量を投下しても回収できないほどに海軍部隊は追いつめられていることを知ったが、日本軍の絶望的な最後の姿とも言うべき斬り込み隊の「戦果」を、「沖根は未だ健在」と

『戦藻録』に記し、「十四名の挺身伏勢隊は地雷を伏せM四戦車一粉砕一中破せしめ又《また》掩体内に熟睡中の敵七〇名を発見、手榴弾二十五発を以て之を粉砕したりと云ふ」と書く。現地からの電報で知ったのであろうが、実際は、味方の犠牲も大きく、ことぶき山の壕にこもった巌部隊の本隊は、当初三〇〇〇名いた兵員は、六月四日米軍が小禄飛行場北海岸に上陸した時点で一五〇〇名に減り、この四、五日の斬り込み隊の戦闘で三〇〇名に減ったという（矢崎『八月十五日の天気』）。少人数に分かれた夜間斬り込みは米軍を恐れさせたが、出撃のたびに味方兵力は損耗し、全滅は時間の問題であった。

この日は日本側は特攻機を飛ばせなかった。宇垣長官は傍受した米軍機の電話により、米軍は空母から指揮していると判断し、「近在の疑いを以て大島の南方を捜索せしめたるも発見せず……思うに沖縄南端の東方位にありて増槽を付し遠距離攻撃に出でつつあるものなり」と記した後、唐突に「当方より攻撃の手としては喜界島又《また》は南大東島に伏勢し、奇襲する外方法なきを遺憾とす」と付け加えている。単なる呟きのような書き方であるが、長官のこの呟きは本音であり、実際に、宇垣長官は取って置きの五二型「零戦」六機に五〇〇キロ爆弾を装備させて、喜界島に潜伏させている（後述）。

2　隠密特攻の喜界島潜伏

✴「伏勢し、奇襲する外《ほか》方法なき」

〔六月九日〕

鹿屋《かのや》には米艦上機の来襲はない。喜界島には、『福岡記録』によると午後二時頃、二機が来襲して飛行場と周辺集落を銃爆撃し、湾《わん》集落で二戸焼失の被害があった。巌《いわお》部隊喜界島派遣隊の対空砲火も応戦して撃退した。弾薬が補給されて勢いづいている様子が島の記録からもうかがわれる。

沖縄では小禄《おろく》飛行場周辺に残された海軍部隊に対する米軍の包囲網はますます狭まり、最後の日が近づいていた。巌部隊本隊が陣取ることぶき山の頂上にも火炎放射器、カービン銃、手榴弾などを装備した米兵の一団が駆け上って来た。この時は、壕の中に日本兵二五〇名ほどが潜んでいたが、山頂に出た巌部隊兵士らの反撃に遭い、米兵らは引き上げた（矢崎『八月十五日の天気図』）。

＊天皇周辺の「時局収拾」の動き

このころ日本の政治の中枢では、一部で敗戦を見越した和平への動きが密かに始まっていた。天皇の側近の一人である木戸幸一（内大臣）は、この日の日記に「時局収拾の対策試案を起草す」と書き「（このままでは）遂にドイツの運命と同一の轍を踏み、皇室の安泰、国体の護持てふ至上の目的すら達し得ざる悲境に落つる」と天皇の運命を心配し始めている。

〈六月一〇日〉

宇垣長官は六月一〇日の『戦藻録』に「昨夜間攻撃途中より天候不良にて引き返し戦果無し」と書く。海軍の特攻出撃はない。美濃部少佐指揮の「彗星」夜戦隊のうち川添中尉と中川上等兵曹搭乗の一機が伊江島に達し、「われ攻撃す」の無電を発して消息を絶ったという（渡辺『彗星夜戦隊』）。

陸軍は、知覧《ちらん》から第一一二振武隊の「九七戦」二機と第二一四振武隊の「九七戦」一機を、特攻として沖縄に向けて飛ばしている。

喜界島では相変わらず小規模の空襲が続いた。午後二時、四機の艦上機が飛行場と集落を攻撃し、湾《わん》で一七戸、中里《なかさと》で二戸が炎上した。無人集落となった中里ではこの日までに集落の九割、一二二戸が焼失した。派遣隊の対空砲火は「猛攻撃を加えた」という（『福岡記録』）。

✴喜界島に潜伏した爆装零戦隊（空母撃沈の夢）

六月一〇日の午後遅く、米軍機が上空にいないとの情報を受けた六機の五二型「零戦」が、五〇〇キロ爆弾を搭載して喜界島基地に着陸し、そのまま分散秘匿された。この搭乗員らはもともと、「一式陸攻」に吊されて運ばれる、それ自体が一二〇〇キロの弾頭を備えた「桜花」の搭乗員だった。しかし「桜花」作戦がうまく行かないため方針を変更した五航艦首脳部は、「桜花」搭乗員の一部を、五〇〇キロ爆弾を搭載した五二型「零戦」に乗せて米艦に突っ込ませることにしたのである。（五二型「零戦」は零式戦闘機の中でも最新の型式。一九四〇年に実用化された一一型に始まり、二一型、三二型、五二型と改良された。一般に「爆装零戦」として特攻に利用された「零戦」は、二五〇キロの爆弾を積んだが、喜界島に潜伏した「零戦」は五〇〇キロ爆弾を搭載していた。）

喜界島に進出を命ぜられた特攻隊は三機編隊の二隊からなり、第一小隊の編隊長は岡本鼎中尉で部下に細沢実一等兵曹と松林信夫二等兵曹、第二小隊の編隊長は岡嶋四郎中尉で部下に星野實一等兵曹と竹谷行康二等兵曹がいた。全体の統率者は岡本中尉だったという。

戦後、私がこの特攻隊の指揮官だった岡本氏から聞いたところによると、彼らは喜界島に進出するにあたって、所属の第七二一海軍航空隊（神雷部隊）の指揮を離れて、宇垣長官直接の指揮下に入ったのだという。一中尉の指揮する特攻隊を第五航空艦隊司令長官の宇垣中将が直接指揮するという話は軍隊組織の常識を外れているであろうが、宇垣長官に見られる用兵思想や、当時の海軍が置かれていた状況から見て、私には荒唐無稽の話とも思えない。

宇垣長官は特攻艦隊の司令官として、指揮下の特攻隊が米軍の空母を沈めることにかねてから強い執着心を持っていた。沖縄戦が始まったばかりの三月二七日の『戦藻録』に、前日の戦闘について海軍の「銀河」と「彗星」による米軍機動部隊に対する攻撃が、索敵不十分のため予期した成果が上がらないことを嘆いた後、「一方陸軍第八師団の特攻十機は、石垣島より沖縄に転進し慶良間《けらま》島の敵に攻撃を加え全部命中を確認せりという」と書いている。この誇り高い長官は海上の艦船に対する攻撃は海軍航空隊こそ主役だと考えていたが、距離が近ければ技術的な制約があっても成功の確率は高いことをあらためて認識した。「攻撃を加え易き固着敵兵力に対しては陸軍特攻の如きにこれを譲り、当隊の精鋭は飽くまでも機動部隊空母に攻撃を集中せざるべからず」と言っていた宇垣長官が、桜花隊の兵士に五〇〇キロ爆弾を装着した「零戦」を操縦させて、毎日激しい空襲を受けている喜界島に進出させたのは、やがて喜界島沖に現れるであろう米空母に短距離で突入させれば成功するという、沖縄沖での陸軍特攻機全機命中の話から得た認識があったからだと思う。

しかし彼らの喜界島進出は、当時米軍に制空権を奪われた喜界島の実情を考えると、無謀とも言うべき試みであった。生き残りの一人の細沢実氏に戦後会って話を聞いたことがあるが、氏は、無謀の試みであることは認めながら、筆者の言う「無謀」が、五〇〇キロ爆弾を抱えて草原の飛行場に着陸することの困難さを言っていると受け取ったのか、誇らしげな口調で「私は水上機の経験があったので機首をやや上にして着陸してうまくいった」と答えた。

細沢氏によると、彼らの隊は当初南大東島まで行くように言われたが、誘導機がなかったため誘導なしで行ける喜界島に落ち着くことになったという。喜界島に「伏勢」させられた彼らはひたすら長官の次の命令を待っていた。午前中は飛行場から二キロほど東の山麓の宿舎に待機し、午後からは自由だったという。しかし、この特攻隊の存在については、島民の私たちには全く伝わって来なかった。おそらく知らなかったのは私たちだけではない。二カ月という長期の滞在だったにもかかわらず、島の人が記す『福岡記録』をはじめ、その他の集落誌や個人の日記にも、この特攻隊のことを記すものはない。潜伏特攻隊で、極秘になっていたからだ思う。

宇垣長官の日記のどこを探しても、第二神雷爆戦隊を喜界島にいつ進出させたかは書いていない。しかし第五航空艦隊の参謀らと謀って命令を出したか、または命令を出すつもりになって、六月八日の『戦藻録』に「喜界島又《また》は南大東島に伏勢し、奇襲する外方法なき」と記述したのであろう。第二神雷爆戦隊の喜界島進出日を記す公的な資料はないが、内藤初穂氏の『桜花』や野原一夫氏の『宇垣特攻軍団の最後』（講談社、一九八七年）には、この爆戦隊の喜界島進出は「六月十日」と明示している。この特攻隊の生存隊員も喜界島進出日は「六月十日」であることを認めている。

3　島民手漕ぎの糧秣輸送隊

＊沖縄出身漁師を中心に糧秣輸送隊を編成

食糧不足に悩む喜界島の陸軍部隊は、窮余の策として、島の在郷軍人で編成された独立混成第十七中隊と独立混成第十八中隊に、三〇キロ西の奄美大島からの糧秣の海上輸送を命じた。「船舶は板付小舟とし、適当に部落に在る船舶を徴傭使用すべし」という。

第一次の糧沫輸送作戦は六月一〇日夕刻に始まった。

島の西半分の喜界町出身者で編成されている第十七中隊は、漁師出身の在郷軍人を中心に舟漕ぎの経験者で補い、二九名の漕ぎ手を集めた。全体の指揮官は上原幸信氏で第一班の船長を兼ね、第二班の船長は上原牛氏、第三班の船長は生常有氏、第四班の船長が上地完徳氏、第五班の船長が上原慶信氏という。第三班の生氏を除いて船長の全員が沖縄出身者であり、その他の漕ぎ手はほとんどが上嘉《かみか》鉄《てつ》の出身者であった。沖縄出身者が船長を務めたのは、当時の喜界島の専業漁師はほとんど沖縄から来ていたからであり、彼らに頼らないと板付小舟で三〇キロの海を渡るのは、おぼつかなかったからであろう。彼らは一〇日の夕刻、島の南端の上嘉鉄漁港から奄美大島の小湊港に向かった。

喜界島の専業漁師が沖縄出身者で占められていた理由については、これを分析した資料がなく推測するほかない。思うに、薩摩藩の支配を受けていた時代の喜界島は、藩から割り当てられた量の砂糖《さとう》黍《きび》栽培を義務づけられ、食糧は自給自足していた。島民は漁には出たであろうが、基本的には全島民が砂糖黍農家であった。廃藩置県で、砂糖黍栽培に縛られる農業から解放された後も、農業を主体とする自給自足の生活はすぐには変わらなかった。

他方、琉球時代の沖縄では、分業が進み、糸満を中心に漁業を専業とする人々がいて、明治以降に奄美の漁業市場が解放された時に、新しい市場として北に隣接する奄美地方に目を付けて、漁場を開拓したのではなかろうか。

喜界島郷土研究会発行『いしづみ』第七号（二〇一四年六月）に掲載されている上原慶三郎氏の記録「喜界島に渡って来た糸満（沖縄）漁民」は、「金城善氏の糸満引揚者の聞き取り」として、「糸満漁民は明治四〇年頃から昭和の初め頃にかけて喜界島へ移住し漁業を始めた」という。喜界島の各地に移住した理由として「ア、漁場が陸から近い。イ、農地もある程度あって、半農半漁の生活ができる。ウ、専業漁家がいないので漁業をめぐる対立もない」の三点を挙げている。薩摩藩の島民に対する砂糖黍栽培義務づけが、喜界島に漁業専業者が育たなかった理由とする私の仮説の裏付けにはならないが、明治から昭和初期にかけて喜界島に専業漁民がいなかったことはこの話からもわかる。

島の東半分の早町《そうまち》村の在郷軍人で編成された第一八中隊の糧秣輸送隊はやはり在郷軍人を中心に船漕ぎの経験者を加えて編成され、二二名が集められた。板付小舟七隻に分乗して同じく六月一〇日の夜に、島の南東部の花良治《けらじ》漁港から出港し、奄美大島の小湊港に向かった。全体の指揮官は上原文助で、船長は第一班が金城清二、第二班が佐久間盛徳、第三班が上原三明、第四班が上原精幸、第五班が金城亀、第六班が大城正二、第七班が崎山赤松の各氏で、全員が沖縄出身者という。専業漁師だけで構成されているせいか一艘当たりの漕ぎ手も少ない。

✴糧秣隊の出港

夜間の運行とはいえ、米艦船や米軍機に見つかり銃撃を受けたら助かる見込みはほとんどない。言わば決死隊だったのである。『福岡記録』は上嘉鉄《かみかてつ》出港の状況を次のように記す。

「見送り人、家族知人友人、山をなせり。常ならば御多幸を祈り松明《たいまつ》を焚きしに、空襲中の折に、斯《か》くする能《あた》わず。兵糧を補充し寸時も早く帰還せられよと交々《こもごも》語り、肩を軽く愛撫する容態、実に感慨無量なり」

しかし、軍の命令にしたがって島民をこの危険な航海に動員した福岡氏に対する不満も少なからずあったようだ。氏自身、「分会長福岡を非難するあり。亦《また》、さめざめと泣き顔。……一管《ひたすら》に天皇の御国の為ではないか。人様よ良く認識せられよ。……分会長の命令に非ず。天皇の命と心得られたし」と書いている。

後の話だが、福岡氏は、この輸送隊が運んできた米で酒を造ろうとした軍幹部を激しく非難したこともある。彼は皇国臣民としての正義感の持ち主で、この正義感に基づく価値判断に反する行為には相手の階級を問わず反発したが、国家から科せられた任務には忠実だったのである。

4　生き残った沖縄・巌部隊本隊の仲間

✴「御嘉尚《ごかしょう》…以て冥《めい》すべし」と言うが…

〔六月一一日〕

この日、喜界島には空襲はなく、飛行場を守る巌部隊喜界島派遣隊にとっても静かな一日だった。沖縄ではついに豊見城《とみぐすく》の海軍司令部壕に対する米軍の総攻撃が始まった。夜、海軍沖縄方面根拠地隊司令官・太田実少将は摩文仁《まぶに》の陸軍第三二軍司令官・牛島満中将に訣別電を打った。

「敵戦車群は我が司令部壕を攻撃中なり。根拠地隊は今十一日二三時三〇分玉砕す。従前《じゅうぜん》の交誼《こうぎ》を謝し、貴軍の健闘を祈る」

この電報を最後に、沖縄方面根拠地隊の無線は沈黙した（宮里『沖縄旧海軍司令部壕の軌跡』）。根拠地隊司令部から二キロほど離れている小禄《おろく》のことぶき山に立てこもる巌部隊本隊も、川村匡中佐の指揮下で孤立した戦いを続けていた。

〔六月一二日〕

この日も喜界島には空襲がない。空襲がないと嬉しいが、空襲が日常化していると、空襲がなければないで米軍側の意図がわからず、また不安になる。

鹿児島の鹿屋《かのや》にはコルセアやサンダーボルトなどの戦闘機約三〇機が来襲し、飛行場に投弾した。宇垣長官は「菊水一〇号作戦」実施を下令した、と記すが、海軍の特攻出撃はない。天候状態が前日から悪化して非特攻の「彗星」や「天山」による夜間攻撃も見合わせた。

しかし陸軍は、知覧《ちらん》と万世《ばんせい》から一式戦闘機「隼《はやぶさ》」、三式戦闘機「飛燕《ひえん》」、「九七戦」、「九九襲」など取り混ぜて、合計一三機を出撃させている。

宇垣長官はこの日の『戦藻録』に「十六時小禄に在りて最後の奮戦をなしたる沖根司令部連絡を絶つ。総長電は、軍状奏上の際、沖根の奮戦に対し重ねて御嘉尚《ごかしょう》の御言葉ありたる旨伝達す。司令官、棚町参謀及び南西空司令隊員以て冥すべし」と記す。「総長」とは海軍の「軍令部総長」で、陸軍の「参謀総長」に相当し、戦時中は大本営の海軍側の幕僚長として天皇に直属し統帥権の実施に参画した。「御嘉尚」とは「天皇陛下のお褒めの言葉」であろう。しかし、沖縄で不条理の死を遂げる将兵に対して発した天皇の言葉が、実際に「お褒めの言葉」だったのだろうか。軍令部総長の伝えることが紋切型なものであるだけに違和感を感ずる。「以て冥すべし」という言葉は、広辞苑によると「それだから心残りなく成仏できるだろう」という意味だと言う。米軍の猛火にさらされて、生きるか死ぬかの戦いを強いられている兵士たちには「御嘉尚」が届くわけもなく、それを聞いて「安心して死ねる」わけもない。宇垣長官が自分に言い聞かせて一人で納得している、という心象風景である。

南西諸島海軍航空隊（巌部隊《いわお》）喜界島派遣隊と沖縄の本隊との連絡はいつ途絶えたかは明確でない。喜界島派遣隊は本隊の置かれた具体的状況は把握できなかったが、隊員たちは、沖縄の仲間の運命を思いながら、喜界島の飛行場を守り、来襲する米軍機と戦っていた。

＊海軍沖縄司令部の崩壊

〔六月一三日〕

この日、沖縄方面根拠地隊司令部一帯は完全に米軍に包囲され、米軍の砲弾は司令部壕に集中したという。午前一時、太田実司令官は、元巌部隊司令の棚町参謀ら五名の幕僚とともに自決した（矢崎

『八月十五日の天気図』、宮里『沖縄旧海軍司令部壕の軌跡』）。

戦闘が絶望状態になった時点における指揮官の「自決」は、責任の取り方として私には肯定できない。このような状況での自決は、自己の権威の源である上位者に対する責任の取り方であり、窮極的には天皇に対する責任である。この場合、統率する部下に対する指揮官としての責任は蔑《ないがし》ろにされ、戦場に放置された部下は消耗した体を引きずって逃げ回るほかなくなる。

なお、この日の一〇日後、二三日、第三二軍の牛島満司令官も、長勇《ちょういさむ》参謀長と共に摩文仁《まぶに》の司令部壕で「最後迄敢闘し悠久の大義に生くべし」と言い残して「自決」する。沖縄戦に参加した兵士たちの悲惨さの源には、こうした指揮官の部下に対する責任を放棄した仕方での「自決」があって、その結果、放置された部下は絶望的な戦いをしながら、弾雨の中を逃げ惑うしかなかった。

✴沖縄・巌部隊総員斬り込み出撃の結末

太田司令官ら海軍沖縄根拠地隊の参謀らの自決後も、小禄《おろく》の巌部隊の生き残りの兵士たちは、ことぶき山の占領を目指す米軍と死闘を演じていた。「昼間は砲撃が常にあり、着弾観測の赤トンボと呼ばれた小型機が着弾点の観測を行ない、的確性をあげていた。現地でチービシと呼ばれる慶伊瀬島《けいせしま》（神山島）の長距離砲は地上兵の手に負えない地点を正確に破壊し続けた。この砲撃がことぶき山の形を変えた。しかし壕は強かった。延長数百メートルに張り巡らした壕は一〇〇〇名の兵を収容することができ、かつ休息することができたのである」（矢崎『八月一五日の天気図』）。

六月一三日現在、残存兵力は巌部隊本部壕と各分隊壕を合わせても一五〇名ほどに減っていた。この勢力全員を巌部隊本部壕に集めて、二四時を期して「全員最後の総攻撃を行なう」ことに決めた。こういう場面では最も勇ましい声を上げる人が主導権を握る。この時の川村司令の意見はよくわからない。主導したのは勇猛な一中尉だったようである。深夜、中尉の「突撃」の号令で、各班ごとに、地下壕の幾つかの出口から兵士たちが飛び出して行ったが、白兵戦が終わってみると、ことぶき山を中心に二〇〇メートルの先まで「死屍累々」の状態だった。「負傷したが自分はまだ生きていることに気づいた者は互いに助け合いながら、三々五々、再び戻ることのなかったはずの壕に戻った。その数は次第に増えて、五〇名を越える人数になった」（矢崎『八月一五日の天気図』）。

この日、喜界島では、午前一一時頃、米軍の空爆が三日ぶりにあり、二機が赤連《あがれん》集落を襲い五戸を焼いた。

〔六月一四日〕

喜界島では、午前一一時、米軍機一〇機が来襲し飛行場を爆撃した。巌部隊喜界島派遣隊が激しく応戦し、「我が軍地上砲火は最大能力を発揮し、猛攻撃を加えたるに、敵は大島本島へ向かい転進したり。地方民衆は驚嘆したり」と『福岡記録』は記す。なお、この日は午後一時から二時頃、普段はほとんど襲われない北部の伊砂《いさご》集落が米軍機二機に襲われ一挙に一九戸を焼失し、その南に隣接する坂嶺《さかみね》集落で二戸、さらにその南に隣接する中間《なかま》集落で五戸焼失した。

『福岡記録』はこの日の被害について、「油脂焼夷弾投下に遭遇し、手足を動ずる隙もなく、防空壕より覗く外に術もなかった。消防に出動せば直ちに機銃掃射を受ける状態なり」と記す。この日は人身被害もあった。

坂嶺集落の利喜美貞が機銃掃射による銃創で死亡し、伊砂集落の福秋仁が爆弾の破片を受けて死亡した。

宇垣長官は「雨雨雨、攻撃順延の外無し」と『戦藻録』に記す。「五月雨《さみだれ》に馬嘶《いなな》かずあがきけり」など、幾つかの俳句も認めている。また、鹿児島に静養中の小沢連合艦隊司令長官を訪ねて、「統帥部一元化問題」や「戦争指導」について懇談したという。具体的に何を話したかは書いていない。

✴瀬戸際で残った沖縄・巌部隊

沖縄の巌部隊本隊壕では、生き残った五〇人ほどの隊員が放心状態でことぶき山の地下壕に寝転がっていた。その時、壕内にある二五〇キロ爆弾を爆発させて皆で死のうと提案したのが総攻撃を主導した中尉である。反対する者はなく、全員爆弾のまわりに集まった。中尉がハンマーを振り上げて信管を叩いたが爆発しない。もう一度やり直したが、やはり爆発しなかった。隊員らは「失望と嬉しさとがいりまじった不思議な気持ち」になって、再び壕内に散開した。

このことがあってから、これまで各小隊や各攻撃班の班長に行動を任せていた川村司令は「これほどまでしても死ぬことができないのであれば、一人でも多く生きのびて内地へ帰り五航艦司令部にこの戦いを報告することにしよう」と指示したという（矢崎『八月十五日の天気図』）。積極的な斬り込み出撃はやめ、米軍の攻撃がなければ戦わない集団となり、壕から出るのは、夜、食糧を探す時だけになった。

〔六月一五日〕

『福岡記録』は、この日の喜界島の空襲について「午前一〇時三〇分、四機、上嘉鉄《かみかてつ》空襲ありと聞けり」と伝聞を記し、湾《わん》集落の項に「午後三時、米軍機二機来襲し、飛行場付近の爆破と共に民家一戸焼失せり。我が地上砲火はこれに応戦し、敵は猛攻に堪らず大島本島に向け遁走した」と記している。中里《なかさと》でもこの空襲で六戸焼失し、また、北部の早町《そうまち》集落で一戸、南部の上嘉鉄集落で二戸焼失した、という。米軍の空爆は軍事施設のない集落へとシフトして来たようだ。『平田日誌』は「八機で上嘉鉄方面を襲い火事を起こした」と記している。福岡氏と平田氏で上嘉鉄に来襲した機数が異なるが、両氏とも、自らの目撃したことを記録したものである。編隊で高空を飛ぶ米軍機は比較的正確に数えられるが、低空で集落を襲う時は数えにくい。

この日の空襲の際の機銃掃射で、上嘉鉄の二人の女性が重傷を負った、という。

〔六月一六日〕

天候は悪く、本土からの特攻出撃の動きもない。喜界島には午後二時頃、艦上機二機が低空で侵入、湾《わん》集落に銃撃を加え、二戸焼失したことを『福岡記録』は記す。しかしこの種の空襲はすでに日常茶飯事で、島では「定期便」と称して大して恐れなくなっていた。

喜界島、徳之島《とくのしま》の航空基地の使用が困難になるにつれ、海を利用して離発着する水上機基地の比重が高まってくる。喜界島から西へ三〇キロの奄美大島の南部は、対岸の加計呂麻島《かけろまじま》と相互に入り組んだ深い入江を形成しており、その入江に面した古仁屋《こにや》という町に水上機基地があった。この日の夕刻、古仁屋基地に二機の水上機が爆弾を運んで来た。ここを出撃拠点とする非特攻の水上偵察機「瑞雲」に搭載する爆弾である（菅井薫氏の手記「南西の海原に還らぬ戦友たちの慟哭をきいた！」、『丸』一九九一年一〇月号）。「瑞雲」はもっぱら夜間に沖縄泊地《はくち》に飛んで爆撃を続けていた。

＊第一次糧秣輸送隊の帰還

〔六月一七日〕

手漕ぎの小舟で奄美大島に向かった糧抹輸送隊のうち、第一七中隊の三艘が上嘉鉄《かみかてつ》港に、第一八中隊七艘が花良治《けらじ》港に帰って来た。海上輸送を断たれ極度の食糧難に落ち入っていた陸軍部隊は救われた。第一七中隊の残りの二艘は連絡のないまま予定の日に到着せず、島では心配していたが、二五日に無事帰って来た。空襲を避けて小湊に引き返し、その後は波浪の状態を見て、漕ぎ出す状況になるのを待っていた、という。

＊奄美から捕虜移送水上機に乗った陸軍特攻兵

奄美大島の焼内《やきうち》湾に、五月二五日に不時着して搭乗機を失った陸軍第四三二振武隊の菅井馨軍曹は地元の人に助けられ、陸軍守備隊を経て、古仁屋の海軍基地に移動し、内地に帰る水上飛行機を待っていたが、六月一七日早朝、捕虜を佐世保に移送する警備を兼ねて水上飛行機に便乗して帰ることになった。

その捕虜は米軍水上機の操縦員で、夜間に機位を誤り、奄美大島と加計呂麻島の間の海に着水して、同乗の軍医大尉とともに捕虜になったらしい。この時、内地に移送されたのは操縦員だけだったようだ（前出・菅井手記）。海軍は米軍の捕虜から情報を得るため神奈川県の大船《おおふな》に臨時の捕虜収容施設を設置していたが、おそらく、その大船に送られたのであろう。喜界島では米搭乗員捕虜が斬首されたが、この対応の違いはどこに原因があったのだろうか。

5　軍幹部のよからぬ噂

✴幹部将校と酒と「慰安婦」

軍幹部の中にはその行状に島民の顰蹙《ひんしゅく》をかう者もいた。『福岡記録』によると、島民が板付小舟で命がけで運んできた米を利用して酒を造らせようと企てた、という。「この米穀を、酒製造部門に利用せしとの噂、巷間に漲《みなぎ》り、憤怒するあり、嘲笑するあり、誠に遺憾とするところなり。兵員の空腹にて戦は勝算なきものぞかし。酒勢にて作戦有利となりし戦史は聞きしことなし」と記し、「一将功なりて万骨枯る」と言うけれども、これでは「一将慾なりて萬卒腹充たず」だと批判している。

また、懐中電燈携帯者や行商人を「スパイ」と錯覚し尋問監禁した事件を挙げて、「喜界島を殖民地と顛倒《てんとう》せしや。たとえ殖民地住民と雖《いえど》も不法行為は許されまじき」と書いた後、筆を進めて「慰安所クーニャンを独専し自己の宿舎に出入りせしめ、千軍万馬に不自由を醸するが如きは上級軍人とは言い難し」と書き、そういう人物はいざ戦闘となったら号令をかけるだけで自分は動かない、と批判する。さらに、指揮官は戦闘不利で退却する時も、全軍の退却を見届けて後尾を進めと典範令にもあり、空襲時の退避でも同じであるべきなのに「避難時に我先にと狼狽しクーニャンらと待避せんか、部下軍人よりの嘲笑免れざるなり」と酷評している。

福岡氏は、守備隊長が喜界町長に対し、「慰安所」を作るよう指示したが埒《らち》が明かなかったので、民間業者に依頼したところ、「奄美大島から古狄《こぎん》十三名を連行してきた」と書いている。「慰安所クーニャンを独専し」と書くが、彼の表現は、「慰安婦」を「古狄」と書くなど、婉曲的で、「クーニャン」という表現も文字どおりの「姑娘」をさしていたのか、真相はわからない。

島の守備隊長の振る舞いは、当時子どもの私たちにも伝わってきた。中里《なかさと》周辺に布陣していた海軍飛行場守備隊の若い兵曹たちの会話や島の大人たちとの会話を耳に挟んだ程度の話で、信じ難い気持ちも残っていたが、事実だった。島に生きる私たちと違って、孤島の守備に派遣され、負けるとわかっている戦闘をしなければならない立場の隊長は、酒と女で気を紛らしていたのかも知れない。人格的に立派な軍人が指導者でいたところで、地上戦闘が始まった時の島民の悲惨さに変わりはない。しかし、島民の命や生活を大事にする指導者のもとであれば生き延びるチャンスも多少はあるかも知れない場合でも、このような噂が流れる守備隊長のもとでは、いざという時の島民の命に対する配慮は期待できなかったようにも思われる。

福岡氏は守備隊長の横暴ばかりか、部下の士官たちの横暴も暴《あば》く。

「日本国中至る所、人的資源物的資源窮態となりたれば、離島喜界島等は目も当てられざる状態にして、主食すら代用食をとらざるべからず。軍部に於いても然り。就中《なかんずく》陸軍部隊は糧秣補充十分でない。この状態ではアルコール性は推して知るべきに、井川軍医大尉、青畑少尉、勝谷曹長等（引用者註：原文は実名。ここでは仮名）は、赤連《あがれん》在住の西平守俊氏の酒造所に至り、酒の配給を願いたるに是ならず、遂に暴言を弄し、和《なご》やかならざる態度に変じ、端然と座したる西平氏、同座したる長田助役の座敷に、腹を割れと大喝一声と同時に、佩刀《はいとう》せる日本刀を投じ脅迫したりと聞けり。日本軍人なりて日本刀の使用価値を知らざる、軍人の用に達すべきや。斯《か》くの如き武人は自ら割腹しなければならない」

これが日本の軍隊の通弊だったのであろうか。私自身は、喜界島にいた軍隊では海軍の飛行場守備隊としか接触しておらず、酒食の補給もある程度は充足されていたのか、このような横暴は見たことはなかった。

沖縄における日本軍の組織的戦闘が終息に近づき、喜界島でも以前ほどに空襲は激しくなくなった。しかし、上空を常時米軍機が飛んでいる状態は続き、三機、四機の編隊が気まぐれのように空爆を行なうので、落ち着いて農作業に従事できない状況は続いていた。

＊静かな南部集落で島民爆死

〔六月一八日〕

沖縄では、六月一八日、沖縄攻略の米陸軍第一〇軍司令官バックナー中将が本島南部で日本の狙撃兵の銃弾により死亡した（一説では砲弾の破片により死亡）。

喜界島では、午前九時頃、湾《わん》に一機来襲し高空からの機銃掃射の曳光弾で一戸焼失、同じ時刻に中《なか》里《さと》には二機来襲し、二戸焼失した。この空襲で湾の隆《たかし》イシが家の火災で焼死した。

午前一一時頃には南部の手久津久《てくづく》に一機が来襲し、機銃掃射で一戸焼失した。この空襲で手久津久の加《くわえ》トラが待避中に胸部に爆弾の破片を受けて死亡した。馬二頭も焼死したという。

さらに夜の一〇時頃、浦原《うらばる》に夜間戦闘機二機が来襲して機銃掃射とともに爆弾が投下され、三戸が倒壊した。この空襲で、浦原の金岡マツ、政倉トヨ、星本直高、星本茂照、星本イサ子、美代松代、吉利雄ら、七名が爆死した。

おそらく浦原集落を狙って爆弾を投下したものではなく、沖縄から飛んで来た夜間戦闘機が地上の灯りを見つけて、目標が何かを確認することなく爆弾を投下したものと思われる。夜間戦闘機が使用した爆弾はたぶんロケット弾だろう。福岡氏は「空襲下に光を放つは禁物なり。今夜襲は不注意により到来した災厄というべし」と批判しているが、爆死した人たちの家の灯りが米軍機に見えて狙われたとは限らない。当時の喜界島には、軍隊以外に電気はなく、島民は石油ランプの生活をしていた。それに、民間ではすでに石油は入手し難く、朝の早い農家が夜中の一〇時頃まで石油ランプをつけて起きていたとは、特別の事情がない限り考えにくい。軍隊がトラックやサイドカーを持ち込んでいたから、県道を通行するその灯りが狙われた可能性もある。ちなみに浦原集落は四月二〇日と六日に昼間の空襲があり一軒ずつ焼かれているが、五月には一回も空襲がなく、六月もこの日まで一回も空襲を受けていない。前触れもなく夜中に爆弾が降ってくるとは、当事者たちは夢にも思っていなかったのではなかろうか。

〔六月一九日〕

宇垣長官は、この日の『戦藻録』に、「敵の発表によれば、沖縄陸上最高指揮官バックナー中将十八日我が砲弾に見舞われ目出度く成仏せりという。喜ぶは三二軍のみにあらざるべし」と、軽口をたたいている。三二軍とは牛島中将指揮下の陸軍沖縄守備軍のことである。

喜界島にはこの日空襲はなかった。巌《いわお》部隊喜界島派遣隊の兵士たちには、空襲のない日も、空襲がないとあらかじめわかっているわけではないから、昼も夜も、米軍機の来襲に備えて緊張した状態が続いている。沖縄の本隊の仲間たちの置かれた状況は知る由もない。海軍沖縄根拠地隊司令官の訣別電を聞き、沖縄の巌部隊本隊の仲間たちも全滅したものと思っていたのではないだろうか。

✴手漕ぎの第二次糧秣輸送隊

〔六月二〇日〕

喜界島には、午後二時頃、三機が来襲し、湾《わん》と中里《なかさと》の集落に低空より機銃掃射を行ない、湾で六戸、中里で二戸を焼失させた。機銃弾とあわせて発射された曳光弾《えいこうだん》による火災という。茅葺《かやぶ》きの民家は曳光弾でも簡単に燃え上がる。

対空砲について「射撃不能は遺憾」と『福岡記録』は記す。超低空からの奇襲か、何かの事情で反撃できなかったのであろう。

この日、花良治《けらじ》漁港から板付小舟七艘が、前回同様、陸軍部隊の第二次糧秣輸送のため、奄美大島の小湊に向けて、合計二二名の漕ぎ手で出発した。上嘉鉄《かみかてつ》漁港からはこの回は出ていない。

6　沖縄守備軍の崩壊と特攻

＊海軍は練習機、陸軍は新鋭機

宇垣長官は六月二〇日の『戦藻録』に、米小型機約三〇機が途中の悪天候を越えて長崎県の大村基地方面を爆撃したことを書いた後、わざわざ前日の福岡大空襲について触れ、「B29は福岡を焼夷爆弾にて初見参《けんざん》、八千戸焼きたり。西部軍、六航軍の司令部が之《これ》により目醒めたるは幸なり。従来、北九州に都市攻撃無く、軍も民も全く呑気《のんき》千万なりしなり」と書いている。

何か陸軍に不満があるような書き振りであるが、具体的には何を指すのかわからない。家を焼かれた一万二六〇〇余の住民や、九〇二人の死者、二四四人の行方不明者、一〇〇〇を超える負傷者（日本の空襲編集委員会『日本の空襲八　九州』三省堂、一九八〇年）など、福岡大空襲の犠牲者のことには宇垣長官は全く触れない。陸軍の六航軍は海軍の五航艦とともに沖縄航空特攻戦を戦ってきた仲間であるはずだが、米空軍の威力に気付かず今まで眠っていたような書き方で、六航軍司令部がこの大空襲で目を覚ましてくれたのはむしろ有り難い、とまで言う。日記ならではの率直さであるが、知覧《ちらん》や万世《ばんせい》から出撃した特攻隊も六航軍の指揮下の部隊であることを思うと、宇垣長官には陸軍に対する偏見があったのではないかと思う。

〔六月二一日〕

この日、喜界島では、午前一一時頃、八機が来襲して飛行場を爆撃し、対空砲部隊と激しい応酬があった。ただし被害は湾集落で一戸焼失したのみで民家に大きな被害はなかった。

喜界島には、太平洋戦争開始時にはラジオがある店が一軒あって、私も戦争開始の放送を先生に引率されてその店先で聞いた記憶があるが、沖縄戦当時はその店もなくなっていた。新聞も届かない。米軍の空爆と、応戦する日本軍の対空砲の音以外に、戦争の状況を伝えるものはなかった。

宇垣長官は「菊水一〇号作戦」を発令した。陸軍については『戦藻録』で、宇垣長官は「東京、佐世保、六航軍共に電話不通なり。……六航軍が何《ど》れ丈《だ》け令達して策応するや不明なり」という。

電話不通の原因は鹿児島電話局の幹線切断だったが、この日の特攻作戦は陸海司令部の互いの連絡なしに行なわれたようだ。

海軍は、練習機「白菊」搭乗の菊水第二白菊隊の八機が午後七時頃に鹿屋《かのや》を、徳島第四白菊隊の八機が午後七時半頃に串良《くしら》を発進し、さらに第一二航戦水偵隊の水偵八機が午後一一時三〇分頃に指宿《いぶすき》を発進した、という。

他方、陸軍は、昼間の一五時に、第二六振武隊の四式戦闘機「疾風《はやて》」六機を都城《みやこのじょう》東飛行場から発進させた。海軍側の特攻機の速度が時速二〇〇キロであるのに対し、陸軍側の特攻機は時速六〇〇キロ。沖縄で最期の時を迎えつつあった第三二軍に対する餞《はなむけ》のような意図があったのだろうか。宇垣長官は「陸軍特攻六機薄暮攻撃を実施四機突入夫々《それぞれ》戦果を収めたる模様なり」と『戦藻録』に記し「c×1小破、d×1炎上、不詳一危急沈没、T×1撃沈」と付記し、陸軍部隊の戦果であることを認めている。同書の略語表によるとcは巡洋艦、dは駆逐艦、Tは輸送船を指す。

この日は米軍側の資料によると、護衛駆逐艦ハロラン、水上機母艦カーチス、水上機母艦ケネス・ホワイティングが、特攻機による損害を受けている。

ウォーナー夫妻『神風』によると、駆逐艦バリと中型揚陸艦五九号も沈没しているという。

なお、徳島第四白菊隊の八機については消息を伝える資料がある（島原『海に消えた56人』、宮本『われ雷撃す』など）。これらによると、八機のうち、天候不良のため二機が途中の島に不時着し、三機が本土に引き返した、という。未帰還機三機のうち一機については「二二時〇一分以降感度なし。成果不明」、もう一機については「セト連送長符」受信後に〇時五〇分「感度消滅」、もう一機については〇時二〇分「電波輻射感度消滅」とあって、あとの二機には「突入確実と認む」と付記されている。

「セト連送長符」は突入の信号であるが、この長符信号なしの「電波輻射感度消滅」では、突入による感度消滅なのか、撃墜されたのか、わからない。この二機は五時間ほど飛行した後の通信途絶であり、「白菊」の巡航速度を毎時一六〇キロとすると沖縄周辺に到達して目標を探し回って後の通信途絶であり、少なくとも一機は長符信号を発しながら何らかの目標に突入を試みたのであろう。ただし、突入時間帯から見ると、米側に被害があったとすれば翌二二日の被害に入るのだろう。特攻では突入機の確定は難しい。

なお、菊水第二白菊隊の中には、さる五月二七日に喜界島に不時着し翌日他の機に便乗して串良《くしら》に帰還した二等飛行兵曹藤本利雄、同掛川諒二の二人も加わっており、この日特攻死した。

この日、米軍は「上陸後八二日にして沖縄本島を確保した」と、沖縄戦の勝利を宣言した。

＊変わってきた空襲の様相

〔六月二二日〕

『福岡記録』にはこの日の空襲の記録がない。しかし死者の記録中に、花良治《けらじ》集落の郡山トクが午前一〇時半頃、防空壕付近で「機銃貫通銃創」で死亡した、という記録がある。避難のため防空壕に向かう途中で、間に合わず銃撃されたのだろう。

『平田日誌』には「九時頃、敵機十数機現れ、陣地爆撃して去った」と記す。荒木《あらき》集落の平田氏が言う「陣地」とは、飛行場とその周辺の対空砲陣地である。荒木と花良治《けらじ》集落とは直線距離で五キロ以上離れている。沖縄戦が終息に向かい、緊張状態の緩んだ米機搭乗員が喜界島周辺を旋回中、対空砲火を浴びる心配のない場所で、防空壕に走る民間人を見つけて撃ったのではないか。

『福岡記録』は、六月二二日から二六日までをまとめて次のように書いている。

「午前、午後、米軍機前後二機来襲し飛行場爆撃を試み、我が軍地上砲火は之《これ》を撃たず。食糧事情の困苦と共に、戦災復旧に多事多端であるが、敵機は機を与えず波状空襲を消極的に敢行し、我が業務に大なる損害を与えり。爆音耳にするや、神経を悩ましつつ、防空壕に待避しなければならない。此処に時間浪費をせしめて職域奉公を阻害するのであろう」

これは、飛行場から二、三キロ離れた集落の住民であった福岡氏の体験である。喜界島では当時、全島民が日常的に上空を飛ぶ米軍機からいつ銃撃を受けるかわからないという不安な状態に置かれていたのである。福岡氏は「波状空襲を消極的に敢行し」と書いている。その意味は、波状的に襲っては来るが攻撃自体は以前のような激しさがなくなったということであろう。

福岡氏の集計によると、五月中、空襲は二〇日あって二三七機が来襲したが、六月には空襲が二三日あって八三機である。空襲の日数は増えているが来襲機数は三分の一に減っている。米軍の喜界島攻撃の戦略が、飛行場破壊、出撃阻止から、使用牽制に変わってきたのだろう。それはまた、福岡氏の言うように島民にとっては、落ち着いて畑に出られず、「時間を浪費せしめ職域奉公を阻害する」結果をもたらしたのである。

✴最後の沖縄航空総攻撃「菊水一〇号作戦」

六月二二日、前日に続き「菊水一〇号作戦」が続く。宇垣長官は『戦藻録』で、前夜遅く発進した「白菊」や水偵の特攻機も「菊水一〇号作戦」の一環に数えている。宇垣長官によると、特攻、非特攻を含めて、前夜の進発機は、「銀河」四機、重爆五機、「天山」五機、「瑞雲」八機、「白菊」一〇機、「零観」六機、「陸攻」九機、「彗星」夜戦八機で、この攻撃で「空母らしきもの」及び「巡洋艦三隻」を雷撃し、うち一隻は確実で、そのほかに駆逐艦一隻と艦種不明一隻を雷撃したが効果は不詳だったという。なお、「零観」は「零式観測機」の略称。本来は艦隊決戦の際の着弾観測専用機。「陸攻」についてついては宇垣長官は機種を限定していないが、「一式陸攻」と思われる。

日にちが変わって二二日になってからの進発機は、「桜花」六機と爆装「零戦」八機だった。「桜花」は「一式陸攻」で運ばれるから少なくとも「一式陸攻」も六機は発進している。その日は陸軍特攻も四式戦闘機「疾風《はやて》」一二機が出撃し、うち一一機が突入した、と宇垣長官は書き、これは「協同のお陰なり」と付言する。宇垣長官は壕内作戦室で徹夜し、午前三時三〇分に桜花隊と爆撃隊を激励し、その出発を見送ったという。「桜花に直接戦闘機を付し沖縄への進攻は今回が初めてにして成功を期待す」と言うが、援護の零戦隊に引き返すもの多く予定数の半数に減じ、また「攻撃当時混信多く成果を諜知し難し」と言い、「梅雨の合間の第十号作戦全体観よりすれば相当の成果ありたるものと認むるなり」とまとめている。

しかし、意気込んだわりには米軍側の被害は少なかった。米軍資料の艦船被害リストによると、高速掃海艇エリソンと戦車揚陸艦五三四号の二隻が、沖縄本島南部近海で特攻による損害を受けた、という。桜花隊や爆装零戦隊を繰り出した戦果としては期待外れであり、宇垣長官の言うような「相当の成果ありたる」とは言えない。「桜花」を積んだ「一式陸攻」も爆戦（爆装戦闘機）も、大半が攻撃前に、沖縄に発進基地を持つ夜間戦闘機に撃墜されたのではなかろうか。

なお、この日に出撃した爆装零戦隊は、喜界島に潜伏した爆装零戦隊と同じく、もと「桜花」搭乗員による特攻隊で、第一神雷爆戦隊と名付けられた（喜界島潜伏中の零戦隊は第二神雷爆戦隊）。

沖縄の米軍は日本軍を追いつめて島の南端に達し、沖縄を守備する第三二軍の最期は秒読みの段階に入った。今や地上部隊支援の意味もなくなった沖縄特攻であるが、最後の戦果を期して宇垣長官は精鋭の桜花隊を護衛戦闘機隊を付して出動させた。奄美大島、喜界島付近で日本軍機を迎え撃つ米戦闘機群の行動を抑えるため、五航艦司令部は護衛戦闘機として、六六機の「零戦」と五〇機の「紫電」を用意した。しかし「零戦」六六機のうち二五機が故障で引き返し、航続距離の短い「紫電」は奄美大島、喜界島上空までしか護衛できなかったから、奄美大島、喜界島以南の護衛は「零戦」四一機だけとなった。

碇義朗『紫電改の六機―若き撃墜王と列機の生涯』（光人社、一九八七年）によれば、この日、出動した「紫電」は三一機で、米軍機七機を撃墜したが、著名な戦闘機乗りだった林啓太郎大尉ら四名が戦死したという。林大尉の戦死の状況は、同書が引用する剣部隊（第三四三海軍航空隊の通称。新鋭戦闘機「紫電改《しでんかい》」を配備）の「戦死者報告書類」によると、「喜界島上空制空ノ任務ヲ以テ指揮官海軍大尉・鴛淵孝ノ第二中隊長トシテ〇七四五大村航空基地発進、一〇一五喜界島奄美大島上空ヲ哨戒北進中、喜界島宝島中間付近高度四〇〇〇米ニ北上中ノ敵戦闘機F４U四機ヲ発見之《これ》ヲ攻撃、第二中隊第一小隊一番機（すなわち林大尉）F４U一機ヲ撃墜セシモ右翼付根ニ被弾、白煙ヲ吐キ高度低下、編隊降落中F４U優位ヨリ攻撃ヲ加エ来タル為雲中ニ避退、ソノ後未帰還」という。

零戦搭乗員会編『海軍戦闘機隊史』は、林大尉は「喜界島上空にてF４U群と空戦し帰還しなかった」という。これを読んだ私は「林大尉は喜界島上空で戦死した」と思い込んでいたが、動き回る空中戦の実態はこの「戦死者報告書類」が示すようなものだったのであろう。

このように戦闘機隊の護衛がついた桜花隊であったが、この日も「桜花」による戦果はなく、「桜花」搭乗員四名と「桜花」を吊り下げた「一式陸攻」四機の搭乗員二八名が「桜花」作戦の犠牲となった。もと「桜花」搭乗員だった第一神雷爆戦隊の七名も戦死した。生還した「一式陸攻」二機のうちの一機は、オイル漏れのため「桜花」を切り離して引き返す途中、米軍機に追われて超低空で逃げながら喜界島基地に滑り込み、助かっている（「証言・語り継ぐ戦争　224―長浜敏行さんの証言」『南日本新聞』）。

一方、喜界島の第二神雷爆戦隊の六名には何の連絡もなく、ひたすら宇垣長官の次の命令を待っていた。

宇垣長官はこの日の日記を締めくくるにあたって「四月一日敵沖縄に上陸以来奮戦を続けたる第三二軍も去る十九日最後の電を発し爾後敵情も全く無きに至れり。（中略）本職の責浅からざるものあるが、顧みて他に撰ぶべき方途《ほうと》無かりしを信ず。然《しか》らば全て斯《か》くなる運命なるべきか」と述べている。「他に選ぶ道がなかった」と言うが、何を指してこう言うのであろうか。彼は最後まで降伏に逆らい、「特攻作戦」に固執し「一億ゲリラ戦」を主張した将軍だったのである。

天皇の第一の側近であった木戸幸一内大臣の日記によると、この日、天皇は最高戦争指導者会議を召集し「戦争終結云々」につき「思し召し」を伝えたと言う。禁句であった「戦争終結」という言葉が、ついに天皇自身の口から最高戦争指導者会議のメンバーに伝えられた。

〔六月二三日〕

この日午前四時三〇分、沖縄では総指揮官牛島中将と長参謀長が自決した。日本軍の通例であるが、最高指揮官の責任として指揮下の兵士たちに締めくくりの決定を示すことなく、「最後まで敢闘し、生きて虜囚の辱めを受くることなく悠久の大義に生くべし」と命令して自分は自殺したのだ。

傘下の兵士たちは泥沼の戦場で、自己責任で戦わなければならない状況に放置された。沖縄島民も状況は同じで、敵の捕虜になるなとの国民意識を植えつけられたまま、米軍の保護下に入るか否かを各自の判断で決めなければならない状況に追いやられていた。

この日も喜界島に空襲の記録はない。

こうして沖縄の地上戦が米軍の勝利で決着し、沖縄特攻作戦もほぼ収束するが、奄美大島古仁屋《こにや》の水上機基地と喜界島の陸上機基地からは海軍部隊の散発的な夜間航空攻撃が続いていた。

〔六月二四日〕
宇垣長官は「夜半より風を伴って雨量相当なり」と記す。台北の北北東二五〇キロ付近の東シナ海に米軍機動部隊の動きがあるとの陸軍機からの情報が入ったが「今の処雨にて当方の方途なし」と『戦藻録』に書く。喜界島にはこの日も空襲はない。

✴「面白からざりし六月去れり」

〔六月二五日〕

この日、午後一〇時三〇分、古仁屋に不時着していた松永篤雄二等兵曹・田所昇少尉搭乗の水偵一機が、古仁屋基地から沖縄に向けて特攻に飛び立った。田所少尉は横浜高等商業出身の予備学生で一九二三（大正一二）年生まれ。松永二曹は甲種予科練出身で、一九二七（昭和二）年生まれのまだ少年と言うべき年齢であった。

喜界島では、この日午前一〇時頃、米軍機三機が来襲し、中里《なかさと》で二戸焼失した。対空砲部隊が応戦した様子はない。

花良治《けらじ》漁港には第二次糧秣輸送隊の小舟七隻が無事帰還した。

宇垣長官は「雨止みて南高北低の梅雨上がりの気圧となる」と『戦藻録』に記し、このまま梅雨が上がると九州はすでに降った雨が十分だが、中国や関東では空《から》梅雨となり「田植に困るに非ざるや」と、珍しく農業のことを心配している。戦《いくさ》の方は暇な一日で、夜は陸軍第二総軍司令官・畑俊六元帥らを水交社（海軍公認の将校クラブで宴会場もあった）に招待して会食を楽しんでいる。第二総軍は「本土決戦」において西日本の防衛を受け持つ部隊であり、米軍の志布志《しぶし》湾上陸を想定して現場を見に来た司令官以下の幕僚が、ついでに鹿児島の鹿屋《かのや》に立ち寄ったものである。「元帥中々元気なり」と書くが話の中身は書いていない。

ちなみに畑俊六元帥は支那派遣軍司令官だった人で、在任中、支那派遣軍が、東京初空襲の米軍機一六機のうち、日本列島を縦断して中国大陸に着陸した二機の搭乗員の生存者八名を捕虜にして、日本への無差別爆撃を理由に軍法会議（軍事裁判）にかけ、一部の者に死刑を言い渡し、処刑した。畑俊六は、戦後、A級戦犯として連合国の極東裁判にかけられ、中国戦線における日本軍の行為の責任者として終身刑を言い渡されたが、のち仮釈放となった。

〔六月二六日〕

この日、南九州は豪雨。「喜界島方面への敵来襲も認められず警戒待機を解く」と宇垣長官は記す。

この日から一週間、喜界島に空襲はない。

沖縄ではこの日の朝、米海軍機動艦隊の海兵隊が那覇の西方沖約一〇〇キロにある久米島に上陸した。久米島の陸海軍混合守備隊六八名との連絡は一二時五〇分に途絶えた。宇垣長官は「従来何度も上陸するかに見えたるが本日は正に実現し、敵の次期攻勢の指向方面が大陸たる一証左とも窺わる」と書く。米軍の上陸が久米島であったことが、大陸に向かう証拠、というのはいささか安易な推定に聞こえるが、次は南九州に進攻してくると予想しつつも、航空戦力の弱体化を知悉している宇垣長官には、内心、米軍の矛先が大陸に向かって欲しいとの願望もあったのかも知れない。

高文研
人文・社会問題
出版案内
2025年

無名東学農民軍慰霊塔　韓国全羅北道古阜　（富士国際旅行社提供）

KOUBUNKEN
高文研
ホームページ https://www.koubunken.co.jp
〒101-0064 東京都千代田区神田猿楽町2-1-8　三恵ビル
☎03-3295-3415　郵便振替 00160-6-18956

この出版案内の表示価格は本体価格で、別途消費税が加算されます。

ご注文は書店へお願いします。当社への直接のご注文も承ります（送料別）。なお、上記郵便振替へ書名明記の上、前金でご送金の場合、送料は当社が負担します。

◎オンライン決済・コンビニ決済希望は右QRコードから

【教育書】の出版案内もございます。ご希望の方には郵送致します。

◎各書籍の上に付いている番号は【ISBN 978-4-87498-】の下4桁になります。

◈日本と世界を考える◈

862-6
コスタリカ
伊藤千尋著
「軍隊を持たない国」中米・コスタリカの人びとの平和、民主主義、人権観を通して日本を考える。
1、800円

851-0
アフガニスタン
レシャード・カレッド著
日本在住のアフガニスタン人医師が綴る、祖国の歴史と現状、真の復興への熱い想い。
2、000円

430-7
知ってほしいアフガニスタン
レシャード・カレッド著
アフガンの苦難の歴史と復興への願い。
1、600円

882-4
ゾヤの物語 自由を希求するアフガニスタン女性の闘い
ゾヤ著
タリバンの圧政・女性差別に立ち向かうひとりの女性の半生を綴ったノンフィクション。
2、200円

633-2
知ってほしい国 ドイツ
新野守弘・飯田道子・梅田紅子編著
ドイツとはいったいどういう国柄なのか？ もっと深く知りたいドイツを知る入門書！
1、700円

378-2
ドイツは過去とどう向き合ってきたか
熊谷 徹著
「ナチスの歴史」を背負った戦後ドイツの、被害者と周辺国との和解への取り組み。
1、400円

607-3
国のために死ぬのはすばらしい？
ダニー・ネフセタイ著
イスラエルからきたユダヤ人家具作家の平和論。
1、500円

283-9
イスラエル・パレスチナ 平和への架け橋
高橋和夫・ピースボート著
両国の若者が平和共存への道を語る。
1、600円

799-5
増補版 プーチン政権の闇
林 克明著
テロや暗殺でその基盤を固めたプーチン政権の推移と、ウクライナ開戦に至るまでの背景を探る。
1、700円

417-8
チェチェン民族学序説
ムサー・アフマードフ著
今西昌幸訳
チェチェン民族の世界観、宗教観。
2、500円

586-1
キューバ
伊藤千尋著
超大国を屈服させたラテンの魂。「カリブの赤い星」と呼ばれたキューバの姿に迫る！
1、500円

371-3
反米大統領チャベス
●評伝と政治思想
本間圭一著
独自路線を貫く南米の指導者の素顔に迫る！
1、700円

344-7
カナダはなぜイラク戦争に参加しなかったのか
吉田健正著
カナダ外交から学ぶアメリカとの付き合い方。
1、900円

755-1
イギリス労働党概史
本間圭一著
イギリス二大政党の一翼を担う労働党の誕生から現在までを概観し、政権奪取の要因を読み解く。
3、000円

412-3
私たち、「何じん」ですか？
●「中国残留孤児」たちはいま…
樋口岳大・文／宗景正・写真
帰国した中国残留孤児の「いま」を追う。
1、700円

365-2
中国残留日本人
大久保真紀著
敗戦の混乱で「満州」に置き去りにされた残留婦人・孤児が辿った苦難の道のり。
2、400円

270-9
我愛成都
●中国四川省で日本語を教える
芦澤礼子著
中国・成都で日本語を教えて6年、素顔の中国と教え子たちの現在・過去・未来を紹介。
1、700円

832-9
ちっちゃな捕虜
リーセ・クリステンセン著 泉 康夫訳
インドネシアで何があったのか?! 日本軍抑留所を果敢に生きたノルウェー人少女のものがたり。
2、700円

674-5
橋の下のゴールド
●スラムに生きるということ
マリリン グティエレス著 泉康夫・訳
フィリピン社会に一石を投じたルポルタージュ！
1、400円

215-0
アジア各国事情
ヘン・キムソン画・田村宏嗣解説
痛快無比！ 異色のアジア風刺漫画。
1、500円

562-5
日本の柔道 フランスのＪＵＤＯ
溝口紀子著
硬直した日本の柔道界に風穴を開ける！
1、700円

この出版案内の表示価格は本体価格で、別途消費税が加算されます。

◈ 歴史の真実を探り、日本近代史像をとらえ直す ◈

739-1
明治維新の歴史
梅田正己著　2,400円
近代日本の出発点を「脱封建革命」と「近代天皇制国家の成立」に分けて捉え直した新視点。

621-9
日本ナショナリズムの歴史 Ⅰ
「神国思想」の展開と明治維新
梅田正己著　2,800円
日本ナショナリズムの軸となる天皇制の古代からの歴史と、その復権への道程を描く。

622-6
日本ナショナリズムの歴史 Ⅱ
「神権天皇制」の確立と帝国主義への道
梅田正己著　2,800円
自由民権運動、軍人勅諭、教育勅語、憲法の制定を通してナショナリズムの骨格を描く。

637-0
日本ナショナリズムの歴史 Ⅲ
「神話史観」の全面展開と軍国主義
梅田正己著　2,800円
「無謀な戦争」へと突き進んだ「神国ナショナリズム」が国を席巻した時代を描く。

638-7
日本ナショナリズムの歴史 Ⅳ
国家主義の復活から自民党改憲草案まで
梅田正己著　2,800円
敗戦で消滅した日本ナショナリズムは、日米安保の強化とともに復活、その過程を描く。

445-1
これだけは知っておきたい 近代日本の戦争
梅田正己著　1,800円
台湾出兵から太平洋戦争まで日本近代史を「戦争」の連鎖で叙述した新しい通史。

746-9
幕末から明治期「三井」の基礎を築いた
三野村利左衛門の生涯
永峯光寿著　三野村暢禧編　3,000円
渋沢栄一と共に日本の銀行制度作りに奔走し、激動の明治に名を刻んだ三野村利左衛門の人物伝。

395-9
石碑と銅像で読む 近代日本の戦争
歴史教育者協議会編　1,600円
幕末からアジア太平洋戦争まで、近代日本の「戦争」を各地に残る石碑や銅像で読み解く。

495-6
伊藤博文を激怒させた 硬骨の外交官 加藤拓川
成澤榮壽著　3,000円
師は中江兆民、親友に秋山好古、正岡子規の叔父で後見人の拓川（たくせん）の評伝。

689-9
「西郷隆盛」を子どもにどう教えるか
山元研二著　1,500円
評価が難しい西郷隆盛を授業でどう扱い、子どもに教えるか？ 様々な角度から迫る。

826-8
「特攻」を子どもにどう教えるか
山元研二著　1,900円
鹿児島県公立中学の教員を務めた著者による、特攻を通して平和を学ぶ実践記録。

887-9
「近現代史」を子どもにどう教えるか
平井美津子・山元研二著　2,000円
〝駆け足〟で学んだ日本近現代史を学び直す。中学校社会科教師が厳選した20の近現代史。

866-4
特攻隊員だった父の遺したもの
松浦寛著　2,600円
父の死後に見つけた日記を読んだ著者が、特攻隊員だった父の足跡と自らの学問と信仰の道のりをたどる、親子二代にわたる戦争の記憶の旅。

747-6
JUSTICE 中国人戦後補償裁判の記録
中国人戦争被害賠償請求事件弁護団編著　2,500円
中国人たちの思いを受け止め、司法の高い壁にたたかいを挑んだ日本の弁護士・市民の記録。

559-5
日中歴史和解への道
松岡肇著　1,500円
全ての裁判で事実が認定された戦争犯罪の責任を認め、補償の道すじを説く。

570-0
日韓会談1965
吉澤文寿著　2,200円
長年未公開だった日韓会談の交渉記録約10万点の史料を分析した画期的な研究成果。

この出版案内の表示価格は本体価格で、別途消費税が加算されます。

◈ 平和憲法を読む ◈

658-5
憲法ドリル・現代語訳・日本国憲法
中村くみ子編著　1,200円
難しいと思っていた憲法も、ざっくり読んでゆるりと学び、楽々わかって目からウロコ！

189-4
劇画 日本国憲法の誕生
古関彰一著　勝又進画　1,500円
日本国憲法の誕生を、漫画家と憲法研究者が組んでダイナミックに描く。

242-6
【資料と解説】世界の中の憲法第九条
歴史教育者協議会編著　1,800円
戦争違法化・軍備制限をめざす宣言・条約・憲法を集約した、使える資料集。

185-6
日本国憲法 平和的共存権への道
星野安三郎・古関彰一著　2,000円
「平和的共存権」の提唱者が、世界史の文脈の中で、平和憲法への核心を説く。

840-4
憲法改正と戦争 52の論点
清水雅彦著　1,200円
立憲主義、自民党の改憲草案、戦争法など、52の論点をあげて、批判的に検証する。

525-0
憲法を変えて「戦争のボタン」を押しますか？
清水雅彦著　1,200円
国民主権を破棄する自民党改憲案の危険性を批判。現行憲法との条文対照表付き。

184-9
日本国憲法を国民はどう迎えたか
歴史教育者協議会編　2,500円
新憲法公布・制定当時の全国各地の動きと人々の意識を明らかにする。

532-8
秘密保護法は何をねらうか
清水雅彦・半田滋・臺宏士著　1,200円
民主主義を破壊する稀代の悪法が成立した背景と問題点を具体的に批判・検証する。

084-2
国家秘密法は何を狙うか
奥平康弘・序　前田哲男ほか著　780円
世論の力で廃案となった国家秘密法の狙い、スパイ天国論の虚構を打ち砕く。

286-0
有事法制か平和憲法か
梅田正己著　800円
有事法制を市民の目線で分析・解説、平和憲法との対置でその本質を解き明かす。

411-6
9条で政治を変える 平和基本法
フォーラム平和・人権・環境編　1,000円
今こそ、9条を現実化し、政策化すべき時だ。護憲運動の新たな展開を構想する。

712-4
Let us think about Kyujo!
奈良勝行・瀧口優著　1,400円
憲法9条について考えてみませんか！ 憲法も学べ、英語授業の素材として最適の一冊。

415-4
無防備平和
谷百合子編　1,600円
9条を守れ！から一歩前に進む。無防備地域宣言運動の可能性をさぐる。

491-8
イギリスで「平和学博士号」を取った日本人
中村久司著　1,800円
苦学を重ねて英国で平和学の研究者となった著者の波瀾万丈の半生。

この出版案内の表示価格は本体価格で、別途消費税が加算されます。

◈フォトドキュメント／養蜂・農薬問題◈

734-6
新版 **琉球の記憶 針突［ハジチ］**
写真 山城博明／解説 波平勇夫 1、600円
針突・ハジチは古くから琉球の女性に伝わっていた手甲への刺青風習。知られざる琉球の記憶。

611-0
沖縄 抗う高江の森
写真 山城博明／解説 伊波義安 1、600円
日本、アメリカ両政府の「暴走する権力」によって引き裂かれる森、生物、人々を追う。

542-7
沖縄・高江 やんばるで生きる
森住卓 写真・文 三上智恵・解説 2、000円
沖縄の心に寄り添う写真家が、沖縄・高江の人々の暮らしを追うフォト・ドキュメント。

519-9
琉球の聖なる自然遺産
野生の鼓動を聴く
山城博明 写真 花輪伸一 解説 3、800円
沖縄の動植物、昆虫から風景まで、カラー写真200点でその素晴らしき自然を紹介。

125-2
沖縄 海は泣いている
吉嶺全二 写真・文 2、800円
長年の海中〝定点観測〟をもとに、サンゴの海壊滅の実態と原因を明らかにする。

346-1
夜間中学の外国人
宗景正 写真・文 1、800円
夜の公立中学に学ぶ平均年齢70歳の在日韓国・朝鮮人や中国残留孤児の素顔を記録。

281-5
イラク 湾岸戦争の子どもたち
●劣化ウラン弾は何をもたらしたか
森住卓 写真・文 2、000円
米軍の劣化ウラン弾の放射能に苦しむイラクの子どもたちの実態を伝える写真記録。

347-8
イラク 占領と核汚染
森住卓 写真・文 2、000円
米軍による軍事占領と劣化ウラン弾による核汚染の実態を、鮮烈な写真と文で伝える。

470-3
新版 **セミパラチンスク**
●草原の民・核の爪痕
森住卓 写真・文 2、000円
旧ソ連の核実験での半世紀に及ぶ放射能汚染の実態を、現地取材・撮影で伝える。

308-9
中国人強制連行の生き証人たち
鈴木賢士 写真・文 1、800円
戦時下、日本に連行された中国人の苛烈な実態を、生き証人の姿と声で伝える。

446-8
まつたけ山〝復活させ隊〟の仲間たち 里山再生を楽しむ
吉村文彦&まつたけ十字軍運動編著 1、600円
まつたけ山復活、里山再生を願いユニークな活動を続ける人々の5年間の記録。

864-0
新版 知らずに食べていませんか?
ネオニコチノイド
水野玲子編著 1、800円
毎日食べているお米や野菜・果物に使われている農薬について、いま知っておきたいこと。

438-3
我が家にミツバチがやって来た
久志冨士男著 2、000円
飼育歴20年の著者が執筆した初心者からプロの養蜂家をめざす人までのための入門書。

469-7
家族になったニホンミツバチ DVD付き
久志冨士男著 3、000円
「蜂＝刺す」の〝常識〟を覆す、世界初の発見をDVDの映像で伝える。

530-4
みつばち飼う人この指とまれ!
●ニホンミツバチ飼育実践集
御園孝編 2、000円 品切れ中
蜂ガール、蜜蜂仙人など全国29人の養蜂家が綴ったニホンミツバチ飼育実践記。

619-6
生態系の王者 オオスズメバチ DVD付き
●ミツバチを飼う人のために
御園孝著 2、500円
オオスズメバチを知れば養蜂も一層楽しくなる!オオスズメバチのすべてをDVDとともに。

798-8
ニホンミツバチが日本の農業を救う 新装版
久志冨士男著 1、700円
日本の自然を太古から守ってきた野生種のニホンミツバチ。その生態の不思議に迫る。

500-7
虫がいない 鳥がいない
久志冨士男・水野玲子編著 1、500円
百群以上のミツバチが突然絶滅した。ネオニコチノイド系新農薬の恐ろしさを警告する。

この出版案内の表示価格は本体価格で、別途消費税が加算されます。

◈ 沖縄の歴史と真実を伝える ◈

763-6
沖縄平和ネットワーク 大島和典の
歩く 見る 考える沖縄
大島和典著 1、600円
沖縄平和ガイドのスペシャリストが、「沖縄の見方・歩き方」の奥義を伝授する!

529-6
新・沖縄修学旅行
梅田正己・松元剛・目崎茂和著 1、300円
沖縄戦を、基地の島の現実を、また沖縄独特の歴史・自然・文化を豊富な写真で解説。

372-0
修学旅行のための沖縄案内
目崎茂和・大城将保著 1、100円
亜熱帯の自然と独自の歴史・文化を持つ沖縄を、元県立博物館長と地理学者が案内する。

778-0
首里城地下
第32軍司令部壕
牛島貞満著 1、500円
首里城の復興・再建が注目される今、地下司令部壕を戦争遺跡として保存・公開を提案する。

634-9
沖縄からアメリカ 自由を求めて!
画家 **正子・R・サマーズの生涯**
正子・R・サマーズ著 1、600円
身売りで遊廓へ、沖縄戦を生き抜き、戦後渡米して画家となった女性の壮絶な一代記。

806-0
沖縄「平和の礎」はいかにして創られたか
高山朝光・比嘉博・石原昌家編著 1、700円
沖縄戦戦没者の名前を国籍を問わず刻銘する「平和の礎」。未来に繋ぐ思いと課題を提言する。

539-7
法廷で裁かれる日本の戦争責任
瑞慶山 茂責任編集 6、000円 品切れ中
戦後、日本の裁判所に提訴された戦争責任を巡る50件の裁判を解説。

592-2
法廷で裁かれる沖縄戦【訴状編】
瑞慶山茂編 5、000円
沖縄戦を遂行した国を被告に、沖縄戦民間被害者が初めて提訴した国家賠償訴訟の全貌を「訴状」で明らかにする。

596-0
法廷で裁かれる沖縄戦【被害編】
瑞慶山茂編 5、000円
沖縄戦民間被害者が提訴した国賠訴訟の全貌を、79名の原告の被害の詳細な陳述、PTSD等の精神被害の実態で明らかにする。

645-5
法廷で裁かれる南洋戦・フィリピン戦【訴状編】
瑞慶山茂編 5、000円
多くの民間人玉砕の戦場となった南洋戦・フィリピン戦。戦争を遂行した国を被告にした訴訟の全体像を、「訴状」から読み解く。

655-4
法廷で裁かれる南洋戦・フィリピン戦【被害編】
瑞慶山茂編 5、000円
国賠訴訟45名の陳述書、さらに戦争に起因する精神被害と診断された28名の診断書・鑑定書から、今も続く戦争被害の重さを伝える。

794-0
沖縄発 記者コラム
沖縄の新聞記者
琉球新報社＋安田浩一編著 1、800円
誰のために、何を、どのように書くか。沖縄の記者たちの等身大の姿がここにある。

240-2
沖縄一中鉄血勤皇隊の記録（上）
兼城一編著 2、500円 品切れ中
14～17歳の〝中学生兵士〟たち「鉄血勤皇隊」が体験した沖縄戦の実相。

351-5
沖縄一中鉄血勤皇隊の記録（下）
兼城一編著 2、500円
〝鉄の暴風〟下の戦闘参加、戦場彷徨、捕虜収容後のハワイ送りまでを描く。

449-9
米軍政下の沖縄
アメリカ世《ゆー》の記憶
森口豁著 1、600円
日本が高度経済成長へ走り始めた頃、沖縄は米軍政下だった。その時代を写真で語る!

682-0
沖縄処分 台湾引揚者の悲哀
津田邦宏著 2、800円
一九四五年敗戦時、沖縄は三度目の処分をされた。日本政府の一貫した沖縄軽視の姿勢を検証する。

603-5
沖縄・憲法の及ばぬ島で
川端俊一著 1、600円
戦後の沖縄を新聞記者はどう伝えてきたのか。朝日新聞紙上で連載された「新聞と9条―沖縄から」を基にして、加筆・再構成して刊行。

581-6
まちかんてぃ! 動きはじめた学びの時計
珊瑚舎スコーレ編著 1、700円
沖縄戦、戦後の混乱、貧困…60年待ち続けた学べる喜びをいま、かみしめる希望の学校!

この出版案内の表示価格は本体価格で、別途消費税が加算されます。

なお、久米島ではこの米軍上陸のあと、守備隊長の命で、二〇名の住民が「スパイ容疑」の汚名を着せられて殺害されている。

〔六月二七日〕

この日午前二時、古仁屋《こにや》から杉田巽二等兵曹操縦の水偵一機が特攻に飛び立った。一九二七（昭和二）年生まれで一七歳か一八歳。一度も飛んだことのない沖縄への深夜の単独特攻である。果たして沖縄に辿り着いたのか。夜の空を一機だけで目標も定かでない状態で、ひたすら死に向かって飛ぶ。飛行機の座席で死ぬ瞬間を待つ。それだけのために操縦桿を握っている。少年飛行兵はこの時間、何を考えていたのだろうか。このような特攻が、作戦上どのような意味があったのか。

これはこの国で過去に起こった事実であり、南西諸島の私の故郷の島の近海がその舞台であったことを忘れまいと思う。この日、慶良間《けらま》諸島の渡嘉敷島《とかしきじま》の南で小型水上機母艦スーサンが損傷を受けているが、原因は「衝突」という。衝突の相手に損傷がなかったのか、米軍側資料には一艦しか記載がない。これだけの情報からはこれが杉田機による損傷とは言えないが、何となく気になる。

宇垣長官の『戦藻録』は、この特攻出撃を知らないのか、あるいは無視しているのか、一言も触れない。昨夜半以来の豪雨で「シラスによる堤防防空壕の被害続出」という。そして「この頃「虚無」ならんことを修養の第一義と心得あり。思想や主義に非ず。心を虚にして己を無ならしむるに在り。斯くして心の平静を保ち指揮官としての大を致さんとする也」と結ぶ。いよいよ「本土決戦」が現実になろうとする時に、五航艦の指揮官として近時の戦況に穏やかならざるものが去来するのだろうか。

〈六月二八日〉

この日、午前五時三〇分、古仁屋《こにや》から竹安末雄上等兵曹と佃辰夫二等兵曹搭乗の水偵一機が特攻出撃し、午後一〇時三〇分には中村毅上等兵曹と小酒五郎二等兵曹搭乗の水偵一機が特攻出撃した。佃と小酒は一九二六（大正一五）年生まれ、竹安が一九二五（大正一四）年生まれ、中村が一九二四（大正一三）年生まれという。一八歳から二一歳の若者たちだった。戦果と思しき資料はない。

南九州防衛に備えて、陸軍の高官が頻繁に鹿児島の鹿屋《かのや》の五航艦司令部を訪れるようで、宇垣長官の『戦藻録』によると、この日も陸軍第五七軍司令官・西原寛治中将一行が訪れて水交社でともに飲んでいる。「何れも元気にて中々退場無く余も亦酔いが廻れり」という。古仁屋からの水上機特攻についての言及はない。彼が関心を持つのは、空母などの大物を狙う特攻であって、兵士の特攻死には関心がなかったのかも知れない。

喜界島では『平田日誌』が「九時頃、十数機現れ爆弾投下のため砂煙天をつく。北方方面に焼夷弾投下したるらしく蒙々と立上がる煙、百の台方面へ棚引く。志戸桶《しとおけ》方面も爆撃されたらしい」と記す。『福岡記録』は「小宮、空爆ありたるも害なし」という。

〈六月二九日〉

この日の午後四時三〇分、桜島の牛根《うしね》基地を発進した土山重時少尉、西村清作上等飛行兵曹搭乗の水上偵察機「瑞雲」は午前〇時過ぎ「巡洋艦撃沈」の無電を送ってきた後、再び突入電を発して帰ってこなかった（渡辺洋二『本土防空戦』朝日ソノラマ、一九八二年）。時間から推して、彼らはいったん古仁屋に立ち寄り、深夜の沖縄行となったものと思われる。

土山少尉らの名は特攻死者の名簿にはない。土山氏ら所属の第六三四海軍航空隊は隊長が特攻攻撃を否定して、水上偵察機「瑞雲」を古仁屋に前進させて沖縄への夜間攻撃を繰り返した部隊だったという。なお、「瑞雲」は急降下爆撃ができる水上偵察機だった。

米軍側資料にはこの日の被害艦船はない。この水上偵察機はおそらく物凄い対空砲火の中を目標に接近して爆弾を投下し、命中したつもりで「撃沈」と打電したが、対空砲火により機体を損傷して帰還不能となり、目標に「突入」を試み、目標到達前に撃墜されたのではなかろうか。特攻を命じられていない攻撃でも、帰還不能となり自らの判断で突入する場合もあったのだろう。この戦場では、特攻死とそうでない戦死に大差はなかったように思う。

喜界島の陸上基地からも「天山」などの雷撃機による非特攻の夜間攻撃が断続的に行なわれていたが、その日時を明らかにする資料は少なく、詳細はわからない。

『平田日誌』によると、喜界島には空爆があり「十時頃、南方から辷《すべ》るように隊長機を先鋒に陣地に突っ込んだが一機は友軍の矢弾《やだま》に上げられ火を噴いて海中に墜落した」と書いている。

〈六月三〇日〉

この日、喜界島に空襲の被害はない。平田氏によると「午前中、簡単な陣地突入後、島の周辺を旋回しているが、目立った爆撃もない。友軍の機銃陣が彼らの怖れの的らしい」という。

鹿屋《かのや》の宇垣長官は、『戦藻録』に「午前小型機来襲す」と簡単に記す。空襲の具体的状況は書かず「面白からざりし六月は去れり」と結ぶ。沖縄も失陥し、航空戦も思うような成果を挙げられず、「面白からざりし六月」とは宇垣長官の実感だったのであろう。

7　第三次糧秣輸送隊をめぐる空気

＊空爆は減ったが米軍機は空にあり

〈七月一日〉

『平田日誌』によると、七月一日は「午前中は無音」であったが、午後は「一時より四時まで陣地に……ロケット弾及び機銃掃射をなす。……轟く爆弾の反響で待避壕も崩れるかと思う」という。『福岡記録』は赤連《あがれん》に「午前一一時米軍機一機来襲、一戸焼失」という。なお東海岸側からの報告として「午前六時頃来襲ありしも害なし。昼間は爆音ありたるも機体確認せず」とも書く。福岡氏と平田氏では来襲機の認識が異なる。しかし小型機の低空での来襲の場合は、真下に住む人には機数は数えられないし、離れたところに住む人には爆音は聞こえるが機体が見えない。福岡氏と平田氏の記録で来襲機に相違があるのはそのような事情もあるのではなかろうか。

鹿屋《かのや》にも、小型機による空襲が朝から終日あったという。宇垣長官は参謀の案内で鹿屋の西の鹿児島湾に面した古江海岸を視察しての帰りに、コルセア一〇機が鹿屋の東の笠ノ原基地上空を旋回するのを見た。まばらな隊形で大きく三回も旋回した後二機が基地に突入する姿を見て、「味方戦闘機もなければ、高角砲も撃たず、全く傍若無人の態、口惜しき沙汰なり。燃料不足のため小型機の戦闘機邀撃《ようげき》は停止し、高角砲亦《また》不十分のため射撃を控えるとせば、敵は全く思うままに跳梁し、その結果は看過し得ざるに至るべし」と言う。弾薬や燃料の不足についての他人事のような言い方は、与えられた武器で戦うのが自分の任務で、補給は別の者の責任と割り切っているのだろうか。

七月に入り、私の調査ノートは空白の日が続く。喜界島基地を利用する航空機の記録が極端に少なくなった。しかし完全に制空権を握った米軍は、二機ないし三機の小型機で警戒し、時折思い出したように飛行場や集落を銃爆撃した。沖縄の地上戦が収束状態に入っても、喜界島の飛行場に隣接する集落では、集落に入ることもできない状態が続いていたのである。

✴糧秣輸送隊の家族の不満

七月一日、第三次糧秣輸送隊が上嘉鉄《かみかてつ》漁港と花良治《けらじ》漁港から奄美大島の小湊に向かった。上嘉鉄漁港からは三艘一八名、花良治漁港からは六艘一五名であった。

上嘉鉄漁港からのグループは、第一次より一一名減っている。二回とも参加したのは九名で、第三次には荒木《あらき》集落の五名が加わっている。この三艘に沖縄出身者四名が分乗した。手漕ぎ小舟で外洋に出るのに舵を任せられるのは沖縄の漁民しかいなかったのであろう。参加人数が減った理由は明確ではないが、『福岡記録』は「事故や病人増大し第一回の二九名に対し十一名の減となり……」と記す。上嘉鉄出港組の第一次参加者二九名中、第三次に参加しなかったのは一六名である。この組は第二次は参加自体を取りやめている。「事故や病人」と言うが、おそらく手漕ぎ舟で、米軍機に神経を尖らしながらの夜の長距離航海には「もう懲《こ》り懲《ご》り」という気持ちが大きかったのではなかろうか。花良治《けらじ》漁港からは六艘一五名が出た。全員沖縄出身者である。一艘当りの人数も少ない。このグループは一次と二次でメンバーも艘数も同じであり、三次は艘数は減ったが全員、当初からの参加者である。沖縄出身漁民の底力を見る思いがする。

この喜界島の島民を利用した、第三次までの糧秣輸送作戦で、陸軍守備隊は飢餓から救われた。『福岡記録』は、上嘉鉄集落民のこの糧秣輸送隊についての反応に触れている。「父兄等は益々福岡に平らならない言語態度を放射したり」と言う。この表現は独特のわかりにくさがあるので、私なりに書き直すと次のようになる。

「糧秣輸送隊に誰を出すかは、集落の区長が決めたことで、私のあずかり知らぬことだ。在郷軍人の場合は覚悟もできていただろうが、一般人から選ばれた五名は納得がいかず、日本人なら勇気を出すべきだと、しぶしぶ承知したらしい。家族の者たちは、在郷軍人会分会長の福岡が企てたことと言い立てて、非難の声が自分の耳にも入ってきた。特に第一回糧秣輸送隊のうち帰島が遅れた二艘に乗っていた連中は不満たらたらだった。本人だけでなく親たちが福岡に対し穏やかでない言葉や態度で詰め寄った。確かに、第一次の時に八日も帰島が遅れて何の連絡もなかったため、死んだのではないかと早合点した親たちが、我が子の恰幅の良さとか、将来の夢、今までの経歴などを述べ立てて、悔しそうに泣き出し、挙句の果てには、福岡のせいだと責めた。何とも不快なことだ。気の早い連中は易者《えきしゃ》のもとに行き、無責任な言葉に惑わされ、一喜一憂したらしい」

陸軍守備隊の幹部が板付舟の操船の経験者を知るはずもないから、福岡氏が糧秣輸送隊の人選をしたのだと誤解され、島民の恨みを買った、と福岡氏は憤慨している。しかし、福岡氏は期せずして、陸軍部隊から危険な作業を命じられた島民の本音を記録に残している。遅れたとはいえ皆無事に帰って来て一安心したのであるが、帰って来るまでの身内の者の不安は計り知れない。もし命令の根拠も出所も不確かな危険な仕事で、犠牲者が出た場合の責任はどうなったのであろうか。三〇キロの海を米俵を積んでどれくらいかかって漕いだのか、記録上は明らかでない。昼間は米軍機に発見されるので、夜の明けないうちに目的地に着かなければならない。夜の海の小舟からは島影は見えない。潮や風に流されるので目標に最短距離で行けるとは限らない。相当の冒険だった。軍の要求であれば不平不満を言いながらも従わざるを得ない。そこで不満は同じ島民である福岡氏に向けられたのであろう。

ちなみにこの輸送隊が奄美大島で世話になったのは笠利《かさり》の節田《せつた》集落の人々だったという。

陸軍守備隊は、これらの板付小舟のほかに、手久津久《てくづく》集落にあった五馬力の動力漁船も食糧輸送に動員した。船長は富順成で、この船には島民四名の外に、陸軍部隊から上等兵と一等兵の二人が乗り込み、奄美大島と喜界島の間を七回往復して陸軍部隊の糧秣を運んだ、という。当時は燃料の調達が大変だったであろうが、米軍機に発見される危険を除けば、手漕ぎグループほどには危険や苦労を感じなかったのだろう。福岡氏も、手漕ぎグループに対するほどに心情的な表現はしていない。

〔七月二日〕

この日の午前一〇時頃、喜界島には三機が来襲し飛行場や集落を銃爆撃し、湾《わん》で一戸、中里《なかさと》で二戸焼失した（『福岡記録』）。

鹿屋《かのや》の宇垣長官は幕僚たちを集めて決号作戦（沖縄戦後、連合軍の日本本土進攻に備えた日本軍による最終作戦）の図上演習を行なった。しかし『戦藻録』には何らの見解も記されていない。具体的数字を記しているのは、広島県呉《くれ》市に対する前夜の米軍空襲による被害状況である。「焼失家屋二万六千、死亡者約六百名、部内戦死者約二十名。市内以外の被害僅少」という。「部内戦死者約二十名」とは海軍軍人の戦死者を指すのだろうが、呉《くれ》軍港の被害については触れていない。「市内以外の被害僅少」の「市内以外」とは軍港施設を指すのであろう。

民間の被害は地方都市の一日の被害としてはかなり大きいが、宇垣長官は何の感想も述べていない。

〔七月三日〕

『福岡記録』によれば、この日の午後三時頃、喜界島には米軍機三機が湾《わん》集落に銃撃を加え一戸が焼失した。無人の中里集落では、建物はほとんど焼失し、残っていたのは一四〇戸のうち、半壊状態の二、三戸になっていた。

奄美大島の古仁屋《こにや》からは、午前二時頃、桑原辰雄二等兵曹（一九二五〈大正一四〉年生・愛媛県出身・予科練）と須藤竹次郎少尉（一九二二〈大正一一〉年生・静岡県出身・予備学生）搭乗の水偵一機が特攻出撃した。この日の特攻出撃が、古仁屋からの最後の水上機特攻となった。

この日、第三次糧秣輸送隊が奄美大島の小湊から食糧等を積んで喜界島の上嘉鉄《かみかてつ》港及び花良治《けらじ》漁港に帰ってきた。この喜界島漁民の決死の輸送で喜界島守備の陸軍部隊は、兵糧攻めから当面免れたが、陸軍部隊から何らかの報償があった形跡はない。

『福岡記録』は「この作戦行動こそ勇往邁進、身を鴻毛《こうもう》の軽きに置き尽忠報国の日本精神にあらずして何ぞや。誠に日本精神の奥義に制徹せるものにして軍の亀鑑《きかん》として末代に至る迄、讃えるに値ありて、郷《ごう》軍抜群の殊勲である」と誉め讃えている。しかし、陸軍守隊長田村少佐がどのような対応をしたかについては全く言及していない。守備隊長の対応に福岡氏は不満だったものと思われる。この不満が、「軍幹部のよからぬ噂」の項で述べたように、米で酒を造らせようとする田村少佐に対する、激しい批判の言葉を記録させる遠因になっているものと思われる。

8　「親子爆弾」――民間人殺傷目的か

＊「親子爆弾」の恐ろしさ

〔七月四日〕

この日の午後四時頃、最近では珍しく米軍機約三〇機が来襲し飛行場を爆撃した。『福岡記録』は「我が軍の地上砲火は猛反撃を与う」と記し、「焼却作戦がなかったのは天運と言うべきか。我には僅少の家屋損害もなかった」と言う。しかし飛行場から離れた集落では例によって気まぐれ爆撃による重大な被害が発生していた。

坂嶺《さかみね》集落では午後二時から三時にかけて、三戸焼失の被害が生じ、近接に落下した爆弾の破片を受け、本山タツ、本山行子、本山サダツルの三名が死亡した。

荒木《あらき》の『平田日誌』には「南方からものすごい爆音で襲来。四、五〇機で陣地を爆撃。待避壕から見ると、上になり、下になり、飛びまわる。落としたのは親子爆弾という。陣地は見事に爆破されたらしい。今までになき爆撃であった」と記している。

当時私たちが「親子爆弾」と言っていたのは、地表近くの空中で炸裂して多数の鋭利な鉄片をまき散らす爆弾で、もっぱら人馬を殺傷するのが目的と思われる。私もその破片を見たことがある。ガジュマルの枝葉が切断されて無数に散らばっており、そこに手のひらに乗るほどの菱形の側面を持つ立方体の鉄片が散らばっていた。手に取ってみるとずしりと重い。正確には覚えていないがマッチ箱を上から押して側面を菱形にしたような形の鉄の塊で、特に菱形の鋭角の部分が鋭い刃を形成していた。後年、ベトナム戦争以降、米軍のクラスター爆弾が威力を発揮するようになるが、その原型が、この「親子爆弾」だったのかも知れない。

七月になって喜界島で民間人犠牲者が増えたが、それはこの「親子爆弾」のせいだろう。対空砲陣地の兵士らにも死傷者も出たと思われるが、事実確認の資料がない。

宇垣長官は『戦藻録』に鹿屋《かのや》基地の風景を次のように表現する。「夕刻、飛行場と第三区掩体《えんたい》方面を騎乗するに、飛行機の大部を北方に移動したる今日、機影寥々《りょうりょう》、大部の掩体は寂し気なり。叩くべき家屋も殆ど砕かれたるを以て、頃日《けいじつ》来、敵機の実撃無きも無理なしと認む」。ここで「掩体」と言っているのは飛行機を隠す掩体壕のことであろう。飛行機もいなくなり、建物も破壊されたのだから、敵機が爆撃しないのは当然だろう、と言っているのである。

この鹿屋基地の寂しい風景は、宇垣長官の心象風景でもあろう。鹿屋はすでに航空戦においては第一線ではなくなった。米軍機も鹿屋を通り過ぎて行く。強気の将軍も、騎馬で散歩しながら活気を失った鹿屋の風景を見て、感傷的になっている。

〔七月五日〕

『福岡記録』によると「午後一時頃、二機が来襲し、湾《わん》集落で二戸を焼失した」と言う。しかし、『平田日誌』は「早朝から爆音はするが近寄らない」という。同じ喜界島でも観察者の立ち位置で状況は異なって見えるのだ。平田氏はさらに「何《いず》れにせよ沖縄に敵は居るのだから、喜界島の友軍が如《い》何程《かほど》に頑張っても無駄である。何れ上陸も免れまい。不安、不安で暮らしている」と書いている。子どもだった私の不安は漠然としたものだったが、平田氏のような知識人の心には、沖縄の状況はかなり身近な不安として映っていたのであろう。

＊宇垣長官「山河残らずも国亡びざれば良し」

宇垣長官は、訪ねて来た石原佐世保鎮守府参謀副長から佐世保の空襲被害について聞いた後、「……山河残らずも、国亡びざれば可なり」と『戦藻録』に記している。宇垣長官にとっての「国」とは何だろうか。「国破れて山河あり」という杜甫《とほ》の詩を踏まえての感想だが、たとえ比喩だとしても、穏当さを欠く。おそらくこの「国」は、宇垣長官の観念の中の「国」なのだろう。宇垣長官の観念の中にある「国」は、宇垣長官が生きている限り滅びることはない。戦争で、山も河も失うことは、すなわち町も村も失うのであり、当然そこに住む人も失う。これらのものを失って、彼が軍人として守ろうとしている「国」とはいったい何だったのだろうか。

〔七月六日〕

「(午後三時頃)二機が湾《わん》集落を銃爆撃し七戸が焼失」した、と福岡氏は記録するが、平田氏は「午後八機現れたが別に空襲はなく去った」と記している。

宇垣長官の『戦藻録』は米軍の空爆が南九州を通り越して北九州から四国、中国に及んでいることを記し「大村(引用者註：長崎県にある海軍航空基地)はB24、P57等数十機の攻撃により紫電《しでん》機多数と特攻機迄も地上に於て焼失損害を受く。南九州を避け、北に(飛行機を)集中すれば影を追うて尚来る。無為にして損耗せんよりは空に邀撃《ようげき》するに如《し》かざるも燃料之《これ》を許さず」と嘆く。燃料がこれほどまでに窮乏しているのに、なお戦って勝つと考える、この人物たちの思考の仕方は不可解だ。軍人の常識とはこんなものだったのだろうか。あるいは、戦うこと以外は思考停止状態で、たんなる惰性で戦っていたのだろうか。

〔七月七日〕

『福岡記録』は「午前、午後、共に一機来襲し飛行場に波状的攻撃を敢行したが我が軍の猛攻により遁走せり」と記す。これだけ読むとこの日は被害がなかったように見えるが、別の箇所には、この日の民間の被害について、湾集落で二〇戸焼かれたことを記している。中島猛ほか一九名の家屋焼失の被害者の名を具体的に明らかにしているから、民間に被害があったのは事実だろう。当時の喜界島の家は一軒一軒が防風林に囲まれていて離れていたから、よほど悪い条件でも加わらない限り、一機で二〇軒も焼毀《しょうき》することはないだろう。福岡氏は小型機か大型機か記していないが、ボーイングのような大型機が何度か飛行場とその周辺集落上空を旋回して、水平爆撃を行なったのかも知れない。「一機来襲」で「波状攻撃」とはこのような状況を指すのだろう。他方、『平田日誌』はこの日は雨で「終日爆音を聞かず」と記す。雨雲が空を覆う日で、二キロないし二キロ半ほど離れた飛行場上空を旋回する爆撃機の音が聞こえなかった可能性もある。

宇垣長官は「有力部隊、ウルシー、レイテ出撃の兆《きざし》あり。敵の次期攻勢近きに在り。その指向方向は支那沿岸、南西諸島滲透《しんとう》と窺わる」と『戦藻録』に記し、「本土決戦」のために兵力を南九州から北へ移動中に米軍の機動部隊が来れば「相当の混乱を予期せらるるを以て警告を発したり」という。

＊島民心理「爆音を聞かぬ日は淋しく不安」

〔七月八日〕

南九州は梅雨模様。出撃機の記録はない。

宇垣長官は『戦藻録』に「不連続線が種子島付近にある関係か本日南方よりの来訪なく特異なり」と、米軍機の来襲がないことを書く。

喜界島にも米軍機の来襲はなく『平田日誌』は「爆音を聞かない日は、面白い精神状態で淋しく不安を感ずる」という。私にも思い当たる感情だ。米軍機の来訪が日常化して、それは怖いけれども異常ではなくなっているのだ。

〔七月九日〕

午後二時頃、喜界島には米軍機二機が来襲した。「射効距離至近にて地上砲火の射撃不能なり」と福岡氏は記す。超低空の急襲だったので対空砲が対応できなかったことを海軍部隊の誰かから聞いたのであろう。そのような米軍機には高角砲ではなく機銃で対応したはずだが、福岡氏の記述は米軍機が低空で急に現れて、機銃も対応できなかった、ということだったのかも知れない。

『福岡記録』は、この日、湾《わん》集落で九戸の民家が焼失した、と書く。しかし、被災家屋の具体的な氏名の記載がない。氏名は別の日に混入しているのかも知れない。この記録は福岡氏が在郷軍人会喜界町分会長として入手した資料に基づくものであろうが、具体的な被災者の氏名は各集落の担当者から報告を受けるまではわからない。被災者数と具体的被災者名の合計に齟齬《そご》が生じるのはそのような事情もあったのだろう。

『平田日誌』は「十二時頃、十六機が襲来し陣地に突っ込んで爆撃して去った」と書く。平田氏の住む荒木《あらき》から見れば中里《なかさと》、湾、赤連《あがれん》は陣地と同じ方向であり、湾集落の家屋の焼失はその時の空襲によるものかも知れない。

✴B29重爆撃機九機も来襲、民間人の空爆死一日で二五人

〔七月一〇日〕

午前一一時頃、三機が来襲し、湾集落で一九戸、中里で一戸焼失した。この日の空襲で、中里では一四〇戸中、残っている家はついに一戸だけとなった。たぶん残っている一軒も爆弾で破損した状態

で建っていたのだろう。

さらにこの日は、午後一時半頃、喜界島には珍しく、援護戦闘機と思われる四機の小型機を伴ったB29重爆撃機九機編隊が来襲し、飛行場と対空砲陣地に「親子爆弾」や時限爆弾を大量に投下した。飛行場周辺の対空砲火は、当初は応戦したが、中里周辺の対空砲陣地も、赤連の殿森《とのもり》の対空砲陣地も、猛爆を受けて応戦不能となり、飛行場も時限爆弾を落とされて使用不能となった。島の北部の「震洋」特攻隊の駐屯基地周辺の集落にも爆弾が投下され、多数の死者を出した。

民間の死亡者と死亡原因は、『福岡記録』によると次のとおりである。

湾集落では死者が五人で、厚《あつし》長生が待避した防空壕の近くに落ちた爆弾で破片創を負って死亡し、大山豊明が待避しようとして路上で機銃の盲管銃創を負って死亡し、叶おめとかねが自宅防空壕で胸部盲管銃創を負って死亡し、辰岡荘節が自宅防空壕で腿部貫通銃創を負って死亡し、大山アキが天神山東方の丘上で胸部の爆弾破片創を負って死亡した。

荒木《あらき》集落では、岩崎慶豊が水天宮東方防空壕前で頭部貫通銃創を負って死亡した。

早町《そうまち》集落では、田畑テツエ、堺井ヤス、高村スマ、高村洋子、玉利カメ、秋山清美、孝スイの七人が、防空壕の近くで爆弾の破片創を負って死亡した。

白水《しらみず》集落では、松山敏子が自宅近くで機銃弾の貫通銃創を負って死亡し、辻芳悦、谷山誠義、邦デンマツが自宅付近で爆弾破片創を負って死亡した。

嘉鈍《かどん》集落では、柏ハルが自宅近くで機銃の貫通銃創を受け死亡した。

塩道《しおみち》集落では、谷崎クマヅルが自宅付近で爆弾破片創により死亡した。

志戸桶《しとおけ》集落では、情カネが自宅付近で爆弾破片創により死亡した。

志戸桶集落出身の浜川源吉、同平田平三郎、白水《しらみず》集落出身の高谷隆、同岩崎清ら四人が、海軍設営隊に動員されて震洋艇特攻基地の作業中、全身に爆弾の破片を受けて死亡した。作業現場上空で「親子爆弾」が炸裂したものと思われる。

巖《いわお》部隊喜界島派遣隊の中里《なかさと》上方の対空砲陣地で、伊実久《いさねく》集落出身の現地応召兵、浅利照一が戦闘中、頭部貫通銃創により戦死した。

爆弾破片創が一八人、機銃弾貫通銃創が七人である。

島民以外の兵士の死亡も多かったと思われるが、資料が見つからない。

この日、米軍が狙ったのは、喜界島の西部では飛行場と対空砲陣地とその周辺集落、東部では「震洋」特攻基地とその周辺集落だったように思われる。小さな島にB29を同時に九機も派遣して、島の海軍部隊の基地とその周辺を集中して爆撃した背景には、相当に確度の高い情報に基づく作戦意図があったものと思われる。

『平田日誌』は、この日の空襲について次のように記す。

「午後一時頃、Bが二、三〇機、シゴロスキー《(ママ)》、グラマン六、七〇機飛来、陣地に突っ込み爆破。湾《わん》集落や赤連《あがれん》集落、中里集落は見る影もなく破砕。（中略）友軍に撃墜された一機は荒木《あらき》集落の西方海岸に落ちた。之《これ》を救助せんと水艇一、グラマン数十機は荒木集落の上を低空飛行して探し、荒木に機銃掃射をなしたために馬が驚き逃げた」

✴喜界島には今なお「潜伏特攻隊」が五機

喜界島では、この日の空襲で、六月一〇日から潜伏していた第二神雷爆戦隊六機のうち、竹谷行康兵曹搭乗予定の「零戦」一機が、三方に土塁を築いた簡易掩体壕で被弾、炎上した。この特攻隊の生存者、細沢兵曹の話によると、丘の上から空爆の模様を見ていると竹谷兵曹の飛行機を隠している辺りから炎があがり、竹谷兵曹が「俺の飛行機がやられた」と駆け下りて行った、という。飛行機を失った竹谷兵曹は鹿児島の鹿屋《かのや》に帰され、喜界島に潜伏する第二神雷爆戦隊は五機になった。

『戦藻録』の註記によると、レイテ湾で補給を終わったハルゼー提督指揮下の「快速機動部隊」が、この日、東京の南東一七〇浬《かいり》の海域に到達し、関東方面には一、二〇〇機の艦上機が来襲したという。

〔七月一一日〕

喜界島には午前一一時頃、小型機二機が来襲し飛行場や湾《わん》集落を銃爆撃した。前日の爆撃でいったんは沈黙した対空砲部隊も機能を回復して応戦した。『福岡記録』は「我が砲火の猛攻にて遁走す」と書き、それ以後の空襲については触れていないが、『平田日誌』は「午後、十七機で陣地を爆撃し、うち二機は撃墜された」と記している。

宇垣長官は、米軍機動部隊の電話を傍受していて、紀伊半島南端の潮岬《しおのみさき》の南南東三〇〇浬《かいり》付近にいる米軍の機動部隊の空母から発進した米軍機群が雨で引き返したことを知り、「本州を横貫する不連続線は敵の攻撃を阻止せり」と『戦藻録』に記す。本州上空に雨をもたらす前線が停滞していて、この気象条件が味方して、米軍機の来襲を阻止したことを喜んでいる。

〔七月一二日〕

喜界島には午後一時頃、小型機二機が来襲し、飛行場とともに湾集落が爆撃され、民家二戸が焼失した。対空砲火は応戦しなかったらしく「我が軍地上砲火は行動中止の態なり」と福岡氏は不満げに記すが、軍の側には二日前のB29による爆撃の効果を知らせまいとする作戦上の配慮か、あるいは本当に弾薬を節約しなければならない事情があったのだろう。

宇垣長官の『戦藻録』は「沖縄よりは午前午後共、来訪あり。数相当なり」と記す。小型機による空爆があったが、応戦に飛び立つ戦闘機もいない様子が窺われる。

このころ、喜界島に不時着していた陸軍搭乗員に対し、奄美大島の古仁屋《こにや》に集合するよう指示が出た、という。喜界島にはまだ不時着搭乗員が残っていたのである。四月七日に一式戦闘機「隼《はやぶさ》」で出撃した際に、喜界島に不時着した第二九振武隊の陸軍伍長・山田忠男氏の『暑い暑い喜界島の夏』によると、彼は救援機が来るたびに飛行場に行ったが、満席で乗れなかったという。

最後の通知は、喜界島に飛行機が来るのではなく奄美大島に水上機が来るから船で奄美大島に移動せよとの命令だったようだ。喜界島の桟橋に行ったところ、将校が三名、准尉一名、下士官が六名集まっていた、という。喜界島では一度も顔を会わせたことがない人たちだった、と山田伍長は言う。彼は、七月一〇日過ぎに奄美大島の古仁屋への集合命令が出るまで陸軍宿舎で過ごしている。他の不時着搭乗員はどこにいたのだろうか。

第五章◉敗戦の日が近づく喜界島

1　艦上機による空爆は終息か

✴中里《なかさと》集落の〝完全消滅〟

〔七月一三日〕

『福岡記録』は、午前一一時半頃、米軍機三機が坂嶺《さかみね》集落を空襲し、一戸を焼失したことを記す。午後二時頃には赤連《あがれん》集落に二機による空襲があり二戸を焼失した、という。

『平田日誌』は「午後一時、六機現れ陣地を爆撃し去る」と書く。同じ喜界島における空襲の記録でも観察場所によってこうも違う。低空で飛び回る小型機の場合は二、三キロ離れた集落の空襲はわからないことも多かったのだろう。

〈七月一四日〉

喜界島に米軍機の来襲はなかった。『平田日誌』は、「終日平穏であった。沖縄の情報既に知る由もなし。米軍上陸によって玉砕した将士のことも思われる。それでも日本は勝つと思うのか。我々には、如何なる角度から見ても、欲目に見ても考えられない」と言う。当時の風潮を思うと、このような意思表示には驚くが、日誌だから書けたのであろう。

南九州では連日雨が降っている。宇垣長官も『戦藻録』に「連日不良の天候、梅雨以上」と記す。梅雨よりひどく長続きする雨、という意味であろう。

前日の情報では鳥島付近にいると思われていた米軍機動部隊は、実際には北上しており、宇垣長官は「東南に在りと為せる敵機動部隊は本早朝、百余機を以て津軽海峡に進入、北海道及び奥羽を攻撃し、戦艦、巡洋艦、駆逐艦十余隻を以て釜石港を砲撃せり。艦船の被害も若干あり。精密なる偵察の後、無人の境を行くに等し」と、彼我の偵察能力の差に愕然としている。

〈七月一五日〉

『福岡記録』によると、喜界島では、午前一〇時頃、湾《わん》と中里《なかさと》に二機が来襲し、午後一時頃には赤連《あがれん》に二機が来襲し、午後二時頃には再び中里に三機が来襲したという。『平田日誌』は、「一一時頃、B一機が陣地の上空から機関砲を発射し去った。三時頃、再び襲来して発砲した」と記す。福岡氏は機種を示していないが、平田氏は「B」と言う。この日来襲したのは「B」と呼ばれる大型機で、使用したのは爆弾ではなかったようだ。小型機が撃つ機銃掃射と異なる射撃音を聞いて、平田氏は「機関砲」と感じたのであろう。この日の空襲で赤連では八戸、中里では一戸を焼失した。

この空襲で中里の最後の一戸、野間武基宅が焼失し、一四〇戸の集落は地上から完全に消滅した。「米軍の爆撃目標は飛行基地なる故、飛行場付近に位置する中里部落こそ全滅となり、喜界第一位の犠牲を蒙りたり」とこの日の『福岡記録』は記している。

中里集落の被害の特徴は、早ばやと集落民が集落を捨てて周辺のムヤやガマや森などに逃げ込み、五〇〇人余の人口中、集落内での死者は盲人夫婦二人だけだったことと、飛行場施設とともにこの日までの四カ月にわたる爆弾と機銃掃射の反復攻撃を受けて、徐々に壊滅したことである。集落の最後の焼失家屋も、おそらくたび重なる爆撃に辛うじて建っていたのではなかろうか。ここでは戦後七十数年の今でも、毎年のように、工事現場などから不発弾が出て来て、そのたびに自衛隊の不発弾処理班が来島して爆破処理している。

＊放置される「潜伏特攻隊」

〔七月一六日〕

米国では、この日、最初の原子爆弾の爆発実験がニューメキシコ州のアラモゴードで実施された。これからわずか三週間後、広島に原爆が投下される。

喜界島では空襲は次第に間遠になって行き、この日も空襲はない。

南九州には沖縄から百数十機が来襲したが鹿屋《かのや》は攻撃されなかった。防空壕に退避した宇垣長官は山鹿素行の言葉を引合いにして「戦死を遂ぐるか、責任を取って自決する迄はつまらぬ事に怪我したり病に罹《かか》ったり出来ざるは士であり責任ある身の戒《いましめ》なり」と『戦藻録』に記している。米軍機来襲のたびに防空壕に入る航空艦隊最高指揮官たる身を自嘲するかのような山鹿素行の言葉の引用であるが、「戦死」とか「自決」ということが自分の最後として予想される戦況を自覚していたのであろう。また「本夜間、大分《おおいた》市B29四十機の攻撃を受けたり。司令部移転前焼けるものは焼けて置く方が可なるべし」と無責任かつ自嘲気味に記す。沖縄特攻作戦を担当した五航艦司令部は、沖縄航空作戦の収束に対応して鹿屋《かのや》から大分に移動することになっていたが、異動先の大分に米軍機が跳梁するのを見せつけられてもなす術がないというところであろうか。

戦況の悪化に対応して五航艦司令部を鹿屋から大分に後退させることが上層部で決まっているようであるが、宇垣長官はこの問題に関しては言葉少なである。

他方、喜界島に前進潜伏させた第二神雷爆戦隊については、戦術変更はなく放置したままである。生き残った隊員から戦後に聞いた話によると、彼らは、午前中は宇垣長官の命令を待って宿舎に待機し、午前中に出撃命令がないとその日の命が保障されるので、束《つか》の間の自由を楽しんだ、という。竹谷機が空襲で炎上して以後は、整備員は飛行機から燃料を完全に取り出してあり、午前中に命令が来ないと夕刻の出撃には間に合わないのである。自由時間になると、彼らは空襲の少ない集落に立ち寄り、民家の老人や娘たちと話し込んだり、小川でうなぎをとったりしたという。遊びと言ってもそれだけのことであったが、生き残った細沢兵曹の話によると、出撃を待っていた喜界島の二カ月は楽しかったと言う。

〈七月一七日〉

『福岡記録』によると、喜界島では、午前一一時頃、赤連《あがれん》集落が米軍機一機による空襲を受け、六戸を焼失した。

この日、米英両軍の空母機動部隊から発進した艦上機群が東京方面の航空基地を爆撃した。

宇垣長官は「本日敵機動部隊の少数機、関東方面に顔を出したり。情報によれば英国機動部隊という。耳と眼を蔽《おお》うて実態を捕捉せず」と『戦藻録』に記す。この部隊所属の戦艦は「東京北東の沿岸に二千屯《トン》の砲弾を撃ちこんだが作戦中何らの抵抗に合わなかった」と「キング元帥報告書」に記載されていることが『戦藻録』の註に付記されている。「耳と眼を蔽うて実態を捕捉せず」とは、もはや無線傍受も偵察飛行も役に立たず、英国艦隊の動きが掴《つか》めなかった、ということであろう。

天気が小康状態になり「沖縄周辺写真偵察 漸《ようや》くにして目的を達す。相当活況を呈するも特に船団艦艇増加せりとは認めず」と宇垣長官は『戦藻録』に記す。上陸作戦には輸送船団の動きがあるはずだが、その動きがないから、ひとまず安心、というところだろうか。

✴長官は「神風」頼み

〔七月一八日〕

喜界島に空襲はない。『平田日誌』は「爆音は聞こえるけれども近寄らない。それもその筈、喜界の軍備は大抵判断も付く筈だ。喜界を占めんとして一兵たりとも損する馬鹿はいないだろう」と書く。平田氏は、喜界島守備隊の装備の貧弱なことを見れば、米軍が兵員の命を代償にして占領する値打ちがある島ではない、と言うのである。

そのとおりだとは思うが、仮に米軍が喜界島を占領しようと考えるとすれば、島の守備隊の強弱ではなく、占領後の利用価値だろう。私は、喜界島攻略作戦実施を目前にして、再三にわたりミッチャー提督の旗艦が特攻機に突入されたことが、米軍の戦術立て直しに影響したのではないかと思う。米軍は、特攻機による被害と喜界島上陸作戦によって得られる利点を秤《はかり》にかけて、メリットはないと判断したのではないか。叩いても叩いても特攻機が飛んで来る島という誤解から、前述の『特攻―空母バンカーヒルと二人のカミカゼ』の著者、ケネディが言うような「不気味な神話的な島」という幻想が、ミッチャー提督の心に生まれていたのかも知れない。いずれにしろ、喜界島は日本攻略を目指す米軍にとって、犠牲を払って占領する価値のない島になっていた。

宇垣長官は、「午後、百八十機の艦上機、横須賀を襲い工廠及び軍需部を攻撃せりという。敵はお犬吠埼《いぬぼうさき》、野島崎《のじまざき》の東方百十浬《かいり》付近に行動しつつあり」と『戦藻録』に記す。米側資料も「第三艦隊の高速空母機動部隊所属の航空隊が横須賀海軍基地と東京方面の航空基地を攻撃し、野島崎の沿岸施設を砲撃した」と記す。野島崎とは房総半島の突端である。

なお「輸送艦ジョージ・エフ・エリオットが沖縄方面（経緯度から見て中城湾《なかぐすくわん》）で原因不明の損害を蒙った」という。

この日は夜、第九三一航空隊の艦上攻撃機「天山」四機が鹿児島の串良《くしら》から出撃し、一機はエンジン不調で引き返したが、三機が進攻して、うち二機が攻撃を成功させて帰還し、一機が未帰還となった（宮本『われ雷撃す』）。米艦損傷の時刻はわからないが、位置から見て、この雷撃機隊による損害と見て間違いないだろう。

〔七月一九日〕

この日も喜界島に空襲はない。『平田日誌』によれば、六〇歳以下の男性による義勇隊が組織され、平田氏も山田《やまだ》集落の山地に行き待避壕掘りに従事した、という。「「泥棒を捕らえて縄をなう」の譬えのとおり……、こんな壕に立て籠って、昔の弓矢の戦いを今に持って来たような、未開の戦争ごっこだと思うが、やるだけはやらんとね」と記している。役に立たないと知りながら、権力者である軍に従う島民の姿が浮かぶ。これが、福岡氏のように率先して軍に協力する指導者とは別のタイプの、島の知識人の姿だったのかも知れない。

この日は米駆逐艦サッチャーが特攻機により損害を受けている。この日は特攻機の出撃は本土側からはなく、台湾から陸軍の「九九襲」二機と一式戦闘機「隼《はやぶさ》」四機が出撃している。この駆逐艦の被害海域は、米側資料によると、経緯度から見て、前日のエリオットと同じく沖縄の中城湾《なかぐすくわん》である。中城湾が米軍艦船の集結海域になっていたのであろう。

宇垣長官は本州東方の米軍機動部隊の動きに注目しており、『戦藻録』に「東方の敵機動部隊は二群に分離しその一群は沖縄方面と格別の連絡あり。一方、台湾九飛師（引用者註：陸軍第八飛行師団第九飛行団のことか）の偵察に依れば沖縄には特空母八、巡一〇、輸送船三〇七隻に達し、小艇の行動活発にして二ヶ師団程度の兵力行動開始の前兆あり」と記す。その上で、作戦関係の幕僚に対し、海軍五三〇〇機、陸軍四〇〇〇余機で「本土決戦」をすれば、どれくらいの「確算」があるか研究を求めている。さらに長官は、この日は天気がよいのに米軍機が来ないのは台風が沖縄に接近したからだと推察した上、「神風よ飛行機を吹き飛ばし艦船を沈め給え」と神だのみをしている。「神風」も正直な心境の吐露なのであろう。

2　大型機による「親子爆弾」の怖さ

✴沖縄出身漁業者らの受難

〈七月二〇日〉

宇垣長官は「機動部隊も来《きた》らず、電話諜報は依然東の方に感じあり」と『戦藻録』に記す。台風は沖縄の西を掠《かす》って北上し、九州の西を通過、鹿屋《かのや》には小雨を時々降らした程度で過ぎ去った。今日は「南よりする敵機の来襲もなし」とひとまず安堵した様子だ。

一方、喜界島では午後一時頃、機数不明の空襲があり早町《そうまち》及び荒木《あらき》の両集落で死傷者が出た。『平田日誌』は時々大雨の降る悪天候だったことを記し「午後B二機島の周辺を旋回して去った」と書き、『福岡記録』も家屋の焼失を伴う空襲のなかったことを書くが、同書の民間人死傷記録を見ると、死者七人と負傷二人の名が記録されている。死者と死因は次のとおりである。

早町では、大城カメが防空壕付近で「親子爆弾」の破片が頭部を貫通して死亡し、上原コタルが防空壕付近で「親子爆弾」により全身を爆砕されて死亡し、金城オメトが防空壕付近で「親子爆弾」の破片を大腿部に受けて死亡し、金城清二が頭部に「親子爆弾」の破片を受けて死亡し、上原徳助が大腿部に「親子爆弾」の破片を受けて死亡した。

荒木では、梅田春武がロケット弾の破片を胸部に受けて死亡し、加《くわ》ウトが機銃掃射による貫通銃創で死亡した。被害場所は二人とも自宅である。加ウトは中里《なかさと》集落の人であるが、空爆を避けて荒木に避難生活をしていての災難だった。

早町の五人は、沖縄から喜界島に漁業者として移住して来ていた人たちで、彼らの多くは集団で生活していたから、同じ防空壕に避難しようとしたが間に合わず「親子爆弾」でやられたのだろう。

なおこの日死亡した金城清二は、板付け小舟による奄美大島と喜界島の間の糧秣輸送隊に参加した金城清二と同一人物と思われる。現地陸軍の要請で、米軍機に発見される危険を冒して、夜間、手漕ぎの小舟による三度の糧秣輸送をやり遂げ、最後の渡海から無事に帰って一七日目の災難であった。

✴続いていた沖縄海域への夜間雷撃

〔七月二二日〕

喜界島に空襲はない。

南九州にも米軍機の来襲はない。宇垣長官は「台風は相当の影響を敵に与えたる事と想像される」と、期待を込めて記す。

米側資料は、この日、強襲輸送艦マラソンが沖縄海域で「操縦された魚雷」により損害を受けた、と記す。この日は鹿児島の串良《くしら》から「天山」四機が出撃している。この日出撃した「天山」が積んでいたのは「航空魚雷」である。「操縦された魚雷」という表示が「桜花」を意味するとすれば、その日は「桜花」部隊の出撃はないから、おそらくマラソンの乗組員が「天山」による魚雷攻撃を人間爆弾

「桜花」による攻撃と勘違いしたものであろう。被害場所は、記された経緯度から見て中城湾《なかぐすくわん》である。

3　潜望鏡が折れた陸軍潜水艇の入港

〔七月二二日〕

喜界島にはこの日も空襲はない。

早町《そうまち》港に朝早く陸軍の潜水艇が入港した。第一一一震洋隊の隊長だった後藤三夫氏が『榕樹』（喜界島出身者を主体とする同人誌）第一〇号（一九九四年三月）所収の「喜界島戦記」に七月の出来事として次のように書いている。

「早町港に潜望鏡を半分もぎとられた小型潜水艦が蹌踉《そうろう》と入って来た。なんとしたことか、これは陸軍のもので、大尉の艦長が「徳之島《とくのしま》へ機材を輸送してきたが、艦が盲になったので、夜間だけ浮上航走して、天草《あまくさ》の暁部隊基地に帰り着きたい」と言い遺して、日没後北に去って行った」

『福岡記録』は、「七月二二日、大東基地に進航中喜界島警備隊に連絡のため日本潜水艦早町港へ入港し、安藤隊へ連絡、二三日夕刻本土へ出帆せり」という。「安藤隊」とは島の北部太平洋側の早町に布陣していた海軍の舟艇特攻、第四〇震洋隊のことで、安藤大尉が隊長だった。『榕樹』に手記を寄せた後藤氏は、第一一一震洋隊の指揮官で、早町から北へ三キロほどの島の北部、東シナ海側の小野津《おのつ》港に布陣していた。喜界島に潜水艇が入港した記録はこのほかにはなく、話に食い違いはあるが両者は同じ陸軍潜水艇についての話だと思う。

沖縄で米軍によって接収された日本軍の特攻用舟艇（写真提供／沖縄県公文書館）

ちなみに、陸軍の潜水艇が本当にあったのか疑問を感じて調べたところ、実際に陸軍の潜水艇があったことがわかった。広島県宇品《うじな》に司令部を置く「暁部隊」と称する陸軍船舶部隊があり、海上輸送を主要な任務としていた。戦争末期には南方への航路は、空も海も米軍の跋扈《ばっこ》するところとなり、船舶の運航が困難となった。そこで考案されたのが「潜水輸送艇」であった。数は少なかったが、実際に孤立した島への補給や連絡に使われたという。乗組員の数は、艇の構造から見て二〇名前後だったのではないか。早町港に入って来たのは陸軍暁部隊の「潜水輸送艇」だった。喜界島から本土まで三〇〇キロの海を、潜望鏡がない状態で果たして辿り着けたのであろうか。

なお陸軍の暁部隊は、潜水輸送艇だけでなく、戦争末期には「㋹（マルレ）」と呼ばれる特攻用舟艇も持っており、この舟艇による特攻隊を「海上挺進隊」と称し、沖縄やフィリピンに配備した（「船舶特幹第三期生の記録」編集委員会編『若潮三期の絆』陸軍船舶特別幹部候補生第三期生会、一九九五年）。

沖縄ではこの特攻艇㋹《マルレ》一〇〇隻からなる戦隊が、慶良間《けらま》諸島の座間《ざま》味《み》、阿嘉《あか》、渡嘉敷《とかしき》にそれぞれ配置された。そのため米軍は、沖縄本島上陸の前に慶良間を徹底攻撃して上陸、沖縄戦極限の悲劇である「集団自決」を生んだのだった（宮城晴美『新版　母の遺したもの――沖縄・座間味島「集団自決」の新しい事実』高文研、二〇〇八年）。

〔七月二三日〕

『福岡記録』によると、この日、上嘉鉄《かみかてつ》集落で発生した火災の消火作業中、機銃掃射を受け、女性二人が負傷した、という。

伊砂《いさご》集落では、午後九時頃、熊本安吉が自宅で機銃貫通銃創を受け死亡した。軍事施設からは遠く離れた集落であり、米軍機の気まぐれ銃撃であろう。

宇垣長官の『戦藻録』によると、九州方面は晴れたが、奄美大島以南は雨で「夜間総攻撃」を中止した、という。鹿児島の鹿屋《かのや》にも米軍機の来襲はない。

宇垣長官は、のんびりした気分になったらしく、参謀らを従えて練習機「白菊」に乗って、鹿屋の北北東二五キロほどの岩川基地の視察に出かけている。岩川基地は林の中の牧場に見せかけた秘密基地で、非特攻を標榜する美濃部少佐が指揮する芙蓉部隊の基地である。芙蓉部隊はもっぱら熟練搭乗員による夜間雷撃を実施していた部隊で、鹿屋から「白菊」で一五分ほどだったという。

宇垣長官は美濃部少佐の話を聞いて「夜間行動は而《しか》く困難なるものに非ずして昼間制空を全《まった》からしめ得ざる現状に於て夜間戦闘機の活用を計るべしとの主張には同意を表するところなり」と書いているが、美濃部少佐の「非特攻」の方針については何も記していない。予科練や予備学生の訓練の現況から、夜間攻撃は無理と考えていたのかも知れない。

4　米軍機動部隊は北上

＊大挙来襲した艦上機の空爆で呉《くれ》軍港は大損害

〔七月二四日〕

喜界島に空襲はない。『平田日誌』によると、陸軍喜界島守備隊は、緊急呼集で集めた在郷軍人の隊員を、食糧難のため自宅から通勤させることにした、という。

この日の『戦藻録』に宇垣長官は「機動部隊来攻」と記す。艦上機による空爆の第一波が九州に一〇〇機、四国と中国に一〇〇機、第二波が中国と山陰に四〇〇機、第三波が四国に七〇機、と大挙して来襲し「相当の損害を蒙《こうむ》れる如し」と強気の宇垣長官もお手上げの態である。

五航艦は、米軍の機動部隊の位置を足摺岬の東南と判断して、「彩雲」二機を偵察に飛ばしたが「二機とも応答なく撃墜されたる如し」という。さらに午後、二機を索敵に発進させたが何の連絡もないので攻撃作戦を中止した。ところが帰って来た「彩雲」搭乗員から、無電機の故障で連絡できなかったが室戸岬の南南東一〇〇浬《かいり》に空母二隻を含む機動部隊を発見したとの報告があり、宇垣長官は「第一戦法用意を発令、夜間索敵を実施せしむ。満月も沖天《ちゅうてん》に懸れり。今夜の攻撃に期待をかく」と、にわかに元気を出している。しかし夜間索敵はうまく行かず攻撃を中止した。

米側資料は、この日、米軍第三艦隊の高速空母機動部隊の艦上機部隊が内海の攻撃を実施し、呉海軍基地と、名古屋、大阪、三保の飛行場を爆撃し、戦艦「日向」、戦艦「伊勢」、戦艦「榛名」、護衛

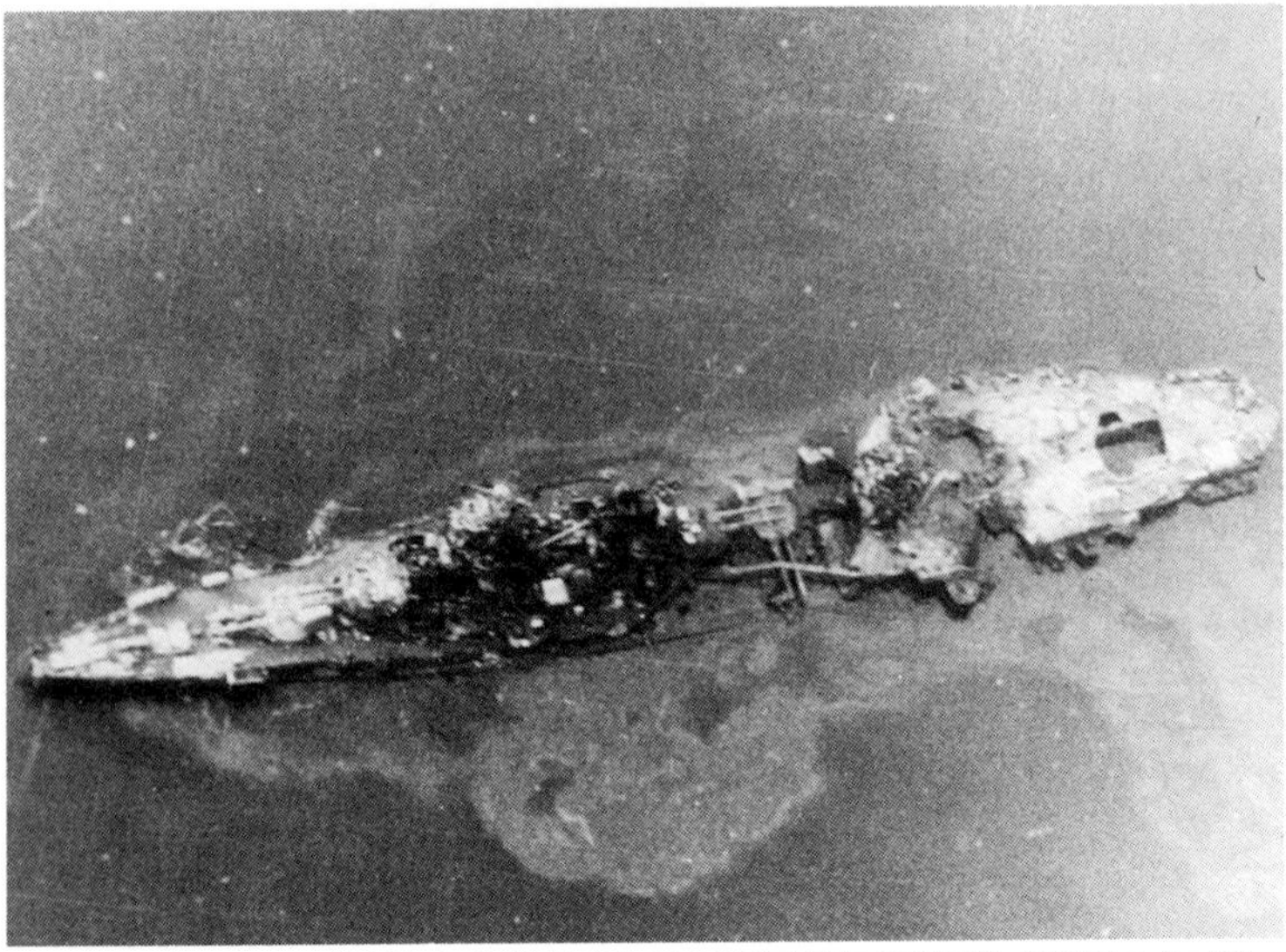

米軍機の空爆により「沈没」した戦艦日向（1945年7月24日撮影。米海軍の公式サイト「Naval History and Heritage Command」から）

空母「海鷹」、重巡洋艦「青葉」、旧式重巡洋艦「磐手」などを沈没させた、という。そうした被害に対し日本側資料では、「沈没」ではなく、「大破着底」とか「浸水着底」といっている（『別冊歴史読本　日本海軍総覧』新人物往来社、一九九四年）。瀬戸内海の浅海だったので「沈没」ではなく「着底」という言葉を使ったのであろうか。

＊喜界島にも重爆撃機B29来襲

（七月二五日）

喜界島には艦上機は来ず、午後一時頃、B29八機が来襲し、飛行場と対空砲陣地を爆撃した。中里《なかさと》集落も同時に爆撃されたが、すでに家はなく、破壊し尽くされた無人の集落に大穴を増やしただけであった。

上嘉鉄《かみかてつ》では、B29が落とした爆弾の破片で、園田カメ、友トモの二人が死亡した。ほかに女性一人が負傷した。畑で甘藷収穫中の受難だったという。

隣集落の手久津久《てくづく》では、三名の女性が海軍部隊の陣地構築中に爆弾の破片を受けて負傷している。手久津久の内陸部の丘には海軍の海面砲の陣地があったがそこが狙われたのであろうか。七月二〇日の爆撃もそうであったが、B29の空爆は、艦上機の場合よりも周到で、前もって偵察の上、目標を定めて爆撃しているように思われる。

宇垣長官の関心はすでに南西諸島にはなく、関心の方向は本州沖に現れた米軍の機動部隊である。索敵に出る「彩雲」の未帰還機も増えて、敵情をなかなか探れない。ようやく一五時頃、木更津を発進した「彩雲」が、潮岬《しおのみさき》の南南東六〇浬《かいり》に米軍の機動部隊の本隊を発見したが、鹿屋《かのや》から遠すぎるので出撃を断念した。「(第三航空艦隊の)流星約十機、夕刻、敵に迫りしも大部発見せられ撃墜せられたるが如し」と宇垣長官は『戦藻録』に記す。第三航空艦隊は四国から関東地方にかけて布陣する航空部隊で、南九州に布陣する第五航空艦隊より米軍機動部隊に近く、この「流星」は千葉県の木更津基地から発進している。「流星」とは聞き慣れない機種であるが、「天山」より新しい艦上爆撃機で、生産台数が少なく、沖縄航空作戦には使われていなかったようだ。実際に、この日、木更津を出撃した「流星」は八機で、うち四機が突入した模様だが戦果は不明、という(奥宮『海軍特別攻撃隊』、他)。

＊陸軍不時着残留組の最終送還

〔七月二六日〕

この日以降、喜界島ではさらに空襲の頻度が減った。米軍機動部隊による空爆の重点が南九州から関東に移ったからであろう。

宇垣長官は「本朝艦上機来襲の報なし」と記す。

〔七月二七日〕

この日も喜界島には空襲がない。

喜界島に不時着して船で奄美大島に渡っていた陸軍の不時着搭乗員一〇名は、古仁屋《こにや》の海軍水上機基地から内地（本土）に帰還した。この日、不時着搭乗員を迎えに来たのは海軍の二式大艇二機で、一番機には喜界島から来た一〇名を含む陸軍側の約二〇名が乗り、二番機には海軍が乗ったという（山田『暑い暑い喜界島の夏』）。

二式大艇と呼ばれた飛行艇は「同時代の外国製飛行艇を遥かに上回る性能を発揮した」と言われた四発の飛行艇である（前出『別冊歴史読本　日本海軍総覧』）。乗員は一〇名で、一六〇〇キロの爆弾及び魚雷を積む能力があったから、兵士二〇名ほどなら楽に乗れたであろう。仲が悪いと言われた海軍と陸軍の間にもこのような連携が取れていたのである。

＊「米軍最後の沈没船」

宇垣長官は「南方の天気も道開けて、敵機の来襲相当なり」とこの日の『戦藻録』に書くが、具体的な記載はない。鹿児島の串良《くしら》からは「天山」四機が沖縄泊地《はくち》の米軍艦船を求めて夜間雷撃に出撃した。宇垣長官は二八日の『戦藻録』に「昨夜の天山四機の沖縄雷撃は巡洋艦以下三隻を撃沈破せること敵電話により明らかにするを得たり」と記す。

米側資料によると、二八日の被害として、駆逐艦キャラハンが沈没し、駆逐艦プリチェットが損害を受けたという。場所は沖縄南端から南西約一〇〇キロの海域で、両艦とも同じ海域での被害である。「天山」の帰投が午前四時過ぎであるから、沖縄のその海域における被害の日付が翌日の二八日になっていても辻褄は合う。この四機のうち一機は帰投中、基地近くまで来て山にぶつかり墜落し、搭乗員三人は死亡した、という（宮本『われ雷撃す』）。

もっとも、ウォーナー夫妻『神風』記載のリストには、右の二隻の駆逐艦の被害は七月二九日で、二九日には宮古島から練習機特攻の第三竜虎隊八機が出撃したという。被害場所から見て宮古島から出た特攻によるものとの推測も否定はできないが、米側資料は、駆逐艦キャラハンの沈没が七月二八日で今次大戦の「米軍最後の沈没艦」としている。

なお、米側は「特攻による被害」としているが、この日の「天山」は特攻ではない。被害を受けた側が非特攻の夜間雷撃を特攻と認識する場合もあるだろう。どちらかに、日にちの誤認でもない限り、米軍が二八日の被害とする駆逐艦キャラハンの被害を、二九日宮古島発進の特攻によるものとは考えにくい。宇垣長官はその戦果を「敵電話にて確認」と述べているから、米側被害と「天山」の戦場到着時刻に矛盾がなかった故の判断であろう。

＊宇垣長官の放言「米英に無条件降伏を勧告すべし」

（七月二八日）

喜界島にはこの日も空襲がない。『平田日誌』は「早朝二時、敵機の爆音あり。起床して待避したが別に爆撃の音なし」と記す。平田氏の住む荒木《あらき》は飛行場から二キロほど離れた集落であったが、それでも就寝中に爆音が聞こえると安心して寝ておれず、防空壕に駆け込む様子が窺われる。ムヤ住まいの私たちはいつも洞窟の中だから夜中の爆音にも動く必要はない。

二八日、四国や中国、北九州には米軍艦上機が来襲した。米側資料によると、この日、呉《くれ》軍港を主要なターゲットにして、第三艦隊の空母機動部隊の艦上機が北九州と名古屋の間の、内海地域を攻撃し、空母「天城」、重巡洋艦「利根」のほか、旧式重巡洋艦、軽巡洋艦、駆逐艦、潜水艦などを撃沈したという。

他方、南九州には沖縄から、関東にはマリアナから、それぞれ大型機が来襲した。集中的に爆撃された大隅半島の笠原基地では、「弾痕五〇、陸戦用機銃弾十余万発が誘爆」する損害を受けたという。「彩雲」を偵察に出してもうまく行かず、宇垣長官はなす術がない。

〈七月二九日〉

七月二九日、三〇日、三一日と喜界島には米軍機が飛来はするが、空襲はない。

宇垣長官は七月二九日の『戦藻録』に「機動部隊の位置不明也」と相変わらず索敵ができないことを記した後「内容詳細不明なるも、米英支三国は帝国に対し無条件降伏を勧告する声明を発したるが如く、海軍大臣は部内に対し、斯かるものに捉わるることなく邁進すべき事を訓示す。力の足らざる訓示など言わずもがな、三国に対し無条件降伏を勧告すべし」と嘯《うそぶ》く。宇垣長官の反応は、〝闘志〟だけで戦争を遂行しようとする帝国軍人の典型である。前日の呉軍港における、手も足も出ない敗北など無かったかのようであるが、この人物の場合は「米英支に対し無条件降伏を勧告すべし」という言葉は「何が何でも降伏しない」という意味で、本心なのだろう。第一次「桜花」攻撃隊の出撃命令の際にも見られたように、彼我の力を客観的に検討しようとする冷静さが見えないのは、作戦のリーダーとしては本質的な欠陥があった、としか言いようがない。

台湾からは二九日、宮古島を経由して海軍の中間練習機（赤トンボ）八機が出撃し、うち四機が米艦に突入した。「赤トンボ」が特攻に使用されたのは、この時が初めてだという（奥宮『海軍別攻撃隊』）。同書は「戦果は不明」と書くが、米側資料によれば、この日、沖縄南端から南西五〇キロほどの海域で駆逐艦カッシング・ヤングと高速輸送艦ホーレイス・エイ・バスが特攻機による損害を受けた、という。どの程度の損害かは明らかでないが、宮古島から発進した練習機特攻による損傷と見て間違いないだろう。

5　五航艦司令部、鹿屋から撤退する

✴宇垣招待に欠席した鹿屋市長

〔七月三〇日〕

鹿屋《かのや》では相変わらず索敵行動がうまくいかず、米軍機の来襲は頻繁であるが、どこから来るのか「正体は皆目不明なり」と宇垣長官は嘆く。

この日、五航艦司令部は、大分《おおいた》に移動を開始し、横井参謀長や幕僚の一部が「零式輸送機」で大分

に移っていった。宇垣長官は鹿屋《かのや》に残り、夕刻、水交社での別れの晩餐会に臨んだ。

ところが、宇垣長官が招待した鹿屋市長、助役、警察署長、憲兵隊長のうち、市長と助役は欠席した。「連絡不良のため遂に来《きた》らず、寂しき晩餐となれり」と宇垣長官は言う。長官は「志気を落とさず今後の指導を依頼するつもりなりしが」と書くが、五航艦司令部と命運をともにするとの心意気で軍都鹿屋を支えて来たはずの市長らが「連絡不良のため遂に来らず」というのは不自然である。

鹿屋に近い志布志《しぶし》湾に米軍が上陸するとの想定を前にしての五航艦司令部の大分への撤退は、市民とともに現地に残る市長としては納得できない話だったのではなかろうか。欠席は私には婉曲的な不満の表明だったと思われる。

＊沖縄本隊と連絡途絶の喜界島派遣隊

巌《いわお》部隊の喜界島派遣隊では沖縄の本隊の様子がわからず、川村中佐を頂点とする巌部隊の指揮系統は事実上その機能を失っていた。しかし、五航艦司令部が南西諸島海軍航空隊（巌部隊）を組織として解隊したとの資料はない。巌部隊所属の「九六陸攻」一機が鹿児島の鹿屋に残っていたが、その搭乗員が飛行機とともに、鹿屋の九州航空隊に組み入れられたと書く元搭乗員の手記はあるが、それは飛行機とその搭乗員の所属変更の問題であり、組織としての解消、統合の問題ではない。

沖縄の小禄《おろく》の丘の地下壕に立て籠って戦い続けていた巌部隊本隊の隊員はもとより、喜界島、石垣島、南大東島の各派遣隊員も、依然として南西諸島海軍航空隊（巌部隊）所属の隊員だったのであり、巌部隊の呼称を使用していた。喜界島派遣隊は組織内に対空砲分隊や整備分隊のほかに、主計分隊や医療分隊などの補助的要員も整えており、本隊との連絡がなくなっても組織を保ち、巌部隊として伊藤大尉の指揮下で任務を遂行していた。

〔七月三一日〕

宇垣長官は、参謀長らに続き、この日、大分に移る予定であったが、台風が近づき、飛行機が飛べず、移動を延期して鹿屋に留まった。「この月も碌々《ろくろく》戦果挙らず、決号作戦準備に没頭して過ぎたり」と宇垣長官は書く。ずるずると敗戦を受け容れるしかない状況に向かっているのに、客観情勢に対する自覚は『戦藻録』を見る限り全くない。爆撃による民間の被害にも関心を示さない。没頭しているのは決号作戦、すなわち「本土決戦」の作戦である。

日本の空襲編集委員会『日本の空襲八　九州』の巻末「九州の主要空襲関係年表」は、この日、「戦爆連合四百機、鹿児島駅周辺を再度銃爆撃。被災三二五一戸。水俣をB25二四機が銃爆撃、死者二四人、日窒工場は操業不能。平戸、壱岐の離島も空襲。豊肥線朝地駅で即死一二人。長崎市はB24二九機の爆撃で死傷四六人」と記す。

喜界島の『平田日誌』の三一日の項は、「二時、Bらしい大型機の爆音に驚き待避した。双発機の四、五百機が内地に向かった」と記す。平田氏が見た喜界島上空を北上する大型機の群れは、占領して整備した嘉手納や伊江島など沖縄の基地から九州各地の空爆に飛び立っていたのである。

〔八月一日〕

この日以降、台湾からの沖縄特攻もなくなった。南九州から沖縄泊地《はくち》の艦船に対する夜間攻撃は細々と続いていた。依然として喜界島基地は、このような非特攻の海軍の攻撃機や偵察機に、燃料補給や被弾による飛行困難の際の不時着場として利用されていた。巌《いわお》部隊喜界島派遣隊は従前のように危険に曝《さら》されることは少なくなっていたが、いつ来るかわからない米軍機と友軍機に対処するために、気の抜けない日々を送っていた。おそらく喜界島では、沖縄の本隊は全滅したと思っていただろう。実際には、巌部隊本隊は、少数ながら、司令の川村中佐以下の生き残り組が小禄のことぶき山の壕に籠もって、生きるための戦いを続けていたのである。

宇垣長官から喜界島潜伏を命ぜられた爆装零戦隊の六人のうち一人は飛行機が空襲で破壊され本土に戻されたが、残りの五人はいつ届くかわからない長官の出撃命令を待っていた。

＊幻となった連合航空艦隊司令長官への昇進

宇垣長官の大分移動の飛行機は、天候状態が悪く、この日も出発できなかった。「汽車の方も状況判明せず、結局天候の回復を待つ他なきを遺憾とす」と『戦藻録』は記す。

〔八月二日〕

鹿屋《かのや》の天気は回復せず、宇垣長官は飛行機を諦めて、大分への移動を汽車で行くことにした。車で日豊本線の隼人駅まで行き、そこから一八時五〇分発の汽車に乗った。

ドイツ・ベルリン近郊のポツダムにおける米英ソ三国の首脳による、戦争終結に関する会議は終わった。

〔八月三日〕

宇垣長官は八月三日の午前七時四〇分頃、大分駅に到着した。空襲で破壊された鉄橋の修復箇所などもあって、三〇〇キロの移動に一三時間もかかる、のろのろ運転だった。

この夜、宇垣長官は「海軍総隊」の参謀長から電話で新しい任務への異動を知らされた。「近く聯合航空艦隊編成せられ、余は同長官兼三航艦長官に転補の筈にて幕僚の人選に就て意見を求むる処あり」と『戦藻録』に記す。「海軍総隊」は、一九四五（昭和二〇）年四月二五日に、全海軍を統括する機関として新設された組織である。その参謀長が、五航艦司令長官の宇垣氏に、聯合航空艦隊司令長官という、より上位のポストを新設して、その長官に任命するとの内示を伝えてきたのである。

宇垣長官は、一九四一（昭和一六）年一二月、日米開戦時の聯合艦隊参謀長で、指揮官としてエリートコースを歩んで来た。海軍上層部は、「本土決戦」を前にして、その宇垣長官に海軍の航空特攻全体を指揮させようと考えたのであろう。宇垣長官も「五航艦より三航艦に赴くは聊《いささ》か物足りなさあるも、全体の統轄上やむを得ざるべしと認む」と記す。「やむを得ざるべし」と言うが、第三航空艦隊司令長官と兼任で、航空艦隊全体を統轄する聯合航空艦隊の司令長官になるのであるから、満更でもない雰囲気が漂う。今や、日本の海軍航空隊には、使用できる飛行機は少なくなっており、海軍全体を統括して航空隊を運用する必要に迫られていたのだろう。『戦藻録』にはこの任務遂行の困難さに関する言及はない。しかし宇垣長官のこの出世話も結局は実現しなかった。敗戦の日は目の前に近づいていたのである。

✴第二国民兵として島民召集

この日の『平田日誌』は「義勇軍編成換えで第二国民兵の指導を受けるも、不服者多い」と記す。第二国民兵とは兵役の一種で「常備兵役・補充兵役及び第一国民兵役などについてない、満十七歳から四五歳以下の男子が服する国民兵役」という（広辞苑）。要するに軍隊教育を受けたことがない者も右の年齢に該当すれば根こそぎ兵役に就かせようというもので、喜界島の陸軍守備隊は四六時中否応なく命令に従う島民が欲しかったのであろう。平田氏によると、第二国民兵として義勇軍に編入された島民は、壕掘りだけではなく、軍のための芋植えなどもさせられたという。喜界島における籠城が長引くことを予測した守備隊の食糧確保のための措置だろう。しかし、平田氏は「結局は酒の原料だと思うと作りたくない」と記している。守備隊への不信感は隠然と広がっていたのである。

〈八月四日〉

日米ともに大きな動きはない。喜界島も南九州も静まりかえっている。

〈八月五日〉

相変わらず喜界島は静かである。潜伏特攻隊にも宇垣長官から声はかからない。

大分に司令部を移した宇垣長官は、のんびりした気持ちになったのか、早朝、参謀を伴い艦上攻撃機「天山」で富高基地の巡視に向かっている。富高は宮崎県日向《ひゅうが》市にあった海軍航空基地である。さらに夕刻、長官は大分の佐伯基地に視察に飛んだ。あまり空襲を受けていない基地らしく「この地、攻撃を受けたるは二度にして防備隊の外は厳存し庁舎も猶使用しあるは珍とすべし」という。また、「蠣崎《かきざき》方面に亘《わた》る中練特攻機の隠匿状況を巡視す」とも書いている。あの赤トンボ特攻機である。宇垣長官は特にコメントは加えていない。

＊原爆の惨害と宇垣長官の反応

〔八月六日〕

宇垣長官は午前八時三〇分、今までなかなか暇がとれず行けなかった歯の治療に、別府の海軍病院に出かけた。そのついでに、幕僚らの取り計らいで別府の温泉旅館に身を休め、「別府湾を俯瞰する静寂涼風と海軍倶楽部としての歓待は以て半歳の戦塵を洗浄し得たり」と手放しで喜んでいる。

ところがこの日、午前八時一五分、米軍は広島に人類史上初の原子爆弾を投下していた。この爆弾一発で広島市は一瞬にして潰滅した。一九五五年に原爆被害者が国を相手に起こした民事訴訟での原告側の主張によると、当時の広島の死者は二六万人、行方不明六七三八人、重傷は五万一〇一二人、軽傷一〇万五五四三人という。もっとも被告国は、軍関係者を除いて、死者は七万八一五〇人、負傷者五万一四〇八人だった、と答えている（東京地裁昭和三〇年（ワ）第二九一四号事件）。別の資料によると、一九四五年一二月末までの原爆による広島の死者は「一三万人から一四万人」だった、という（椎名麻紗枝『原爆犯罪』大月書店、一九八五年）。要するに原爆一発がもたらした惨害は、人間一人ひとりを数え上げることができないほどの、とてつもなく大きな被害だったのである。

〈八月七日〉

宇垣長官は「一日戦《いくさ》を忘れて午前九時十五分、山を下れば忽《たちま》ち空襲警報」という生活に戻る。そこで前日の広島の惨状を知った。

「昨六日午前八時二五分頃B29二、三機宛広島市上空に侵入、落下傘付大型爆弾を投下（二、三個）地上五〇米《メートル》位にて大閃光大爆発し瞬時にして家屋倒壊八割方消失。死傷十数万に及びたり」と『戦藻録』に記している。

宇垣長官は、この日傍受したサンフランシスコ放送が「広島市（陸軍基地）に対し青史未曾有の原子爆弾攻撃を実施せり。三万呎《フィート》の密雲の為結果確認し得ざりしも同爆弾、B29の爆弾（グランドスラム）の二万倍、ＴＮＴ二千噸《トン》に相当する効果を有す。七月十六日に実験の際に装置したる鉄塔は蒸発し二五〇浬《かいり》の地の硝子窓はガタガタ振い、六浬の人間はたたき伏せられたり」と報じた、と記し、「予《かね》て各国において研究せられつつありしウラニウム原子の利用によるものなること明瞭にして真に一驚異にして戦局の前途に一層の暗雲を加うるものなり」と正直な見解を述べている。

政府が、国民には「特殊爆弾」と称して曖昧にしていた爆弾について、宇垣長官はサンフランシスコ放送を傍受して、ほぼ正確に認識していたのである。しかしこれに対する対処としては、「（我が方は）速やかにこれが対策を講ずると共に同様爆弾の創始を望むものなり」と言う。一般国民よりも多くの情報を持ちながら、この将軍は、圧倒的な米軍の力を前にして現実を直視する視点を失ったのか、叶うはずのない願望を述べている。

✴塩焚《た》きと不時着機

空襲警報も解除もない喜界島では、安全の確認は自己責任で、島民は自分で判断して行動するほかない。七月も末になると、空襲がほとんどなくなったことに島民は感づいていた。真夏のある日、父は枯渇した塩を入手すべく、中里《なかさと》集落の放牧場入口から最も遠い海岸に私を連れ出した。

父と私は、岩と岩の間のわずかな砂浜の岩陰に、大人の頭の倍ほどの大きさの石をコの字型に並べてかまどを作り、その上に、トタン製の雨戸を裏返しにした応急の平鍋を乗せた。雨戸から早変わりした塩焚き鍋である。それに珊瑚礁の岩畳《いわだたみ》にできた「フムイ」と呼ばれる潮溜まりから塩水を汲んできて焚くのである。「フムイ」には波の荒い時に海水が入り込み、そのあと強い日差しで水分が蒸発して塩分を大量に含んだ海水が溜まっている。

「フムイ」から海水を汲んで塩焚き釜に運ぶ時は大空の下に身を曝《さら》す。ほとんど空襲がないとはいえ、いつくるかわからない米軍機への警戒は必要である。全神経を耳にして爆音の微かな音を探りつつ、バケツを下げて何度も往復する。何回も注ぎ足しながら焚いていると、塩の結晶の小山ができ始める。水分を含んでべとべとした結晶を竹製の笊《ざる》に入れてバケツの上に置いておくと、濃い茶色の液体がバケツに落ちて、笊にはさらっとした白い塩が残る。茶色の液体は豆腐を固める時に使う苦汁（ニガリ）である。

父がそろそろ終わりにしようかと話していた時、突然爆音が近づいてきた。私たちは大慌てでかまどの火に砂をかけて消し、岩陰に走った。岩陰と言っても空からは丸見えである。見つかったら絶体絶命と思って南の空から低空で近づいてきた飛行機を見ると、緑色のやや胴長の機体に大きな日の丸が描かれている。飛行場に向かって着陸しようとしていたのである。明るい時間帯に日本軍の飛行機が、悠然と降りてくる姿を見るのは、空襲が始まって以来初めてのことであった。

この飛行機が「悠然」と下りて来たように見えたのは、着陸前で速力を落としていたからである。いくら急いでいても着陸には速度を落とす。「悠然」という印象を受けたのは、ゆっくりした速度と、翼の「日の丸」を見たせいだろう。昼間に一機で飛んで来たことから推察すると、偵察機だった可能性がある。この飛行機が飛行場の方向のアダンの叢林《そうりん》の上に消えて行くのを見送りながら、私は、もしかして戦況が好転しているのかも知れないと思って、少し明るい気分になった。

実は私は内陸部をかなり歩いて海岸に出たので、飛行場からは遠いと思っていたが、そこは直線で測ると飛行場南端からから六〇〇メートルほどの海岸だった。喜界島の海岸は隆起珊瑚礁のごつごつした岩礁で覆われ、所々に沖から陸に向かって割れ目があって、岩礁は波打ち際に沿って真っすぐには歩けない。実際には海沿いの滑走路の南端は近かった。久し振りに見る日本軍機が手に取るような低空で着陸して行ったのはそのせいだった。

当時はわからなかったが、その不時着機は、高森一義少尉、藤村久芳上等兵曹、下森道之上等兵曹の三名が搭乗する偵察機「彩雲」で、八月七日、沖縄海域の艦船群を偵察中に被弾し、白昼一二時三〇分頃、喜界島に不時着したという（伊奈達郎編『戦記・偵察第四飛行隊』私家版、一九六二年／早瀬範夫氏提供情報）。彼らの搭乗機は修理できないまま喜界島で敗戦の日を迎えた。彼らの運不運については次章の「最後の沖縄特攻と喜界島基地の終焉」で触れることにする。

〔八月八日〕

宮本『われ雷撃す』によると、鹿児島の串良《くしら》から、沖縄周辺の米艦船に対する夜間雷撃のため、「天山」四機が出撃した。照明担当と雷撃担当の二機でペアを組んでいた、という。このうちの一機が帰途、喜界島に不時着した。

不時着したのは、南条知一中尉、十島二郎上等兵曹、田中郷上等兵曹ら搭乗の一機で、不時着した際、爆弾の穴に脚を取られて大破した、という。

『福岡記録』にも『平田日誌』にも、この日、空襲の記述はない。着陸機が弾痕に脚を取られたとすれば、修復する余裕もなかった近接時間に空襲があったのか、緊急着陸のため使用可能の滑走路の幅員《ふくいん》を外れたか、どちらかだろう。

＊ソ連の対日参戦と宇垣長官

〔八月九日〕

この日、ソ連が対日宣戦布告をして、「満州」や朝鮮北部に侵入し、日本軍と戦闘状態になった。

この日午前一一時二分、米国は長崎にも原爆を投下した。長崎の街は広範囲にわたって破壊され、前記訴訟での原告側の主張によると、その人的被害は死者七万三八八四人、負傷者七万六七九六人だったという。なお、その訴訟での被告国側の主張では死者二万三七五三人、負傷者四万一八四七人となっている。前述の椎名『原爆犯罪』によると、一九四五年一二月末までの死者は七万から八万である。

宇垣長官は、日独伊三国同盟締結の前から対ソ和平を期待していて、「不可侵条約迄至らざりしも日ソ和平条約を喜び、十六年六月の独逸の対ソ開戦に裏切られ、爾後《じご》独ソ和平を望み、又《また》最近に於ては日ソ修好を祈念せしが、ここに至りては全部水の泡となれり。帝国は之にて全世界を相手として戦うに至る。運命なる哉、今更、泣き言は言わず。敗れても悔いなき一戦に最後のご奉公を期するのみ、嗟《ああ》！」と記す。

宇垣長官が「日ソ和平条約」と言うのは「日ソ中立条約」のことであろう。一九四一年四月に日ソ中立条約をせっかく締結したのに、同年六月、ドイツが独ソ不可侵条約を無視して対ソ開戦に踏み切ったことで、ソ連が敵となってしまった。三国同盟では、三国いずれかが「現に欧州戦争や日支紛争に関与し居らざる国により攻撃されたる場合」の「政治的、経済的、軍事的な相互援助」を取り決め、それぞれの国のソ連との関係は「現状維持」を確認した。そう考えていた宇垣長官にとっては、ドイツのソ連侵攻は予想外だったのであろう。

日本の場合は、ソ連とは不可侵条約締結には至らなかったが、中立条約を締結していた。宇垣長官は、独ソ戦が始まりソ連がドイツの敵となったが、日ソ中立条約があるから米英との戦争に集中できるのではないかと期待していた。しかし、ソ連の対日参戦ですべての外交努力は無駄になった、という。

この文脈で読み解くと、宇垣長官は、ドイツの独ソ不可侵条約無視によるソ連侵攻で日独伊三国同盟を構成する国として、日本も、事実上、ソ連の敵となったと認識していたのだろうか。米英との戦争を開始するに当たって、ソ連が日ソ中立条約を守ってくれると願っていたことは伝わってくるが、ソ連の条約違反を非難する雰囲気は感じられない。「運命なる哉、今更、泣き言は言わず。敗れても悔いなき一戦に最後のご奉公を期するのみ、嗟！」とは、すべてを投げ出した諦めの心境だ。

翌日の日記に、「大村より来着せる源田司令の話によれば昨日長崎に投下せられたる同種の爆弾、大村より破裂状況を視認したりとの事なり。三菱造船所及び分工場共大破し、長崎市街又《また》一部破壊延焼せりとの事なり」と記すのみで、被害の具体的数値は挙げていない。

この日、海軍省人事局長から宇垣長官のもとに「内報至急親展電」が届き、一〇日付で、草鹿《くさか》中将を第五航空艦隊司令長官とし、宇垣氏を第三航空艦隊司令長官とする、人事の内定が伝えられた、という。宇垣長官は数日前に沙汰のあった新設予定の聯合航空艦隊の司令長官案について乗り気だったが「凡《すべ》て第三航空艦隊強化問題に進みつつあるに、聯合航空艦隊案に異議あるものもあるとの趣なり。如何にでもなるべし」となげやりの言葉を吐いている。敗戦が秒読みの事態に至ってもなお海軍の官僚システムの中での昇進への確執でもあったのだろうか。宇垣中将のために用意されたと思われる聯合航空艦隊司令長官の官職は、組織そのものができず、かけ声に終わった。

この日午後二時の閣議で戦争終結のための対策が協議されたが決定できず、午後一一時、この問題を協議するための特別御前会議が召集された。

6　ポツダム宣言受諾決定の日の喜界島

＊観艦式のように明るい沖縄米艦船群

〔八月一〇日〕

前夜の午後一一時から開催された特別御前会議は夜を徹して続行され、ようやく午前二時二〇分、外務大臣が提出した「天皇の統治大権と皇室の存続だけを条件にポツダム宣言を受諾する」との方針が、天皇の決断を受けて決定された。

この日、珍しく、喜界島に空襲があった。これまでも米軍機はときどき飛んではいたが、この二週間、攻撃して来なかった。ところが、この日は、『福岡記録』によると、午前一〇時頃、米軍機三機が飛行場を爆撃するとともに湾《わん》集落を銃爆撃し、一戸を焼失した。また、午前一一時頃には、三機が飛行場とは遠く離れている先内《さきない》集落を襲い、四戸を焼失した。太平洋戦争中の喜界島における最後の家屋焼失被害であり、先内集落では最初にして最後の被害であった。

なお、『平田日誌』は「早暁、爆音あり待避す。幾百機かの北上敵機の爆音あり」と記すが、空爆の記述はない。

この日の午後七時三〇分、鹿児島の串良《くしら》を飛び立ち沖縄泊地《はくち》の艦船攻撃に向かった雷撃機「天山」の搭乗員は、不思議な光景を目撃する。

「(沖縄上空を飛び続けて間もなく)われわれは、はるか海上にものすごい灯火の列を見た。その不夜城のような美しい光の列は、いったい何だろう。怪しみながら接近して見ると、なんとそれは、おびただしい敵の船団群であった。あらゆる艦という艦、船という船が煌々《こうこう》と灯をともし、観艦式のように並んでいる」(宮本『われ雷撃す』)

宮本兵曹たちは魚雷を発射したが、目標の船が灯を消しただけで他の船は灯も消さず、対空砲も撃ってこない。狐につままれたような気持ちで帰途についたという。

日本政府からの通知は「無条件」ではなくまだ戦争の終結を決定づけるものではなかったが、おそらく、条件付きながら日本政府からポツダム宣言受諾の意思が示されたとの朗報は、いち早く米軍艦船の兵士たちの間に広まったのであろう。

沖縄本島でも、破傷風になって中部の米軍病院に収容された沖縄県立一中の学徒兵による、「八月一〇日の午後八時頃だった。病院の米兵たちが「戦争は終わるぞ」と喜びのあまり、カービン銃を夜空にぶっ放して一晩中さわいでいた」という証言がある（兼城一編著『沖縄一中　鉄血勤皇隊の記録』下巻、高文研、二〇〇五年）。

✴再来搭乗員が驚く喜界島集落の惨状

宮本氏らは帰途、給油を兼ねて、前日不時着して搭乗機を大破した仲間を便乗させるため喜界島に向かった。喜界島上空に着いて周辺に米軍機がいないか見張りを厳しくしながら地上に「味方識別信号」を送ると、地上では直に着陸誘導の「夜設」をしてくれた。「夜設」とは、滑走路の位置を示す点灯装置で、米軍機の夜襲を避けるために消してあったのである。

着陸した飛行機が戦闘指揮所に向けて移動する途中、宮本氏は島の集落の惨憺たる被害状況を目撃した。「島の木という木は殆どなくなっていた。米軍の爆撃がいかにものすごかったかを物語っていた」と記している（宮本『われ雷撃す』）。

宮本氏は四月以降、二度喜界島に着陸しており、これが三度目だった。森をなしていた飛行場周辺の集落の、敷地を囲む防風林がこの数カ月でことごとく失われていたことに驚いたのである。確かに集落を森のように見せていた防風林は空爆で根こそぎ倒され、あるいは焼き払われていた。もっとも、喜界島のすべての集落がこのような状態になったわけではない。ほとんどの集落が被害を受けていたが「木という木が殆どなくなっていた」という情景は、私の観察では、中里《なかさと》集落の飛行場に隣接した周辺部で、集落の奥では、倒れた木が、倒れた状態で根を張って生きていたし、爆弾の破片で瑕《きず》を負いながらも立っている樹木もあった。

宮本氏の表現は、夜中に到着してまだ夜が明けぬうちに飛び立った搭乗員が目にした、飛行場から目視する限りの、集落の情景としては実感だったと思われる。

〈八月一一日〉

未だ夜の明け切らない喜界島基地を、福田、川村、宮本氏らの搭乗する「天山」は、南条、十島、田中ら三人を同乗させて、鹿児島に向けて発進した。この喜界島出発を宮本氏は著書の中で「脱出」と表現している。戦争末期の喜界島の位置づけは辛うじて味方が確保している島であり、イメージとしては、米軍の軍艦や航空機が自由に動き回る「敵地」内に孤立した基地だった。その感覚は、島に住み、島で暮らすわれわれのもつ感覚とは違うものだったと思う。

この日、喜界島に空襲はなかった。

第六章◉最後の沖縄特攻と喜界島基地の終焉

1　徹底抗戦を主張する宇垣長官

八月一一日の宇垣長官の『戦藻録』の記述は長い。

日本のポツダム宣言受諾の報道が海外でなされていることを、宇垣長官は情報主任の報告で知った。

この日の午前中、宇垣長官は、第三航空艦隊（奈良県大和基地）の司令長官への異動を前にして、五航艦司令部（大分）で幕僚たちに贈る揮毫を認めて過ごした。ところが、午後になって、情報主任が目の色を変えて、サンフランシスコ放送の傍受メモを持参して来た。

「日本は裕仁《ひろひと》をその侭《まま》とする条件の下に、ポツダム宣言に対し無条件の降伏を申込めり」

「戦略爆撃作戦司令官（在マリアナ）は、日本がポツダム宣言に対し回答する迄原子爆弾の使用を中止す」

宇垣長官は「嗚呼《ああ》！　何事ぞ火の無き所、煙は立たざるべし」と憤慨し、「斯《か》かる重大事項を何故に全責任を帯ぶる長官に一言せざるや。小輩等にはこれを秘して、半信半疑の前記放送は、余をして甚だしき驚愕を感ぜしめたり」と言う。

「全責任を帯ぶる長官」とは宇垣長官自身のことだろう。航空作戦に全責任を負っている自分を差し置いて、戦争終結の策を進めるとは、と抗議の気持ちを表明している。

続けて叫ぶように書き記す。

「米の原子爆弾により衝撃を受け更にソ連の参戦となり情況は層一層不利となれるも之等《これら》に対し策なきに非ず。而《しか》も我には猶《なお》充分なる戦力あり、只制肘《ただせいちゅう》せられて発せざるのみ（中略）矢弾《やだま》尽き果て戦力組織的抗戦を不可能とするに至るも、猶《なお》天皇を擁して一億ゲリラ戦を強行して決して降伏に出ずべからず。この覚悟徹底せば決して敗《やぶ》るものに非ず」

この人の発想には、国民の生命を大事にする視点が全く欠落している。弾が無くなっても、天皇を擁して、「一億ゲリラ戦」を強行して戦えば負けることはない、と言う。正気だろうか。国民全員がゲリラになって最後まで戦えば「決して敗るものに非ず」というのは、負ける主体がなくなるからそのとおりだろうが、それでは何のために戦っているのか。宇垣長官はさらに続けて記す。

「而《しこう》して、長官としての余《よ》個人にとりてもまた大いに問題あり。大命《たいめい》もだし難きも猶此の戦力を擁して攻撃を中止するが如きは不可能なり。決死の士と計りて猶為すべき処置、多大なる事を思う。予《かね》て期したる武人、否、武将、否、最高指揮官の死処《ししょ》も、大和民族将来の為、深刻に考究する処無くんばあらず。身を君主に委ね、死を全道に守る覚悟に至りては本日も更《あらた》めて覚悟せり」

「大命もだし難きも、攻撃中止は不可能」とはどういう意味だろうか。天皇の命令とあれば無視はできないが、戦いをやめることはできない、という矛盾した心理状態を述べているのだろうか。「決死の士と計り為すべき処置」とはどのような行為を指すのだろうか。逆賊の誹《そし》りを覚悟で国家権力の掌握を思い浮かべたのだろうか。しかし、結局のところは「最高指揮官としての死処」を得る、という考えに落ち着いたものと思われる。宇垣長官は、この日のサンフランシスコ放送を聞いて、政府から連絡が届く前に、ポツダム宣言受諾をめぐる政治状況に対する拒否の思いをその『戦藻録』に記していた。

2　喜界島潜伏特攻隊への出撃命令

八月一一日、宇垣長官は、喜界島に潜伏させていた爆装零戦隊に沖縄泊地《はくち》への出撃命令を発した。宇垣長官はなぜ唐突にこの出撃命令を出したのだろうか。

この時期、南西諸島海域における米軍機動部隊の動きには、喜界島に待機していた爆戦（爆装戦闘機）隊の特攻出撃を根拠づけるような変化はない。出撃命令のタイミングから考えると、この唐突な出撃命令の要因は、何らかの作戦上の必要にあるのではなく、この日情報主任がもたらしたサンフランシスコ放送によって生じた、宇垣長官の心の変化にあったのではないか。宇垣長官は、喜界島沖に現れるであろう米空母を五〇〇キロ爆弾を装着した五二型「零戦」を突入させて撃沈したい、と密かに考えていた。この夢が戦争終結で潰《つい》えてしまう。このままでは、宇垣長官直属の特攻隊として喜界島に潜伏させていたことが無駄になる。一か八か、沖縄近海にいるはずの米空母を攻撃させよう。宇垣長官はこのように考えたのではないか、と私は思う。

「一式陸攻」に「桜花」を吊り下げて米艦に近づき攻撃する作戦が、米軍の戦闘機群に阻まれてうまくいかず、「桜花」出撃が少なくなったため、護衛の五二型「零戦」に五〇〇キロ爆弾を装着して、これに「桜花」搭乗員を乗せて米艦に突入させようと、宇垣長官は考えたのである。この構想で編成されたのが「神雷爆戦隊」で、第一神雷爆戦隊の七機は、六月二二日実施の「菊水一〇号作戦」で出撃し、全員戦死した。

　喜界島にはいまなお第二神雷爆撃隊が潜伏を命じられていた。それは三機ずつの二隊で、計六機が分散秘匿されていたが、竹谷二等兵曹の一機は米軍の爆撃で破壊されて、八月一一日現在、喜界島に残存していたのは、指揮官岡嶋四郎中尉、星野實一等兵曹の二機編隊と、指揮官岡本鼎中尉、細沢実一等兵曹、松林信夫二等兵曹の三機編隊の、合計五機である。この特攻隊は、喜界島に進出する際に、宇垣長官の直接の指揮を受けるよう指示されていた。本来の所属隊である第七二一海軍航空隊（神雷部隊）桜花隊はすでに「本土決戦」にシフトして石川県の小松基地に移動しており、喜界島の第二神雷爆戦隊には所属隊からの連絡はない。彼らは、ひたすら宇垣長官の次の命令を待っていたのである。

　島には飛行機を格納するコンクリートの掩体壕《えんたいごう》が一基あり、他はコの字型の土手を築いて上を木の枝などで覆っただけの野ざらしの格納庫だった。五機の「零戦」はこれらの格納庫に分散して秘匿されていたが、銃撃による火災を避けるためにガソリンを抜いてあり、いざ出撃しようとするとエンジンの不具合の機も出てきた。整備員による懸命の作業にもかかわらず、出撃命令を受けてすぐ出撃、というわけにはいかなかった、という。

喜界島に残る第二神雷爆戦隊の特攻機が格納されていた掩体壕（筆者撮影）

〔八月一二日〕

戦争を主導する国の最高責任者たちの間では、ポツダム宣言受諾をめぐって紛糾している。特に米国務長官の回答の中の「日本天皇及び日本政府は……聯合国最高司令官に服従「subject」するべきものとす」という文言をめぐり、軍部が反対した。陸軍の参謀総長と海軍の軍令部総長は連名で天皇に、反対の意思を上奏している。

八月一二日夜、鹿児島の串良《くしら》基地から、非特攻の「天山」艦攻四機が沖縄泊地《はくち》攻撃に出撃し、一機が帰って来なかった。米軍側資料によると、この日、戦艦ペンシルベニヤが沖縄海域で航空魚雷により大破し、死者及び行方不明者二〇名の損害を出した、という。被害場所の経緯度から見て、中城湾《なかぐすくわん》に碇泊中だったと思われる。この時期の夜間雷撃は深夜に実行されるので攻撃の日時が出撃の翌日になることがあり、被害日時との関係で攻撃部隊の特定には注意を要するが、この時期、沖縄泊地の夜間雷撃に出ていたのは、私の知る限り串良出撃の雷撃隊だけである。

宇垣長官はこの日、海軍大臣と軍令部総長の連名による訓令を受領した。それは、ソ連が参戦したことによっていよいよ国家危急の時となったこと、最後の一人までも奮闘すべきであること、政府は連合国に対し和平交渉を開始したこと、世論に惑わされず統制を保ち、国策方針に合致するように行動すること、などを内容とするものであった。

宇垣長官は『戦藻録』に、「之《これ》により是《これ》を観れば、この種の交渉ある事、正《まさ》に確実となり不愉快至《し》極《ごく》なり」と記す。前日傍受した米国の放送ではいろいろ心を乱されたが、半信半疑であった。しかしこの訓令で、サンフランシスコ放送がデマでないことを確信したのである。ところがその後、海外放送が「(連合国は)裕仁及びその子孫の地位継続を認めず、要求を拒否せり」と放送したとの情報に、宇垣長官は「サッパリしたる気持なり」と記す。

海軍総隊司令長官からは「強固なる決意の下に既定の作戦を強行すべき」旨の「親展電」が届く。宇垣長官はこれを受けて、「何となく内輪破れの感ありて、交渉は別個の瀬踏みと見做《みな》すべしと言うが如し」と書き、戦争継続の方向に幾らかの期待を持つ。

この日の夜、宇垣長官は参謀たちと作戦会議を開き、陸軍側の第六航空軍の決号作戦準備状況を調査に行った参謀の報告を聞き、「計画一向に進み居らずと憤慨す」と『戦藻録』に記している。

3　第二神雷爆戦隊の出撃とその結果

＊爆装「零戦」五機の発進

〔八月一三日〕

この日の一二時頃、喜界島には米軍の小型機八機が来襲し、飛行場と対空砲陣地を爆撃した。『福岡記録』は「軽度の爆撃のみ。害なし」と記し、『平田日誌』は「午前九時頃、敵機五、六〇機が北上した。内地の空襲である。一二時頃、八機現れ、近頃にない陣地爆撃ありて、心を寒からしめた。午後五時頃大雨となった」と記す。

巌《いわお》部隊喜界島派遣隊の整備分隊は一一日の夕方から五機の「零戦」の整備と爆装に多忙を極めた。米軍機の爆撃を避けるため分散して二カ月間、ガソリンを抜いて隠してあった飛行機を整備するのである。やっと整備が完了してこの日、一三日の夕刻の出撃と決まった。

薄暮の喜界島基地は久し振りの特攻出撃で緊張に包まれていた。東京では政府と軍部の最高戦争指導会議で戦争終結をめぐる論争が続いている。しかし、出撃する爆装「零戦」の搭乗員らは、戦争終結についての議論が最終段階に入っていることは知らない。宇垣長官の命令が出たから出撃するだけで、彼らは、自分たちの特攻死が、日本の運命にどのような意味を持つのか、知ることも考えることも許されない。大日本帝国の駒《こま》として指示されるままに動くだけで、彼らにできることは搭乗機をうまく操り、米艦を求めて突入して行くことだけである。

島の私たちは、この日の出撃のことは知らなかった。『福岡記録』も『平田日誌』も空襲のことには触れているが、この出撃については何も書いていない。平田氏はこの日の午後五時頃、大雨が降ったことを記しているが、南の島によく降る通り雨だったのだろう。飛行場から三キロほど北の集落に住む友人から聞いた話によると、彼は集落の近くの丘からその発進の状況を見たという。暮れなずむ空に見る久し振りの編隊による出撃を珍しいものを見る思いで見送った、と手記に書いている。出撃時に雨は降っていなかったのである。

沖縄航空作戦も終わり特攻基地としての作戦上の必要がなくなった喜界島基地には、基地司令もすでにいない。航空基地の最上級の士官は巌《いわお》部隊喜界島派遣隊長の伊藤三郎大尉である。第二神雷爆戦隊の出撃の際、戦闘指揮所には伊藤大尉がいた可能性はある。戦後、この特攻隊の生存者の岡本鼎中尉に会って話を聞いた時、彼は、現地には自分たちの指揮官は居らず、彼がこの特攻隊の全体の指揮官だった、と答えた。宇垣長官の出撃命令を受けた後、整備兵らの整備完了を待って、現地で具体的に出撃日時を決めたのは岡本中尉自身だったという。機体整備、給油、五〇〇キロ爆弾の装着など、世話をしてくれた巌部隊の整備員らの見送りは当然あったであろうが、特別な儀式めいたことはなく、通常の出発と変わりのない、淡々とした出撃風景であった。

出撃はまず第二小隊の岡嶋四郎中尉と星野實一等飛行兵曹の二機が発進し、続いて第一小隊の岡本鼎中尉、細沢実一飛曹、松林信夫二飛曹の三機が飛び立った。松林機は離陸の際に小さな凹みに脚を引っかけたが、スピードが出ていたせいか、そのまま離陸した。しかし車輪が格納できない状態になり、編隊から遅れがちになった。徳之島《とくのしま》上空を過ぎたころ、今度は隊長の岡本機にオイル洩れが生じて、風防ガラスが曇り始めた。このまま飛んでも目標が見えなくなり、目的達成はおぼつかないと判断した岡本中尉は、三機で引き返すことを決意した。

そのあと爆弾を抱えて着陸するのは危ないので、三機は喜界島の飛行場沖で爆弾を投棄して着陸した。離陸の際に片方の脚が破損した松林機は、胴体着陸して使用不能になった。

しかし、宇垣長官の出撃命令は維持されたままである。整備が済み次第、残った二機で再度出撃することは当然のこととして、彼ら自身も基地の要員たちも行動した。戦後、私が岡本中尉に会って、再出撃の予定日はいつだったのか聞いた時、彼は八月一六日を出撃日に決めていた、と述べた。

一方、第二小隊の二機は一路、沖縄に向かった。彼らは戦争終結が間近に迫っていることなど知る由もない。米軍兵士らには、条件付きながら日本がポツダム宣言受諾を通知して来たとの朗報が伝わり、喜びに沸いている。しかし何も知らない岡嶋、星野の二人の特攻隊員は、五〇〇キロ爆弾を装着した「零戦」を操縦して、沖縄の中城湾《なかぐすくわん》に碇泊していた米軍艦に相次いで突入した。

【海軍第二神雷爆戦隊】（「零戦」二機）
海軍中尉・岡嶋四郎（一九二二〈大正一〇〉年生・千葉県出身・飛行専修予備学生一三期）
一等飛行兵曹・星野實（一九二六〈大正一五〉年生・京都府出身・甲種飛行予科練習生一二期）

宇垣長官は一三日の『戦藻録』に、「今薄暮過ぎ喜界島よりの爆戦は艦艇及び空母に各一、体当りせる事、概ね確実なり」と記している。おそらく受信した無電が、一機からは艦船を特定しない突入電が入り、別の一機からは「空母」への突入電が入ったのであろう。実際には、二機とも同じ揚陸輸送艦ラグランジに突入していた。

＊揚陸輸送艦ラグランジの戦闘報告

私は、米側の被害艦船のリストにある揚陸輸送艦ラグランジがこの特攻隊の被害艦だと推定して、米国の「情報の自由法」に基づいて合衆国国立公文書館から八月一三日の同艦の戦闘記録を取り寄せて調べてみた。その結果、被害時刻と被害場所から見て、ラグランジの被害は喜界島から出撃した二機によるものだと確信した。その戦闘報告書には二機の突入状況が克明に記されていた。

①一機目の突入状況

「八月一三日一九時四七分三〇秒、敵機が本艦に向かって突入してくることに気がつく。その時の敵機との距離は一〇〇〇ヤード（引用者註：約九一〇メートル）、位置角度一〇度、突入角度一〇度で、速度は時速約三〇〇マイル（引用者註：約四八〇キロ）であった。機種は単発、低翼、単葉で、トージョー（引用者註：二式戦闘機「鍾馗」）かジーク（引用者註：「零戦」）と思われる。敵機は第三ハッチの二五フィート（引用者註：約七・六メートル）上を通過し、右翼を右舷第三船首斜檣《しゃしょう》（引用者註：斜めの帆柱）にぶつけ、左翼を左舷キングポストにぶつけた。一九時四八分、敵機は士官室甲板の上部構造の左舷側に突入して、機体と内部搭載の爆弾の同時爆発の結果、二〇〇フィート（引用者註：約六〇メートル）の火柱をあげた。当艦の全ての電力が瞬時に失われ、蒸気消火設備、空調装置、艦相互及び艦内部の通信機構、主要推進機能、浄水装置、補助蓄電装置などが利用できなくなった。一九時四九分三〇秒、総員、司令部に集合するよう口伝えで命じた。一九時五〇分、全ての無傷の砲に人員を配置した」

②二機目の突入状況

「二機目の飛行機が艦に向かって急降下で近づいてくる音が聞こえたが、艦がガソリンの燃える火焔に包まれていたため見えなかった。姿を見せた時は二五〇ヤード（引用者註：約二三〇メートル）に迫っており、位置角度一〇度、突入角度一五度、時速約三〇〇マイルで、炎上中の艦に真っ直ぐに機首を向けていた。機種は最初の機と同じ。同機は、左舷キングポストの最上部に設置した換気設備に左翼をぶつけながら、第三ハッチの上、四五フィート（引用者註：約一四メートル）上を通過し、第二短艇昇降装置の上で左舷側に沿って向きを変えて前部凹甲板の左舷側の二〇ヤード（引用者註：約一八メートル）先の海面に突っ込んで爆発し、艦の前部に、ガソリンや機体の一部や海水を降り注《そそ》いだ。一九時五〇分三〇秒には三番目の飛行機が船尾方向一五〇〇ヤード（引用者註：約一三七〇メートル）、位置角度一〇度に見えたが、他の艦船を撃つ危険があったため本艦は射撃せず、周辺の他の艦船が直ちに射撃して追い払った」

③謎の第三の飛行機

この戦闘報告書は第三の飛行機がいたことを記しているが、この攻撃に加わったのは二機である。その時刻に沖縄の海域を飛んでいる日本軍の攻撃機がいた記録はない。あるいは偵察機が飛んでいたかも知れないが、今のところわからない。米軍の夜間戦闘機だったこともあり得る。

なお、この戦闘報告書は「機体と内部搭載の爆弾の同時爆発」と記し、搭載されていた爆弾を「五〇〇ポンド」の「普通爆弾」と推定しているが、実際には、五〇〇キロ爆弾、ポンド換算で約一一〇〇ポンドの大型爆弾一個を搭載していたのである。この爆弾は「士官室甲板の上部構造」の後部に入り込み、さらに艦の左舷に向かって進み、甲板を貫いて爆発したという。

この特攻機突入で、士官を含む兵員一八名が即死し、一三名の重傷者を含む多数の負傷者を出し、艦は戦列に復帰できないほどに大破した。戦死者と重傷者については氏名や階級も記録されているが、負傷者の総数は、戦闘報告書には記載されていない。しかし、岡本幸和氏の書いた「カミカゼ・ヒット「米艦」損傷度調査」(『丸』一九九五年九月号所収)によると、揚陸輸送艦ラグランジが八月一三日特攻機に突入されて大破し、戦死二一名、負傷者八九名という大損害を蒙った、という。死者が戦闘報告書より三名多くなっているのは、作成時期の違いで、重傷者の中から死者が出たことを示すものと思われる。ラグランジの死傷者は一一〇名に及んでいる。

✴戦略的にも戦術的にも無意味な特攻

宇垣長官はこの突入電を聞いて「艦艇及び空母に各一体当り」と『戦藻録』に記したが、被害艦船は一艦で、空母ではなかった。しかし五〇〇キロ爆弾を抱えた特攻機の破壊力は大きかった。そういう意味では、宇垣長官の企図した特攻の、最後の一機はその破壊力という点で、狙いどおりの結果を示したことになるだろう。

しかし、第二神雷爆戦隊に対する宇垣長官の特攻出撃命令は、何らかの作戦上の必要に基づくものではない。それでは何のための出撃命令だったのか。どう見ても、この特攻は戦術的にも戦略的にも無意味なものであった。私には宇垣長官の発言や行動から、国民や国土を愛する気持ちは全く感じられない。彼はただ個々の戦闘に勝ちたいだけの〝戦争屋〟だったのではないか。指導者にとって、組織を擁しての戦闘は、終わらせ方こそ難しい。「大命もだし難きも、猶この戦力を擁して攻撃を中止するが如きは到底不可能なり」とは、戦争指導者としての無力の表白である。特攻肯定によく使われる「他に選択肢はなかった」との主張は、出撃のタイミングや攻撃目標から見て、第二神雷爆戦隊に対する出撃命令には通用しない。

この、時ならぬ沖縄特攻による日本とアメリカの若者たちの死は、他の特攻による死に比して、さらに空しくあわれであり、私はぶつけどころのない怒りを感ずる。それは、たまたま、この特攻出撃基地が、私の故郷、喜界島だったという事実のゆえに増幅されているのかも知れないが、最大の理由は、その死の時期と方法から感じられる、無意味さゆえである。戦争を推進した国家にとってもこの特攻死は、国家目的を失っているがゆえに無意味であり、さらにその突入目的を達成して成果を挙げ、日米双方の若者を無駄死にさせたがゆえに、空しさが増幅するのである。

4　特攻実施日を誤った記述の検証

＊出撃日を誤認した著名文献

米側資料で揚陸輸送艦ラグランジが沖縄で八月一三日に特攻機に突入されたことがわかっていながら、どの特攻隊による被害か不明（森本『特攻』、他）とされてきたのは、喜界島出撃の最後の特攻隊員の戦死日が「連合艦隊告示」などで「八月一一日」と記載されていたからであろう。

私自身、喜界島出身ではあるが、敗戦直前に特攻隊が喜界島から出撃したこと自体を知らなかったし、戦後に会った整備兵らの話でも、敗戦の前日であったり、前々日であったりして、記憶による証言はまちまちであった。私は、「神雷部隊」関係の出版物などから「一三日」説を信ずべきだろうと思っていたが、巷間《こうかん》流布されている「八月一一日説」を否定するには、なお確かな証明が欲しいと思って、いろいろの情報を頼りにこの特攻隊の生存者の岡本鼎氏と細沢実氏の消息を求めていた。

その消息は、たまたま知り合った巖《いわお》部隊喜界島派遣隊の整備兵だった同郷の宮原清二氏から、岡本鼎氏が「海軍航空基地戦没者慰霊之碑」の除幕式に出席されるとの情報を得て、生前の岡本氏と喜界島で会うことができ、出撃日が「八月一三日」であることを確認した。

✴戦史研究者らが間違える原因

海軍航空戦史研究で著名な奥宮正武氏は、その著書『海軍特別攻撃隊』で「八月十一日、零戦特攻五機が喜界島を中継基地として夕刻沖縄周辺の敵の艦船群の攻撃に向かい、うち二機が突入した模様であるが戦果は不明であった」と記している。奥宮氏が「喜界島を中継基地として」と書くのは、この特攻隊が二カ月も喜界島に潜伏していたことを知らなかったからであろうし、出撃日を「八月十一日」と書くのは防衛庁防衛研修所戦史室編の『戦史叢書　沖縄方面海軍作戦』（朝雲新聞社、一九六八年）の記述や、特攻隊員を顕彰した「連合艦隊告示」を信用して書いたからだと思われる。「八月一一日」説の出どころは権威がある文献で、それに依る研究者は多い。素人の主張はよほど確実な証拠がない限り信用してもらえない。

私がこだわるのは、出撃日の史実だけではない。私の故郷の喜界島を最後の地として特攻死した二人の兵士を悼み、その名前と命日を曖昧なままにしておきたくないからである。その気持ちで戦死日を追求した結果、彼らの出撃が「八月一三日薄暮」であることを特定することができ、揚陸輸送艦ラグランジの戦闘記録から特攻死の情況も明らかにできた。史実を見るのに、命令する側からだけ見ては事実を誤る。現場の実態を見る努力も必要であろう。

八月一三日薄暮、喜界島基地を発進した岡嶋中尉と星野一等兵曹は、沖縄特攻最後の戦死者であり、一一〇名の死傷者を出した揚陸輸送艦ラグランジは、米軍の太平洋戦争最後の被害艦であった。

5　日本降伏の前日の喜界島

＊最後の御前会議

〔八月一四日〕

午前一一時、東京では宮城（皇居）内の防空室で御前会議が開かれた。御前会議を招集した理由は、天皇がポツダム宣言受諾の意向を示した後も陸海軍の一部に敗戦を受け容れられない将官が存在し、戦争終結の決意を天皇が示す必要があったからであろう。この御前会議で、天皇は「自分の非常の決意に変わりはない。……戦争を継続すれば国体も国家の将来もなくなる。……今停戦せば将来発展の根基は残る。……速やかに詔書を出してこの心持ちを伝えよ」と述べた、と梅津参謀総長はメモに残している（参謀本部編『参謀本部所蔵　敗戦の記録』原書房、一九八九年）。御前会議でも、梅津参謀総長は、阿南《あなみ》陸軍大臣らとともに「本土決戦」論を強く主張していたが、引き下がらざるを得なかった。

＊夜間雷撃隊「天山」二機不時着

この日の夜も鹿児島の串良《くしら》から「天山」四機が出撃した。沖縄泊地《はくち》の米艦船はすでに戦争が終わったかのように警戒を解き、煌々《こうこう》と灯りをつけていたという。この雷撃隊のうち一機が片翼を破損して、喜界島基地に不時着した。この機が喜界島に不時着した数十分後に、僚機が燃料不足で不時着したので、これに便乗して串良《くしら》に帰った、という。

なお、残りの二機は撃墜されたものと思われていたが、一機は海上に不時着して、搭乗員三人は漂流中、敗戦から一〇日後の八月二五日、喜界島東方五〇キロの海上で、たまたま南方からの復員輸送に従事していた第二明神丸に見つかり、奇跡的に救助された。しかし、うち一人は本土に着く前に死亡し、無事に本土の土を踏めたのは二人だけだった、という。

この日は、喜界島では上空を米軍機が通過しただけで空襲はなかった。この日、停戦交渉中との噂が一部の島民の間に流れた。喜界島の海軍部隊では無線班が米軍通話を傍受していたから、あるいはそこから漏れて来た情報かも知れない。『平田日誌』の八月一四日の項に「午前八時、内地空襲の北上中の敵機、威勢を揃えて去った。停戦条約中なりと」と記している。私は日本降伏の前に「停戦条約」の噂を聞いた記憶はないが、大人たちの間にはそのような噂が流布されていたのかも知れない。

巌《いわお》部隊喜界島派遣隊の整備分隊は、故障で帰って来た第二神雷爆戦隊の飛行機を懸命に整備した。しかし、片脚を破損して胴体着陸した松林二等兵曹の飛行機は直せない。岡本中尉の機はオイル漏れがなかなか直らない。細沢一等兵曹の飛行機だけが問題なかった。

民間に噂として流れた降伏への動きについては、神雷爆戦隊の彼らに伝わったかどうか。仮に伝わったとしても、命令で動く彼らの行動を左右させる要因にはならなかったのかも知れない。岡本中尉は、戦後に私が会った時には「特攻出撃を取りやめたことはなく、八月一六日再出撃の予定であった」と話していた。再出撃となれば、飛行機がある岡本、細沢の二人の出撃ということになり、松林兵曹だけが生き残るはずであったが、敗戦による出撃取りやめで、後述するように、生死の運命は変わった。

6　日本降伏の日

〈八月一五日〉

✴戦争が終わったってどういうこと？

喜界島にいた陸海軍部隊には八月一五日（ポツダム宣言受諾は正確には一四日夜）のうちに敗戦の情報は伝わったという。喜界島の小野津《おのつ》駐屯の舟艇特攻、第一一一震洋隊長だった後藤三夫氏の手記によると「（引用者註：八月一三日午後、特攻戦即時待機が発令されたが）特攻出撃の発動のないまま八月一五日の夕刻、停戦の緊急電が届いた」（「喜界島戦記」『榕樹』第一〇号所収）、という。後藤氏はその日の正午の「玉音放送」のことには触れていない。喜界島の各部隊では本土の放送局のラジオは聞けなかったのかも知れない。

私には、戦争がいつ終わったのか、明確な認識はなかった。相変わらずムヤにこもって暮らす日常の継続であったし、米軍機が上空を飛んでいた。大人たちが認識するような「戦争は終わった」という言葉が現実に何を意味するのか、理解できなかった。私にとって現実の戦争とは米軍機が機銃や爆弾で攻撃してくることであり、今、低空を飛んでいる米軍機の搭乗員が機銃の引き金を引かない保証がどこにあるのか、その恐怖を払拭する根拠を知らなかった。

しかし、大人たちは戦争が終わったことを早ばやと知ったのであろう。『平田日誌』は八月一五日の日付で「本日無条件降伏をなしたという。哀れ哀れ。あの軍部の威勢は何所に」と書いている。喜界島の部隊に伝わった情報は、島民の間にもすぐに伝わっていたのだ。

✴在島陸海指揮官会議は対策立たず

喜界島駐屯の陸海軍各部隊は停戦の緊急電を受けて、滝川《たきがわ》集落に司令部を置く陸軍守備隊指揮官の田村少佐のもとで「指揮官連絡会議」を開いている。おそらく、戦争終結にどう対処するか、話し合うために集まったのであろう。第一一一震洋隊の後藤三夫中尉は「滝川での各隊指揮官連絡会議に出ても、ソ連の対日宣戦や長崎の原爆投下は知ったが、皆苛立ち、居丈高になるばかりで、肝心な目先の終戦の対応には、これと言った進展もなく、隊に戻れば下から突き上げられて、しばし途方に暮れた」という（前出「喜界島戦記」）。おそらくどの隊にも若くて威勢のいいのがいて、こういう時は騒ぎ立てる。しかし、戦闘部隊の若い兵士たちは別にして、私が見ていた下級の兵隊たちは食べ物も不足しており、精神的にも肉体的にも、米軍と持久戦を行なう力はなかったと思う。

＊「震洋」特攻隊には緊急離島命令

後藤中尉によると、震洋隊には緊急連絡があり、大島防備隊の谷口司令から、特攻搭乗員を連れて速やかに佐世保に引揚げるよう、命令が来たという。震洋隊は「震洋」艇搭乗員と整備などの補助要員で構成されていたが、特攻要員である搭乗員のみの島外急きょ脱出が指示されたのである。

彼らが島を離れた日にちは明確ではないが、後藤中尉は「島人への暇乞《いとまご》いもそこそこに、あとを中島兵曹長に托して取るものもとりあえず、大島防備隊に集結した」と書いている。いつとは書いていないが「取るものもとりあえず」というのは命令即実行という慌ただしい様子だったことがうかがえる。

他方、第二神雷爆戦隊の残存隊員に対しては撤収命令は届いていない。命令者の宇垣長官は大分の基地にいるものの、すでに五航艦司令長官ではないという態度で、周りの者に（自分が死んでも）後任の草鹿《くさか》龍之介中将が今夕到着するので「爾後《じご》の収拾に何等支障なし」と述べており、喜界島に潜伏させた第二神雷爆戦隊の生存者のことを考える余裕はなかったのであろう。第二神雷爆戦隊の岡本中尉は、敗戦という緊急情報にもかかわらず宇垣長官から何の連絡もないことに不審を抱きつつ、どう対処するか決断しかねていた。

この日の『福岡記録』は「停戦命令ありたりと海軍部隊より伝えらる」と書く。在郷軍人で編成された陸軍混成第一七中隊長の福岡氏は「停戦命令」を海軍から聞いている。海軍の佐世保鎮守府からの「停戦命令」が早く到着したのだろう。『平田日誌』は、この日の記述に、日本が「無条件降伏」

をしたと記す。この情報は海外放送を傍受した海軍の通信隊からの情報であろう。

7　宇垣長官の最期

宇垣長官は、一五日夕刻、大分《おおいた》基地にいた彗星艦爆隊に沖縄への出撃を命じ、自らの自殺行に一一機二二名を道連れにして飛び立った。三機は途中で不時着したようで、残りの八機はどうなったのか。幾つかの憶測がなされているが、明確な情報はない。この彗星艦爆隊は、国分《こくぶ》基地に司令部を置く七〇一空所属の大分分遣隊だった。七〇一空と言えばその司令は木田達彦大佐であり、沖縄戦が始まった四月初めから五月にかけ喜界島に来て艦爆隊の夜間出撃を指揮した人である。傘下の彗星艦爆隊が宇垣長官の命令で「出撃」するのに、大分分遣隊の隊長・中津留大尉は上司の木田司令に対し、承認を得ることまでは必要がないにしても、少なくとも連絡はするのが、組織人としては普通ではなかろうか。木田大佐が、宇垣長官のある種の「謀反」に対して自分の部下が協力することにどのような対応をしたのか、知りたいところだが知る術はない。

宇垣長官は八月一五日の『戦藻録』の最後の項で次のように述べている。宇垣長官の「謀反」を支える思想を知る上で大事だと思うので、少々長いが引用する。

「呉鎮《くれちん》（引用者註：呉鎮守府）を通じてGB（引用者註：海軍総隊）は当司令部に対し対ソ及び沖縄積極攻撃を中止すべく命ず。愈々《いよいよ》降伏を裏書きするに似たり。最後迄《まで》戦うべきに本指令は我が意を得ざるなり。外国放送は帝国の無条件降伏と正午陛下の直接放送あるを報じたり。茲《ここ》に於て当基地所在の彗星五機に至急準備を命じ、本職直率の下沖縄特攻突入を決す。正午君が代に続いて天皇陛下御自《おんみずか》ら御放送遊ばさる。……参謀長に続いて城島十二航司令、余に再考を求めたるも、後任者は本夕刻到着すること明らかにして爾後《じご》の収拾に何ら支障なし。未だ停戦命令にも接せず、多数殉忠の将士の跡を追い、特攻の精神に生きんとするに於《おい》て考慮の余地なし。……事茲《ことここ》に至る原因については種々あり。自らの責、亦《また》軽しとせざるも、大観すればこれ国力の相違なり。独り軍人たるのみならず帝国臣民たるもの、今後に起るべき万難に抗し、益々大和魂を振起し、皇国の再建に最善を尽くし、将来必ずやこの報復を完《まっと》うせんことを望む。余は又《また》、楠公《なんこう》（引用者註：楠木正成）精神を以て永久に尽くす処あるを期す」

宇垣長官は、日本のポツダム宣言受諾の動きを知った後に喜界島に潜伏させていた第二神雷爆戦隊に出撃を命じただけでなく、天皇の戦争終結に関する「詔勅」（「玉音放送」）を聞き、海軍総隊からは「沖縄積極攻撃を中止すべし」との命令を受けた後に、さらに罪深いことに、大分基地の彗星隊に自分の自殺行に付き合うよう命じている。

宇垣長官は大分基地にいた第七〇一航空隊大分派遣隊長の中津留大尉に、自分を乗せて五機で特攻に出撃するようを命じた。中津留大尉は指揮下の全機、全員の同行を求めた。彼らは生死をともにすることを誓った仲間であって、一部の者だけを死なせる気持ちになれなかったのであり、必ずしも宇垣長官の精神に同調したものではないだろう。宇垣長官はいろいろと書いているが、要するに軍人として敗戦の屈辱に耐えられなかったのである。彼が最後にあたり、帝国臣民（国民）に望んだことは「この報復を完うせんこと」である。「報復」とは広辞苑によると「①仕返しをすること。②国家間で一国の不当な行為に対して他国が同等に不当な行為で報いること」である。このようなことを期待される国民こそいい迷惑であろう。

宇垣長官の命令で大分基地を発進した一一機の「彗星」のうち、三機は途中不時着し、八機が行方不明となった。中津留大尉以下この八機の搭乗員一六名が宇垣長官の自殺行為の道連れになって死んだ。結果的に五機の命令が八機になったとはいえ、無謀かつ無惨な死の強制に変わりはない。この出撃は、宇垣長官の私的な感情によるものであるから、聯合艦隊からも「神風特別攻撃隊」として顕彰する告示はなされなかった。

8 松林兵曹と便乗した下森兵曹の悲運

✴残った第二神雷爆戦隊長・岡本中尉の決断

第二神雷爆戦隊を喜界島に潜伏させた宇垣長官は、大分《おおいた》から離陸したまま消息がわからなくなっている。出撃命令は撤回されていない。残った五航艦の参謀たちには、喜界島にいる岡本中尉ら三名の生存特攻隊員のことを思い出す余裕もなかったのかも知れない。

喜界島にいる舟艇特攻隊には後述のように大島防備隊を通じて佐世保鎮守府から緊急離島命令が出ている。他方、宇垣長官直属となった第二神雷爆戦隊の岡本中尉には五航艦司令部から何の連絡もない。孤島の前線基地での敗戦の混乱の中で、米軍が敗軍の特攻隊にどのような対応をするかわからない。

岡本中尉は指揮官としての責任上自分が島に残ることを決断し、部下の細沢実、松林信夫の両名に対し、残った二機を操縦して早く鹿児島の鹿屋《かのや》基地に帰るように命じた。彼らは五航艦司令部が大分に移ったことも知らなかったのである。

✴松林兵曹と便乗の下森兵曹の不運

〔八月一六日〕

真夏の暑い日差しの中を、細沢一等兵曹は乗り馴れた自分の飛行機を操縦し、松林二等兵曹はオイル漏れを直したばかりの岡本中尉の飛行機を操縦することになった。二人の飛行機には、八月七日に被弾して喜界島に不時着した偵察機「彩雲」の搭乗員たち三人も便乗した。この便乗は誰かの命令によるものではなく、同じ鹿屋を基地とする搭乗員だったから、搭乗員同士で気楽に話し合いができたのであろう。「彩雲」の下森上等兵曹が松林機に乗り、高森上等兵曹と藤村上等兵曹が細沢機に乗った。以下は細沢氏から聞いた話である。

喜界島基地を先に発進したのは細沢機であった。上空で旋回しながら松林機を待っていると、離陸した松林機は細沢機に気付かなかったのか、低空を全速力で北を目指して飛んで行ってしまった。後を追うように鹿屋に向かった細沢機が鹿屋に到着した時、松林機は到着していなかった。細沢兵曹が、原隊の「神雷部隊（第七二一海軍航空隊）」の所在を尋ねると、「神雷部隊」は「本土決戦」に備えてすでに鹿屋から引き払っており、細沢兵曹が所属していた桜花隊は石川県の小松基地に移っていた。細沢兵曹はひとまず、便乗者の所属する彩雲部隊に立ち寄り休息しながら松林機の到着を待った。そこへ、「屋久島沖に飛行機が墜落」との知らせが入って来た。到着予想時刻を過ぎているし、松林機に違いないと直感した。

零戦搭乗員会編『海軍戦闘機隊史』の「戦没者名簿」には、特別乙種飛行予科練習生一期生として、松林二等兵曹の氏名が記載されている。

「松林信夫・昭和二〇年八月十六日・九州南方」

伊奈『戦記・偵察第四飛行隊』に収録された同隊の日記には次のように記されている。

「昭和二〇年八月一六日海軍上等飛行兵曹　下森道之・喜界ケ島ヨリ鹿屋基地帰投時、七二一空（002号）ニ便乗種子島飛行場付近ニテ火災発生、松林ニ墜落シ死亡」

細沢氏が聞いたという墜落場所の「屋久島沖」と、伊那『戦記・偵察第四飛行隊』が記す「種子島飛行場付近」には相違があるが、当時、鹿屋《かのや》に健在であった「一七一空の偵察第四飛行隊」の情報の方が正しいのかも知れない。

特攻死を免れ喜界島で敗戦を迎えた第七二一海軍航空隊（神雷部隊）の「零戦」搭乗員・松林信夫二等兵曹は、便乗していた第一七一海軍航空隊の偵察機「彩雲」搭乗員・下森道之上等兵曹とともに、八月一六日、九州本土を目前にして、悲運にも搭乗機が墜落し短い生涯を閉じた。

9　鎌倉・建長寺の「神雷の碑」

第二神雷爆戦隊の一員として喜界島に来ていた竹谷行康兵曹は、搭乗機が空爆で破壊されて本隊に帰され特攻死を免れた。彼は特攻死した岡嶋四郎中尉指揮の第二小隊に属していたから、飛行機があればともに行動していたはずであった。軍務から解放された後、彼は僧になり、鎌倉の建長寺の一院であった正統院《しょうとういん》をあずかることになった。その縁で「神雷部隊」の生存者たちが正統院の傍の崖下に「神雷の碑」を建立した。

私がその事実を知って、一九九四年八月、建長寺を訪ねた時は、すでに竹谷氏は故人であった。その日、私と妻が建長寺の門に入ったころから、雲行きが怪しくなり雨になった。私たちは雨具代わりにビニール袋を肩に掛けて境内を駆けた。

「神雷の碑」と書かれた金属板の案内が正統院への上り口にあり、院の手前に「桜花」と記された簡素な碑が浅い洞窟を利用して立っていた。背後の金属板に「神雷部隊」の戦死者名が小さな字でぎっしりと書かれていた。

岡嶋四郎、星野實の名もすぐに見つかった。戦死の日は「八月十三日」となっていた。出撃日の特定に辿り着くまで私は大変苦労したのに、この文字板は確固として何の躇《ためら》いもない。折から激しく雷が鳴り、どしゃ降りの雨になった。私は兵士たちの叫び声を感じながら冥黙していた。雨はなかなか止まなかった。私は戦死者たちに心もち一寸失礼と呟きながら、妻と二人で浅い洞窟内に身を入れて雨宿りさせてもらった。

雨が小やみになって戦死者名がぎっしり書かれた文字列を眺めていた時、岡嶋四郎と星野實の肩書きの上に記載された所属隊の記載の仕方が他の人と違って「戦闘三〇六飛行隊（桜花隊）」と括弧書きに「桜花」の文字が付されていることに気がついた。このように括弧書きに「桜花隊」の文字が記されていたのは、喜界島から出撃した二人だけだった。そのことが気になっていたので、後に第二神

鎌倉・建長寺の正統院の敷地内に建つ「神雷の碑」

第二神雷爆戦隊　昭和二十年八月十三日
戦闘三〇六飛行隊（櫻花隊）　海軍中尉　岡嶋四郎　千葉
同　海軍一等飛行兵曹　星野實　京都

雷爆戦隊の生還者で隊長だった岡本鼎氏に会った時にその疑問をぶつけてみた。

「ああ、あれですか。あれは私が主張してわざわざ加えさせたのです。彼らは三〇六に編入されたことは知らず、自分たちは「桜花」隊の一員だという認識で死んでいったからです」

宇垣長官の直属になり喜界島に潜伏させられていた彼らには、「神雷部隊」内部の組織替えで彼らが桜花隊から戦闘三〇六飛行隊に編入替えになっていたことも知らされていなかったのである。

10　戦後見た喜界島集落の惨状

✴低空で飛び回る米軍機

戦争が終わって、父に促されてムヤから集落に向かった時のことは今も途切れ途切れではあるが覚えている。テルと呼ばれる竹籠を背負った父の後を、私は手ぶらでついて行った。

「戦争が終わった」という意味が理解できていない少年の私は、米軍機が飛んでいる昼間、野外を歩いて集落に行くことが危険だという意識をまだ捨て切れなかった。父はすたすたと前を行く。聞きなれたグラマンの爆音が後ろから低空で近づいてきた。私は父と距離を置き、道端の木の枝を折って咄嗟に頭に掲げた。擬装のつもりである。父は振り向きもしない。

グラマンは翼を傾げながら私たちの上空を通過したがそのまま飛び去った。つい先日まで機銃掃射をしていたグラマンに、父がなぜ平気なのか、私は理解できなかった。集落に向かう途中の高角砲陣地から兵士の姿が消えて物音一つしない。やはり戦闘は止んでいるらしい。

私は隆起珊瑚礁の島特有の白砂の道を踏みしめながら、戦争が終わったということは、勝ったということだろうか、それにしては米軍機が自由に飛びまわっているのは変だ、と自問自答していた。〝鬼畜米英〟の米軍機搭乗員に誰かが「撃つな」と命令したのだろうか。それは誰だろう。何も答えが出ないまま集落にたどり着いた。

✴変わり果てていた集落

飛行場とは反対側の対空砲陣地に近い道から集落に近づく。暑い日差しを受けて集落は緑に輝いていた。一見、私は空爆の被害はそれほどではないのか、と思った。しかし集落に一歩足を踏み入れて動顛《どうてん》した。道には折り重なるようにガジュマルの木が倒れ、倒れたままなお緑の葉を茂らせていた。

これでは歩けないと思ったが、父がテルを前に抱えるとガジュマルの枝を乗り越え始めたので私も従った。家のあった場所に辿り着くと再び仰天した。

二メートル足らずの道を隔てた向かいの家は敷地一杯の大穴が開き、池になっていた。建物だけでなく土地そのものが吹っ飛んでいた。

我が家の敷地の入口は小山のように土が盛り上っていたが、奥は比較的平坦で、建物はないが敷地の形状は残っていた。父が爆弾の穴を数えて、五発落ちている、と言った。比較的小さな爆弾だったと思われる。「親子爆弾」の鋭い刃の鉄片も散らばっており「ここにいたら助からなかったな」と父が呟いた。

中里《なかさと》でただ一軒、集落から避難しなかった盲人夫婦の加桃嘉《くわえとうか》とナベの二人は死亡していた。誰が確認したのか、『福岡記録』によると、夫は自宅で「焼死」、妻は防空壕で「爆死」とされ、二人とも「四月五日」の死亡となっている。しかし、中里の場合、空爆が激しく、被害状況の具体的確認も困難で、『福岡記録』でも、被災日と焼失家屋数と具体的な被災者氏名の記録が一致しない。四月五日は、この夫婦が生きているのを誰かが見た最後の日ではなかろうか。この家の焼け跡を誰かが見た時、夫の遺体は家の焼け跡に、妻の遺体は爆弾で破壊された敷地内防空壕にあったのだろう。福岡氏の記録はそのことを物語っているが、死亡日が同日の四月五日であることについては、当時の中里の実情から見ると明確とは言えない。

盲目の二人が生きるためには防空壕に常に隠れているわけにはいかず、米軍機の音のない時を見計らって、二人のうちの一人が食べ物の用意に庭の防空壕から出て家に入っていたのだと思う。激しい空爆下でそのように生活していたある日、何かの用事で防空壕を出て家に入っていた夫が米軍機の攻撃で負傷あるいは死亡し、そのまま家が焼けた時に焼死体となったのであろう。防空壕で夫を待っていた妻は、防空壕直撃弾により爆死したか、衰弱死した後に直撃弾により防空壕が破壊されたか、どちらかであろう。夫の焼死と、防空壕にいた妻の爆死が、同日である可能性もなくはないが、確率はそれほど高くはないように思う。

いずれにしても集落の全員が空爆を恐れて、てんでに逃げた中里では、盲人夫婦に積極的な援助の手が回らなかったのだろう。戦後であったか戦中であったか、記憶は定かでないが、近隣の人が集落から逃げ出す時にこの夫婦に声をかけたところ、二人は「自分たちは逃げても行く当てもないし、家を出た後も大変だから此所に残る」と言って、同行を拒んだという話を聞いた。当時中里の人々は、軍からも役場からも避難の指示があったわけではなく、各自思い思いに家族単位で集落を逃げ出し、集落外に隠れ場を探した。敷地内の防空壕を生きる場として選択した盲人夫婦に、それ以外の生き延びる方法を提案して、世話をする余裕は誰にもなかったのである。

我が家も、家から避難した最初は、空爆が長く続くとは考えず、集落から一〇〇メートルも離れていない畑の隅に防空壕を掘って、米軍機のいない隙に家に帰って食事の支度をすれば良いとの算段をしていた。ところが、間もなく、そのようなことが許されるような生やさしい空爆ではないことがわかった。昼間は米軍艦上機が頻繁に飛んでいていつ銃爆撃が始まるかもわからない。爆撃は激しい。警戒警報も空襲警報もなく、陣地に囲まれた集落には炊事の支度にさえも、危険で入れなかった。

やがて、短期間で帰れるという期待は持てないことがわかり、集落近くの畑に掘った防空壕から、対空砲陣地の外側のさらに離れた場所に避難場所を求めて移動することになった。それが、わが家の場合は、当時遺跡となっていた風葬洞窟（ムヤ）だったのである。大人たちに盲人夫婦を見殺しにしたという後ろめたさはなかったわけではないだろう。正直のところ、少年だった私は、逃避生活中に盲人夫婦がどうなったか大人たちに尋ねたこともない。忘れていたのである。

中里《なかさと》の被害は壊滅的であったが、集落内で死亡したのはこの盲人夫婦二人だけであった。ほかにも爆弾や機銃弾による中里集落の死亡者はいたが、他の集落での被害だった。

戦争が終わって、家で暮らせるようになったのはいつごろだったか、覚えていない。集落中の人が協力して、倒れた樹木を片付け、爆弾の穴を埋めて道を通し、焼け跡に小屋を建てるのであるから、相当の日数がかかったように思えるのだが、実際には比較的早めに帰ったような気がする。

建築材料は兵隊が残した兵舎や隧道《ずいどう》から材木を取ってきた。女手ばかりの家のためには、集落民が協力して共有の木麻黄《もくまおう》を伐採し、草葺《くさぶき》の仮小屋を作った。何しろムヤの生活には水がなかったので、蓆《むしろ》を敷いて仮寝をする所さえあれば井戸のある生活に早く戻りたかったのである。中里は湧き水のない集落なので敷地には例外なく井戸があった。井戸は直撃弾でも受けない限り残っており、少し修復すれば再使用は可能であった。地上にあったつるべなどはどこかに飛ばされてなくなっていたが、当初はバケツに縄をつけて水を汲み上げていた。

戦後、集落に戻って私が最初に夜を過ごした建物は、馬小屋跡に建てた掘っ建て小屋だった記憶がある。そこに兄と二人で寝た。一家一〇人の当面の寝る場所を作る材料探しは、もっぱら父と兄の仕事で、私はいわば集めた材料の見張り番のようなものだった。母や弟妹たちがいた記憶がないのは、まだムヤに残っていたのだろう。

軍は飛行場や誘導路が破壊されると一晩で復旧したが、飛行機の離着陸に必要がない集落は破壊されたままに放置されていた。福岡氏はこのことに触れ、「(中里は) 復興作業、途遠く……戦後も沙汰なしで、政府に復興陳情すらなさざるなり。共存共栄と聞かされても実現化は困難……一物の手伝いもなく塗炭の苦を加ふるのみ」と書き残している。

戦争が終わっても、私たちには行くべき学校もなかった。国民学校高等科二年生の授業が正常化する日は来なかった。敗戦の翌年の三月、私たちには国民学校の卒業式もなかった。将来の全く見えない日々の中で、同級生の悲報も伝わって来た。空襲を逃れて壕暮らしをしている間に、全身に腫れ物ができる病気にかかって死亡した、という。薬もなく、診てもらえる医者もいない。医療として機能しているのは軍の診療所だけであったが、民間人は利用できない。必死に治療を願う親に、軍は法外な代償を求めたという噂が伝わっていたが真相はわからない。極悪の生活環境の中で私の身近の者には病人は出なかった。栄養失調で足が浮腫《むく》む人は出たが、不思議と死者が少なかった気がする。

✴今も歌い継がれる「復興歌」

戦後、奄美群島は沖縄とともに米軍政の下に置かれ、一九五三（昭和二八）年一二月二五日、沖縄に先駆けて日本に復帰するまで、本土との渡航は禁止されていた。戦勝国の米軍も、中里《なかさと》集落の復旧に手を貸すようなことはなかった。

今はもう当時の苦労は忘れられてしまったが、当時の集落民の心意気を示す「中里復興歌」は世代的に受け継がれて歌われている。歌詞も曲も素人の作で拙いものではあるが、廃墟の中から自力で復興しようと立ち上がった当時の集落民の心意気を伝えている。

〈中里復興歌〉

㈠　燦《さん》たる朝日輝ける奄美大島喜界町　我ら生地《せいち》の中里を振い興さん諸共《もろとも》に

㈡　今、村人よ奮起して血と汗、力を惜しみなく　挙《こぞ》りて荒地を開墾し無尽《むじん》の宝庫を築こうよ

㈢　黎明の鐘鳴り渡る牧場に馬は嘶《いなな》けり　いざ更生の中里の生地の誇りを表《あらわ》さん

歌詞の中に「奄美大島喜界町」という表現があるが、「奄美諸島」の「喜界町」の意である。奄美大島は奄美諸島最大の島で、喜界島はその東三〇キロにある小島であるが、「奄美大島」という言葉を一つの領域概念として捉えている。歌っている人たちにはその表現に違和感はない。

＊喜界島の戦争被害の概況

この戦争で喜界島では総戸数四〇五一戸のうち、焼失ないしは爆砕された戸数は一九一〇戸に及ん

だ。島の総戸数の四七％が失われた。飛行場施設と対空砲陣地に囲まれていた中里《なかさと》は一四〇戸の全戸がなくなった。中里の被害は大半が爆弾によるもので、集落そのものが消滅した。飛行場に隣接する湾《わん》集落は三八〇戸中三二一戸、総戸数の八五％が倒壊または焼失した（被害の比率は『福岡記録』を参考に筆者の計算による）。

喜界島の西半分の旧喜界町に属する集落で五〇％以上の家屋を失った集落は、被害の大きい順に、中里、湾、赤連《あがれん》、荒木《あらき》の四集落である。無傷だったのは二二集落中、海岸から遠い川嶺《かわみね》、山田《やまだ》、島中《しまなか》、滝川《たきがわ》の四集落だけだった。

島の東半分の旧早町《そうまち》村に属する集落で、五〇％以上の家屋を失った集落は、被害の大きい順に佐手《さで》久《く》、嘉鈍《かどん》、早町、阿伝《あでん》、志戸桶《しとおけ》、白水《しらみず》、小野津《おのつ》、塩道《しおみち》の八集落で、被災ゼロの集落はない。旧早町村の北部の小野津と早町、白水付近には舟艇特攻の震洋隊基地があり、佐手久、志戸桶付近には米軍の目をくらますための模擬飛行場があったが、基地のない集落も焼かれており、米軍の狙いは喜界島の海岸地帯を焼き払うことだったのかも知れない。

民間人死者は一二〇人、負傷者は三一人という。最も死者が多かったのは小野津で、一九人の死者を出している。早町で一二人、湾、上嘉鉄《かみかてつ》で各一〇人、赤連で九人、志戸桶で八人、浦原《うらばる》、白水で各七人、荒木《あらき》、坂嶺《さかみね》で各五人、中里で四人、阿伝、伊実久《いさねく》で各三人、大朝戸《おおあさと》、池治《いけじ》、先内《さきない》、中間《なかま》、伊砂《いさご》、嘉鈍、佐手久、で各二人、手久津久《てくづく》、先山《さきやま》、花良治《けらじ》、塩道、で各一人の死者が出ている。

死者の人口比は島の西半分（旧喜界町）が約一万六〇〇〇人のうち六二人で、〇・五八％であり、東半分（旧早町村）が約六〇〇〇人のうち五八人で、〇・九七％である。死者のうち爆死が九四人で七七％、銃撃死が一六名で一三％。死者の九二％は爆弾と機銃掃射による。

中里集落の死傷者が、集落の被害に比較して少ないのは、飛行場を狙う艦上機の銃爆撃の音と、これを迎え撃つ対空砲火の音の凄まじさに驚いて、いち早く集落を捨てて逃げ出し、一部の人は他の安全な集落の知人を頼って避難し、大半の人は集落外の森や洞窟に潜んでいたからである。

11　私が見た航空基地の跡

私は国民学校高等科二年生になっていたが、沖縄戦が始まってからこの方、集落に帰れない状態になって、高等科一年の終わる三月中旬から戦争が終わるまで学校には一度も行けなかった。戦争が終わっても、肝心の学校そのものが焼失して無くなっていた。先生たちもどこに散らばったのかわからない。学友たちもみなばらばらになって一緒に遊ぶ同学年の仲間もいなかった。授業らしい授業を受けることもなく、国民学校の期間は終わってしまった。

敗戦直後、私は好奇心から、集落周辺の航空基地の跡を一人で見て回った。まだ私たちの一家がムヤ生活から完全には集落内に帰っていない時期だったと思う。武装解除に米軍が上陸して来る前だったから九月上旬だったかも知れない。飛行場に行ってみると、兵隊の消えた飛行場の海側には隙間がないと言っていいほどに夥《おびただ》しい数の飛行機の残骸が転がっていた。滑走路や誘導路が使えるように、残骸は海側に片付けていたのだろう。そのほとんどが日の丸をつけた友軍機であった。その数の多さに、私は驚いて声も出なかった。

飛行場の片隅の中里《なかさと》集落よりの草地には、真新しい墓標が三本立っており、片仮名で氏名が墨書されていた。高さ一メートルほどの角柱を墓標にしたもので、初めて見る米人の名前に興味を持って暗記したが、今では忘れてしまった。確かそのうちの一人は「ジョンソン・フレデリック・ケー軍曹」というような名前だった。三人とも名前の最後に長音の一字が付いていた。アメリカ人の名は、最後が長音の一字になるのか、と何か新しいことを発見したような気持ちになったがこれは誤解だった。死亡した米軍人の認識票にそのような記載がされていたのかも知れない。墓標は鉋《かんな》できれいに削られており、武装解除にやってくる米軍に見せるため急きょ立てたという感じだった。まだ島に姿を見せない勝者の影が、辺りに見えるような気がした。敗戦後の新しい時代は、一四歳になったばかりの私の目に、このような形でその姿を見せ始めたのである。

12　米軍による日本軍の武装解除

✴連合国軍最高司令官の厚木進駐と日本国の降伏

〔八月二八日・九月二日〕

前述したように、舟艇特攻の要員は日本の降伏直後に早急に島から引揚げるように命令が出たから、早町《そうまち》と小野津《おのつ》にいた約一〇〇名の特攻要員は、早々と喜界島を離れて奄美大島南部の加計呂麻島《かけろまじま》に集結した。第二神雷爆戦隊で一人残った岡本鼎中尉も舟艇特攻の人たちと同様に、武装解除より前に喜界島を離れているが、その日にちは明確でない。

特攻要員が島を離れた後、残った陸海軍部隊二〇〇〇余名が、米軍により武装解除されて島を離れるのはまだ先である。

日本占領の連合国軍最高司令官マッカーサー元帥は、八月二八日、神奈川県の厚木飛行場に降り立った。九月二日、東京湾に碇泊した米軍戦艦ミズーリ号において、日本政府を代表する外務大臣重光葵と軍を代表する陸軍参謀総長・梅津美次郎大将が降伏文書に調印し、連合軍を代表してマッカーサー元帥が署名し、続いて米英など戦勝各国の代表が署名し、ここに正式に日本は国家として米英をはじめとする連合国に降伏した。

その後、南西諸島の陸海軍部隊はそれぞれに米軍による武装解除を受けることになる。

✴沖縄で生き抜いた巌《いわお》部隊本隊の降伏

〔九月三日・九月五日〕

沖縄の小禄《おろく》では、巌《いわお》部隊本隊の残留兵たちは米軍の攻撃も収まって来ているのを感じて、彼らの本拠地、ことぶき山の壕に戻って来ていた。

兵士たちは、八月中旬から沖合の米艦船が堂々と電燈を灯したまま碇泊しているのを目撃していた。米軍が飛行機から撒くビラは、日本の無条件降伏を伝えていた。銃撃戦の音も途絶えている。通信機を失った巌部隊には日本からの情報は入らないが、戦争は日本の敗北で終わったのではないか、という思いが兵士たちの心にも忍び込んで来ていた。

矢崎『八月十五日の天気図』によると、九月三日、日本兵と思われる兵士が、二人の米軍将校とともに、壕に近づいて来て、日本は無条件降伏をしたから壕を出て石川の収容所に行くようにと告げた上、「同行しているのはドイツ系の米軍将校で人質になるから、石川の収容所に行って確かめるとよい」と申し入れてきた、という。

巌部隊の兵士たちは協議した結果、下士官が兵一名を伴って確かめに行くことになり、米軍のジープで石川に向かった。その間、米軍将校一人が壕内に残ったという。勝者側が人質を差し出すというのも妙な話であるが、無用の戦闘を避けるためにはこのような手段もあり得たのだろう。

確認まで手間がかかったようであるが、最終的には日本の降伏の事実を納得して、米軍将校と巌部隊の間で、どのような手順で降伏するかについて談判の上、次の三項目が決定した、という。

①　ことぶき山の日本兵は、川村国中佐〈南西諸島海軍航空隊〈巌部隊〉司令〉を代表として米軍の軍門に降《くだ》り武装解除を受けること。
②　身辺整理のため二日の猶予期間を置くこと。
③　降伏式は九月五日に行なうこと。

沖縄の巌部隊本隊は最後まで秩序を保って降伏したのである。

この降伏の経緯を見ると、米軍側の対応の穏やかなことに驚く。勝者としての余裕と言えばそれまでだが、日本兵の心理を研究した上での対応だったのであろうか。「ドイツ系米軍将校」を「人質」として日本軍壕内に残したということも、日本軍側が約束を守るという確信がなければできない話だし、身辺整理のための二日間の猶予を降伏する日本軍側に認めたということも、米軍は小禄のことぶき山に立てこもった日本軍に、ある種の敬意を持っていたのではなかろうか。

首里や那覇に近接する小禄《おろく》飛行場周辺の海軍部隊の奮戦には、米軍も手を焼いていた。米国陸軍省編、外間正四郎訳『日米最後の戦闘― 沖縄戦死闘の90日』（サイマル出版会、一九六八年）には「小禄の十日間の戦闘で海兵隊の損害は死傷者千六百八名。これは第三水陸両用軍が首里戦線で日本軍との戦闘でこうむった被害に比べると遥かに大きかった」と記されている。この小禄の戦闘を担った海軍部隊の主力が巌《いわお》部隊だった。この部隊が小禄飛行場に近いことぶき山に残っていた。すでにまとまった戦闘力は失っていたが、米軍は多くの犠牲を払ってまで殲滅作戦を行なうことは避けたのであろう。巌部隊は小人数になったとはいえ、辛うじて組織としての結束を保持して降伏式に臨んだのである。

米軍の上陸以来、壕内生活を強いられて来た巌部隊の兵士たちは、皮膚に垢《あか》はたまり、髭《ひげ》は伸び放題で、見た目には浮浪者そのものであった。彼らにとって、身辺整理というのは、体を洗い、可能な限りの服装を整えることであり、日本海軍の一員として人前に立つには、それなりの威儀を正すことが必要であった、と思われる。

九月五日、降伏式のため壕を出て整列した巌部隊の隊員は約一二〇名だった。ことぶき山に最後まで残っていた兵士は約一七〇名だったが、約五〇名はどこかに消えていた。巌部隊の兵士ではなかったのかも知れない。全滅したと思われていた巌部隊三〇〇〇名のうち、生き残った一二〇名が整列して降伏式に臨んだ。南西諸島海軍航空隊（巌部隊）司令の川村匡中佐が兵士たちが居並ぶ前で、米軍指揮官に軍刀を渡して降伏式は終わった。

この降伏式が行なわれた時間と場所について、上原『沖縄戦　アメリカ軍戦時記録』は、「九月五日、午後一時、小禄宇栄原で、日本軍将校七人、下士官三十五人、二等兵百四十五人、階級不明の日本兵三十八人、住民四十四人が投降。このうち百八十七人は海軍兵員である」と記している。住民を除いても二二五名の兵士が集団投降している。巌部隊の兵士に混じって、多くの敗残日本兵や住民がことぶき山陣地周辺には潜んでいたのであろうか。「二等兵百四十五人」というが、一等兵や上等兵、兵長の階級の者がいなかったとは考えにくい。おそらく下士官より下級の兵士を一括した呼称だろう。

巌《いわお》部隊本隊の沖縄戦はこのようにして終わった。彼らは降伏後、石川の捕虜収容所に収容されているから、身分的には捕虜になったのであろう。

しかし喜界島の巌部隊喜界島派遣隊はまだ武装解除はされず、この時点で軍隊としての秩序を維持したまま喜界島に残っていた。

✴主役不在の南西諸島日本軍の降伏

〔九月七日〕

沖縄の嘉手納《かでな》基地では九月七日、合衆国第一〇軍司令官スチルウェル陸軍大将に対し、日本軍の降伏文書が提出された。降伏文書に署名したのは、先島《さきしま》群島陸軍部隊司令官・納見敏郎中将、奄美群島陸軍部隊司令官・高田利貞少将、奄美群島海軍部隊司令官・加藤唯雄少将の三名である。沖縄本島には陸海軍を代表する指揮官がいなくなったからか、沖縄本島を除く南西諸島南部（宮古・八重山諸島）と北部（奄美諸島）の司令官ら三名が降伏式に臨んだ。

この降伏調印が沖縄本島を含む南西諸島全域の降伏を意味するのかわからないが、米軍の上陸を免

1945年9月7日、南西諸島日本軍の降伏調印式と降伏調印文書（写真提供／沖縄県公文書館）

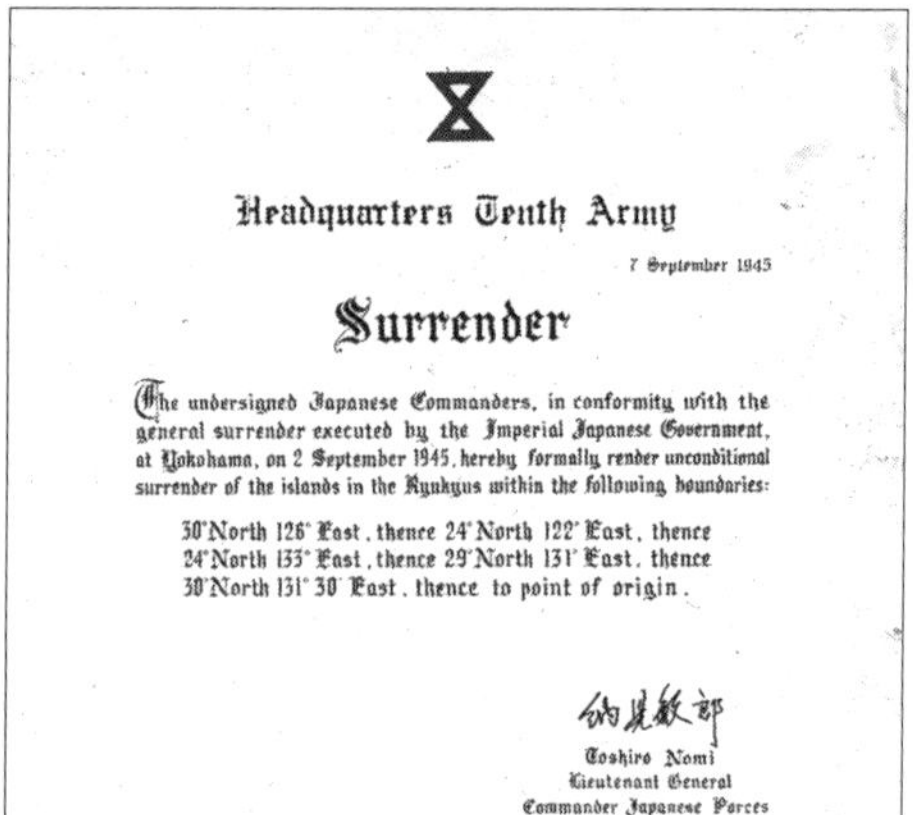

Headquarters Tenth Army

7 September 1945

Surrender

The undersigned Japanese Commanders, in conformity with the general surrender executed by the Imperial Japanese Government, at Yokohama, on 2 September 1945, hereby formally render unconditional surrender of the islands in the Ryukyus within the following boundaries:

30° North 126° East, thence 24° North 122° East, thence
24° North 133° East, thence 29° North 131° East, thence
30° North 131° 30' East, thence to point of origin.

納見敏郎
Toshiro Nomi
Lieutenant General
Commander Japanese Forces
Sakishima Gunto

高田利貞
Toshisada Takada
Major General
Commander Japanese Army Forces
Amami Gunto

加藤唯雄
Tadao Kato
Rear Admiral
Commander Japanese Navy Forces
Amami Gunto

Accepted: Joseph W. Stilwell
J. W. Stilwell
General, United States Army
Commanding

れた鹿児島県の奄美諸島と沖縄県の先島諸島の陸海軍の組織としての降伏であることは間違いなく、そのためか、奄美群島の陸海軍は武装解除はあったが、米軍の捕虜にはなっていない。

＊武装解除前に喜界島に飛来した米軍小型機

（九月一四日）

『福岡記録』の中には「米軍の喜界島における

日程」という項目があり、「九月十四日、十五日、飛行場視察を了し撤退せり」という一行がある。米軍艦船が武装解除のために喜界島に来たのは一〇月一日であるから、この飛行機は喜界島の部隊の武装解除より先に着陸していることになる。

日本降伏後のかなり早い時期に、セスナ機のような小型機が着陸した記憶は私にもある。私自身は米軍を恐れて飛行場に近づかないようにしていたが、飛行場に近い集落の外れに家がある人は、わざわざ見に行かなくても、戦闘指揮所前に駐機した米軍機はすぐ近くに見える。その時の様子が噂として集落中に伝わっていた。

飛行機に乗って来た米軍将校は日本の将校と仲良く談笑していて、放り投げた空き缶をピストルで撃つ腕くらべをし始めて、日本の将校が勝ったという。その程度の噂話であるが、その日本軍将校が誰だったのか、わからない。米軍人の喜界島での安全を保障できる相当程度の地位の人だったのであろう。

それにしても沖縄での降伏文書調印から一週間後の九月一四日に、喜界島に小型機一機で乗り込んで来るとは大胆すぎるようにも思う。米軍将校を伴って、武装解除前の喜界島の飛行場に着陸できる日本軍将校は、飛行場を管理する巌《いわお》部隊喜界島派遣隊と事前に連絡して、米軍将校の安全を保障する必要がある。それができるのは、喜界島の飛行場を管理している巌部隊喜界島派遣隊と気心が知れている間柄で、しかも抑えのきく上官である必要がある。そのような条件を考えると、米軍将校を伴ってセスナ機でやって来た人物は、沖縄で投降した巌部隊の幹部だった、と私は思う。もしかすると、巌部隊司令の川村匡中佐本人だったのではなかろうか。

武装解除の担当の米軍部隊より先に、小型機で島に乗り込んで来た単独行動の米軍人には何らかの目的があったはずだ。もっとも、巌部隊司令が喜界島派遣隊の部下に本隊の実情を知らせる必要を米軍側に説き、降伏を納得させるために米軍将校が同行して来た可能性もある。あるいは、米軍側の必要性を考えると、捕虜の有無を確認しに来たとも考えられる。後に述べるBC級戦犯裁判で、宮本部隊の一士官が「喜界島に来た米軍将校から、捕虜について聞かれて、内地に移送した、と嘘を吐《つ》いた」と供述している。セスナ機でやって来た単独行動の米軍将校は、捕虜の有無を探索にきた可能性もある。

✴消えた米軍捕虜の死体

〔九月一六日〜三〇日〕

特攻要員は一般の兵士よりかなり早く本土に帰還しているが、残った海軍部隊の主力、南西諸島海軍航空隊(巌部隊)喜界島派遣隊と第三二一設営隊(宮本部隊)には、始末をつけなければならない厄介な問題があった。斬首した米搭乗員の遺体の問題である。斬首された二人はそれぞれ斬首された場所に埋められていた。

宮本部隊の幹部たちは、捕虜はいなかったことにしようと談合していたが、軍医の一人が最初に喜界島に来た米軍将校に、うっかり捕虜の火傷の治療をしたことを話してしまい、「捕虜は内地に移送した」とその場は切り抜けた、という。しかし、嘘が発覚することを恐れた何人かの幹部が、遺体を掘り出して焼却することにした。その委細はわからないが、火葬にして骨を粉砕して捨てた、という。捨てた場所はわからない。

もう一人の捕虜トマス少尉を斬首した巌部隊でも、埋めた遺体について処理に困ったと思われる。

宮本部隊の士官の一人は、後に戦犯事件の証人として調べられた際、「イトウが遺体の処理について聞きに来たので、宮本部隊では焼却したと答えたら、同じように焼却したいから手伝ってくれと言われた」と供述書で述べている。「イトウ」というのは巖部隊喜界島派遣隊長の伊藤三郎大尉のことと思われる。巖部隊の斬首場所は飛行場に近い砂丘で衆人環視の中で行なわれたから場所がほぼ特定しており、後に在沖縄の情報員が掘ってみたが遺体は存在せず骨の小片を発見しただけだったという。おそらく、最初の米軍機が着陸した九月一四日から武装解除の部隊が上陸した一〇月一日までの間に、遺体を焼却して痕跡をなくしたものと思われる。

しかし、BC級戦犯事件としてこの件を取り調べた検察官は、佐藤少佐を主犯と見立てた自分の想定の立証にはマイナスと考えたのか、この問題については事実の究明をした形跡がない。

✴喜界島の陸海軍武装解除
〔一〇月一日〜一〇月七日〕

米軍が武装解除のために喜界島に上陸して来たのは、小型飛行機に乗った米軍人が来島した日から一六日後の一〇月一日であった。武装解除部隊は艦船でやってきた。島を取り巻くほどの多数の艦船がいるという話が伝わって来たが、私は集落から外に出なかったので見ていない。

彼らは日本の陸海軍が持っていた小火器や弾薬を赤連《あがれん》海岸に集めさせ、沖に運んで投棄した。持ち運びのできない海面砲などは爆薬を仕掛けて破壊した、という。『福岡記録』によると、武装解除は一〇月三日までに終わったが、米軍はすぐには引揚げず一〇月七日まで滞在したという。おそらく、島内に残存する陸海軍の施設跡を丹念に調べたのであろう。

＊陸海軍部隊の喜界島からの撤退

〔一〇月九日〕

武装解除が済むと、兵士たちの撤退が始まった。喜界島にいた陸海軍部隊は、本土への帰還のため奄美大島の古仁屋《こにや》に集結することになった。『福岡記録』は、陸軍田村部隊六五〇名全員が一〇月九日までに喜界島を去った、という。海軍部隊については記されていないが、奄美大島の古仁屋軍港に根拠地を持っていたのは海軍部隊であり、海軍部隊も武装解除の終わるのを待って早々と喜界島を引揚げ、日本軍の大型艦船が往来する古仁屋に集結したものと思われる。

優先して引揚げるように指示された海軍の舟艇特攻要員約一〇〇名は、後藤三夫氏の前出「喜界島戦記」(『榕樹』第一〇号所収)によると、加計呂麻島《かけろまじま》を経て鹿児島の串木野《くしきの》に上陸したのが「八月二七日」だったという。特攻要員だった彼らは、武装解除の米軍と接することなく、敗戦から一二日後には鹿児島に帰っている。

こうして喜界島から軍隊がいなくなったが、喜界島にいた海軍部隊のうち、南西諸島海軍航空隊(巌部隊)喜界島派遣隊と第三二一設営隊(宮本部隊)の戦争は、この復員で終わらなかった。ポツダム宣言では「捕虜虐待を含む一切の戦争犯罪人は処罰される」ことになっており、喜界島における米軍捕虜斬首事件が「戦争犯罪」として責任を問われることになったからである。

第Ⅲ部

ＢＣ級戦犯裁判「喜界島事件」の検証

1　喜界島捕虜斬首事件発覚の端緒

✴戦後の米軍政下の喜界島

島民の日常の苦境は、戦後も続いた。敗戦の年の春から夏にかけて、昼間、安心して畑に出ることができなかったため、敗戦の年の冬から翌年の夏にかけて食糧がなくなったのである。

特に空襲の激しかった中里《なかさと》や、非農家が多く人口が集中していた湾《わん》や赤連《あがれん》の集落民は、文字どおりの飢餓線上をさまようことになった。畑に行っても常食の芋が育っていない。手の指ほどにしか育っていない芋でも掘って食べた。自給自足の農家の場合、季節季節の循環のリズムが狂うと、元に戻るまでがたいへんである。翌年も同じ状態に陥る。このような悪循環は断ち切らなければならない。

私たちは我慢して畑に作物を育てた。そこへアリモドキゾウムシというサツマイモの害虫が繁殖する。この虫に入り込まれた芋は臭いので豚も食べない。収穫した後の畑に芋の芽を見つけて土の中の芋の欠片を探して回ったこともある。父はソテツの幹を切って来て芯《しん》の部分にある白い澱粉《でんぷん》を水にさらして毒を抜き、家族に食べさせた。野菜もなく、いろいろの野草を食べられると聞いては採って来た。雨が降ると砂地の草原に出て来る緑色の苔《こけ》も食べた。人々は痩せ、足が浮腫《むく》む人が集落中にいた。餓死者が出なかったのは、野山や海でどうにか食べ物を入手できていたからであろう。

空襲が少なかった集落では曲がりなりにも畑作は維持されていたから、自家用の食糧はどうにか確保していたが、こういう集落では畑泥棒が他所から来るのを警戒して自警団を作って畑を守らなければばならなかった。飢えは人々の倫理観も損なう。人々は生きるために血眼になっていた。

日本を占領した連合軍は、一九四六年二月、北緯三〇度以南の南西諸島を米国の軍政の下におくことを決め、米軍の直接支配領域（南西諸島）と、日本政府を通じて統治する間接支配領域（本土）に分離して、この二つの領域間の交易や渡航を禁止した。奄美諸島では主産業であった黒砂糖や大島紬《おおしまつむぎ》の本土への移出もできなくなり、若者は進学も就職もできなくなった。米軍は、奄美諸島（奄美大島、加計呂麻島《かけろまじま》、与路島《よろじま》、請島《うけじま》、喜界島、徳之島《とくのしま》、沖永良部島《おきのえらぶじま》、与論島《よろんじま》）を「北部南西諸島」と称し、奄美大島の名瀬《なぜ》に軍政府を設けた。

当初やって来た軍政官は、「我々はこの地を支配する為にきたのではない。民主主義をもたらす為にきた」と述べて、私たちに希望を持たせたが、この理想主義的な雰囲気をもつ軍政官はすぐにいなくなった。やがて「軍政はその本質において独裁である」と広言する軍政官が現われ、そのとおりに振る舞う軍政官が普通になった。

彼らの任期はなぜか短く、八年間で一四回も交替している。教育や福祉には関心がなく、経済にもほぼ関心がない。生活の向上を求める島民の要求を封じ、言論の自由を認めなくなる。このような状況の中で、軍政府のお膝元の名瀬市民の間に芽生えた〝異民族支配からの脱却〟を求める願望は次第に奄美全域に広まり、激しい日本復帰運動となって行く。しかしこれはまだ先の話であり、敗戦直後の島民は不安を抱きながら、我慢の日々を過ごしていた。

✴ＢＣ級戦犯調査「特命情報員」の来島

ＢＣ級戦犯裁判喜界島捕虜斬首事件（トマス斬首事件）の記録の中には、敗戦翌年の一九四六年九月二四日付けの西太平洋米軍墓地管理司令部からマニラの米軍共同墓地司令部宛の「戦死者の身元確認」に関する回答文書が編綴《へんてつ》されている。その中に、琉球列島米軍司令部の「情報週刊レポート」から抜粋したという、一九四六年八月二四日付けの次の文章が記載されている。

「八月上旬、北部南西諸島軍政官セントクレア中佐の要請で、ＣＩＣ（前線情報本部）一一三五分遣隊の特命情報員が奄美大島の名瀬《なぜ》に出張して喜界島における戦争犯罪容疑事件について調査した。特命情報員はほかに利用すべき手段がなかったので、日本人の漁船を調達して喜界島に渡った。問題の戦争犯罪とは、四五年六月（ママ）の、喜界島に駐屯していた日本の海軍巌《いわお》部隊員による米軍飛行士斬首事件である。調査の結果、犯罪が行なわれたことが明らかになった。犯人の氏名と住所、並びに命令者の氏名も把握できた。しかしながら犠牲者の遺体は元の土葬の場所から何処かに移されており、墓があったという場所からは犠牲者のわずかの骨が回収されただけであった。この残虐行為の目撃者の一人から供述が得られ、目撃者ではないが事件当時喜界島に住んでいた数人からも供述が得られた。犠牲者の身元は、確定的ではないが、Ｍ・Ｍ・トマス中尉と認められる」

米軍特命情報員は喜界島で目撃者に接触している。しかし、喜界島では犠牲者の名前は「トマス」としかわからなかったようである。実際に処刑された捕虜の名は「アーサー・Ｌ・トマス」である。特命情報員が知り得た捕虜の名は「トマス」という「姓」だけだった。私たち島民は処刑された捕虜の名を「トーマス」と覚えてその名で噂し合っており、これ以上の情報は知らなかったからである。米軍側はこの時点で被害者の特定に至っていない。

この事件について情報部隊に調査を要請したとされる「北部南西諸島軍政官セントクレア中佐」とは、米軍が、奄美諸島の軍政を海軍から陸軍に移管する時の初代の陸軍軍政官として、一九四六年六月一二日に来島した「ロス・Ｈ・セントクレア中佐」である（間弘志『全記録　分離期・軍政下時代の奄美復帰運動、文化運動』南方新社、二〇〇三年）。彼が奄美に軍政官として滞在したのはわずか五カ月であるが、その間に喜界島の事件を嗅ぎ付けて情報部隊に調査を依頼している。

この時の特命情報員は、キンカノン斬首事件については全く触れていない。トマスとは別にもう一人の捕虜がいたことを、ほとんどの島民が知らなかったのである。

トマス斬首は、近在の島民の衆人環視の中で行なわれており、対空砲部隊の谷口兵曹長が古式にしたがって首の皮一枚残すだけの見事の斬首を行なったという話が、ある種の敬意ともいうべきニュアンスで島民の間に伝わっていた。しかし設営隊の宮本部隊が関与したキンカノン斬首事件は、島民が山地に避難を命じられた期間に、山で遊び歩いていた子どもの私たちが偶然に出くわしただけで、島民の目撃者はいなかったのだと思う。

私は、米軍の情報員が喜界島に来たことを朧《おぼろ》げに覚えている。もっとも、印象に残っているのは情報員その人ではなく、情報員を案内したという島出身の海軍水兵長のことである。案内の現場を見たわけではないが、少年だった私は背の低い細身のその水兵長に強い嫌悪感を感じた。味方も大勢死んでいるあの戦闘の最中に、撃墜されて捕虜になった米兵を殺害した味方の兵士を、戦争に負けたからと言って、処罰のため米軍に引き渡すことを潔《いさぎよ》しとしない気持ちがあって、心に引っ掛かっていた。

＊逮捕まで一年半を要したのはなぜか

米軍が特命情報員を喜界島に派遣してトマス斬首事件を探知したのは敗戦一年後のことであるが、この事件で最初に逮捕された佐藤少佐が被疑者としてスガモ・プリズンに収容されたのは一九四八年二月一七日のことで、発覚からは一年半、敗戦から二年半もたっている。次いで谷口兵曹長が佐藤少佐逮捕の翌日の一八日、木田大佐がその二カ月後の四月一七日、吉田中尉がその九日後の四月二六日に逮捕されている。

スガモに収容される前に、被告人らが居住する地域を管轄する米軍機関に呼び出されて取調べを受けたことが、一部の被告人の供述からわかるが、その調書は法廷に提出されていない。トマス斬首事件の発覚後、容疑者がスガモ・プリズンに収容されるまでの一年半の間、米軍が何をしていたのか。それは明らかではないが、私は、捕虜斬首の命令者の捜索に難渋していたのだと思う。

戦後、トマスを斬首したとされる兵曹長が所属した巌部隊喜界島派遣隊の隊長の伊藤三郎大尉は、いち早く身を隠し所在が不明となった。懸命に捜索したものと思われるが、米軍はついにその所在を突き止めることができなかった。

そのため検察側は、最も重要な、事件の中心人物と思われる容疑者を確保できないまま、裁判を進めなければならなくなった。そこで検察官がとった戦術は、真実の解明とはほど遠い訴訟技術による問題の解決であった。それは、伊藤大尉が事件に関与しなかったことにすることである。

喜界島という小さな島で、二五日間、捕虜の火傷を軍医に治療させ、治癒に向かいつつあった捕虜を、部下が斬首するという出来事に、隊長がどのような形にしても関わっていないと認定するには、関わらない何らかの事情が必要だろう。しかし、そのような事情は証明できない。そこで検察官が選んだのは、伊藤大尉の存在を徹底的に無視することである。

検察官は、被告人や証人の供述調書に伊藤大尉の情報が現れることを徹底して排除した。弁護人が伊藤大尉のことを法廷に持ち出すと、公訴事実と関連性がないとして異議を述べる。実はこの問題については、この裁判の重要な論点となるべきであるのに、弁護人もそれを追究し切れない特殊事情を抱えていた。この問題については後に触れる。

＊「ＢＣ級戦犯」とは何か

ここで若い読者の理解のために「ＢＣ級戦犯」について概略的に説明しておこう。前述のように、日本は自ら仕掛けた第二次世界大戦で敗北を喫したが、その際、米英中の三国（後にソ連も参加）が発した日本に対する降伏勧告「ポツダム宣言」を受諾した。このポツダム宣言で「戦争を遂行してきた軍国主義勢力の一掃」だけでなく、「捕虜の虐待を含む一切の戦争犯罪人の処罰」も日本は受け容れたのである。これを実施するため、連合国軍は「戦争犯罪人処罰規程」を制定した。その中に三つのタイプの戦争犯罪が定められている。

(a)　侵略戦争もしくは国際条約に違反する戦争を計画、遂行した者
(b)　国際法の定める通常の戦争法規または慣例に違反した者
(c)　一般人民に対する殺害、奴隷化などの非人道的行為を行なった者

この分類にしたがって戦争犯罪人を、A級、B級、C級と分けて呼んだというのが大方の見解であるが、実務の実際を見ると、それほど明確ではない。BC級戦犯横浜裁判では(a)・(b)・(c)のどの項目に該当するか神経を使っている様子はない。BC級戦犯という呼称は、A級戦犯以外の戦犯の呼称として概括的に使用している。裁判記録にも「戦争犯罪」と記載するだけで「B級、C級」の記述はない。横浜で実施された戦犯裁判に関して言えば「BC級戦犯」とは「捕虜虐待」のような、戦争に関する「通常の国際法規及び慣例の違反者」を指していた、と言っていいだろう。

BC級戦犯裁判は、米国、英国、フランス、オランダ、オーストラリア、フィリピン、中国などの軍隊によって、アジアの各地で行なわれた。それは被害者が属する国の軍隊によって行なわれたため、概してその処罰は報復的で厳しいものとなった。起訴された事件は、総計二二四四件、起訴された人員は五七〇〇人、死刑判決を受けた者は九八四人だったという(半藤一利・秦郁彦・保阪正康・井上亮『「BC級裁判」を読む』日本経済新聞出版社、二〇一〇年)。

日本国内で行なわれたBC級戦犯裁判は、米軍実施の横浜での裁判だけであった。横浜裁判の総事件数は三二一件、起訴された人員は延べ一〇三九人、うち死刑判決を受けた者は一二三名(実際に死刑を執行された者は五一名)だったという(横浜弁護士会BC級戦犯横浜裁判調査研究特別委員会『法廷の星条旗—BC級戦犯横浜裁判の記録』日本評論社、二〇〇四年)。死刑の判決と、執行された者の人数に差があるのは、総司令部が定めた裁判規程で、判決の執行には、軍事委員会召集者である第八軍司令官の「承認」が必要とされ、死刑判決の場合は、さらに連合国軍総司令部最高司令官の「確認」が必要とされていて、その手続きの中で減刑措置がとられたからである。法廷を開いて審理をするのは、軍事委員会だけであるが、刑の執行を「承認」するか否かを決めるための第八軍司令官の、裁判記録の書面審査があり、死刑の執行には、さらに連合国最高司令官の「確認」のための裁判記録審査が行なわれた。

この上級司令官による「承認」及び「確認」の手順は、トマス斬首事件に関する裁判記録を見ると、軍事委員会の判決について、具体的に審査実務を担当する「reviewer」と呼ばれる審査官がいて、裁判記録記載の双方の主張や証拠を検討して「審査報告書」を作成し、これを「承認」の権限を持つ第八軍司令官に提出してその判断を受け、それでも「死刑」が維持されている場合は、さらに「確認」の権限を持つ連合国軍最高司令官の判断を受けている。

公判を開いて審理したのは軍事委員会だけなので、その意味では一審制であるが、右のように公判記録に基づく書面審査が上級司令部で行なわれていた。この制度のおかげで、横浜裁判の場合、最終的な「確認」の段階までに死刑判決の五八％が減刑されている。救われるべきものが救われなかった不当な結果があったのは事実であるが、この数値を見ると、審査制度が機能していたのも事実だろう。後に触れる谷口兵曹長の例を見ると、制度の危うさとともに、救いにもなったことがわかる。

2　検察官が想定した事件の骨格

＊ずさんな「公訴事実」

ＢＣ級戦犯裁判の場合、喜界島の事件を見る限り、起訴状記載の事実明細（公訴事実）からは事件の内容はつかめない。通常の刑事裁判で見る「公訴事実」とは比較にならないほどずさんなのである。起訴状に記載された、起訴の法的根拠としての「罪名」は「戦争法規または慣習の違反」である。漠然としているが、戦争犯罪に関する第一次世界大戦以来のすべての条約を含む趣旨であろう。もっとも、BC級戦犯裁判に関して歴史的に最も近い「戦犯処罰の国際法」と言えば、米国、中国、英国、ソ連による「ポツダム宣言」である。「われらの俘虜を虐待した者を含む一切の戦争犯罪人に対しては厳重なる処罰を加えられるべし」との四カ国の国家意思の表明を日本が受諾したことによって、「ポツダム宣言」は敗戦国日本に適用される国際法になった。BC級戦犯を裁く側の米軍が、「ポツダム宣言」のこの条項を念頭に置いていたことは間違いないだろう。

この条項については、ポツダム宣言を受諾するか否かを決める「御前会議」で、陸海軍の戦争指導者は、戦争犯罪問題は国内問題として処理することを申し出るべし、と主張していた（参謀本部編『敗戦の記録』）。しかし、このような主張が通る状況ではなく、天皇の「聖断」を経て日本政府はこの条項を含むポツダム宣言を受け容れている。戦勝国側の処罰意思の表明を受諾した日本は、戦犯裁判に異議は言えない。

さらに問題なのは、検察官が起訴状に示した「事実の明細（specification）」である。これは「公訴事実」に当たる用語と思われるが、事実が特定されているとはとうてい言えない。

トマス斬首事件では、斬首実行者については、「被告人は、一九四五年四月頃、琉球列島喜界島において、米国人捕虜アーサー・L・トマス海軍少尉を斬首し、よって故意かつ違法に同人を殺害した」と記載されている。被告人が軍の組織の一員として行動したのか、個人の行為として斬首したのか、区別のつかない表現であるが、一応事実は特定されている。

しかし、命令者とされる被告人ら（佐藤少佐、木田大佐、吉田中尉）についての「事実の明細」を見ると、すべて「被告人は一九四五年四月頃、琉球列島喜界島において、故意かつ違法に、米軍捕虜アーサー・Ｌ・トマス少尉の処刑を命令し、主導し、指示し、許容した」と記載されている。三人は一人ずつ別々の起訴状で、別々の日に起訴されているが、一言一句、全く同じである。それぞれの被告人が誰に処刑を命令し、指示したのか。被告人のうちの誰が処刑を命令し、実行させ、許容したのか、命令者三人はどのような関係にあったのか、さっぱりわからない。「処刑を命令し、主導し、指示し、許容した」というが、この訴状を受け取った被告人は、記載された行為のすべてを行なったとして起訴されていると思うだろう。

公判の冒頭、米国人弁護人は「どのような事実が起訴の対象になっているのかを被告人が知ることは、防御権行使にとって不可欠だ。「下手な鉄砲、数撃ちゃ当たる」式の公訴提起は違法だ」と主張したが、検察官は「つべこべ言うな。冒頭陳述を聞けばわかる」と答え、裁判長は「犯罪事実が何かを判定するのが軍事委員会の仕事だ」と言い放って、被告人の防御のためには起訴事実の特定が必要だという弁護人の主張は意に介さない。

このようなやり取りを見ると、この裁判では起訴状記載の「事実の明細」は審判の対象とは考えられていないことがわかる。公訴事実を審判の対象と考える弁護人とは最初から議論が噛み合わない。検察官の冒頭陳述は第一回公判期日に行なわれるから、それまでは被告人も弁護人も、被告人がどのような行為で起訴されているのか具体的にわからず、防御の準備もできない。後に触れるが、この裁判では、建て前はともかく、被告人の防御権は、最初から蔑《ないがし》ろにされている、と言ってよい。

キンカノン斬首事件の「事実の明細」も同様で、佐藤少佐と大島中尉について、犯行日時が「一九四五年五月頃」となっていることと、被害者名が「デイビット・C・キンカノン」となっているだけで、行為を示す文言は、命令者についても、実行者についても、トマス斬首事件と全く同文である。

次に書く「検察官想定の事件の構造」は、第一回公判期日に検察官が行なった「冒頭陳述」の内容を読んで、検察官が事件をどのように構想していたかを、私なりに整理したものである。

＊検察官が想定する事件の構造

検察官ランドの冒頭陳述によると、裁判の対象となる犯罪事実は次のようなもので、被告人によっては、起訴状記載の事実とは似ても似つかない内容となっている。

《トマス斬首事件（事件番号第三一八号）》

① トマス少尉は、一九四五年四月頃、喜界島基地を爆撃中に撃墜され、落下傘降下したところを巌《いわお》部隊の兵士らによって捕虜となった。

② 喜界島には大小様々の陸海軍部隊がいたが、巌部隊はその中の一つの独立した部隊であり、鹿児島の鹿屋《かのや》に司令部を置く第五航空艦隊の直接の指揮下にあった。「巌部隊」という隊名は米軍の目から真実の姿を隠すための偽名で、実の名は「喜界島航空基地隊」である。

③　被告人佐藤は海軍少佐で、一九四五年四月初めに第五航空艦隊から派遣され「喜界島航空基地隊」の指揮官になった。佐藤少佐は、当時の戦況や、火傷を負った捕虜の病状、医療品不足の状況、捕虜の移送が困難な交通事情などから、捕虜を処刑しようと考えるに至り、当時、喜界島にいた木田大佐に相談し、その同意を得て、指揮下にあった巌部隊の吉田中尉に電話で捕虜処刑の志願者を募るように命令した。

④　被告人木田は、一九四五年四月頃、空戦観察士官として喜界島に来ていた海軍大佐である。木田大佐は、佐藤少佐から捕虜処刑について相談を受け、処刑に同意して、佐藤の違法な行為を助長した。

⑤　被告人吉田は巌部隊の対空砲分隊長を務めていた海軍中尉である。吉田中尉は、佐藤少佐からの捕虜処刑志願者を募れとの電話を受け、このことを指揮下の各砲台に野戦電話で伝えて、佐藤少佐の違法行為を助けた。

⑥　被告人谷口は、吉田の指揮下の対空砲陣地に配属されていた海軍兵曹長である。谷口兵曹長はトマス少尉処刑の志願者募集に応じて志願し、トマス少尉を斬首し、殺害した。

《キンカノン斬首事件（事件番号第三一七号）》

①　キンカノン大尉は、一九四五年五月頃、喜界島基地を爆撃中に撃墜され、落下傘降下したところを捕虜となった（検察官は、捕まえた部隊名を明示していない）。

②　被告人佐藤は、そのころ、喜界島航空基地の指揮官の任にあった海軍少佐であり、同島における

最上級士官であった。佐藤少佐は、当時キンカノン大尉の火傷の治療を第三二一設営隊（宮本部隊）の病院に委ねていたが、喜界島の置かれた厳しい戦況に起因する逼迫《ひっぱく》した医療や輸送の困難な状況を考慮して、捕虜の処刑を決断し、自ら同隊の士官食堂に行き、捕虜処刑の志願者を募った。

③ 被告人大島は宮本部隊の海軍技術中尉である。大島中尉は被告人佐藤の呼びかけに応じて捕虜処刑を志願して、キンカノン大尉を斬首し、殺害した。

以上が検察官が想定する喜界島におけるトマス斬首事件及びキンカノン斬首事件の概要である。

裁判はこの検察官の想定事実をめぐって争われることになるが、この事件の場合、二つの事件とも斬首の事実に争いはなく、斬首実行者については「処刑を志願したか」が争点であり、命令者については「佐藤少佐が処刑を命令したのか」が争点である。

この二つの事件は、別個の軍事委員会によって裁かれている。そのため、佐藤少佐は、トマス斬首事件で「絞首刑」、キンカノン斬首事件では「二〇年重労働拘禁」、という二種類の判決を受けている。ここに挙げた検察官の想定する「事実」には、明らかな事実誤認もあれば、事実が解明されないまま終わった事項も多い。以下、裁判の経過を追いながら、検討しよう。

3　裁判の立役者たち

✴米国陸軍第八軍による軍事裁判

ＢＣ級戦犯横浜裁判の公訴を提起したのは連合国軍最高司令官総司令部である。そして総司令部の指示により裁判を担当したのは、横浜に司令部があった米国陸軍第八軍であった。

総司令部は、アメリカ合衆国を告発者、米軍捕虜虐待者らを被告人、とする起訴状を第八軍司令官に送付するとともに、裁判を担当する「軍事委員会」の委員の選任を指示した。起訴状を受け取った第八軍司令官は、「軍事委員会」の委員を陸海軍の軍人や軍属の中から任命する。規則上の限定はないが、実態から見て二、三の例外を除き日本駐留の第八軍傘下の士官が選ばれたと思われる。

「軍事委員会」は三人以上の委員で構成され、その中の一人が裁判長に任命される。第一回公判期日を開く時期を指定して「軍事委員会」の召集を決めるのは第八軍司令官であるが、公判開始後は、公判期日を決めるのは裁判長である。喜界島の事件記録を見ると、原則として連日、午前九時頃から夕方四時半頃まで法廷を開いており、この時刻は忠実に守られている。裁判が行なわれた場所は、占領軍が接収した横浜地方裁判所の庁舎である。この軍事裁判のため、横浜地方裁判所はこのＢＣ級戦犯裁判が終了するまで、近くの民間のビルへの移動を余儀なくされた。

＊軍事委員会メンバーの所属と階級

ＢＣ級戦犯裁判は、裁判という名はついていても、司法官による裁判と同じではない。このことが鮮明になるのは、喜界島の二つの斬首事件で、どういう肩書きの人たちが裁判官の役割を担ったかを見ればはっきりする。

《トマス斬首事件（事件番号三一八号）の場合》
裁判長　グレン・I・エパーソン中佐（第七機甲連隊）
陪席　ジョージ・E・アームストロング大尉（工兵隊本部）
陪席　ウイリアム・L・カース大尉（第七二通信隊）
陪席　ダリアス・J・クリュー大尉（第九三三高射機関砲隊）

《キンカノン斬首事件（事件番号三一七号）の場合》
裁判長　アーネスト・L・ノーバーグ中佐（第八軍司令部）
陪席　フランク・E・ゲアハルト少佐（横浜軍管区司令部）
陪席　スチュアート・A・エヴァンス大尉（第二四砲兵連隊）

どの軍事委員会にも「ロー・メンバー」と呼ばれる法律担当の軍事委員が一人指名されているが、どのような法律専門の経歴があるのかわからない。トマス斬首事件の軍事委員会のメンバーは、所属と階級から見て職業的な戦闘集団に属する人たちのように見える。他方、キンカノン斬首事件の軍事委員会は三人中二人は司令部勤務であり、法務官だった可能性もある。もっとも、法律専門家だから真実に基づいて公平に裁くとは限らない。要はその人の精神の「持ち様」の問題であろう。喜界島の二つの事件での審理の進め方と結論において、両軍事委員会にどのような違いがあったかは後に触れる。

✴裁判に勝つために真相を隠す検察官

《派遣隊長伊藤大尉の名は徹底的に排除》

喜界島における二つの事件を担当した検察官は、二件ともレオナード・Ｍ・ランドである。彼は連合国軍総司令部の法務部に配属された専門家で、この事件の捜査にも関与した。捜査の手順はおおよそ次のようなものだったと思われる。

戦犯容疑者は、まず居住地に近い米軍捜査機関に呼び出され、取調べを受ける。総司令部に配属された検察官は、そこから送付された調査書類を読み込み、事件についてのおおよその内容を把握し、誰が実行者で、主謀者は誰かの目星をつけ、被告人とする者と、証言者として使う者を選り分ける。

孤島の戦闘現場における捕虜斬首事件の場合、検察官が有力な証人として使えるのは、何らかの形で事件現場にいた軍隊内部の者になる。これらの者は皆、それぞれ戦勝国による責任追及から逃れたい、と願っている。検察官は呼び出された旧日本軍の兵士たちのこの心理を利用する。彼らは検察官が、自分を被告人ではなく、証人として協力させようと考えていることがわかると、おのずからその供述は検察官に協力的になり、迎合的になりがちである。

喜界島の二つの事件では斬首実行者はそれぞれ一人で、本人たちもその事実は認めている。したがって争点は、志願による斬首か、命令による斬首か、ということになるが、その命令がどこから出たかという点では、二件とも曖昧模糊としている。特に、トマス斬首事件の場合は、斬首実行者の所属部隊・巌《いわお》部隊喜界島派遣隊の隊長だった伊藤三郎大尉が戦後いち早く行方をくらましたため、真相究明が難しくなった。米軍は日本の警察を使って行方を探したが見つからず、米軍捜査当局は、伊藤大尉を被告人席に据えることを断念しなければならなかった。

そこで検察官は、事件当時、四五年四月から五月にかけて臨時の航空基地司令の任を帯びて喜界島に来ていた佐藤少佐を、主謀者と見立てて調べ始めた。検察官はその見立てに添った供述調書をとるように力を傾注し、訴訟戦術として、事件関係者の供述に伊藤大尉の名前が出てくることを徹底的に排除することにした。伊藤大尉が命令者である可能性が大きいとしても、それを立証できる士官は検察側の立証に協力する供述をしている。そのため、弁護人が、連日開かれている公判中に伊藤大尉が命令者であることを立証できる証人を捜し出すことは不可能に近い。したがって、弁護人が反対尋問で伊藤大尉について質問することは極度にむずかしくなる。じっさい検察官は、反対尋問で弁護人が伊藤大尉の名を出すと、「主尋問にない事項について質問することはルール違反である」との異議を申し立てており、裁判長も即座にその異議を認めて弁護人の質問をさえぎっている。

＊元将官の偽証は迎合か故意か

佐藤少佐は先述のように、沖縄航空戦の激しかった四五年四月から五月にかけて、臨時の「喜界島航空基地司令」として滞在していた。検察官は冒頭陳述で、「「巌部隊」という名称は米軍の目を欺くための仮名であり、本当の名は「喜界島航空基地隊」であり、その指揮官が佐藤勇少佐だった」と述べて、斬首実行者が巌部隊隊員である事実と、喜界島航空基地司令だった佐藤少佐が命令者であるという主張事実との間の、整合性を図った。

しかし、巌部隊喜界島派遣隊の本隊が沖縄本島にあったことを知る者から見れば「巌部隊イコール喜界島航空基地隊」とは、とんでもない事実誤認である。しかしこの事実誤認が佐藤少佐の立場を窮地に追い込むことになる。

検察官のこの主張は、宇垣長官亡き後の第五航空艦隊の最高幹部とも言うべき高い地位にあった「将官」の供述調書に由来している。なぜこの「将官」は嘘を吐《つ》いたのか。その真意はわからないが、後に法廷で検察側証人に立ったこの「将官」の証言を併せて考えると、検察官に迎合したと言うより、法廷戦術であった可能性も否定できない。

「巌《いわお》部隊」という名称は、沖縄の小禄《おろく》に司令部を置いた「南西諸島海軍航空隊」が使用していた非公式の名称であり、言わば愛称である。巌部隊の隊長（司令）は、沖縄地上戦開始前は棚町整大佐であったが、沖縄の地上戦開始直前に棚町大佐が沖縄根拠地隊司令官・太田実少将のもとで主席参謀を務めることになり、後任に川村匡中佐が就任している。喜界島に布陣した巌部隊は、沖縄にあった本隊からの派遣隊であり、彼らの多くはいったん沖縄の小禄飛行場（場所は今の那覇空港）に集結した後に、喜界島に来たのである。沖縄県豊見城《とみぐすく》市に史跡として保存されている「旧海軍司令部壕跡」や、モノレールの小禄駅前の丘に残る「巌部隊地下壕跡」に立ち寄って調べれば、南西諸島海軍航空隊が巌部隊と自称していた事実は容易にわかる。

検察官は、谷口兵曹長が「佐藤少佐の命令」でトマス斬首を実行したとの想定を「真実」に見えるようにするため、「喜界島航空基地隊」という架空の組織を作り出し、これが谷口兵曹長が所属した巌部隊の本当の名称だと主張して、谷口兵曹長と佐藤少佐を関係づける第五航空艦隊「高官」の供述調書を作成したのである。この問題は後に詳しく検証する。

✴斬首実行者の供述は無視

検察官ランドは一九四八年二月一七日、トマス斬首とキンカノン斬首の二つの事件で、処刑命令を発した中心人物として佐藤少佐を逮捕し、スガモ・プリズンに収容した。トマス斬首事件が発覚してから一年六カ月後の逮捕である。事件発覚時の米軍特命情報員は「斬首実行者の住所と氏名、命令者の氏名を把握した」と言っているが、その後一年半の間、佐藤少佐は逃げも隠れもしていなかったにもかかわらず、逮捕していない。米軍が追っていたのは、佐藤少佐とは別の人物だったからであろう。

谷口兵曹長は、自分にトマス少尉の斬首を命令したのは直属の上官の「吉田中尉」だと供述し、大島中尉は、自分にキンカノン大尉の斬首を命令したのは直属の上官の「宮本大尉」だと供述している。肝心の谷口兵曹長も大島中尉も、本人自身は、佐藤少佐から命令を受けたことを否定している。しかし、検察官ランドは斬首実行者らの供述は信用できないと主張し、佐藤少佐を命令者とする証人を相被告人（共犯とされている別の被告人）の中に求めた。

✴検察官が頼る相被告人の証言

谷口兵曹長がスガモ・プリズンに収容されたのは、佐藤少佐が収容された翌日の四八年二月一八日である。大島中尉もそのころ収容されていると思われるが、この日時を明示する資料がない。

トマス斬首事件で被告人となっている木田大佐と吉田中尉は、この時点では他の証人予定者と同様に身柄の拘束はなく、任意の取調べを受けている。検察官の冒頭陳述で述べられた木田大佐と吉田中尉の行為（本書四三八〜四四〇頁参照）を読んでも、検察官の主張のとおりなら、どうしてこの二人が起訴状で命令者とされているのかわからない。しかし、検察官が佐藤少佐を斬首命令者とする主張の裏付けとする中心的な証拠として挙げているのが、この二人の供述調書なのである。

この二人は佐藤少佐がスガモ・プリズンに拘束されている時に、他の証人たちと同様に、検察官事務所のあった明治ビルの一室で任意の取調べを受けている。状況的には、逮捕されている佐藤少佐の犯罪についての証言者としての扱いだった。当初、検察官はこの二人を、佐藤少佐が捕虜処刑命令者であることを証明する重要証人として使うことにして、起訴を控えようと考えていたのであろう。あるいは容疑者扱いではないふりをして、検察官が想定する方向に証言を誘導したのかも知れない。

佐藤少佐が起訴された一週間後に、身柄自由のまま、吉田中尉が佐藤少佐と同じ公訴事実で起訴され、一五日後には木田大佐が同じ公訴事実で起訴されている。この二人は起訴の時点では身柄は自由の状態にあり、スガモ・プリズンに収容されたのは起訴後数日たってからである。法廷で質問中にこの事実を知った弁護人が、「本当か！」と驚きの声を上げているが、この二人について検察官がこのような異例の取扱いをした理由はわからない。

＊供述調書の提出で主尋問は終了？

検察官の立場が異常に強い状況は、公判が始まってからも同じである。その最たるものは、検察官が録取した供述調書が証拠として採用されると、主尋問はすでに終わったという扱いをしていることである。

検察官ランドは、被告人佐藤、谷口、大島らを起訴する前に、証人予定者から供述を録取しているが、その内容は公開されていない。弁護人の提出の要求にも応じていない。法廷に出ている供述調書はすべて、佐藤少佐らを起訴した後で、再度、証人予定者を明治ビルの検察官事務所に呼び出して、A4用紙一枚程度に整理した英語の文書を作成し、これを供述調書原本として、法廷に提出している。弁護人は、これは検察官がまとめた要約文書であって証人の供述調書ではない、と主張して争い、整理する前の真実の供述調書を出せと主張したが、検察官はこれが供述調書の原本だと主張して、裁判長もこれを認めている。

さらに、検察官は、供述調書の提出で主尋問は終わっているものとして扱うよう主張し、裁判長もこれを認めて、弁護人に直ちに反対尋問を行なうよう促している。

弁護人は、取調室での検察官の尋問は、公開の法廷における尋問の代わりにはならない、と抗議するが、裁判長は認めない。

弁護人はやむを得ず、受け取ったばかりの供述調書の写しを大急ぎで読んで、反対尋問を行なう。弁護人には反対尋問のための準備の時間も与えられていないのである。

このように検察官は、制度的に圧倒的に有利な立場にある。それだけでなく、喜界島の捕虜斬首事件を見る限り、敗戦国の捕虜斬首関係者たちは、検察官が極刑を求めようと狙いを定めた人物が自分ではなく、自分はたんに証人予定者として扱われていると知って安堵する心理からか、検察官の取調べ方針に迎合しがちであった。この実態は、裁判の経過を追いながら明らかにするが、この裁判では供述調書の正確性について厳密な検証もなしに、検察官の立証が軍事委員会に受け容れられている。

＊翼をもがれた鷹か、米軍指定弁護人

この裁判では必ず米軍指定の弁護人がつく。しかもこの弁護人が指名される時期は、第八軍が軍事委員会を指定する時であり、公判開始の数日前である。したがって弁護人は公判開始前に準備をする余裕はほとんどない。

喜界島の二つの捕虜斬首事件を担当したのは米国弁護士のバーナード・シャンドラーであるが、トマス斬首事件で見ると、弁護人が指名されたのは一九四八年七月一五日であり、第一回公判期日は七月一九日午前九時であるから、弁護人指名から公判開始まで四日しかない。キンカノン斬首事件では弁護人は公判開始期日の前日の指定である。被告人弁護のための準備の必要性は、眼中にない。

しかも、公判が始まると連日開廷で判決に至るから、弁護人は法廷で検察官の主張や証明に対応するだけで手一杯になる。立証責任は検察官にあるにしても、有罪の供述証拠をそろえたと確信する検察官と対決して、信用性をくつがえすに足る反証を用意するには弁護人の血の滲むような努力が必要である。このことは、刑事裁判で事実を争った経験者であれば誰しも痛感することである。ＢＣ級戦犯裁判の弁護人制度は、先進国の裁判の形を整えるだけの発想で用意されていた、と言っても過言ではない。

問題は弁護人選任の時機だけではない。第八軍司令部の「戦争犯罪被告人裁判の手続規程及び手続概要」では、「検察官が証拠として提出しようとする全ての陳述書、宣誓供述書及びその他の文書の写しは、事件が審理に付される時に、弁護人に交付される」と定めていた。実際に検察官が供述調書

の写しを弁護人に交付するのは、喜界島の事件を見る限り公判当日である。弁護人には準備期間を考慮した供述調書の事前閲覧権がない。

トマス斬首事件の第一回公判期日で、検察官が供述調書を証拠として提出した際の、弁護人と裁判長と検察官との間で行なわれた議論を再現してみよう。

検察官「ハセガワの一九四八年四月一三日付け供述調書を、主尋問の代わりとなる検第二号証として提出する」

弁護人「この文書は検察官が整理してまとめた検察官の文書であるから、証人作成の原本を提出してもらいたい」

ところが、弁護人が話している間に裁判長の指示で通訳が被告人に近づき、検察官提出の供述調書を翻訳して聞かせ始める。

弁護人「弁護人が話している時に、通訳が被告人らに供述調書の翻訳を聞かせていると、被告人らは弁護人が何をしているかわからず、手続きについて来れない。このやり方は止めていただきたい」

裁判長「通訳員は供述調書の通訳を続けなさい」

弁護人「この供述調書は原本でない、との異議を申し立てている」

裁判長「印判もついているし、原本と考える」

弁護人「本件では英語の文書が提出されている。通常行なわれている調書の取り方は、まず質問者の記録かメモがあって、次いでその記録かメモに基づいて陳述書が英語で作成されます。ここに提出された供述調書は通訳が英語に翻訳した文章です。それに証人が署名して判をついているのです。弁護人としてはもともとの尋問の記録を出して欲しい」

裁判長「検察官はそのような文書は持っていない、と言っている」

弁護人「それでは、原本の不存在を理由に異議を申し立てる」

裁判長「異議は却下する。ほかに異議があれば続けよ」

ここで弁護人は折れて「この文書を読む時間を与えていただきたいのですが、よろしいでしょうか。この文書を見るのは今が初めてなんです」と言う。

ところが裁判長はこの訴えを無視して「ほかに異議はないのか」と聞く。

弁護人「あると思いますが、主尋問の供述調書をまだ読んでいないのです」

裁判長はこれには何も言わずに一五分間の休憩を告げた。これが弁護人が主尋問の代わりをなす供述調書を検討するために与えられた時間である。

なお、検察官による、この供述調書の作成日付に注目されたい。トマス斬首実行者として谷口兵曹長が起訴されたのが一九四八年三月一八日で、その命令者として佐藤少佐が起訴されたのが三月二九日であるが、この供述書は四月一三日に作成されている。喜界島の事件の場合、検察官が軍事委員会に提出した供述調書はほとんど、起訴後に公判担当検察官によって作成されているのである。これでは、検察官がよほど高潔無私の人物でもない限り、自分が想定する事実と反する供述は闇に葬られるにちがいない。

通常、弁護人は反対尋問では、検察側証人の発言からわずかの矛盾を見つけ出して真実を探る。主尋問を聞かないで行なう反対尋問では、証言の信用性を崩すことは、よほど良い情報を持っていない限りほぼ不可能である。検察官作成の供述調書は短く整理されているから、読むだけならすぐ終わる。しかし、検察官は用意周到に、伊藤大尉の名が出てくるのを回避している。情報を持たない弁護人は、反対尋問と言っても、供述調書に添って聞くことしかできず、反対尋問の効果はない。弁護人が、逃亡した伊藤大尉について聞こうとすると、即座に検察官から「主尋問にない事項であり、反対尋問の範囲を逸脱している」と異議を申し立てられ、裁判長はその異議を認めるから、弁護人は質問を続けられない。裁判長は「起訴されていない伊藤大尉が真犯人だと言うなら、弁護人は証拠を出しなさいよ」ともっともなことを言う。しかし、連日開廷の法廷で、準備期間も与えられていない米国人弁護人に何ができるだろうか。

それだけではない。米軍選任弁護人も、日本人弁護人も、個別の被告人についているのではなく、同一事件の被告人全員についているから、トマス斬首事件のように被告人が四人いて、事実に関して相互に異なる供述をしている場合、どの被告人の言い分に立つか、判断がつかず、身動きができない。弁護人は、訴訟手続の法律問題では執拗と思えるほどに検察官や裁判長に論争を挑んでいるが、事実問題については、質問も主張もできない。検察官が想定する事実を争う被告人と、争わない被告人がいる場合、このような弁護制度では、争う被告人には決定的に不利に作用する。

＊日本人弁護人の立場――建前と実態

喜界島の二つの事件には日本政府が付けた弁護人がいた。トマス斬首事件の公判の初日に、裁判長が「被告人らは弁護人の紹介をして欲しいのではないか」と述べて紹介を促した際、シャンドラー弁護人は「私が正規に選任された弁護人、アーノルド・シャンドラーです。次の者は共同で被告人を弁護するオバタヨシズミとシバヤマヒロシです」と紹介している。しかし、法廷で裁判長や検察官と議論し合っているのはシャンドラーだけで、日本弁護人が議論に参加した様子はない。第三回公判期日の記録の冒頭に記載された出頭関係者の中に、「弁護人」との表示に続いて「助言弁護人」との記載が見えるが、その日は被告人・木田大佐が自らのために証人に立った日であり、シャンドラーの助言者として弁護人席に坐った、という趣きである。その他の期日には「助言弁護人」の出頭の記載はない。米人弁護人は正規、日本人弁護人は非正規という扱いだったのだろうか。

喜界島の二つの事件の裁判記録に添付されている第八軍司令部の裁判開始の指示書には、弁護人としてシャンドラーを指名する旨の記載に続いて、次のような文言が記載されている。

"Accused are expected to provide individual defence counsel"（「被告人らは個々の弁護人をつけることが期待される」）。

二つの事件は別々の軍事委員会が担当しているにもかかわらず、同一の文言が記載されているのは、このような記載を記録上に明示しておくことが求められていたのであろう。しかし、軍事委員会が積極的に被告人らにこのことを周知しようとした形跡はない。

被告人が弁護人の弁護を受ける権利については、一九四五年九月二四日付けの「太平洋地域アメリカ合衆国陸軍総司令部」が定めた「戦争犯罪人裁判規程」では、被告人には「審理前及び審理中、自己の選任した弁護人により代理され又《また》は自ら弁護を行なう」権利があると定め、なお、「被告人がその弁護人を指名しない場合は、被告人を代理し又《また》は助言するため、軍事委員会は相応の資格を持つ弁護人を任命する」と定めている。これによると、私選弁護人が原則で、被告人が弁護人をつけない場合は、担当の軍事委員会が弁護人をつける、という制度を想定していたのである。

ところが、一九四五年一二月五日付けの連合国軍最高司令官総司令部（ＧＨＱ）が定めた「戦争犯罪被告人裁判規程」では、「審理に先立ち、若《も》しくは審理中に、被告人が軍事委員会召集官の指定する弁護人を代理人とし、または自己選任の弁護人を代理人とすること、若しくは自らを弁護すること」は「被告人の権利」というふうに文言が変わっている。

前の規程と後の規程で変わったのは、前の規程では、私選弁護人がいない時は、裁判を担当する個々の「軍事委員会」が弁護人を任命する、となっていたのに、「ＧＨＱ」の規程では、私選弁護人の有無にかかわらず「軍事委員会召集官」が弁護人を選任するようになったのである。米軍指定弁護人に法廷の主導権を握らせようと考えたのであろうか。

二つの規程の管轄区域は、日本を含む米軍が占領した全域である。ＢＣ級戦犯横浜裁判の場合は「軍事委員会召集官」である「第八軍司令官」が事件ごとに必要的に弁護人を指名した。

規程上は「公平な裁判」のために、弁護活動に何らの制約もない私選弁護人を選任する権利を認める建て前になっていたが、現実問題として、被疑者段階における弁護人選任権が認められていた節《ふし》はなく、第一回公判期日が被告人や弁護人にわかるのは期日直前であり、公判が始まれば連日開廷となることを考えると、被告人が私選弁護人を依頼する時間的余裕はなかったと思われる。第一回公判調書に記載された私選弁護人選任権に関する定型の文章は「公平さ」の見せかけだったのだろう。

喜界島のトマス斬首事件のように、被告人の言い分が相互に違っている場合、特に佐藤少佐のように、検察官から主謀者と想定され、これを否認している被告人の場合は、個別に弁護人を付ける必要性は大きかった。しかし佐藤少佐は、法廷関係者からそのような助言を受けた形跡がない。

喜界島の事件の裁判記録を見る限り、米軍指定の弁護人は非常に熱心で、手続き問題では日本人弁護人には思いも寄らないような激しさで裁判長とやり合っている。しかしいくら法廷で熱心に職務を果たしていても、被告人一人ひとりとの間の意思の疎通なしに真相の究明は望めない。トマス斬首事件では、米軍指定弁護人は、四人の被告人の供述の食い違いにお手上げで、最初から真相究明の努力を諦めていたように見える。

それでは日本人弁護人がその欠点を補う働きができたかと言うと、そうはなっていない。日本政府がつけた日本人弁護人二人とも、シャンドラーと同じく被告人全員の弁護人で、個別の被告人の弁護人としての役割は果たしていない。全員の弁護人であるため、検察官の見立てに同意する被告人と、それを否定する被告人がいる場合、どちらかを犠牲にしなければならない。この場合、弁護人を律する価値観はどうなるか。裁判を通じての真相究明とは別の価値観がはたらく。総体的に犠牲者を少なくすることを正義とする価値判断である。この点も後で再考しよう。

✴飛鳥田一雄弁護士の述懐

後に横浜市長や日本社会党委員長を務めた飛鳥田一雄は、横浜弁護士会の「戦中戦後を語る座談会」で、ＢＣ級戦犯裁判の弁護活動について、「日本人弁護人は独立して弁護できる立前だったけれども、実際はこちらはぺらぺらやれないから向こうにやって貰うより仕様がないよ。だから事実上は向こうが主任、こちらが副という形でしたね」と、日本人弁護人の立場を語っている（横浜弁護士会会史編纂委員会編『横浜弁護士会史』上巻、横浜弁護士会、一九八〇年）。

飛鳥田氏は、規程の上では、日本人弁護人の権限に制約がないことを知っていたのである。

喜界島の二事件でも、シャンドラーのほかに二人の日本人弁護人がついていたが、裁判記録を見る限り、法廷活動はシャンドラーの独擅場《どくせんじょう》である。これは、英語能力のせいだけではないと思う。本当に法廷主宰者側に被告人の権利を擁護する気持ちがあれば、法廷で使用する言語の問題は、通訳をつけるなどして解決できるはずである。軍事委員会を召集する第八軍にも、審理を担当する軍事委員会にも、建て前はともかく、被告人の人権を制度的に配慮しようとする気遣いはなかったのであろう。

✴通訳も付けられなかった日本人弁護人

ＢＣ級戦犯横浜裁判の最初の公判が開かれた時の「日本人弁護人選任」の模様は、前述の横浜弁護士会ＢＣ級戦犯横浜裁判調査研究特別委員会『法廷の星条旗』に紹介されている。それによると、一九四五年一二月一七日に第一号事件の公判が始まることが一五日の新聞で報じられ、その日の午後、第一復員省法務局担当官から、終戦横浜連絡事務所長の鈴木九萬に「第一号事件の弁護人を東京弁護士会に依頼したが間に合わなかったので弁護人選任を横浜弁護士会に一任したい」との連絡が入り、これを受けた鈴木所長が、当時の横浜弁護士会会長渡邉治湟に頼み込み、会長自身に引き受けてもらった、という。制度的に必要とされた米軍選任弁護人以外に、任意に付されたという意味では「私選」であるが、実際には日本政府肝いりの、被告人の同意のもとに付けられた国選弁護人だったのである。

このような日本人弁護人の選任の仕方がその後定着していったのであろう。当初は、弁護費用をどこで負担するかも決まらないまま、米軍が進める裁判の期日に急きょ対応したので、担当する弁護人は無償奉仕も覚悟していたものと思われる。

じっさい、当初は明確な報酬の決まりはなく、横浜弁護士会会長が第一復員省から預託された謝礼充当金の中から、担当会員の活動に応じて調査料等の名目で支払われていたという。

その後、一九四七年一月になって、第一復員局横浜連絡所長から横浜弁護士会長宛に「横浜戦犯裁判弁護士に対する費用支払いの件」と題する文書が届き、それによると、「先般来事務当局に於て米側と交渉中の処、之等《これら》弁護士を米弁護士団に協力する日本人法律顧問なる資格の下に左記の要領により終戦処理費より支出することに定まりました」と前置きして、「一日百五十円」の日当の支給を通知してきた（横浜弁護士会会史編纂委員会編『横浜弁護士会史』下巻、横浜弁護士会、一九八四年）という。

復員局からの文書では「米弁護士団に協力する日本人法律顧問という資格で合意した」と言うが、敗戦国の政府が旧日本軍人の弁護費用を負担することを、はたして占領軍側は認めたのだろうか。思うに、捕虜になった戦勝国側の軍人に対する旧日本軍の不法行為を裁く裁判で、敗戦国日本が、旧日本軍被告人の弁護費用を負担することは、敵対行為の継続で許されない、と米軍側は見たのではなかろうか。「米弁護士団に協力する日本人法律顧問」という定義は、いかにも役人が考えつきそうな言葉である。これが「終戦処理費」から弁護士費用を支弁する方便だとしても、この資格では、直接の法廷活動はおぼつかない。

その後、一九四七年一〇月、横浜弁護士会の要望に対し、「第八軍法務部弁護団長」からの回答があって、「戦犯弁護人に対しては、一日金五百円の手当を第八軍弁護団より責任を以て支給する」ことになった、という（前出『横浜弁護士会史』下巻）。おそらく第八軍戦犯弁護団の法律顧問であることを前提にしての決定だったのだろう。

BC級戦犯横浜裁判の第一号事件を担当した渡辺治湟弁護士は英語も話せないのに通訳もつけてもらえなかった状況について、裁判長が「戦争裁判にはまだルールがない。三者でルールを協定したいので日本人弁護人として意見はないか」と聞かれたので、前日から用意しておいた要望を紙に書いたものを読み上げたという。希望項目のうち「被告人に起訴状の翻訳文を交付すること」は即決したが、「日本人弁護人に通訳を付けること」という要望には、「被告人には通訳をつけるが、弁護人独自の通訳はつけない」と言って断わられた、という。渡辺弁護士は、被告人席と弁護人席が離れていることを理由に反論したが認められなかった、と座談会で述べている（前出『横浜弁護士会史』上巻）。

BC級戦犯裁判を実施する現場に近づくにつれて、建て前の「被告人の権利」を擁護するための弁護活動は事実上敵対視され、形骸化する実態が見えてくるようだ。

第一号事件から二年半の後に開廷した喜界島の事件でも、日本人弁護人の活動の実態は変わっていない。法廷で活動を認められたのは米軍指定弁護人であり、日本人弁護人は「非正規」扱いであった。しかし、実態はそうであっても、戦勝国米軍による裁判で、日本語で意思が通じる弁護士が参加しているだけでも被告人にとって大きな心の支えになったことは間違いない。結果的に期待するほどの役割は果たせなかったとしても、ほとんどの被告人が日本政府手配の弁護人を依頼している。

飛鳥田氏が言うように、英語で進行する法廷では、英語の話せない日本人弁護人は自由に活躍できなかった。しかし、米軍が心底から、被告人の権利として弁護人選任権を考えていたのであれば、日本人弁護人の法廷活動に通訳を付けるなどの法廷環境を整えればいいことである。ＢＣ級戦犯裁判の実態は、審理を行なう法廷に米軍選任弁護人が最低一人いればそれで良しとする運営がなされ、それが制度的に定着してしまったのではないか。裁判規程で保障された個々の被告人の「弁護人選任権」は、実態としては「絵に描いた餅」だったのである。

なお、横浜弁護士会（現・神奈川県弁護士会）では、総会を開いて、ＢＣ級戦犯裁判の弁護人について、会を挙げて引き受けることを決議し、多数の弁護士が弁護人を引き受けている。しかし、その実態は、米軍指定弁護人から独立した弁護人ではなく、本来の意味での私選弁護人でもなかった。制度が落ち着くまでの紆余曲折はあったようであるが、最終的に落ち着いた位置づけは、米軍指定弁護人の補助者としての、日本国関与の特殊な弁護人だった。

4　法廷で真相は明らかになったのか？

【トマス斬首事件】

トマス斬首事件では、判決公判を除いて、五回の公判期日があり、第一回期日に検察官の冒頭陳述があり、第五回期日に検察官の論告求刑と弁護人の最終弁論が行なわれているが、五回までのすべての期日に証人調べが行なわれている。

調べた証人は検察側申請七名、弁護側申請で九名（うち三人は被告人）である。数だけ見ると証人調べが尽くされているように見えるが、真相究明という点では調査不十分で、証拠調べが十分だったとは言えない。私は証人調書を通読したが、全部を紹介する余裕はないので、主要な議論に関連する証人調べだけを紹介したい。なお、喜界島の捕虜斬首事件の裁判記録を通観して、検察官がこの裁判で狙っていたものは何か、という点を押さえておく必要があると思う。

✴狙いは佐藤少佐に二つの「絞首刑」？

総司令部法務部は、喜界島の捕虜斬首事件の二件とも、佐藤少佐の主導で行なわれたと想定し、二件を一個の軍事委員会の公判手続きで審理させる前提で起訴状を作成し、第八軍に送った。

しかし、公判担当の検察官ランドは、二件を別々の軍事委員会の裁判にかけようと考えた。ところが総司令部が第八軍に送付した起訴状には、佐藤少佐については二人の捕虜の斬首命令者として併記されているから、被害者ごとに二件に分けると、どの事件に併合しても佐藤少佐の場合は別の一件がついて来る。軍事委員会を召集するのは第八軍司令官であるから、ここで喜界島の二件を一括して一つの軍事委員会で審理することにすれば、問題は解決する。ところが実際の経過では、喜界島の二件を別々の軍事委員会の裁判にかけるという方針を維持している。推測であるが、これには公判担当検察官ランドの意向が大きく影響していたと思う。検察官が二件の併合審理を望めば、そのようになったはずだからである。後にキンカノン斬首事件の担当を命じられた弁護人シャンドラーは、死刑判決の数を増やしたいという検察官ランドの功名心に基づく策謀だと非難している。あり得ないことではないと思う。
　二つの斬首事件を別々の軍事委員会で審理することにした結果として、佐藤少佐の事件をどの事件に併合するかで混乱が生じている。次に挙げた日付順の記述は、逮捕から起訴、併合決定、その取消、再度の併合決定、二重起訴などの混乱ぶりを示すものである。特に★印に注目していただきたい。

一九四八年二月一七日、佐藤勇少佐の身柄拘束、スガモ・プリズンに収容
同年二月一八日、谷口鉄男兵曹長を逮捕、スガモ・プリズンに収容
同じころ、大島宗彦中尉も逮捕、スガモ・プリズンに収容
同年三月一八日、大島中尉をキンカノン斬首実行者として起訴
同年三月一八日、谷口鉄男兵曹長をトマス斬首実行者として起訴
★同年三月二九日、佐藤少佐をトマス斬首、キンカノン斬首の二つの事件で命令者として起訴
★同年四月二日、佐藤少佐につき、大島被告事件と併合審理決定
同年四月五日、吉田正義中尉をトマス斬首事件で命令者として起訴
★同年四月九日、佐藤少佐につき大島被告事件から分離して、谷口被告事件と併合審理決定
同年四月一三日、木田達彦大佐をトマス斬首事件で命令者として起訴
同年四月二〇日、吉田中尉につき、谷口被告事件に併合審理決定
同年四月一七日、木田大佐の身柄拘束、スガモ・プリスンに収容
同年四月二三日、木田大佐につき谷口被告事件に併合審理決定

同年四月二六日、吉田中尉の身柄拘束、スガモ・プリズンに収容
★同年五月二七日、佐藤少佐につきキンカノン斬首事件で命令者として起訴（佐藤少佐に対する三月二九日付け起訴を維持したままなので、キンカノン斬首の件で二重起訴）
★同年六月一一日、佐藤少佐の五月二七日起訴事件を、大島被告事件と併合審理決定

五月二七日付けの佐藤少佐に対するキンカノン斬首事件の命令者としての起訴が、三月二九日付けの起訴の一部と二重起訴になる。両方の起訴が総司令部の名で行なわれているが、この状況をよく知っているのは検察官ランドである。

検察官ランドは、事件番号がキンカノン斬首事件よりも後になっているトマス斬首事件を先に審理してもらうことにして、第八軍に公判準備が整ったことを伝えたのであろう。第八軍司令官は、一九四八年七月一五日に、トマス斬首事件について、エパーソン中佐を筆頭とする四人の委員による軍事委員会を指名し、七月一九日の公判開始を指示した。被告人は、佐藤少佐の他、木田大佐、吉田中尉、谷口兵曹長の四人である。同時に第八軍司令官は、弁護部門所属のシャンドラーを被告人四人の弁護人に指名した。

キンカノン斬首事件については、まだ軍事委員会も構成されていない。キンカノンについては、トマス斬首事件の裁判が終わるまで審理を始めない。これが検察官ランドの〝戦略〟だった。

＊「ノル・プロス」申し立ての真意

第一回公判日の冒頭、軍事委員会委員や通訳、検査官、通訳らの宣誓が終わるや、検察官ランドはいきなり「被告人佐藤に対する第二の公訴事実につき「ノル・プロス」を申し立てる」と発言した。「ノル・プロス」とは「公訴取消」に相当する米国の法律用語である。トマス斬首事件の法廷では被告人四名中、佐藤少佐だけがキンカノン斬首事件の命令者としても起訴されていたが、検察官は口頭でキンカノン斬首命令についての公訴事実は取り消して、トマス斬首事件だけにしぼると申し立てたのである。取り消しの理由は明示しなかったが、軍事委員会は検察官に取り消しの理由を尋ねていない。

総司令部が定めた裁判規程では「公訴事実」は「明瞭な文言」で記載された写しを審理前に交付されるのが「被告人の権利」と定められていた。このことから推論すると、「公訴事実」の重要な部分を取り消すのも、同様に「明瞭な文言」で記された文書の写しの交付を受ける権利が被告人にはあると解すべきだろう。しかし、その点が議論された形跡はない。

裁判長が「つまり、キンカノン大尉の死亡について被告人佐藤を訴追しないということですね」と聞き、検察官が「はい」と答えて手続きは終わっている。

実は、この時点で弁護人も被告人も軍事委員会も、検察官に騙されていたのだ。検察官ランドは、佐藤少佐がキンカノン斬首事件について別訴で起訴され、起訴状が第八軍に送付されていることを伏せていた。弁護人も被告人佐藤も、キンカノン斬首の件では起訴を免れたと思いこまされていた。

✴取調べが検察官の主尋問？

こうしてトマス斬首事件の公判は始まったのであるが、審理の全体を通して最も奇異に感じたのは、検察官が証人の供述調書を提出してそれが証拠として採用されると、これで主尋問は終わった扱いとなったことである。検察官は具体的内容はいっさい質問しない。周到に準備された検察側証人の供述調書の信憑性を反対尋問で崩すことがいかに難しいか、経験者なら皆知っている。

まして、法廷で受領したばかりの供述調書の写しを大急ぎで読んで反対尋問をするということは至難の技である。このような手続きが受け容れられるのは、審理を担当する軍人たちには、味方の兵士を虐待した敵に報復的処罰を加えるという意識が強く、裁判制度を通じて真実を解明するという意識は弱かったからであろう。その上、やむを得ないことであるが、彼らには旧日本軍人の人権に配慮する思想が薄弱だった。

＊証言の信憑性を崩す反対尋問は不当？

第一回公判期日では、弁護人は検察官が提出する供述調書について、検察官が整理した作文で証人の供述調書でないとか、任意性がないことを主張して争ったが、裁判長によってことごとく排斥された。第二回公判期日に登場したD証人の反対尋問では、証言の信憑性を崩すという点ではかなり成功したと言っていいだろう。しかし幾ら信憑性を崩しても、この軍事委員会には通用しない。

D証人は海軍巌《いわお》部隊対空砲分隊の兵士であり、処刑実行者の谷口兵曹長の部下である。トマス斬首現場の目撃証人という位置づけであるが、単なる目撃証人ではない。処刑現場で手伝っている。証人といっても、共犯者ともいえる立場の兵士である。この事件で検察官が立てた証人は多かれ少なかれ、こういう立場の将兵だった。やりとりは次のように行なわれた。

検察官「一九四八年四月一日付けの英文供述調書を示す。ここにあるのはあなたの署名と判ですね」
証人「はい」
検察官「署名する前に日本語に翻訳してもらいましたか」
証人「はい」
検察官「内容は真実ですか」
証人「はい」
検察官「もっと大きい声で答えて。何も恐れることはない。真実を伝えてください」
弁護人「今、検察官が述べたことに関連して裁判長に求めます。証人がもし嘘を吐《つ》いたらどういうことになるか、説示していただきたい」
検察官「私は証人が気を楽にするように努めているだけですよ」
弁護人「証人は宣誓の上でここに立っている。証人に気を楽にして証言させるとしても、嘘を吐《つ》いたらどうなるか、説示はすべきです」
裁判長「(記録係に)偽証の警告をしたことが調書に記載されていますか」
記録係「日本人証人の供述書にはすべて普通の宣誓の記載があるだけです」
検察官「それは些細な問題だ。ここに立っているのは日本人証人で、彼は今、異国の法廷にいる。階級も上等兵に過ぎません。軍事委員会が私に供述調書を取るなと言うのであればそうしますよ。しかし、私の関心事は真実です。私は証人が気楽に話すようにしてやるつもりです」

裁判長「軍事委員会としても事実を把握する上で役に立つことであれば受け容れたい。ところで、検察官が望むのはそんな反論よりも、まず、軍事委員会が供述調書を読むことではないのか」

検察官は渡りに舟と即応する。

検察官「検察側はDの一九四八年四月一日付け宣誓供述書を検第五号証として提出します」

弁護人「私はこの文書をまだ見ていないし、被告人らも見ていない」

裁判長「シャンドラーさん、何かほかに異議はありますか」

弁護人「弁護人は原本を見せてもらっていない。これは尋問を短くまとめた検察官の記録です」

裁判長「異議は却下する。ほかに異議がないのでDの供述調書は検第五号証として採用する」

✴裁判長が弁護人の質問を横取り

そこで弁護人は大急ぎで主尋問の内容となる供述調書を読み、反対尋問を始める。

弁護人「捕虜が処刑される前に、誰が捕虜に目隠しをしたか、あなたは知っていますか」

証人「知りません」

この答えを聞いた弁護人は、検第五号証の供述調書を証拠から排除するよう申し立てた。

弁護人「供述調書では「私が捕虜に目隠しをした」と記載されているが、証人は目隠しをしたのは誰か「知らない」と言う。この供述調書は明らかに虚偽であるから証拠からの排除を求める」

これに対して、検察官が反論する。

検察官「弁護人は質問で証人を罠《わな》にかけている。証人が供述調書で使用した言葉は「目隠し」ではなく「包帯」です。それは表現の違いに過ぎない」
裁判長「弁護人の削除申し立ては却下する」
弁護人「それでは証人が宣誓した上で偽証したことになる」
検察官「異議あり。裁判長に求めたい。矛盾があれば指摘していただきたい」
裁判長「証人が混乱していることは明らかだ。弁護人は証言を信用できないのであれば、なぜ供述調書でかくかくしかじかと述べたのかを尋ねれば、弁護人が言っていることが証人にもわかるはずだ」
弁護人「裁判長は私が質問で証人を罠《わな》にかけたと思っているのですか」
裁判長「あなたが反対尋問で狙っているのは、証人を混乱させることでしょう」
弁護人「違いますよ、裁判長。私の反対尋問の目的は証拠の信憑性を減殺《げんさい》することです」
検察官「私に言わせれば、あなたの質問はすべて狡猾な罠だよ」
このようなやり取りの後、裁判長が審理の促進を促し、弁護人が証人への反対尋問を再開する。
弁護人「あなたは処刑現場に誰がいたか覚えていますか」
証人「いいえ、覚えていません」
弁護人は再びこの供述調書の証拠からの排除を求め、「検第五号証の供述調書には、被告人のうち二人が処刑現場にいたことを述べているが、証人は現場に誰がいたか覚えていないと言っている」と指摘する。しかし、これに対して裁判長は、「明らかに証人は混乱している。弁護人はこの証人にお聞くことがありますか。なければ証人にはこれで帰ってもらう」と言う。しかし弁護人は反対尋問を続行する。

弁護人「あなたは、谷口が捕虜を斬首した、と供述調書で述べたことがあるか」
証人「はい」
弁護人「あなたは、吉田が処刑現場にいた、と供述調書で述べたことがあるか」
証人「はい」
弁護人「あなたは、処刑された捕虜に目隠しをした、と供述調書で述べたことがあるか」
検察官「ちょっと待って。供述調書にあるように「包帯」という表現で行こう」
弁護人「(証人に)あなたは供述調書で「私は目隠しのため捕虜の目に包帯をしました」と述べましたか」
証人「いいえ」
弁護人は供述調書の表現どおりに質問しており、これを証人が否定したため、再び論争になる。裁判長はこの様子を見て「私が聞く」と言って弁護人から尋問を引き取り、直接証人に質問し始めた。
裁判長「数分前、法廷通訳がこの供述調書を翻訳してあなたに伝えましたが、その中に、あなたが捕虜を担架《たんか》からおろして爆弾穴の縁《ふち》に跪《ひざまず》かせ、目隠しのために捕虜の目に包帯をしました、という部分がありました。そのことを、あなたは覚えていますか」
証人「いいえ」
裁判長「法廷で翻訳してもらったことを覚えていないのか」
証人「はい」
検察官「裁判長、証人は翻訳を聞き漏らしたのだと思います。質問してみてください」

裁判長「あなたは供述調書の翻訳を聞いていましたか」
証人「はい」
裁判長「しかし、その部分が聞こえなかったのかね」
証人「爆弾穴のことは聞きました」
裁判長「あなたが証言台に立って、検察官のランドさんが、この供述調書を作成した時に、全文を日本語に翻訳してあなたに聞かせたか、と尋ねた時、あなたは「はい」と答えましたよ。そこに書かれていることが真実かと尋ねた時も、あなたは「はい」と答えている。それが真実でないなら、あなたはなぜ、真実ではないと答えなかったのか」
この裁判長の質問に、検察官が、問題になっているのは供述調書の一部だと異議を唱える。そこで裁判長は質問を撤回し、供述調書の中の「目隠し」の部分を読み上げ、「その部分が違うのであれば、なぜ違うと言わなかったのか」と聞き直した。
証人「私が捕虜を担架から下ろし、爆弾穴の縁に跪かせたのは本当です」
裁判長「捕虜の目に包帯を巻いたのは自分ではないというのかね」
証人が黙っているので、裁判長が「捕虜の目に包帯を巻いたのはあなたか、あなたではないのか」と再度質問する。
証人「私がしました」
ここで弁護人が、「証人は答える前に何分も黙っていたことを記録に留《とど》めておいてもらいたい」と発言した。検察官は、「証人は、捕虜に目隠しをしたことや、担架から下ろすのを手伝ったことが何らかの犯罪に当たると思っているのかも知れません」と述べ、裁判長は「軍事委員会としてもそのことはわかっている。証人は捕虜の目に包帯を巻くことが犯罪行為になると思っているのだろう」と言う。
弁護人「それは証人に尋ねればすむことです。裁判長は、弁護人の反対尋問で証言の信憑性が減殺《げんさい》されると、その効果を意図的に修復する。証人は同じ質問を三回も受けて、やっと答えている。これでは証人が述べたものとは言えない。証言の信憑性が失われたことは明らかです」
裁判長「弁護人は自分の席でじっとしていてくれませんか」
弁護人「裁判長は、私が証人を脅かすとでも思っているのですか」
裁判長「あなたは質問しない方がいい」
弁護人「私が証人を脅かすとでも思っているのですか」
裁判長「私にはそのように見える」
弁護人「何を根拠に？」
裁判長「まずは体格だ。あなたの身長とこの日本人の体を較べて見よ。あなたは背が高く、声が大きい。あなたの地声かも知れないがね。それに、この異国の法廷にやって来る証人は誰しも脅《おび》えているに違いない。あなたに彼を脅かす意図があるとは思っていない。そのことであなたを非難しているのではない。自分の席でじっとしていてください」
弁護人「証人が脅えているのは弁護人ではなく、検察官だと思いますよ」
検察官「余計なお世話だ」
裁判長「弁護人は、もし証人に質問があるなら続けてください」

弁護人「私は、偽証の告発、もしくは証人の供述調書の証拠からの排除を求めています」
裁判長「反対尋問はもう終わりか」
弁護人「まだあります。この供述調書の全体について質問する予定です」

＊弁護人の「無効審理」の申し立て

弁護人が反対尋問を再開する。
弁護人「一九四五年四月頃、米軍機が何機撃墜されたか知っていますか」
検察官「異議あり。不必要かつ関連性のない質問です」
裁判長「異議を認める」
弁護人「主尋問の供述調書には、そのころ米軍機が何機か撃墜された、との供述が記載されている。主尋問でそれを取り上げたはずの当の検察官が、それを不必要かつ関連性がない、という。わけがわからない」
裁判長「そのとおりだが、私は米軍機が何機撃墜されたかという問題には興味ないね」
弁護人「この供述調書は、裁判長が証拠として採用している」
裁判長「あなたは何ら異議を述べていない」
弁護人「私はこの供述調書全体の採用に異議を述べている」
裁判長「そのとおりだが、あなたは個別具体的な異議は述べていない」
弁護人「弁護人がその文書全体に異議を述べている時は、個別の異議は必要ありません」

検察官「問題の文章は、後に続く文章の前置きに過ぎない。撃墜されたのが五〇機だろうと六機だろうと、その事実がこの軍事委員会の審理に何をもたらすのか。弁護人はただ、軍事委員会に時間を浪費させ、証人を混乱させようとしているだけだ」

裁判長「シャンドラーさん、あなたは一日中しゃべっていることもできるが、決定は変わりませんよ」

この裁判長の発言を聞いて、弁護人は、「審理無効（mistrial）」の申し立てをした。審理無効の申し立てとは、手続き上の違法を理由としてその審理の効力を失わせる米国の訴訟手続きだという。

弁護人「主尋問で許された事項について、当軍事委員会の裁判長は、証人の信憑性を減殺《げんさい》するための弁護人の反対尋問では、質問を許さない。さらに、証人の名前で作成したとされる供述調書の中の幾つかの事項について、証人が否定したという明白な事由があるのに、弁護人の証拠からの排除の申し立ては却下した。この法廷では提出された供述調書はそれが何であろうと、裁判長の胸三寸で関連性も重要性もあるものとされる。よって、証人に対する適正な反対尋問が制限されたことを理由に、軍事委員会に対し審理無効の評決を行なうよう申し立てる」

裁判長「ほかにはないか」

弁護人「この申し立てに関してはほかにありません」

ここで裁判長は一五分間の休憩をとることを宣し、再開される法廷にはフィリップ少佐が出席することを告げ、記録係に対して、今のやり取りを少佐が来たら読んで聞かせるように命じた。（フィリップ少佐が何者かは明らかにされていないが、法廷関係者には周知の人物だったのであろう。後に展開する出来事からシャンドラー弁護人の上司に当たる第八軍法務部弁護部門の幹部であることがわかる。）

✴第八軍法務部弁護部長を召喚した裁判長

一五分後に法廷は再開されたが裁判長が待っているフィリップ少佐の姿はまだ見えていない。裁判長は「フィリップ少佐を待つ間、一件片付けよう」と述べ、「弁護人の審理無効の申し立ては却下する」と宣告した。そのあと検察官が「証人は鹿児島から来ており、通訳の標準語がわからないのではないか、鹿児島弁のわかる通訳はいないのでしょうか」などと裁判長と話している。裁判長は「その件は再主尋問で取り上げよう」と応じ、弁護人が「何の話ですか」と聞く。そこへ待ち人が到着した。が、やって来たのは裁判長が予告したフィリップ少佐ではなく、弁護部長のマーチン少佐だった。記録係が裁判長の指示で、シャンドラー弁護人の最後の質問とそれに続く発言を読み上げる。

裁判長「マーチン少佐、何かコメントしていただけますか」

マ少佐「裁判長、主尋問で取り上げられた特定の事項は反対尋問にさらされます。私に言えることはこれだけです。もう一点の審理無効の請求に関しては、裁判長が認めるか認めないかの問題で、裁判長の決定で終わることです。私があれこれ言うことではありません」

裁判長「現在、われわれが従うべき指針は審理の可及的な促進です。当軍事委員会も不必要な事項は持ち込まないように努力しており、シャンドラー氏には、裁判長の決定には従うように指示している。マーチン少佐、同意いただけるでしょうな」

マ少佐「裁判長、われわれ弁護部門の者も、できる限り審理を促進するよう指示されています。同時に、弁護人に関する現行の一般慣例によれば弁護人は規則に基づいて議論することが求められています。私は規則の定める範囲内である限り議論は許されるものと考えます」
裁判長「規則によれば、裁判長の決定は最終的ですよ」
マ少佐「そのとおりです。しかし、特定の決定についての異議申し立ての背後にどのような理由があるのか、検察官または弁護人は、上部の再審査の際にわかってもらえるように、必要とあれば議論しておくこともできます。例えば、弁護人は、特定の事項が関連性がないことを根拠に異議を申し立てることもできるし、さらに詳細に説明することもできます。さらに、決定が下された後の議論の中で、細部に及んでその事項の関連性がないと思われる箇所について説明したりします。決定が弁護人または検察官の論証で逆転することもあるのです」
裁判長「要するに、あなたはシャンドラーさんの行為は彼の権利の範囲内だと思うのですか」
マ少佐「そうです」
裁判長「ありがとう、マーチン少佐」
裁判長は、第八軍の弁護部門の幹部を呼んでシャンドラー弁護士を説得させようとした。ところがこの裁判長の意図を察した弁護部門では、裁判長から指名されたフィリップ少佐を寄越さず、弁護部長のマーチン少佐が自らやって来て、訴訟指揮がレールから外れている裁判長をたしなめた、というところだろうか。
マーチン少佐が帰った後、弁護人シャンドラーは、「裁判長の決定から見て、これ以上の質問は無駄です」と発言して、反対尋問をやめた。
この証人に対する主尋問は谷口兵曹長の斬首実行に関するもので、この点は争いのない事実なので重要証人とは言えない。しかし、証人尋問の過程で出て来た弁護人、検察官、裁判長の証人への対応の仕方に、それぞれの個性が如実に現れている。特に裁判長には、処罰意思が先行して、真実を見極めようとする姿勢がなく、結論ははじめから決めていたように見える。

✴佐藤少佐の供述調書

この裁判の中心的な課題は、斬首の実行者はすでにわかっているから、その命令の発令者、すなわち本当に佐藤少佐が、喜界島における捕虜斬首事件を主導したのか、という問題である。起訴状記載の公訴事実に従えば、佐藤少佐と木田大佐と吉田中尉は同じ罪状で「(捕虜の処刑を) 命令し、主導し、指示し、許容した」ということになっているが、検察官の冒頭陳述によれば、処刑を決定し処刑者募集を吉田中尉に命令したのが佐藤少佐で、木田大佐は佐藤少佐から相談を受けて同意したというものであり、吉田中尉は佐藤少佐の処刑志願者募集命令の電話を受けて、傘下の各砲台に野戦電話を通じて伝えた、というものである。木田大佐と吉田中尉については、冒頭陳述の段階で「命令」「主導」の具体的事実は検察官の主張から消えている。

検察官ランドは当初から狙いを佐藤少佐にしぼって尋問した。しかし佐藤少佐からはその想定する内容の供述を得られず、佐藤少佐のことを責任逃れの卑怯な士官と罵《ののし》っており、唯一存在する供述調書も虚偽だと言う。では検察官が虚偽だと言う供述調書で、佐藤少佐は事件についてどのように述べているのだろうか。この供述調書は七月二一日の第三回公判期日に検第一〇号証として提出されている。その内容は次のようなものである。

「巌《いわお》部隊指揮官の伊藤大尉が捕虜がいると知らせて来たので、司令部として使っていた防空壕に戻り、そこで初めて捕虜を見ました。捕虜は顔と手と足に酷《ひど》い火傷《やけど》を負っていました。捕虜は三〇分ほどそこにいて、診療所に移されました。二日後に私は診療所に行き、軍医に捕虜の病状を聞いたところ、捕虜は治療を受けている間も苦痛を訴えている、と言っていました。

その後、木田大佐が来島して、私がいた同じ防空壕で執務することになりました。私は木田大佐に捕虜の病状がますます悪化していることを話しましたが、大佐は格別の興味は示さなかったと思います。米軍飛行士を捕まえて一〇日くらいたった日の夕方、大佐と私が食事をしていると、部屋に一人の下士官が入ってきて、飛行士処刑の許可を求めました。大佐が黙っていたので、私は大佐に「どうしましょうか」と言うと、大佐が「いいだろう」とか、承認を意味する言葉を述べました。その下士官が誰であったか覚えていませんが、巌部隊からきた下士官だと思います。記憶ははっきりしませんが、この下士官は、五時頃、飛行士を処刑するという許可を求めており、その日のうちに飛行士は処刑されたと思います」

この供述調書の内容を裏付ける証拠は、出ていない。実際にトマスが処刑されたのは捕虜になって二四日後であるが、捕虜処刑の許可を求めに巌部隊の下士官が、木田大佐と二人でいるところに来た、という状況は、佐藤少佐の記憶に基づくものだろう。検察官の主張どおり、佐藤少佐が責任逃れの嘘を吐《つ》いているとすれば、巌部隊の下士官が捕虜処刑の許可をもらいに来たという事実をわざわざ捏造する必要はない。真相を究明しようと思えば、佐藤少佐の供述の信憑性を裏付ける事実関係の調査が必要だったと思う。

しかし、検察官の想定する事実と違ったからか、佐藤少佐の供述する事実の真相究明は、訴訟関係者から無視された。調書の信憑性について弁護人は型どおりの尋問をしているが、どの供述者も検察官から署名しろと言われたから署名したと答えている。そもそも、検察官が虚偽だと主張する佐藤少佐の供述調書について、弁護側がそれが強要だったかどうかを問題にすること自体、対応が矛盾している。相互に矛盾する供述をしている被告人らを弁護する立場の弁護人は、佐藤少佐に事実関係をただす本人尋問も行なわなかった。その裏側には日本側関係者の思惑が働いていた可能性があるが、真相はわからない。

＊木田大佐の供述調書と法廷でのやりとり

木田大佐は被告人の中で最も多弁だった。検察官も木田大佐には振り回されている格好だ。木田大佐の供述調書で、検察官が最初に法廷に出して来たのは起訴翌日に録取した一九四八年四月一四日付けの供述調書で、第三回公判期日に検第九号証として提出されている。検察官は木田大佐がこれを素直に認めてくれれば、佐藤少佐が斬首命令者であるとの立証に役立つと考えていたのであろう。

①主尋問としての供述調書

その内容は要約すると次のようなものであった。

「私は九州の国分《こくぶ》を基地とする第七〇一航空隊を指揮していましたが、敵との戦闘で大半の飛行機を失い、その補充ができないまま、三月末か四月初め頃、琉球諸島の喜界島に空戦観察将校として進出を命じられました。当初は中里《なかさと》の飛行場近くにいましたが、その後、敵の空襲の増大に伴い、川嶺《かわみね》の山地の防空壕に司令部を移動せざるを得なくなりました。近くには巌《いわお》部隊の司令部壕もありました。

島では私が最上級の士官で、二番目は海軍航空基地司令の佐藤勇少佐であり、私と同じ壕で執務していました。私が島に行った時、すでに最初の捕虜は捕えられていました。私が島に着いて一〇日ほどたったある日、佐藤と一緒に部屋にいる時、佐藤が、捕虜の傷の状態が非常に悪く、島には治療のための十分な医薬品もなく、捕虜を本土へ移送する飛行機もないので、「人道的見地から彼を処分した方がいいのではないでしょうか」と言いました。処分とは処刑のことです。

佐藤は私の方が上官なので私の意見を聞いたのだと思います。私は「佐藤が言うとおりなら、人道的見地から見て、処刑を実行することが最善の道だろう」と助言しました。佐藤は私が上級司令部から来た士官だったので、私にも責任を負わせようと考えたのかも知れません。いま思うと、佐藤からの質問に答えたことで飛行士処刑について責任の一部は私にもあります」

②主尋問の一部を否定する証言

この供述調書は、佐藤少佐が処刑命令を出したという直接の証拠ではないが、佐藤少佐が「処刑の意思」を持っていたことを推定する資料にはなる。ところが木田大佐は、一九四八年七月二一日に開かれた第三回公判期日に自ら証言台に立って、この供述調書の一部について否認した。弁護側申請なので、主尋問は弁護人シャンドラーが行なっている。

弁護人「この供述調書が作られた時の状況を軍事委員会に話してあげてください」

木田「四月一四日、私は明治ビルに呼ばれ、この供述調書が作成されました」

この答えは木田大佐がこの時点で逮捕されていなかったことを示すものであるが、弁護人は気がつかなかったのか、聞き流して、供述調書の作成に検事の強制がなかったかを聞いた後、「あなたが署名を強いられたこの供述調書には、内容に虚偽かつ不正確な事項があるか」と聞き、木田大佐が「あります」と答えると、具体的なことは聞かずに主尋問を終わり、検察官が反対尋問を始めた。

検察官「あなたはこの供述調書を作成する前に、明治ビルで私と何回会っているか」

木田「四月一三日と一四日の二回です」

検察官「あなたは明治ビルの私の部屋で私と話しましたよね」

木田「あなたの部屋かどうかわかりませんが、私は部屋の椅子に坐ってあなたの話を聞きました」

検察官「その部屋には私のほかに八人から一〇人くらいの人がいませんでしたか」

木田「はい、覚えています」

検察官「私があなたの身体に強制力を加えたり、殴ったりしましたか」

木田「いいえ」

検察官「同じ部屋にいた誰かがあなたを殴ったりしたことがありますか」

木田「いいえ」

このような調子で検察官は供述調書の録取に強制が働いていないことを認めさせた。弁護人は、この問答の中で被告人木田が身柄自由のまま取調べを受けていたことに気付き、再主尋問を行なった。

弁護人「取調べ当時、あなたがスガモに拘禁されていなかったというのは本当ですか」

木田「当時の状況を説明させてください」

弁護人「まず質問に答えてください。取調べを受けた当時、スガモに拘束されてはいなかったのか」

木田「そうです」

弁護人「あなたは取調べの時点で、戦犯容疑者であることを告げられていなかったのか」

木田「何も言われておりません」

弁護人「どうして自分の意思に反してこの供述調書に署名する必要があると思ったのか」

木田「私は検察官事務所に呼び出され、検察官が「ノー」と言う時は逆らってはいけないものと思い込み、供述調書に署名するように求められた時も、それは命令だと理解したのです」

弁護人「この供述調書をとられた時、これがあなたの有罪の証拠に使われると告げられましたか」

木田「全く聞いていません」

この後、弁護人は供述調書の任意性を問題にして異議を述べたが、却下された。木田大佐が「私は別の観点から述べたいことがある」と発言したが、弁護人はこれを無視して主尋問を打ち切った。

弁護人の供述調書の強要の主張は排斥され、検第九号証として採用された。

翌日の第四回公判期日にも木田大佐は証人台に立っている。おそらく日本人弁護人が木田大佐と会ってその意向を確かめ、シャンドラー弁護人に伝えたのだろう。裁判長は弁護人が被告人木田を証人として召喚すると発言するのを聞いて、今回は被告人らに次のように告知している。

「被告人は証言台に立つこともできるし沈黙を守ることもできる。宣誓してもよいし宣誓しなくてもよい。しかし、どちらの場合でも、その供述については反対尋問を受けなければならないし、反対尋問は主尋問の範囲に限定されない。あなたが質問に黙秘した場合でも、軍事委員会は、すべての適法な証拠を吟味した上で、合理的精神に照らして明確かつ適正と思われる推測を引き出すこともできます。なお、検察官はあなたの黙秘について軍事委員会に対し論告で論評することもできます」

裁判長「このことを知った上で、あなたは証人になりますか」

木田「証言台に立つことをお許し願いたい」

裁判長「宣誓しますか」

木田「はい」

弁護人の主尋問が始まった。

弁護人「あなたは、取調べを受けた時、飛行士処刑について自分にも幾らかの責任があると思う、と検察官に述べたか」

木田「日本語では責任を意味すると思いますが、英語でそのまま訳されると、その背後にある深い意味が伝わりません。日本では、ある人が何らかの事件に関係したり、事件発生の近くにいたりした場合でも、その事件に少々責任があるような気持ちになって口に出す風習がある。それが英語に翻訳されると、その深い意味が現れません」

ここで通訳を交えて、英語論争が交わされた後、木田は次のように述べる。

木田「供述調書の中の「少々の責任」という表現は、「道義上の責任」に訂正してください」

弁護人「検察官から取調べを受けた時、道義上の責任を感ずるという趣旨のことを供述したのか」

木田「(英語で)イエス」

弁護人「あなたは、自分が上級司令部から来た士官だったので責任がある、と述べたか」

木田「(英語で)確かにそうですが、私の責任は、やはり道義上のものです。われわれには命令を出す権限はありませんでした」(弁護人が「「われわれには」ではなく「私には」だろう」と訂正)

木田「私は道義上の責任を感じていましたが、命令権限がなく、規則上何の責任もなかったのです」

弁護人「あなたは喜界島で「捕虜を処刑した方がいいのではないか」と誰かに助言しましたか」

木田「誰にも助言したことはありません」

そのほかに幾つかの質問をした後、弁護人は「あなたは自分に対する訴追について軍事委員会に何か伝えたいことがあれば述べてください」と発言して総括的な答えを求めた。

木田「私はこの捜査の当初から公明正大に対応してきました。ところが、明治ビルでの尋問の時、私は尋問者が検察官であることを告げられず、検察部門の一員との紹介もありませんでした。私たちの間には会話があっただけです。英語を使ったり、日本語を使ったりしながら、話を運びました。明治ビルではいろいろのことを話しました。翌日、供述調書が作成されましたが、この日は、検察官が一枚の写しを持参して、この写しを見せられ、供述書について議論しました」

弁護人「ちょっと中止してください。木田大佐、前に話したことをまた話すつもりですか」
木田「私の述べたいことの中にはそれも含みます」
弁護人は「すでに証言したことをまた話す必要はない。あなたの有罪か無罪について何か言いたいことがあれば続けてください」と言った。
木田「この事件に関しては、正直に申し上げて、私には責任はないと思います。もちろん少々道義上の責任はあると思います。最初に明治ビルで質問した人が検察官だと知っていたら正確な供述をしたと思います。この機会に別の言葉を使って、私の真意を明確にしたい」
弁護人「ちょっと待ってください。大佐、私が尋ねたいのは一点だけです。あなたはその島で、誰か他の士官に対して、捕虜の処刑とか処刑の禁止について、命令を出す権限がありましたか」
木田「そのような権限は全くありませんでした」
弁護人「質問は以上です」
これに対して木田大佐は何かしゃべり始めたが、弁護人は「主尋問はもう終わりだ。通訳は説明してやってください」と言って、木田の話をさえぎった。
検察官の反対尋問が始まった。
検察官は、明治ビルにおける取調べが非常にスムーズに行なわれたことを認めさせた後、取調べの際の脅迫について質問したところ、弁護人から「反復質問だ」との異議が出て、裁判長もこれを認め、「私は脅迫には関心がないが、証人が、正確な意味が伝わっていなかった、と述べている点についてはもっと話を聞いてみたい」と言った。検察官が尋問を再開する。

検察官「あなたは、より上級の司令部、すなわち第五航空艦隊から喜界島に来たのか」
木田「形式はそうでしたが、実際は自発的意思によるものでした」
検察官「より上級の司令部から来たというのは本当ですか」
ここで弁護人から異議が出た。
弁護人「より上級とは何と比較してのことか。佐藤も同じ司令部から来ています。ほかに第五航空艦隊の任命で来た者がいたのかも知れない。より上級の司令部とは、誰と比較しているのか」
裁判長「検察官の質問の目的は何ですか」
検察官「これは質問の糸口であって、質問にはちゃんとした目的があります」
裁判長「弁護人の要望を受け容れてください」
検察官「質問の狙いを話して弁護人を助けるのですか」
裁判長「いや、弁護人の要望を受け容れてやってください」
検察官「失礼しました、裁判長」
検察官は質問を撤回し、別の質問に移った。
検察官「佐藤は、証拠で出ている自供調書の中で、あなたが喜界島にいた間は佐藤はあなたの部下で、あなたの命令にしたがっていた、と述べているが、それは間違いないか」
木田「それは違います」
検察官「佐藤はまた、同じ自供調書の中で、ある日の夕方、下士官がやってきて飛行士の処刑の許可を求めた時、佐藤があなたに「どうしましょうか」と尋ねたら、あなたはその下士官のいる前で「いいと思う」とか、承認の趣旨の応答をした、と述べている。間違いないか」
木田「そのことに関しては、実のところ、明確な記憶がないのです」
検察官「佐藤はあなたに何と言ったのか」
木田「本当に会話があったことも覚えていないので、そのことについても覚えていません。その趣旨のことは私は供述調書で話しています」
検察官「このように理解していいですか。今あなたが手にしている供述調書で述べられているような佐藤との会話は、今は、あなたは全く思い出せない、と」
木田「実際に忘れました。私は最初に尋問を受けた時、取調べを受けているとは知りませんでした。その後、さらに二月に検察部門の取調官から尋問を受け、その時、取調官が私に佐藤との会話について、佐藤はそのような趣旨のことを供述しているが、そのとおりか、と尋ねられたのです。私は、佐藤がそこに書かれているようなことを述べたとすれば、そのとおりかも知れません、と答えました。しかし本当は記憶になかったのです。付け加えて言えば、二月に受けた尋問では、供述の後半部分で、記憶が曖昧で、間違っているかも知れないと、と私ははっきり述べています」
検察官「仮に正確な言葉は思い出せないにしても、佐藤はあなたに、飛行士を処刑してもらうつもりだ、と言ったのか。イエスかノーか」
木田「そうかも知れないし、そうでないかも知れない」
検察官「あなたは、佐藤があなたに、捕虜を処分するつもりだと言ったことを否定するのか」
木田「そのことは覚えていないのだから、否定も肯定もできません」

検察官「それでは、覚えていないのになぜ、このアメリカ人の処刑に対し、道義上の責任を感ずると証言したのか」
木田「この点に関しては説明させていただきたいのですがよろしいですか」
検察官「どうぞ」
木田「当時の喜界島は、米軍機が昼夜を問わず間断なく上空にいて、通信も空輸もほぼ不可能な状況でした。このような状況の下では、それが敵であれ味方であれ、重症の負傷者が発生し、かつ助かる見込みがない場合は、思いやりの気持ちから重傷者の苦痛を緩和するために、以前から習慣として、武士道による「慈悲の一撃（coup.de.grace）」が行なわれます。当時の喜界島の状況から見て、仮に私が指揮官であった場合でも……」
ここまで話したところで、弁護人が「彼は武士道の哲学を話そうとしている。全く質問に対する答えになっていない。私は……」と言いかけると、検察官が「それは、あまりにも……」と言い、通訳が「終わるまで待ってくださいよ」と抗議する。
木田「……そのようなことをやってもらおうと思うでしょう」
弁護人は「質問に対する応答になっていない」と主張して、証言の記録からの削除を申し立てる。
裁判長「質問は何でしたっけ」
検察官「裁判長、弁護人が被告人に、法廷に対して何か伝えたいことはないかと尋ねた際に、被告人が自発的に行なった陳述がもとになっており、弁護人の要求は全く見当違いのように思われます」
弁護人「武士道や哲学に関するおしゃべりは、それがどうであろうと、本件と関連性がありません」

検察官「質問は責任に関することです」
裁判長「被告人は自分のために何でも言う権利がある。削除の申し立ては却下する」
弁護人「最後の答えについて通訳と協議させていただきたい。私の調査員は、証人が述べた思想が、言葉どおりの意味に訳されていないと言っている」
（通訳を交えて木田大佐と弁護人らが協議した。）
木田「武士道という言葉の後で述べたことが全部抜けていませんか。答えの後半の最後の部分で私が述べたのは、私は大勢の部下を戦闘で失ってきましたが、この人たちにさえも私は深い道義的責任を感じている……」
この発言を聞いていた検察官が、木田の発言をさえぎり、「審理を促進させよう。これではいつまでたっても終わらない。私が質問するから、と証人に伝えてください」と言って質問を再開した。
検察官「あなたはトマスが処刑された当時、喜界島にいましたか」
木田「いたと思います」
検察官「いたのか、いなかったのか」
木田「処刑については何も正式の報告を受けなかったので、処刑当時、私が島にいたのかわからないというのが本当です」
検察官「トマスの処刑は誰が命令したか」
木田「わかりません」
検察官「証拠で出ているあなたの供述調書の中の、処刑命令に関する事項はすべて否定するのか」

木田「現時点で、私は記憶に照らして、実際に起こった事実を述べようと努めています」
ここで検察官は、法廷記録係に記録されている今の質問を読ませて、再度の答えを求める。
木田「いいえ、私は供述調書を否定しようとしているのではありません。ただ、表現の上で正確な言葉を使おうとしているのです」
検察官「あなたは供述調書で述べている。「佐藤は、人道上の見地から捕虜を処分した方がいい、換言すれば、処刑した方がいいのではないか、と私に言いました」と。それは真実か虚偽か」
木田「その点に関しては、二月に受けた取調べ以前に述べていたように、仮にかくかくしかじかのことが起こったとすれば、との質問を受けて、「あなたの言うとおりだとすればそうかも知れない」と答えたことがあります。そのような答えが文書になると、そこに書かれたようになるのでしょう」
検察官「それでは、一九四八年四月一四日付けの供述調書一通を示します。前と同じ質問です。それは真実か虚偽か」
弁護人「証人はそれが正しい答えかどうか知らないと述べている。検察官は、証人が自供の中でその書かれているような供述をしたのかを聞くべきではないか」
検察官「彼はそれが正しい答えだとは知らなかった、とは述べなかった」
裁判長「彼が述べてきたのは、二月に作成された供述調書に関してである。異議は却下する」
木田「検察官が私にその供述調書は真実か虚偽かと尋ねるのは、その内容についてですか」
検察官「「佐藤が、人道的見地から捕虜を処分した方がいい、換言すれば、処刑した方がいいのではないか、と私に言った」、この文節は真実か、虚偽か」
木田「前にも言ったように、その会話ははっきり覚えていないのです。仮にこの点について聞かれ、文書になったとすれば、この供述調書に書かれたようになるのかも知れませんが、その会話そのものを覚えていないのです」
検察官は、これ以上の良い答えは得ようとしても無理ですかね、と呟く。
検察官「あなたは一九四八年二月一〇日と一一日に法務部の調査官の取調べを受けましたか」
木田「はい」
検察官「最初の取調べの時、あなたはトマス飛行士は九州に移送した、と述べましたか」
木田「そう言ったかも知れません。そのことについては覚えていません。その供述で不正確な点は、島にいた最初の捕虜を二番目の捕虜と誤解したことです」
検察官「法務部の調査官の取調べを受けた時、供述書を作りましたか」
木田「はい」
検察官「場所は東京の明治ビルでしたか」
木田「はい」
この後、検察官は法務部調査官が録取した供述書の写しを見せて質問を始める。弁護人が原本でないことに異義を述べ、論争が始まる。最終的には、裁判長は、検察官が反証として提出予定の供述書として、写しを示して質問することを認める。
検察官「木田、あなたは処刑に関する会話を覚えていないと言うが、それが本当なら、自身の手書きのこの供述書も不正確だということになる。それでいいのか」
木田「覚えていないのだから、それは間違っているかも知れないし、正しいのかも知れない」
検察官「正しいのと、間違っているのと、よりどっちに近いか」
この質問には、当て推量を言わせる質問だ、と弁護人が異議を述べた。検察官は、このような質問が許された先例がこの法廷ではある、と反論した。裁判長が「異議は却下」と宣告する。
木田「あなたは何を根拠にそんなことを聞くのですか」
検察官「質問を取り下げます」
検察官「もう一度聞きますが、あなたはこの飛行士の処刑を誰が命じたか、知っていますか」
弁護人が「証人は覚えていない、と述べた。すでに答えた質問だ」と異議を述べ、検察官が「これは反対尋問だ。弁護人は反対尋問では五〇回でも質問できる、と言っていた。これは二回目だ」と反論する。裁判長が「異議は却下」と宣告する。
木田「わかりません」
検察官「では、もう一度聞きます。誰が飛行士の処刑を命じたか知らないのに、なぜ、あなたは飛行士の処刑に関して何らかの責任を感ずるのか」
木田「戦時中、私は戦闘中に戦死したり病死したりしたすべての人に対して、等しく道義上の責任を感じていた。私はそれが東洋の倫理だと思います」
検察官「そして、この飛行士は死にかかっていたから、彼を処分するのは人道的なことだと思う、こう言いたいのですね」

この質問に弁護人が異議を申し立てたが、裁判長が「本人が人道的な理由だと供述していますよ」と述べて、弁護人の異議申し立てを却下した。

木田「私が述べたいのは、飛行士の病状や当時の環境がそうだった、ということです」

これで木田の証言はおわった。

③反証としての供述書提出
検察官が翌日の法廷に持参したのは木田の手書きの供述書ではなく、録取者の氏名の記載がない一九四八年二月一一日の日付の問答形式の英文の文書であった。前日の尋問の際に木田大佐に見せた写しと同一かどうかは記録上示されていない。この文書は検第一四号証として採用された。おおよそ次のような問答が記載されていた。
問「誰が喜界島の指揮官だったか」
答「佐藤少佐です」
問「佐藤は何という部隊に配属されたのか」
答「佐藤はその島にあった海軍基地の技術士官でした」
問「彼は喜界島のすべての指揮官だったのか」
答「いいえ、彼は喜界島の海軍部隊だけの指揮官でした」
問「その海軍部隊の部隊番号は何番か」
答「番号はありません。部隊名は、喜界島海軍基地です」

問「あなたが喜界島にいた間、島の海軍司令部を訪れたことがあるか」
答「はい、あります」
問「誰かと話したか」
答「佐藤司令と話しました」
問「司令の階級は」
答「中佐か少佐だったと思います」
問「当時のあなたの階級は何でしたか」
答「大佐でした」
問「司令より階級が上ですね」
答「そうです」
問「海軍司令部を訪ねた時、佐藤は、海軍基地に関することを何か相談したことがあるか」
答「はい、彼から、食糧、弾薬、備蓄品の補給のことを聞かれました。その方面における航空戦の進捗についても聞かれました」
問「米兵捕虜に関して、相談、あるいは助言を求められたことはないか」
答「ありません」
問「あなたが島にいた時、米兵捕虜はいたか」
答「たぶん、一人いました」
問「あなたが島にいる間に、喜界島で米軍機が墜落したことがあったか」

答「はい、一度ありました」
問「墜落した飛行士を尋問したか」
答「いいえ」
問「誰が米軍飛行士を尋問したか」
答「佐藤です」
問「この尋問を目撃したのか」
答「一部は見ました」
問「その米軍飛行士はどうなったか」
答「二日後、九州に移送されたと思います」
問「尋問ではどのようなことが聞かれていましたか」
答「所属部隊や出撃してきた空母艦隊や艦隊の規模、作戦行動などを聞かれていました」
問「あなたは何も質問しなかったのか」
答「質問はしていない。ただ、私は、正直に話せば良くしてもらえるぞ、と伝えただけです」
問「良くしてもらえるとは、どのような意味か」
答「安全だし、何の危害も受けない、ということです」
問「米軍飛行士は本当のことを話しましたか」
答「私の見たところでは、そう思います」
問「あなたが彼に約束した安全は与えられましたか」

答「はい、彼が喜界島にいる間は安全が与えられていました。しかし、二日後に九州に移送されて彼がどうなったか私はわかりません」

（以上が一九四八年二月一〇日の尋問録取。次はその翌日。）

問「あなたは昨日は佐藤の供述調書に全面的に同意すると言っていましたが、今も同意しますか」

答「はい、同意します」

問「あなたは、米兵捕虜についての海軍兵、佐藤少佐、あなたの三人の会話を覚えていますか」

答「はい、覚えています」

問「あなたは米兵捕虜の処分について、あなたと佐藤の間で交わした会話を覚えていますか」

答「はい、その会話は覚えています」

問「あなたの記憶では実際に佐藤少佐との間で交わされた会話はどういうものだったのか」

答「飛行士の病状が悪くて、人道的見地から、飛行士を処分してその苦痛を終わらせてやった方がいいのではないか、と」

問「佐藤に同意したことで、この問題に一定程度責任があると認めていたことを思い出しましたか」

答「私は人道上の見地から佐藤少佐に同意しましたが、あの時は、私自身、飛行士の死に責任があるという自覚はありませんでした」

問「佐藤はあなたのことをより上級司令部の士官と認識していましたか」

答「はい、そうです。彼は私のことを上部の司令部の士官と認識していたので、私が相当の責任を負うものと感じていると思います。私も同じ感じです」

問「換言すると、飛行士の処刑について、一部の責任があることを受け容れるということか」
答「佐藤が私に質問し、私が同意したという点で、責任の一部が私にもあることは認めます」
問「それは、飛行士の処刑について、佐藤があなたの意見を聞き入れたという意味ですか」
答「佐藤は私のところにやって来て、飛行士の病状と、当時彼らが置かれていた実状を述べて、飛行士問題の煩わしさから抜け出すためには処分したほうがよいのでは、と私に言いました。これは、飛行士を処刑しようという意味で、私は佐藤に全面的に同意しました」
問「仮にあなたが居合わせなくても、佐藤は同じ道を辿ったと思いますか」
答「はい、佐藤は同じことをしたと思います」
問「いずれにしても、あなたの存在と同意が捕虜の処刑を促進したと思いますか」
答「間接的には、そうです」
問「仮にあなたが佐藤と同じ司令の立場だったら、捕虜の処刑を命じたでしょうか」
答「もし状況が同じように、飛行士を九州の病院に移送できなくて、医療も行き届かないのであれば、私も佐藤少佐と同様に、処刑を命じたでしょう」
問「あなたの意見では、処分という言葉はどういう意味ですか」
答「処刑とか殺害の意味です。医療が行き渡らなくてその人が苦しむのを回避するためです」
問「あなたは飛行士の処刑に参加しましたか」
答「いいえ、私は参加していません」
問「佐藤少佐は飛行士の処刑に参加しましたか」

答「わかりません」

この後、飛行士が処刑されたとの情報はいつ受けたかと尋ねられ、木田大佐は正式の報告は受けていないのでいつ処刑されたかはわからないが、彼が処刑されたことは知っています、と答え、この供述書は終わっている。

弁護人は、木田大佐の証言に対する弾劾証拠として採用する場合は同意するが、その証拠にそのことを明示すべきだと言う。議論の末、裁判長はこれが反証として出されたことは記録上明らかであり、木田証言の弾劾のためにのみ使用する、と発言した。弁護人もこれで矛《ほこ》を収めている。

木田大佐の捜査段階の供述から、法廷における証言までを総体的に見ると、捜査段階では佐藤少佐の捕虜処刑の動機について検察官の認識に大きな影響を与えているが、公判では記憶の曖昧なことを述べて佐藤少佐の擁護に回っているように見える。しかし、木田大佐の、自分が佐藤少佐と同じ立場だったら同じような事をしただろうとの供述は、佐藤少佐を擁護するように見えて、佐藤少佐が処刑命令を出したことを前提とする検察官の想定に同意するものであり、佐藤少佐の命令者としての罪状認定に、肯定的な結果を導くものとなっている。

✴吉田中尉の供述

吉田中尉は巌《いわお》部隊喜界島派遣隊の対空砲分隊の指揮官だった。一九四八年七月二一日の第三回公判期日に弁護側申請で証言台に立っている。供述調書の信憑性に関する証人であったが、弁護人の質問に対して取調べには脅迫も強要もなく任意だった旨を明言した。検察官にとって反対尋問の必要さえなかったが、供述調書の内容も検察官の意に添うものであった。

「私の直属の上官は伊藤大尉ですが、巌部隊の指揮官は佐藤少佐でした。一九四五年四月に米軍機が一機撃墜され、落下傘降下するのを目撃しました。それで私は、落下傘降下地点に最も近かった第三機銃陣地の江口隊に、飛行士の捜索と捕獲を命じました。

その日の夕方、電話で飛行士を捕まえたことを知らされました。私は捕虜を巌部隊の戦闘指揮所に連れて行くように命じました。当時、佐藤少佐は戦闘指揮所にいました。その晩、戦闘指揮所で佐藤少佐が捕虜を尋問しました。私は五分ほど尋問が行なわれるのを見ました。佐藤はイトウという名の陸軍の通訳に来てもらいました。捕虜は顔と両足に火傷を負っていました。

一カ月後の五月のある日、佐藤少佐から電話を受けました。彼は捕虜を処刑してもらうつもりなので、私に、誰か処刑を実行する志願者を出して欲しいと要求しました。私は、私の部隊は空爆への対応で忙しいから他の部隊にやらせるように頼みましたが、佐藤は君の部隊で捕まえたのだから、君の部隊の誰かを使ってやれ、と答えました。

それで私は、通信兵に命じて、急いで、野戦電話を使って全部の対空陣地に佐藤の言ったことを伝えさせました。間もなく、第二高角機関砲台でやるという連絡を受けました。そう言ったのはたぶん、谷口だと思います。それで私は佐藤にそのことを伝令を使って伝えました。

数時間後に、谷口が私の指揮所にやって来て、エザキ一等兵曹が斬首しなければ、自分がやることになるだろう、と言いました。それで私は谷口に、佐藤少佐と緊密な連絡をとって準備するように言いました。谷口はその晩の一七時か一八時頃、私の指揮所にやって来て、すべて準備が整ったことを報告し、どこで処刑するか、場所の説明をしました。谷口は私の指揮所を立ち去る時、処刑場所へ捕虜を連行するため兵隊たちをすでに行かせた、と言いました。さらに谷口は、佐藤は忙しいので、たぶん処刑現場に来れないだろうと言いました。

その後間もなく、私は数人の兵士が捕虜を担架で運ぶのを見ました。谷口も兵隊たちと一緒に歩いていました。私も暇だったので処刑を見ようと思って見に行きました。途中で谷口たちに追いつき、処刑場に一緒に行きました。谷口は道々、私に、佐藤は後から来るだろう、と言いました。

私たちが処刑場所についた時は、すでに兵隊たちがトマスを爆弾の穴に跪《ひざまず》かせ目隠しをしてありました。準備が整い、佐藤の到着を待っていると、伝令が来て、佐藤は忙しいので来れない、と伝えてきました。谷口が始めてよいかと私に尋ね、私がいいと答えると、谷口が刀を抜きました。飛行士は頭を垂れて跪き、両手を祈るように胸に当てていました。

谷口は刀を振り下ろし、捕虜は前のめりになりました。捕虜の首は三分の二ほど斬られて、完全には切断されませんでした。その場にいた衛兵が銃剣で背中を突きました。死体が土で覆われ、私たちはその場を離れました。

処刑の前に軍法会議で死刑を宣告されたとは聞いていません。私が処刑場所に行ったのは、処刑を見たかったからで、義務や命令で行ったのではありません。佐藤が来なかったため私が処刑現場では最上級の士官ということになりましたが、処刑実行者が私の部下だったということで責任を感じ、処刑開始について命令を出しました。佐藤の命令を伝えるという気持ちで行動したのです。捕虜は米軍上陸近しという悪い状況のため処刑されたのだと思います。私は一士官としては処刑は違法だったと思いますが、佐藤の命令で、無理やり服従させられたのです」

吉田中尉のこの供述調書は、一九四八年四月二日付けで、身柄自由のまま、明治ビルの検察官事務所で録取された。その時点で、木田大佐と同様、佐藤少佐の犯罪を立証する証人として使う予定だったのかも知れない。この供述の中で最も不自然なのは、佐藤少佐が、吉田中尉の直属の上官である巌《いわお》部隊喜界島派遣隊長の伊藤大尉を経ないで、吉田中尉に直接、電話で捕虜処刑志願者を捜すように頼んできた、と供述する点である。吉田中尉がスガモ・プリズンに収容されるのは、この後、二四日目の四月二六日である。その間に総司令部の捜査当局側にどのような議論があったのかはわからない。

✴谷口兵曹長の供述

弁護側は、谷口兵曹長については、供述の信憑性についてさえも尋問していない。その事情については明確ではない。死刑判決後に谷口が米人弁護人宛に出した手紙には、自分が証言台に立たなかったのは日本人弁護人が立つなと言ったからだと述べている。このことは後述する。

検察官が、嘘つきで荒唐無稽な供述と貶《けな》している谷口の供述調書は、次のようなものである。検察官ランドが、起訴後一〇日目の一九四八年三月二三日にスガモ・プリズンで尋問している。

住所や職業、家族についての質問の後、軍人としての経歴などを聞き始める。

検察官「日本海軍での経歴を述べてください」

谷口「一九三一年六月一日、佐世保海兵団に入り、一九三九年に上海、一九四一年に長崎県の相浦《あいのうら》、一九四三年に佐世保、一九四四年に喜界島に派遣され、一九四五年八月三〇日まで喜界島にいて、奄美大島に移り、国元へは一九四五年一一月に帰りました。最後の階級は兵曹長でした」

この経歴を見ると、谷口は敗戦時に兵曹長という海軍士官としては最下級の士官で、下積みの兵士から十数年かかかって、やっと下級士官に昇進した人だったことがわかる。

検察官「喜界島では何という部隊にいたのか」

谷口「巌《いわお》部隊です」

検察官「巌部隊の指揮官は誰でしたか」

谷口「当時の指揮官は伊藤大尉でした。名の方はわかりません」

検察官「巌部隊の、あなたの上位の指揮命令系統を述べてください」

谷口「伊藤大尉が指揮官で、吉田中尉は対空砲分隊長で、私はその下で第三高角砲陣地にいました」

検察官「佐藤少佐が喜界島の巌部隊の指揮官ではなかったのか」

谷口「その後に佐藤少佐が喜界島に来て、われわれの部隊の指揮官になりました」

検察官「正確に言って、いつ佐藤少佐は喜界島に来たのか」

谷口「正確な月日はわかりませんが、一九四五年の二月か三月と思います。佐藤少佐が来島すると、すぐに伊藤大尉から巌部隊を引き継ぎました。けれども、佐藤少佐は六月か七月に喜界島を去って、伊藤大尉が再び巌部隊の指揮官になり、戦争が終わるまで続きました」

検察官「喜界島でのあなたの任務は何でしたか」

谷口「私は中里《なかさと》飛行場周辺の第二高角砲陣地に配置されていました」
検察官「あなたの直属の上官は誰でしたか」
谷口「吉田中尉です」
検察官「吉田中尉の分隊にはあなた以外にも士官はいましたか」
谷口「はい、ナガミ兵曹長とオノ兵曹長です」
検察官「あなたは、一九四五年四月頃、喜界島で墜落した米軍飛行士について何か知っていますか」
谷口「はい。墜落の場面は見ていませんが、一九四五年五月頃、その飛行士を斬首した時に初めて見ました。爆弾痕《ばくだんこん》に坐らされていました」
検察官「その爆弾痕はどこにあったか」
谷口「はっきりは覚えていませんが、滑走路から一五〇〇メートルほどの所だったと思います」
検察官「どのような事情で処刑現場に行くことになったのですか」
谷口「処刑の前日、時刻は何時頃か覚えていませんが、吉田中尉から電話があって、私の高角砲陣地に誰か米軍飛行士を処刑する者はいないだろうか、と聞かれ、私は、誰かいるんじゃないか、と応じました。この電話では吉田中尉は特に誰からの命令だということは言いませんでした。ただ、私の陣地に処刑を行なう志願者がいるかどうかを知りたがっていたように思います」
検察官「あなたはこの電話の後で何かしたのか」
谷口「いいえ、私は何もしません。部下に尋ねてもいません。そのまま放っておきました。吉田中尉との会話からは、彼が志願者を探しているな、くらいの理解だったので、私がこれ以上、することはなかったのです。当時、私の陣地には五〇人ほどの兵隊がいて、私が唯一の士官でした」
検察官「この問題でさらに電話を受けませんでしたか」
谷口「はい。夜になって吉田中尉からまた電話があり、処刑は延期されると言いました。話はそれだけでした。志願者が見つかったかも聞かれませんし、処刑のことは何も話し合っていません」
検察官「その翌日、飛行士のことで電話を受けませんでしたか」
谷口「いいえ、電話は受けていません。しかし一七時頃、吉田中尉が私の砲台の陣地室にやって来て、最初はいつものようにその日の出来事などを話していましたが、不意に「行こう」と言ったのです。どこに行くのかも、彼が何をしようとしているのかも知らずに、私はついて行きました。彼は何をしようとしているかを言いませんし、私も聞きませんでした。吉田中尉と私は連れ立って歩きました。後で知ることになるのですが、われわれは処刑の場所に行ったのです。その時は、私は通常の士官服を着ており、将校を示す刀を腰に着けていました」
検察官「それから何が起こったのか」
谷口「われわれは爆弾痕の所にやって来て、煙草を吸いながら四方山話《よもやまばなし》をしていました。その時は後に処刑される捕虜はいませんでした。私に関して言えば、飛行士についての特別な思いもなく、処刑が行なわれようとしているとの認識もありませんでした。一七時から一八時の間だったと思いますが、捕虜が連行されて来て、二、三人の兵士によって爆弾痕の縁《ふち》に運ばれました。その前に、吉田中尉と私はその場で一〇分から一五分くらい話していたと思います。処刑の時の現場には一二、三名の一般人がいたと思います。その場に誰がいたか、吉田中尉や牛浜の他は思い出せません。吉田中尉が現場にいた最上級の士官でした。処刑場所の選択とか、捕虜の処刑場所への連行その他の準備のことは私は何も知りません」
検察官「捕虜の処刑に関して詳しく話してください」
谷口「捕虜は担架で爆弾痕の縁に運ばれました。捕虜をよく見ると、酷《ひど》い火傷《やけど》を負っているようでした。彼の両手と両足はすっかり爛《ただ》れており、壊疽《えそ》になっていました。手足はミミズ腫れでウジが湧き、堪え難い悪臭を放っていました。担架は爆弾痕の縁に置かれました。飛行士は担架に乗ったままでした。捕虜は衛兵によって跪《ひざまず》く姿勢に坐らされ、目隠しをされました。トマスという名前だったと思いますが、彼は祈るように十字を切り、引き金を引くような仕種で指を動かしました。私は彼が銃殺されることを望んだという印象を受けました。そのとき吉田中尉が「早くやれ」と私に言ったので、私は「わかりました。やります」と答えました。
跪いている飛行士の後ろで、私は始める用意ができたことを示すため、日本風に軽く会釈すると、吉田中尉も頷《うなず》きました。それは承認を意味する合図です。私は刀を抜いて、彼の頭部の左側面から一撃しました。彼の頭部は完全には離れず、わずかの肉片でぶら下がっていました。一撃を受けた後、捕虜は爆弾痕に向かって落ちていきました」
検察官「あなたが斬首した後、誰か他の人が何らかの武器を使って死体に打撃を与えましたか」
谷口「はい、名前は覚えていませんが、一人の下士官が爆弾痕に途中まで降りて行って死体を銃剣で突き落としました。その人が同じ隊の一員だったとは思いますが、誰だったかは覚えていませんし、誰の命令でそうしたのかもわかりません」

検察官「あなたは、飛行士の処刑を吉田が命じたと断言するが、あなたは抵抗したのか」
谷口「いいえ。いずれにしても私は抵抗はしていません。その命令には非常に驚きましたが、それをやりたくないとは言わなかったし、命令だったので実行しました。私が処刑執行者になると知ったのは、この時が初めてです」
検察官「その後どうしましたか」
谷口「私は刀を拭《ぬぐ》って鞘《さや》に納め、私の部署に戻りました。帰る前に、その場にいた兵隊たちが捕虜の遺体を埋めているのを見ました。誰かの命令でそうしていたのか、私にはわかりません」
検察官「最後に何か供述に付け加えたいことはありますか」
谷口「特にありませんが……、遅かれ早かれ、斬首の件で呼び出されることはわかっていました。今は何となく救われたような気持ちでいます。自分の未来については心配していませんが、家族の未来については気がかりです」

以上が被告人谷口兵曹長の供述内容である。トマス斬首が、佐藤少佐の命令で始まったとする検察官の想定に乗ってこない谷口兵曹長のこの供述を、検察官は荒唐無稽の供述と言う。特に、斬首当日の行動のうち、斬首現場に行く時、谷口が斬首現場に行くことを知らなかったという供述は、検察官から見て常識はずれと思われたのであろう。しかし、谷口兵曹長にとって、その部分だけ嘘を吐《つ》くメリットもない。
谷口兵曹長の供述を荒唐無稽とする検察官の見方は、伊藤大尉の存在を徹底的に排除して佐藤少佐にのみ全責任を負わせようとする訴訟技術的な検察方針に協力する他の将兵の供述を真実とすることで成り立っている。吉田中尉や木田大佐や横井参謀長の供述の信憑性が崩れると、佐藤や谷口の供述を、命欲しさの大嘘だとする検察官の主張の根拠も盤石《ばんじゃく》とは言えなくなって来る。このことは後で考えよう。

＊横井参謀長の証言

私はこの事件記録を読んで、トマス斬首事件をめぐっての検察官の佐藤主謀者説を導く構想は、木田大佐と横井参謀長の捜査段階における供述によって、その骨格が作られた、という疑いを持っている。この二人は、法廷では若干、事実に関する説明を変えているが、捜査段階におけるこの二人の供述は、検察官ランドの喜界島捕虜斬首事件の構想そのものだった。検察官の事実認識で、客観的事実に反する誤りは、この二人の供述を信用したことで成り立っている。

横井参謀長の供述調書は検第一三号証として、検察官が証拠として申請し、採用されている。その概要は次のとおりである。

「戦争中私は日本海軍の一員で階級は少将でした。一九四五年四月頃は私は鹿屋《かのや》に司令部があった第五航空艦隊の参謀長で、司令長官は宇垣纏《うがきまとめ》中将でした。参謀長としての私の仕事は主に作戦事項から成っており、宇垣中将が関与したことは何でも知っています。

佐藤勇少佐は一九四五年三月頃、次のような事情があって、喜界島に派遣されました。

当時の喜界島は、増大する敵の航空作戦行動と敵兵力の島への接近で危機的状況になっていました。喜界島には第五航空艦隊指揮下の巌部隊が駐屯していました。佐藤は東京から鹿屋に派遣されて来た士官です。当時の喜界島にはますます大きくなる危機的状況に対処できる十分な地位と経験のある士官がいなかったので、東京の海軍省のルートを通じて鹿屋に命令があって、高級士官を一人喜界島に派遣することになりました。佐藤が東京から鹿屋に派遣されて来た時は、彼は第五航空艦隊司令部付きでした。宇垣中将は海軍省からの命令を受けて、佐藤を喜界島に派遣することに決めました」

「当時の喜界島の指揮命令機構は、私の記憶では次のとおりでした。喜界島に基地を設けていたのは、第五航空艦隊指揮下にあった喜界島基地部隊です。しかしながら、この部隊は、本当の名称を米軍にわからないように、派遣の時や通信の際には、秘密裡に巌部隊と名乗っていました。喜界島における巌部隊の任務は、航空機の離発着支援や燃料補給、滑走路防衛などです。佐藤を喜界島に派遣するに当たって、彼は巌部隊を指揮し、その指揮官になり、同隊が行なう作戦行動の責任者となることが想定されていました。

喜界島には海軍設営隊も駐屯しており、滑走路の建設や巌部隊の作戦行動の全般的な支援に従事していました。この部隊の名前は忘れました。この設営隊は佐世保海軍航空基地の指揮下にあったけれども、この設営隊はその任務として巌部隊を支援しており、佐藤が最上級の士官だったので、設営隊の隊長は相互の仕事に関連することは何につけても当然に佐藤から命令を受けなければならなかったでしょう。

記憶するところによると、一九四五年三月中は、われわれは喜界島と鹿屋《かのや》の間の交通を正常に維持しており、ほとんど毎日、飛行機が行ったり来たりしていました。四月、五月、六月になると、敵航空機の活動や敵機動部隊の接近で、鹿屋と喜界島の間の交通は困難になって来ました。

参謀長として私は第五航空艦隊司令部と喜界島の間のすべての通信に精通していました。一九四五年三月から六月までの間に、われわれの司令部が、喜界島で米軍飛行士を何人か捕虜にしたとの報告を受けたことは全くないし、その後、彼らを処刑したとの報告を受けたことも全くありません。

われわれの司令部は佐藤や巌《いわお》部隊の前任者に対して、捕虜の米軍飛行士を処刑するように命じたことも全くありません。捕虜にした米軍飛行士はすべて直ちに東京に移送せよとの趣旨の東京からの指示があって、この情報は巌部隊を含む第五航空艦隊指揮下の全軍に知らせてあります。他方、一九四五年四月、五月に、喜界島で捕虜になった米兵がいたとしても、島から脱出させることは非常に困難だったことも事実です。しかし、喜界島に捕虜がいるとの情報が司令部に届いておれば、島から出す努力はしたと思います」

✴口裏を合わせた木田証言と横井証言

「私は、木田達彦の喜界島行きについては、次の事実を記憶しています。彼は国分《こくぶ》基地の海軍大佐でした。一九四五年三月末か四月初め、第五航空艦隊に、電話だったか、直接だったか、宇垣中将に接触を求めて来たことがありました。彼は宇垣中将に喜界島に空戦観測士官として行くことの許可を求めていました。彼はこの任務を志願したのです。宇垣中将の許可を受けて木田は喜界島に行き、約一カ月間、滞在しました。彼が島にいる間は彼は第五航空艦隊の指揮下にありました」

「私の記憶では、佐藤は木田より先に喜界島に行きました。木田が喜界島に着いてからは木田が島での最上級の士官になりました。二人が喜界島にいる間は木田が佐藤より階級は上でしたが、佐藤は引き続き、巌部隊の指揮をしていました。しかし、木田が喜界島に派遣された特殊な任務のことで佐藤や巌部隊が木田を援助することもあったでしょうし、同様に、木田が上官として佐藤や巌部隊から意見を求められることもあったでしょう。

しかし、木田は喜界島に派遣された時、何らの指揮権限も与えられなかったので、巌部隊を指揮することはできませんでした。もし、米軍飛行士が巌部隊の捕虜になって、その後、処刑されたとすれば、その処刑の責任は巌部隊の指揮官である佐藤にあるでしょう。

もし佐藤が、処刑に先立って、木田に会って意見を求め、木田が処刑に同意したとすれば、木田は次の理由で幾らかの責任を分かち合うことになるでしょう。木田は、その時期に島にいた最上級の士官として、捕虜の処刑は明らかに違法な要求であるから、佐藤に対し、飛行士の処刑を止めるように命令することができたはずです。佐藤は木田の言うことに従わざるを得ないでしょう。木田は佐藤に助言を与えたので、幾らか責任を分かち合うことになる」

横井参謀長の供述調書と木田大佐の供述調書は、相互に噛み合う。木田大佐は供述調書が作成された段階では身柄は自由であった。横井参謀長も身柄は自由のままの取調べであり、二人は供述内容について話し合った可能性がある。

沖縄航空戦の第一線で活躍していた艦上爆撃機隊の司令であった木田大佐が、作戦指揮のためではなく空戦観測士官として喜界島に行っていたという供述は、当時の喜界島の置かれていた緊迫した状況を知る者から考えると信じ難い話である。

この話は二人が口裏を合わせた結果であろう。私が注目するのは、検察官の事件構成は、この二人の供述調書を基礎に作成されていることである。このことは先に第Ⅲ部の２「検察官が想定した事件の骨格」で触れた検察官の「冒頭陳述」と供述調書を照らし合わせて見れば明らかである。

＊参謀長の「供述変更」

横井参謀長に対する証人尋問は、一九四八年七月二一日の第三回公判期日で、検察官から被告人四名の供述調書が提出された直後に、検察側立証の締めくくりとして実施された。

検察側は横井供述を佐藤主犯説の骨格をなす証拠として重視していた。この人の供述が検察官ランドの事件の骨格を構想するのに大きな影響を与えている、という私の感想は、証人尋問記録を読んでさらに深まった。

まず、検察官が横井参謀長に質問を始めたところ、横井参謀長が発言を求め、供述調書のうち、佐藤の捕虜処刑についての責任を論じた部分で、巌《いわお》部隊の指揮官は木田大佐ではなく佐藤少佐だったことを供述した後に続いて、「もし米軍飛行士が巌部隊の捕虜になってその後、処刑されたとすれば」との記述の「その後」以下を「佐藤の命令で処刑されたとすれば」に変更したい、と申し立てたのである。この変更の後、検察官も裁判長も、立証の重点を「巌部隊の指揮官は誰か」から、「処刑命令者は誰か」という事実問題に移していった。指揮権論争では元気だった米人弁護人も、処刑命令者は誰かという事実問題では、被告人間に主張の食い違いがあるため、論争に加われなくなってゆく。

ただこの横井参謀長の意見について、弁護人は、非法律専門家の法律上の意見は立証の資料にはできないという証拠法上の意見を述べて、記録から削除するよう求めている。それに対し、検察官は「これは軍法の問題だから横井参謀長の意見は証拠になる」と反論して論争になった。裁判長は「刑事責任の有無に関する最終的判断者は軍事委員会だ。軍事委員会は、この将軍が述べることに興味がある。弁護人の異議は却下」と宣告して議論を打ち切った。弁護人の提起した議論は「証拠としての適格性」に関するものであったが、裁判長は、「採用された証拠の価値判断」の問題として議論を打ち切っている。

裁判長から反対尋問を促された弁護人は、裁判長との間に次のような問答をする。

弁護人「この際、弁護人は、横井参謀長のこの供述調書を公開の法廷で被告人らに翻訳して読み聞かせることを求めたい」

裁判長「(検察官に)この文書の写しは弁護人に事前に提供されていますか」

検察官「いいえ、裁判長。私は今までずっとやって来たのと同じ手続きにしたがってやっています」

(裁判長は事前に弁護人に交付されておれば法廷での通訳は要らないと考えていたのだろう。)

裁判長「軍事委員会がこの文書を読んでいる間に、法廷通訳は被告人らに通訳してください」

(検察官が提出する供述調書は、軍事委員会にも弁護人にも事前には見せていない。)

供述調書の被告人らへの通訳と、弁護人の供述調書の黙読が同時に進行する。読み終わると弁護人の反対尋問が始まる。被告人らとの打合せはない。被告人らに通訳するのは、規則をクリアするためだけのようである。

弁護人「あなたは第五航空艦隊の管轄下に移動して来たすべての士官の配置について詳しいのか」

横井「大体は覚えています。当時、われわれの司令部に二〇人の雑多な士官が配属され、第五航空艦隊付きとなりました。その中の一人が佐藤でした」

弁護人「佐藤を喜界島に配置したのは誰ですか」

横井「宇垣中将です」

弁護人「宇垣は第五航空艦隊に配属されたすべての士官に任務を与えたのか」

横井「いいえ」

弁護人「しかし、佐藤に任務を与えたのは宇垣だったのですか」

横井参謀長は、佐藤少佐の航空基地司令の任務内容について、航空基地における離発着機の支援など、一定の仕事内容を列挙した後、佐藤少佐の特殊な立場を説明した。（なお、航空基地司令の新設の理由については第Ⅱ部第二章「海軍喜界航空基地司令・佐藤少佐の着任」〈本書九八頁〉の項を参照）

横井「大半の海軍士官は直接に海軍省が配置を決めますが、佐藤が違う方法で職務に就いたのは、当時の海軍部隊運用教範には航空基地司令という職種がなかったからです。佐藤は機関少佐で、海軍省が第五航空艦隊付きとして配属して来た雑多の士官の一人でしたが、作戦上の必要があって、宇垣長官が喜界島基地司令に配置したのです」

＊「伊藤大尉」の存否をめぐって

このあと重要な事実が示唆されるが、気づかれぬままパスされる。

弁護人「喜界島には航空基地司令が常に赴任していたのか」

横井「あなたの質問は、佐藤の赴任前に喜界島に航空基地司令がいたか、ということですか」

弁護人「あの大戦中、喜界島には常に航空基地司令がいたのか、それとも、大戦中の一時期だけだったのか、一時期だけなら、それがいつだったのかを教えて欲しい」

横井「南西諸島航空隊の派遣隊が喜界島に配置されていました」

質問と答えが噛み合っていないように見えるが、横井参謀長はここで重要な真実を述べている。巌《いわお》部隊という名称が沖縄の小禄《おろく》に司令部を置く南西諸島海軍航空隊の愛称で、喜界島の巌部隊はその派遣隊であるという事実に一歩近づいた発言だった。巌部隊は米軍の目を欺《あざむ》くための名称で真実の名称は「喜界島航空基地隊」だという、佐藤少佐に捕虜斬首命令の全責任を負わせるための検察側の虚構が一挙に崩れかねない重要な情報だったのである。

しかし、法廷の誰も「南西諸島海軍航空隊の派遣隊」という、喜界島の巌部隊の真実の姿を示す発言に反応を示す者はいなかった。記録には「この時、短時間の通訳との協議あり」と記されているが、協議内容の記述はない。弁護人は、理解不能の横井参謀長の発言を無視することにしたのであろう。質問の方向を変えている。

弁護人「あなたは巌部隊の伊藤大尉を知っていますか」

横井「この裁判が始まってから、日本人弁護人から初めて聞いた名前です」
弁護人「佐藤が喜界島に赴任した時、誰か前任の士官と交替したのか」
横井「いいえ。前にも述べたとおり、佐藤は飛行機の整備、燃料補給、飛行場守備等の任務の遂行のために、仕事の一部として巌部隊を指揮することもありましたが、巌部隊の指揮官を引き継ぎその指揮官になったものではありません」
この発言も重要だ。検察官は巌部隊イコール喜界島航空基地隊であり、佐藤少佐はこの部隊の指揮官となったと主張していたからである。
弁護人「それでは、佐藤が航空基地司令として喜界島に赴任してからも、伊藤大尉は巌部隊派遣隊指揮官のままですね」
横井参謀長はなぜか、この質問にはまともに答えない。
横井「私は日本語のグンタイクグブンに相当する英語がわからないのですが、通訳なら「distribution/of/troops」とでも訳すのでしょうか。作戦上必要な時には、状況に応じて本来の指揮命令機能が、作戦上の指揮命令機能に変わることがあります。佐藤はこのグンタイクグブンにしたがって任命配属されました。いずれにしても、佐藤はその任務の遂行に当たって、伊藤隊長の指揮下の部隊を作戦指揮するには、伊藤隊長を通じて、作戦指揮しなければならないでしょう。佐藤は、伊藤隊長の指揮下の部隊を直接に命令したり、作戦指揮することはできません」
その後、弁護人は「伊藤の指揮下での捕虜の処刑について、伊藤は佐藤の命令に従う必要があったのか」との質問を発し、検察官が「伊藤の指揮で処刑が行なわれたとの証拠はない」と異議を述べて議論が始まる。さらに議論が進んで、佐藤少佐の巌《いわお》部隊に対する指揮権の性質について、横井参謀長が「佐藤少佐は伊藤大尉を作戦上の事項では指揮できたが、給与や衣食の給付などの軍事行政上の問題では指揮権がない」と答え、弁護士と証人との間に、作戦事項と軍事行政の相違に関する議論が続く。議論が検察官の望む方向から逸《そ》れていくのに業を煮やした検察官が異議を申し立てる。

検察官「本件処刑に関しては、伊藤が関与したとの主張も証拠もない。私に言わせれば、伊藤の問題は、訴訟の本筋から注意をそらすために弁護人が企《たくら》んでいる目くらましだ」

これに対し、弁護人は「あなたは伊藤大尉の問題を訴訟に持ち込んでいないが、私は弁護側の立証段階で伊藤の問題を持ち出すつもりだ」と述べて、その理由を長々と説明する。

この議論を聞いて裁判長が裁定を下す。

裁判長「弁護人が弁護側立証の意見陳述をするのは時期尚早だ。この証人は主尋問で伊藤のことは述べていない。伊藤について聞くのは、反対尋問の範疇を越える。検察官の異議を認める」

この後、弁護人は横井参謀長の供述調書の作成過程について、日本語から英語に、英語から日本語に翻訳されたことを取り上げて「軍事用語は翻訳が難しくその用語の正しい訳になっているかわからない」との答えを引き出しているが、横井証人は続けて、「しかし、全般的に見て私の述べたことの本質や意味は、誤りなく記述されています」と答えて、供述調書の真実性を保証する。その後も弁護人は、この供述調書が検察官の要約で証人の供述そのものではないと主張して争うが、受け容れられない。弁護人は証人から伊藤大尉のことを聞き出そうとして、巌部隊の指揮系統にからめて質問を続けるが裁判長が介入して質問の継続を許さない。

裁判長「しかしこの証人は伊藤という男を知らないのですよ。どうやってその質問に答えるのかね」
この後、横井参謀長が、第五航空艦隊の指揮系統にからめて佐藤少佐の巌部隊の指揮権に関する供述をしていることを弁護人は指摘して、伊藤大尉のことを聞こうとするが認められない。ここで、弁護人は「無効審理」の申し立てをする。裁判長は両陪席の意見を聞いて、申し立てを却下する。弁護人は「無効審理」申し立てに対する決定は、閉廷して全員の秘密投票で決めるべきだと主張する。
裁判長「申し立てのたびにあなたはそう言うが、申し立ては却下された」
弁護人「それでは委員全員の秘密投票を行なっていないことを理由に「無効審理」を申し立てる」
裁判長「皆うんざりしている。更なる申し立ても却下する。一日中こんな調子だ。本来の姿に戻そう」
弁護人「わかりました、裁判長。本来の姿に戻って全力を尽くして弁護士の義務を果たします」

✴階級が上なら指揮権なしに命令できる？

弁護人「佐藤には、喜界島の巌部隊のどこかの分隊の衛兵詰所に拘禁されていた捕虜の取扱いについて何らかの責任あるいは義務がありましたか」
横井「この捕虜に関しては、佐藤は尋問して情報を得るという作戦上の義務がありました。しかしながら、海軍規則によれば、捕虜に衣食を支給する仕事や、その他の捕虜取扱い業務は陸軍の管轄でした。仮にあなたが今その規則の内容を示すように求められても答えられませんが、海軍省によれば捕虜の取扱い業務はすべて陸軍の管轄ということです」
弁護人「それでは、佐藤の指揮官としての義務は捕虜を尋問することだけですね」

横井「配属上の義務ということであれば、そう言っていいでしょう」

弁護人「では、その捕虜が伊藤の指揮下に拘束されていた場合、佐藤は伊藤に対して、この捕虜の処遇について一方的に命令することができるでしょうか」

横井「はい、できます」

弁護人「先ほど、佐藤は捕虜の尋問だけの指揮権能を持つと証言しませんでしたか」

横井「公式にはそうですが、上官であれば一方的な命令もできます」

弁護人「日本海軍では指揮下にあるなしにかかわらず、上級者は下級者に一方的に命令できるのか」

横井「あなたが言うことは揚げ足取り……」

弁護人「これが彼の答えか」

検察官「まだ答えは終わっていませんよ、弁護人」

横井「……下級の士官が上級の士官と同じ場所にいて、上級の士官が彼の職務を遂行する時、日本海軍では下級の士官は上級の士官にその職務の分担を申し出るのが普通です」

弁護人「例えば、少佐が艦長で、提督が客として乗っている場合、提督は艦長に命令できるか」

弁護人は、指揮権限がなくても同じ場所にいる上官の命令には従わなければならないとの横井参謀長の証言を崩そうとして、さまざまの例を挙げて質問する。

検察官「証人は反対尋問が始まってすぐに、佐藤は巌《いわお》部隊の指揮官ではなかったが、巌部隊を指揮することはできた、と述べている。弁護人は、この事実の枠内で質問すべきだ」

裁判長「そう、軍事委員会もその事実は把握している。しかし、弁護人がその質問をしたいのであれば質問は認めよう」
弁護人「裁判長は今、軍事委員会は佐藤が捕虜を管理していたかを知っている、と述べましたか」
裁判長「私が軍事委員会の委員たちに代わって話すことはできませんよ」
弁護人「するとそれは、あなたが決定したのか」
裁判長「その質問に答えることは断わる」
弁護人「この証人には仮定的な質問が提示されている。答えてもらってよろしいか」
検察官「そのことに私は異議を述べている」
裁判長「私は弁護人にその質問を許している。答えてください」
横井「いいえ。お客の提督が艦長に命令することはできません」
弁護人「よろしい。佐藤が捕虜に対する指揮の法的責任を有しなかったとして、捕虜に対する指揮権限を有する他の者に命令を発することはできるか」

再び検察官が異議を述べる。「全く事実が含まれていない仮定的質問は許されない。佐藤には、作戦事項に関しては捕虜について責任と権限があるというのが証言です」と言う。

裁判長は検察官の異議を認めた。この時、定刻の一六時三〇分になり、裁判長は閉廷を宣告した。

＊検察官を優位に立たせた横井証言

第四回公判は七月二二日午前九時開廷し、前日中断した横井参謀長に対する弁護人の反対尋問で始まった。この日の尋問は、逃亡した巌部隊喜界島派遣隊長・伊藤大尉のことを反対尋問で触れることが許されるか、という問題に集中した。弁護人が手を変え品を変えて同じテーマの質問をするが、そのたびに検察官が異議を述べ、弁護人、検察官、裁判長の間の論議は長々と続く。

裁判長は、伊藤大尉のことを反対尋問で聞くのは、主尋問に現れていない事項だから許されない、という点では原則的に検察官に同調している。しかしこの原則は絶対的なものではない。主尋問で触れた事項と関連性のある事項であれば反対尋問で聞くのは許される。関連性をどこまで広げ得るかは、訴訟指揮における裁判長の判断である。この法廷のエパーソン裁判長は検察官寄りであり、弁護人には分が悪い。いろいろと議論は交わされたが、結局は検察官の意見が通り、裁判長は弁護人に対し、伊藤大尉のことを聞きたければ弁護側証人として、そのような証言をする人を申請すべきだ、と告げる。

裁判長のこの裁定は訴訟手続きとしては正論だろう。しかし、逃亡した伊藤大尉について証言する人を厳部隊喜界島派遣隊員の中から見つけ出すことは、米人弁護人にとって不可能に近い。加えて公判はほぼ連日開かれる。米人弁護人は日本人弁護人を通じて未知の証人を探さなければならないが、二人の日本人弁護人も、矛盾する供述をしている四人の被告人の弁護人である。佐藤を救おうとして犠牲者を増やしかねない危ない橋は渡れない。

弁護人としては、伊藤大尉が処刑命令者であることの可能性を匂わせて、検察側証人の証言の信憑性を崩す努力をすることしかできない。伊藤大尉について聞きたければ、弁護人側証人として弁護人が申請すべきだという裁判長の発言が正論であっても、米人弁護人はそのような証人を申請できる見込みはない。執拗に検察側証人に反対尋問で聞くしかない。

弁護人「佐藤が、伊藤に命令する権限を持たないとすれば、伊藤に命令できるでしょうか」

検察官「異議あり。その質問は本件訴訟とは何ら関連性もなく重要性もない。弁護人がこの証人から聞くべきは佐藤に関することであって、伊藤のことではない。本件は、佐藤が米軍捕虜のアーサー・Ｌ・トマスの不法な処刑を、故意かつ違法に命令し、指示し、主導し、かつ許容した、との事実で訴追されているのである。弁護人は話を複雑化しようとしているが、争点は実に単純です。佐藤が命令したか、しなかったか、そのどちらかです。これが本件の唯一の争点です。佐藤が指揮権を持つ地位にあり、この米国人の処刑を命令したとすれば、巌《いわお》部隊の指揮官であろうとなかろうと関係がない。被告人佐藤が被告人吉田に処刑志願者を求める電話をしたことは、吉田の証言で明らかです。佐藤は処刑を命令したか、しなかったか。争点はそれだけです」

この検察官の発言をきっかけに、証人を立たせたまま、弁護人と検察官、裁判長との間で、逃亡した伊藤大尉について、反対尋問で取り上げることの是非について論争が再燃する。この論争を読むと、検察官は、横井参謀長の証言に乗っかり、佐藤少佐の責任に関する主張の重点を権限論争から、処刑命令の有無に関する事実問題に変えていることがわかる。しかし、弁護人はあくまでも権限論争に拘《こう》泥《でい》している。事実問題では、被告人らの供述が一致せず、弁護人はにっちもさっちも行かない状態に陥っている。相被告人である木田大佐と吉田中尉を検察側証言者とした上に、宇垣長官亡き後の第五航空艦隊の最高責任者であった横井参謀長を検察側証人にしたことは、ターゲットを佐藤少佐にしぼった検察官に、訴訟作戦上、圧倒的優位の立場を保証したのである。

✴横井参謀長の嘘——❶

横井参謀長の供述調書には重大な虚偽が含まれていた。しかし、おそらく弁護人シャンドラーも、これを補助する二人の日本人弁護人も、それが明らかな虚偽であることを知らなかったであろう。

第一点の嘘は、喜界島に派遣された佐藤少佐の地位をめぐる巌部隊の実体に関する次の証言である。

「喜界島には第五航空艦隊指揮下の巌部隊が駐屯していました。当時、喜界島は米軍の空爆が激しくなり、日に日に米軍が接近して来ていました。ところが、当時、喜界島にはこの状況に対応できる階級と経験を持つ士官がいませんでした。海軍省から五航艦に対する命令で、喜界島の危機的状態に対応できる階級で経験のある士官を派遣することになり、宇垣長官は、東京から派遣されて来ていた士官の一人の佐藤少佐をその役目に任命したのです」

実際は、佐藤少佐は、海軍総隊の航空作戦における空地分離の方針に基づく、海軍省の人事措置として五航艦司令部に派遣されて来た一三人の佐官の一人であり、たまたま、喜界島基地に割り当てられたのが佐藤少佐だったのである。「空地分離」という海軍の航空隊編制の変更に関する説明は、実務的に考える米国人検察官にはわかりにくい。従来の海軍航空隊は、操縦等を担当する空中勤務者と整備等を担当する地上勤務者で構成されており、移動する時は地上勤務者を含めて大所帯で移動するので能率性に欠けていた。これを避けるために、海軍省は、地上勤務者を特定基地に張り付け、移動は空中勤務者だけで済むように組織を編成変えすることにしたのである。

その先駆けとして沖縄航空戦を控えた第五航空艦隊で実施することになり、九州各地の航空基地に、地上勤務者の指揮官として配置されたのが航空基地司令であり、佐藤少佐もその中の一人で、たまたま喜界島基地に配置されたに過ぎない。

「喜界島の危機的状態に対応できる階級で経験のある士官」という証言は、佐藤少佐を喜界島特有の戦況に対応して配置された特別の任務を負った人物と印象づけている。

「第五航空艦隊指揮下の巌《いわお》部隊」という表現も全くの嘘ではないが、「巌部隊」自体は沖縄の小禄《おろく》に司令部を置く南西諸島海軍航空隊の愛称であり、その指揮官は沖縄にいて、そこから派遣されて来たのが喜界島にいた派遣隊であった事実に煙幕を張るような供述である。佐藤少佐が、喜界島航空基地司令という地上勤務者の指揮官となったことは事実であるが、巌部隊、すなわち南西諸島海軍航空隊という特定の部隊の指揮官になったのではない。これは、捕虜トマスの処刑が巌部隊喜界島派遣隊の手で実施された事実と、佐藤少佐を結び付ける上で、検察官を重大な誤解に導く役割を果たしている。

それにしても、横井参謀長が弁護人から「大戦中、喜界島には常に航空基地司令がいたのか」との質問を受け「喜界島には南西諸島航空隊の派遣隊がいました」と答えた時、この聞き慣れない隊名に誰かが疑問に思ったのか、通訳との協議を行なったことが記録にはあるが、何を協議をしたのかの記録はなく、そのまま次の質問に移っている。米人弁護人の疑問に対して日本側関係者が深入りするのを阻止した可能性がある。それにより南西諸島海軍航空隊こそ巌部隊の正式名だという真実を知られるのを防いだのではないか。

喜界島には従来から、南西諸島海軍航空隊（巌部隊）喜界島派遣隊という戦闘用飛行機を持たない地上作業専門の航空隊が常駐していた。一九四五年四月の時点で巌部隊の司令は沖縄にいた川村匡中佐であったことは、五航艦の宇垣長官が書いた『戦藻録』にも記されている。喜界島にいた巌部隊喜界島派遣隊の本隊は沖縄の小禄にあった南西諸島海軍航空隊であり、その愛称が巌部隊であった。横井参謀長の供述は、斬首を実行した巌部隊を、沖縄に司令がいる南西諸島海軍航空隊とは別の部隊で、鹿児島の鹿屋《かのや》の第五航空艦隊から派遣された独立の部隊と認識するように、米軍側関係者を誤導した。結果的に訴訟の場での佐藤少佐の立ち位置は不利になった。

✴横井参謀長の嘘――❷

続いて「巌《いわお》部隊」という名称について、横井少将は奇妙な嘘を供述している。

「組織としては、五航艦の指揮下に「喜界島基地隊」がありました。しかしながら、派遣の際や通信の時に使用された名称は「巌部隊」で、米軍の目から真実の姿を隠すためでした。巌部隊の喜界島での任務は、飛行機の整備や燃料補給や滑走路の守備などです。佐藤は巌部隊の指揮官になるように、喜界島に派遣されたのです」

この供述の嘘は、佐藤少佐が派遣された先は「喜界島基地隊」で、米軍の目から本当の姿を隠すために「巌部隊」を名乗っている、という部分である。

当時、喜界島から鹿屋《かのや》宛に送った「緊急電」の発信者は「喜界航空基地」としているのが一般的であり、公式に部隊名を名乗る時の省略形は「南西諸島空」である。「巌部隊」は、南西諸島海軍航空隊が独自につけた愛称に過ぎないから、正式文書には使用されていない。喜界島民の多くは、沖縄の小禄《おろく》飛行場に巌部隊本隊がいたことも知らなかった。当の巌部隊の隊員たちはいったん沖縄の小禄に集合して、派遣隊所属となった者がそれぞれ派遣先の島に分かれて行ったのである。ちなみに沖縄県豊見城《とみぐすく》の海軍沖縄根拠地隊があった丘に立つ南西諸島海軍航空隊碑には「巌部隊」の通称も併記されている。

＊横井参謀長の嘘――❸

「一九四五年の三月中は、ほとんど毎日、飛行機が行き来しており、鹿屋と喜界島の間の交通に問題はなかった。四月、五月、六月になると、喜界島に対する空爆が次第に激化し、敵機動部隊が接近して来たため、鹿屋と喜界島の間の交通が困難になってきました」

ここまでは当時の喜界島が置かれた客観情勢と合致する。最も罪深い嘘は、次の部分である。

「参謀長として、私は喜界島と五航艦司令部の間のすべての通信を把握していました。一九四五年三月から六月までの間に、われわれの司令部は、喜界島で米軍飛行士が捕虜になったとか、その後、処刑されたとの報告はいっさい受けませんでした。われわれの司令部は、佐藤に対し、あるいは巌部隊の彼の前任者に対し、捕虜の米軍飛行士を処刑するように命令を出したことは絶対にありません。もし米軍飛行士を捕虜にしたら直ちに東京に移送するようにとの指示が東京から来ており、このことは、巌部隊を含む五航艦傘下の全部隊にあまねく知らされています。仮に一九四五年四月か五月に、喜界島で米軍飛行士が捕虜になったことが本当であれば、捕虜を島から脱出させることは非常に困難だったとは思いますが、情報がわれわれの司令部に入っていたら、少なくとも捕虜を島から出す努力はしたと思います」

この供述の中の最大の嘘は「一九四五年三月から六月までの間に、われわれの司令部は、喜界島で米軍飛行士が捕虜になったとか、その後、処刑されたとの報告はいっさい受けませんでした」という部分だ。

特攻基地最前線の喜界島の情報は、沖縄航空作戦の実務上の最高責任者であった五航艦参謀長がよく知っていたというのはそのとおりだろう。それだけにこの横井証言を疑う訴訟関係者はいなかったのだと思う。疑わないどころか、司令部の指示に反して、捕虜がいることを知らせないまま勝手に処刑したとは、佐藤という人物は「とんでもない悪い奴」という印象を持ったのではなかろうか。

私も、この喜界島戦史の検証作業の中で、喜界島航空基地発「緊急電」の「受信綴り」を見る機会がなければ、横井参謀長のこの証言を否定することができなかったと思う。裁判当時の弁護人は、この「緊急電」の存在を知らなかったのだろう。現在は、防衛省防衛研究所が保管している史料の中にその「受信綴り」があり、閲覧も可能である。「喜界航空基地」発の「鹿屋《かのや》航空基地」宛の四月六日の「緊急電」は、戦果として「撃墜六機、撃破二機、捕虜一」と伝えており、続いて別の「作戦緊急」と表示する電報で「午後来襲時地上砲火ニテ撃墜セルＳＢ２Ｃ搭乗員一名捕虜ニシ訊問セル事項左ノ通リ。一、エセックスヨリ一二一五発進、当基地爆撃中撃墜サル。二、発進時ノ位置ハ二三〇度七五浬《かいり》付近」などと、詳細にトマスの尋問結果を報告している。キンカノンの時も同様に報告している。

沖縄特攻の海軍作戦実務の最高責任者だった横井参謀長がこの「作戦緊急」電を見なかったとは、とうてい考えられないし、もしも本当に見ていなかったとすれば、日本海軍最後の大戦闘であった沖縄特攻作戦において、その参謀長としての任務を完全に放棄していたというほかないだろう。

＊横井参謀長はなぜ嘘を吐《つ》いたのか

横井参謀長が嘘を吐いた理由を自ら語る資料はない。しかし嘘を吐くにはそれなりの理由があるはずである。真実であることが確定できる資料から、幾つかの理由を考えてみる。

佐藤少佐が東京から五航艦司令部に派遣されて来て鹿屋にいたのは、数日に過ぎない。喜界島に赴任して以来、五航艦司令部とは無線電信以外に連絡する手段を持っていない。喜界島航空基地司令という臨時の職種は短期間で廃止され、五月二六日には次の赴任先の第三航空艦隊（木更津）司令部付きとして移っている。横井参謀長には、佐藤少佐について親近感はなかったと見ていいだろう。

海軍機関学校出身の佐藤少佐は、海軍兵学校出身のエリートから見ると存在感は薄い。横井参謀長は、法廷での証言で、佐藤少佐ら地上勤務の航空基地司令の要員として五航艦に派遣されて来た佐官クラスの士官について「odd・officers」と表現している。このように英語で訳されたもとの日本語が何であったか明確でないが、「odd」とは辞書を見ると「雑多の」「臨時雇いの」「仲間はずれの」などの意味が付されている。いずれにしても敬意を払った形容詞ではない。

五航艦の参謀長として沖縄航空作戦を指揮していた横井少将は、喜界島が置かれていた状況を熟知していた。海軍では情報収集のため、飛行機搭乗員の捕虜は、陸軍管轄の正規の捕虜収容所に送る前に、臨時に設けられた海軍管轄の神奈川県の大船《おおふな》捕虜収容所に送ることになっていたが、喜界島は制空権も制海権も米軍に握られており、捕虜の移送はままならなかった。それは事実である。が、それにしても、なぜ横井参謀長は、捕虜がいることの報告がなかった、と嘘の供述をしたのだろうか。

横井参謀長は、喜界島に捕虜がいることを知っていたと供述すれば、米軍側から本土への捕虜移送問題を追及されると考えたにちがいない。航空作戦の責任者として、飛行機がなかったとは言えない。現に作戦機は飛ばしているし、不時着搭乗員の救出機も撃墜される危険をおかして飛ばしている。被告人の木田大佐も、トマス処刑の一五日後に飛行機で南九州に帰っている。トマスが捕虜になった四月六日から、処刑されたと推定される五月一日まで、捕虜の本土への移送が不可能だったという言い訳は、米軍取調官の前では通らないだろう。

その結果、捕虜移送のための努力をしなかったとなれば、戦犯の責任を問われかねない。喜界島の捕虜斬首事件発生当時は五航艦のトップは宇垣長官だったとしても、この裁判の時点では宇垣長官はこの世にいない。したがって横井参謀長は、捕虜斬首の責任が自分に及んで来る危険を感じていただろう。横井参謀長にとって、この嘘はすなわち、自分が訴追を免れるために必要な嘘だったのである。佐藤少佐は、被告人としてこの横井参謀長の証言を聞いている。佐藤少佐は、捕虜の尋問情報を五航艦に送った本人であるから、それが嘘だと知っている。ところがなぜか、何も発言していない。被告人らは米国人弁護人が機会を作ってくれない限り、軍事委員会に訴えることはできない。佐藤少佐は、不規則発言をしてでも裁判長に訴えるというタイプの人ではなかったのだろう。

思うに、ＢＣ級戦犯裁判を取り巻く日本側の空気は、戦犯を敗戦国の宿命的な犠牲と見ていた。そのような心境を背景にして、裁判に対応した日本側の戦犯援助者たちは、「真相究明」よりも「犠牲の最小化」を目指した。「喜界航空基地」が捕虜情報を五航艦に送っていたことは、巌《いわお》部隊関係者はもちろん、これを受信した五航艦司令部の関係者も知っていたはずであるが、横井参謀長の嘘に皆が黙っていたのは、「真相」よりも「犠牲の最小化」という価値観が日本側の裁判関係者に共有されていたからだ、と私は考える。

横井参謀長は、木田大佐が喜界島にいたのは「空戦観測」のためだという嘘にも同調している。空戦観測をしたのは嘘ではないだろう。喜界島で空を見上げておれば米軍機は見えるし、たまには空中戦もある。

しかし、そのためにわざわざ危険を冒して喜界島に行くとは思えない。木田大佐は自分の喜界島進出に先駆けて、指揮下の第七〇一海軍航空隊の整備要員を多数、喜界島に送り込んでいた。このことは、前出の「派遣隊日誌」の記述からも明らかである。木田大佐は戦犯裁判に当たって、米軍と第一線で戦ったことを隠したかったのではなかろうか。木田大佐と口裏を合わせた横井参謀長は、その木田大佐の法廷作戦に同調したのだろう。木田大佐は横井参謀長にとって海軍兵学校の後輩であり、米軍機動部隊と対決する第五航空艦隊の部下である。海軍省から臨時に派遣されて来た海軍機関学校出身の佐藤少佐とは、親近感の度合いが違う。横井参謀長と木田大佐は、お互いに気脈の通じ合う仲だったのだろう。木田大佐を守り、自分を守るために吐《つ》いた嘘が、結果的に、佐藤少佐を見捨てることになった、と私は思う。

✴佐藤、谷口には絶望的な弁護側反証

検察官の立証が終わった段階で、弁護人は、検察側の立証によっても被告人木田に関しては公訴事実が認定されないから、無罪を宣告するよう申し立てた。その要旨は「本件では、被告人木田、被告人佐藤、被告人吉田の三名が「トマスの処刑を命令し、主導し、指示し、許容した」という同じ事実で起訴されている」と指摘した上で、検察側の証拠を一つひとつ検討して、結論として「被告人木田以外については、犯罪を証明する何らかの証拠があって、精神鑑定による無能力の証明でもない限り、無罪の認定を求めることはできないが、木田大佐に関してはその犯罪は立証されておらず、検察官による挙証責任は尽くされていない。よって、無罪の事実認定を求める」というものであった。

この申し立てに対し、裁判長は「「命令し」との文言を公訴事実から削除する」と宣告した。木田大佐は公判の中途にして処刑命令者の仲間から外れ、極刑は免れる見通しとなった。

木田大佐が処刑命令を発したとの証拠は、検察側証拠のどこにもなく、この決定は当然である。木田大佐は公判で捜査段階の供述調書について幾つかの点を争っているが、彼自身の責任について次の

ように主張のニュアンスを変更している。検察官が木田の犯罪として主張する事実は、木田が佐藤少佐の捕虜処刑の意図を阻止しなかったということに尽きるが、このことについて、木田が捜査段階で自認した責任は、刑事責任のような法的なものではなく、道義的責任に過ぎないものであった、と強調した。木田大佐は「自分が佐藤と同じ立場だったら、同じことをしただろう」とも供述している。これらの発言は佐藤少佐を援護しているようで、実は佐藤少佐に捕虜殺害の意図があったことを前提とするものであり、処刑命令の発信者であることを否定する佐藤少佐にとって有利な話ではない。しかし、公判廷で佐藤少佐は沈黙したままだった。この沈黙の原因については後に触れる。

ところで、弁護側が用意した証人は、谷口を除く被告人三名の外に、後述の六人である。しかし、ここでも相互に矛盾する供述をする四人の被告人を同時に一人で弁護することの致命的な欠陥が露《あらわ》になっている。

被告人谷口については、証人台に立たせなかった。この理由については、死刑判決を受けた後に谷口が米人弁護人宛に書いた手紙で触れているので後述しよう。証言台に立った被告人ら三名について弁護人が聞いたのは、供述調書の任意性に関することだけである。木田大佐は、すべての証人尋問が終わった後、自ら希望して再び証人に立っているが、これは米人弁護人が積極的に聞こうとしないので、自らの主張を開陳するために、あえて弁護人の意図を無視して証言台に立ったようである。

被告人らの供述調書の任意性については、聞くこと自身が無意味であったことは前に触れた。佐藤少佐の供述調書は、検察官がその内容を虚偽だと否定しており、吉田中尉の供述調書は佐藤少佐が処刑命令者だとする検察官の方針に添ったもので、検察側が任意性を否定するはずがない。木田大佐についても、供述調書自体は佐藤少佐を捕虜斬首の主謀者とする検察官の方針には逆らわない内容となっており、取調べは和気藹々《わきあいあい》の雰囲気で行なわれたことを木田大佐が認めている。供述の任意性については聞くことはほとんど意味をなさないが、事実問題に入れない弁護人には、供述の任意性のことしか聞くことがない。

＊海軍軍令部のトミオカ少将の証言

次に弁護側が用意した被告人以外の六人の証人の証言について見てみよう。

最初に登場した証人はトミオカ・サダタロウ海軍少将で、一九四五年四月頃は大本営の海軍作戦部第一部長だったと名乗っている。海軍の高級軍人について調べて見たが、この氏名の人物は見当たらない。冒頭の人定質問で「年齢は現在五二歳で、一九一八年に海軍兵学校卒業」と答え、一九四三年に海軍少将になり、一九四五年四月当時の役職は「chief/of/the/First/Department/of/Naval/Operations/in/Imperial/Headquaters」だったと答えている。日本語に直すと「大本営海軍作戦部第一部長」とでも言うのであろうか。それらしき人物を探すと、「海軍軍令部第一部長・海軍少将富岡定俊」がいる（『別冊歴史読本　日本海軍総覧』）。海軍軍令部第一部長と大本営海軍作戦参謀を兼務して、海軍作戦の中枢にいた人である。証言台で名乗ったサダタロウが本名なのだろうか。

弁護人はこの証人に「航空基地司令」という職務の役割を聞こうとする。しかし、検察官は本件の争点は、佐藤が処刑を命令したか否かの事実問題であって、基地司令の役割は事件と関連性がない、と異議を述べ、冒頭から論争になる。結局、弁護人が、佐藤少佐に関することでこの証人から引き出せたのは「航空基地司令は巌《いわお》部隊傘下の各分隊に直接命令することができず、基地司令が巌部隊喜界島派遣隊長に命令し、派遣隊長が各分隊に命令する」という、わかり切った手順に関する証言だった。

なお、木田大佐に関する富岡少将の証言は「木田がオブザーバーとして喜界島に行ったことは知っていますが、五航艦の命令だったのか、自発的だったのかはわかりません」という答えに尽きる。木田大佐が喜界島に行ったのは空戦観測のためだったという主張は、先に述べたように私は疑わしいと思っているが、検察官もそう信じているので、訴訟上は争いがない。米兵斬首事件についての木田の責任を考える上で、ほとんど意味のないこの主張を海軍のエリートたちが重要視するのは、ＢＣ級戦犯裁判が戦争の延長線上にあって、最前線で米軍機と戦った事実は、知られたくなかったからだろう。

＊五航艦参謀・福原中佐の証言

次の弁護側証人は第五航空艦隊参謀部にいたという福原ウタカ中佐で、弁護人はこの証人からも喜界島における佐藤少佐の指揮権について聞きただそうとした。弁護人は第五航空艦隊から喜界島の巌部隊にいたる指揮系統に関するチャートを示して質問したが、証人が補給部門の参謀だと名乗ると、裁判長は、補給部門なら作戦部門の指揮系統に精通しているはずがないと述べて、弁護人と論争する。

裁判長は「ここは軍事委員会の法廷だ。補給の流れと作戦の指揮系統が違うことぐらい知っている」と自己の経験に基づく見解を開陳して、福原中佐の証言価値を認めない。この冒頭のやり取りの後、佐藤少佐の巌部隊に対する指揮権について聞いている。

弁護人「(証人に) あなたは巌部隊の指揮官が誰であったか知っていますか」

検察官「異議あり。弁護側が証拠として提出したチャートに記載されている。重複質問だ」
弁護人「これから行なう重要な事実に関する質問の基礎となる質問だ」
裁判長「時期を四月にするとか、もっと内容を特定して聞いたらどうか」
弁護人「（証人に）一九四五年四月中、巌部隊の指揮官は誰であったかを述べてください」
福原「忘れました」
弁護人「記憶を喚起するために聞きますが、伊藤という名前を覚えていますか」
福原「知っています」
弁護人「伊藤とは誰のことですか」
福原「私が知っている伊藤は、喜界島の巌《いわお》部隊に配属された人で、島の指揮官でした」
弁護人「あなたは海軍少佐の佐藤という士官を知っていますか」
福原「知っています」
弁護人「一九四五年四月頃、佐藤はどのような職務についていましたか」
福原「佐藤は第五航空艦隊司令部付きでした」
弁護人「一九四五年四月か、そのあたりに、佐藤が喜界島に配属されたことを知っていますか」
福原「はい、彼は喜界島に派遣されました」
弁護人「どのような任務で喜界島に派遣されましたか」
福原「基地司令です」
弁護人「基地司令としての彼は、巌派遣隊の指揮官だったのでしょうか。それとも違うのか」

福原「彼は巌部隊を指揮できます」
弁護人「どのような状況で？」
福原「作戦目的」
弁護人「伊藤が指揮する巌部隊派遣隊によって捕虜が拘束されていると仮定して、基地司令として佐藤少佐は捕虜の処刑を命ずる権限があるでしょうか」
福原「時によりけりです。その権限はあります」
弁護人「どのような状況で？」
福原「危機的な状況であれば権限があります」
弁護人「危機的な状況とはどんな状況か」
福原「敵が島に上陸して来るとか」
この後、弁護人は「もし米軍が上陸しなかった場合に、佐藤は、巌部隊に拘禁されている捕虜の処刑について指揮権を持つのか」と聞いているが、喜界島には米軍の上陸が迫っているとの情報があって緊急配備はしていても実際の上陸はなかったので、すぐにまずい質問だと気がついたのであろう。証人が答える前に質問を取り下げている。
検察官は反対尋問で「あなたは、佐藤は作戦事項については巌部隊を指揮できる、と主尋問で述べたがそのとおりか」と尋ね、証人が「はい」と答えると、それだけで反対尋問を終えている。
裁判長は証人に「あなたは主計参謀のようだが、作戦部門の任務に就いたことがあるのか」と聞き、証人が「いいえ」と答えると、質問を打ち切った。証言の価値を認めていないのである。

＊巌部隊喜界島派遣隊の四人の証言

捕虜処刑当時喜界島にいた巌部隊の四人の証人に対しても、弁護人の質問は巌部隊の指揮官は誰かという点に集中する。しかし、検察官と裁判長の関心は横井証言を契機に、指揮官論争には関心がなくなっており、すでにその関心は、佐藤少佐が処刑を命令したか、という事実問題に移っている。その意味では弁護人の立証活動は的外れになっている。

弁護人「巌《いわお》部隊の指揮官は誰ですか」

証人「伊藤大尉です」

検察官「一九四五年四月頃の喜界島航空基地の指揮官は誰でしたか」

証人「佐藤少佐です」

弁護側も検察側も、弁護側証人に対する質問はほぼこれだけである。実際には質問に対する異議申し立てなどがあって記録上は長い論争が記載されているが、訴訟上の利害の相反する四人の被告人を担当する弁護人は、被告人らの公訴事実関連の行為については事実上質問できないから、弁護人の反証はないのと同じである。

ただ証人中唯一の士官、S主計大尉が証人台に立った時は、少し緊張が走る場面があった。

弁護人「あなたは一九四五年四月にあった捕虜の処刑について、伊藤と話したことがあるか」

S大尉「あります」

弁護人「どのような話をしたのか」

Ｓ大尉「伊藤は私に「捕虜を処刑した谷口兵曹長が部下なので、上官として自分に責任がかかってくると思う。本土に帰った後、処罰を受けることになるだろう」と言いました」
弁護人「伊藤は自分が処刑を命じたと言いましたか」
大尉「そこまでは、はっきりと言いませんでした」
この裁判で伊藤大尉について具体的な話が出て来たのは初めてであるが、弁護人はこれであっさりと質問を終えている。Ｓ大尉が主計担当のため捕虜の処理に関しては門外漢だったので、弁護側は安心して証人に出したのであろう。
検察官「一九四五年四月頃の喜界島で、伊藤の指揮官は誰でしたか」
Ｓ大尉「巌部隊の指揮官は伊藤だけです」
検察官「そのころの喜界島における伊藤の上官は誰でしたか」
Ｓ大尉「喜界島では伊藤が最上級の士官でした」
検察官「あなたは佐藤を知っているか」
Ｓ大尉「はい」
検察官「佐藤が伊藤より階級が上ではないか」
Ｓ大尉「はい」
検察官「佐藤は航空基地指揮官でしたね」
Ｓ大尉「はい」
検察官「作戦事項では彼は巌部隊を指揮しなかったか」

S大尉「航空作戦に関しては彼は部隊を指揮しました」

検察官は深追いすることなく、ここで反対尋問も終えている。

実は、S大尉は「巌部隊」が沖縄に司令部を置く南西諸島海軍航空隊の愛称で、「喜界島の巌部隊」は沖縄から派遣されて来た分遣隊であることについて、法廷のだれもが誤解していることに、どこかの段階で気付いたのだと思われる。のちに佐藤少佐に絞首刑判決が出た後、一三〇余名から減刑嘆願書が出ているが、その中にS大尉の嘆願書も混じっている（米軍は嘆願書までもすべて翻訳して記録に編綴《へんてつ》している）。S大尉はその嘆願書で死刑判決を受けた佐藤少佐の減刑を求めているのであるが、その中で喜界島にいた「巌部隊」が南西諸島海軍航空隊の派遣隊であって、その司令部は沖縄にあり、部隊としての指揮系統が佐藤少佐とは異なることを縷々《るる》指摘している。しかし、この主張が裁判で顧慮された様子はない。

✴日本人弁護側が実行者・谷口を証言台に立たせなかった

検察官にとって、処刑命令の出どころに明確さを欠くこの裁判で吉田中尉の供述は貴重だった。吉田は供述書作成時、身柄を拘束されておらず、明治ビルの検察官事務所で任意の取調べを受けた。弁護人は捕虜処刑志願者募集について「川嶺《かわみね》から電話をかけてきたのは、佐藤少佐ではなく、伊藤大尉だった可能性がある」と主張するが、吉田中尉は供述調書で、佐藤少佐の関与について供述した模様を弁護人から質問されて、次のように証言している。

「私は「指揮官から電話を受けた」と答えました。続いて「指揮官は誰か」と聞かれたので「佐藤」

と答えました」

この証言は、処刑命令の電話は伊藤大尉からと主張する弁護方針と対立する。しかし、被告人吉田は、被告人佐藤との関係では検察側の重要証人である。佐藤の弁護人であり、同時に吉田の弁護人でもあるシャンドラー氏は、吉田のこの供述をくつがえす別の証人を積極的に探すこともできない。吉田中尉の直属の隊長である伊藤大尉が全く供述に出て来ないのは不自然であるが、これは、検察側が、主尋問（その代わりをする供述調書）に伊藤大尉の名が出てくるのを意図的に排除して、弁護人が反対尋問で伊藤大尉について触れるのをふせぐための検察官の法廷戦術だ。（ちなみに吉田中尉については、検察官は、論告求刑の際に、弁護人にまさる同情的な弁論を開陳している。）

一方、谷口兵曹長は、死刑判決を受けた後、弁護人あてに出した陳述書で、自分が命令を受けたのは吉田中尉だと主張し、佐藤少佐からの命令であるとは聞いていない、と書いている。もっとも、この谷口の陳述が法廷に出ていても、佐藤少佐の吉田に対する電話による指示が否定されるわけではない。それは谷口のあずかり知らぬことだからだ。

なお、谷口は同じ陳述書で、検察官が論告求刑の際に、「処刑を志願していなかったのであれば、証言台に立って、命令でやったと命乞いをするのが普通である。谷口が証言台に立たなかったのは、志願して斬首したからだ」と述べていることに触れて、「私が証言台に立たなかったのは、日本人弁護人から「証言に立たない方がいい」と言われたからで、本当は「谷口が志願した」と述べている吉田と一緒に証言台に立って、対決させていただきたかった。そうすれば、吉田もきっと本当のことを話してくれたはずです」と書いている。このように、相互に証言がくい違う場合、両名を証言台に立たせて対決させる証人尋問を「対質」と言い、日本の裁判手続きでも認められている。

しかし、四人の被告人の弁護人となっている日米の弁護人らは、二人を対決させるわけにはいかなかったものと思われる。それに、吉田と対決尋問を希望する谷口の証言を阻む「力」はそればかりではなかったろう。佐藤と谷口については、検察官がこの二人を主犯と想定して、それをターゲットに証言を集めていた。他方、犠牲者をなるべく少なくしたいと考える日本人支援グループには、米軍搭乗員捕虜を斬首している以上、日本軍側の相当程度の犠牲はやむを得ないという見方があって、検察官の方針に乗る方が犠牲を少なくするためには賢明だと考えたのかも知れない。明確な根拠がある話ではないが、五航艦参謀長の偽証を含めて、裁判の全体像を見ると、私にはそのように思われる。

✴検察官の論告求刑

第五回公判期日は一九四八年七月二三日午前九時に開廷された。

検察官はまず、「本件の争点は、被告人佐藤が主導して米軍飛行士の殺害を命令したかどうか、その命令に応じて被告人谷口が志願して米軍飛行士を殺害したかどうか、という点である」と、自らの想定した事件の構造を述べ、概略、次のように論告した。

❖捕虜の処刑を阻止せず――適正処罰求刑（木田大佐）

「被告人木田について。トマス処刑当時の喜界島では、木田が一番階級が上位であったこと、被告人佐藤の、捕虜トマス少尉を処刑するという意見に同意したこと、上位の階級の者は下位の者による違法な捕虜処刑を防ぐ義務があるのにこれを中止させなかったこと、などが立証されている。

なお、木田は自供書でトマス処刑について佐藤から相談を受けた時これに同意したと述べているが、法廷で証言台に立った時はそのことは覚えていないと述べている。しかし、この証言は佐藤を守るための嘘である。木田は、もし自分が佐藤と同じ立場であったら同じことをしただろうとも供述している。これも処刑命令を発した佐藤を助けるために述べていることである。被告人木田は、高い地位にある者が違法な処刑であることを知りながら、トマスの処刑を防がず処刑に加担した。よって、相応の刑罰を科するよう求める」

❖処刑志願者を電話で募った──死刑求刑（佐藤少佐）

「被告人佐藤は自供調書で、トマス処刑の命令は木田から出たと述べている。私はそれは信じない。佐藤の自供調書は荒唐無稽で話にならない。証拠価値はない。佐藤こそは、トマスの死に対して、根源的な責任を負うべき当事者である。彼はその地位に相応《ふさわ》しい責任を担おうとしない卑怯な士官である。

自供では彼は自分の罪をすべて木田になすり付けようとしたが、検察側はこの主張は問題にしていない。弁護側の証拠でさえ、木田にはこの島では何らの指揮権もなかったことを示している。佐藤は沈没する船から逃げ出すねずみのようなもので、気品のそぶりさえ見えない。

佐藤の罪は至極単純である。それは二つの事実からなっている。1、彼は処刑を命じたか。2、処刑は行なわれたか、の二点である。2に関しては、被告人谷口が認めており、われわれは処刑が実行されたこと知っている。問題は、彼が処刑を命じたか、それに関して何らかの弁解があるか、ということである。

検察側は公判で、佐藤が配下の部隊に電話を通じて処刑の志願者を求めた証拠を提出してきた。とりわけ吉田の供述は、明確に、処刑志願者を募る佐藤少佐から電話を受けたことを証明している。佐藤は自分の生命がかかっている裁判で、証人に立たなかった。犯罪に加担していないなら、証言台に立って命乞いをするのが普通であろう。罪を犯したから証言台に立てないのである。よって、被告人佐藤に対しては、死刑に処することを求める」

❖佐藤の電話を部下に伝達―適正処罰求刑（吉田中尉）

「被告人吉田については、他の被告人と同様に殺人罪で起訴されているが、検察側の証拠で証明したとおり、彼は被告人佐藤の命令に応じて行動を開始して処刑志願者を見付けた人物であり、捕虜の処刑が違法であることも知っていた。不運にも彼は命令者と実行者の中間の位置にいた。被告人谷口は志願して処刑を実行したのであり、吉田は処刑現場に行く必要はなかった。吉田が処刑現場に行ったのは命令によるものではない。自分の意思による。

彼が供述調書で述べている事実は、あえて言うならば、他のどの被告人に較べても、真実に近いと思われる。処刑現場に行ったのは、ある種の責任を感じたからである。処刑実行者の谷口は彼の部下であり、もとはと言えば、佐藤の命令は吉田を通じて与えられたものであるから、処刑現場に行くべきだと考えた、と吉田は供述している。

処刑現場では吉田が最上級の士官であった。問題はその点である。佐藤は現場に来ず、木田も現場に来なかった。吉田が現場ではすべての命令者だった。すべての指示を彼が出しており、谷口による斬首実行に先立つ指示も吉田が出している。検察側証人が認めるように、谷口が「始めてよろしいでしょうか」と聞いた時、吉田は「よし、始めよ」と答え、トマスは斬首されている。われわれは吉田については死罪は求めないが、トマス斬首に加担したことによる相応の処罰を求める」

❖志願して処刑実行―死刑求刑（谷口兵曹長）

「被告人谷口については、彼は証言台に立たなかった。自らトマス処刑を認めている。そのことについては十分な証言もある。彼はなぜ、「私は処刑志願者として罪を問われているが、志願者ではない。命令で行動した。私の命は風前の灯火です。どうか助けてください」と懇願しないのか。何も言わないのは、そう言うと嘘になるからである。よって、被告人谷口には、佐藤同様に、トマス斬首の実行者ゆえに、死刑を求める」

✴︎**弁護人の最終弁論**

弁護人シャンドラーは、四人の被告人について、個別的な弁護となる事実は全く述べることができない。各被告人の訴訟上の利害がくい違うからである。そうかと言って、弁護人をこのような立場に置く制度上の欠陥について、批判はしない。彼は、ＢＣ級戦犯裁判という名の軍事裁判の枠組みの中でしか活動できないからである。矛盾する事実を主張する被告人らを一人で受け持つ弁護の実態は惨めなものである。その実態は最終弁論に如実に現れている。概略を再現してみよう。

「本件では、一人の米軍捕虜が殺され、四人の日本人が検察当局に捕まり、裁判のためにここに連行されました。本件は、一回の処刑で、殺された者は一人、という事件です。しかし、この法廷には被告人が四人います。しかも四人とも検察官に対し自発的に供述しています。彼らは、自分のことは罪にならないように、他の被告人に罪を着せるような供述をしています。検察官は、B被告人の有罪の根拠としては、A被告人がB被告人について話したことを証拠として取り上げ、A被告人が自分のことを話した部分についてはそれは虚偽だと言います。私に言わせれば、本件の全供述調書自体がおかしいのであって、全体の事柄が嘘なのです。そこには公正な捜査などありません。と申しますのは、この事件は、検察官が証拠の獲得に失敗したために、彼の推理から生まれたものだからです。その結果、一人の捕虜処刑に、命令者三人、実行者一人、というおかしな裁判になったのです。

木田という男は、命令系統に属していませんでした。彼は本件と何の関係もありません。

佐藤という男は、命令系統に属していたかも知れないし、属していなかったかも知れない。この判断は厄介ですが、それを判断するのは軍事裁判委員会の皆さんの役目です。

吉田という男については、唯一の罪と言えば、検察官の主張によれば、違法な命令を伝達したことです。その行為には「戦争法規及び慣習」の違反はありません。

谷口については、命令に基づき本件処刑を実行したということで起訴されています。

処刑一件に四人の被告人。誰かに何らかの責任はある。そのことに関しては、軍事裁判委員会の公平な決定をお願いします。

最後に、もう一点、考えていただきたいことがあります。本件には情状として二点の重要な問題があります。一点は、検察官があえて触れようとしなかった人、巌《いわお》部隊指揮官の伊藤という男の存在です。もう一点は、この事件の米軍捕虜は重病だった、ということです。その証拠は検察側証拠中にあるのでよく見ていただきたい」

この最終弁論を見てもわかるとおり、佐藤と谷口は、弁護人からさえも見放されている。

＊判　決

最後の公判は一九四八年七月二六日午前一〇時三〇分に開廷した。

検察官が、開廷に必要な関係者が全員そろったことを告げて、判決公判は始まった。

❖木田大佐と吉田中尉に対する判決

まず裁判長は、木田大佐と吉田中尉の名を呼んで、弁護人とともに前に立つように命じた。

裁判長は宣告する。

「海軍大佐木田達彦、海軍中尉吉田正義。軍事裁判委員会は閉廷中に、委員の三分の二以上が出席して秘密記名投票を行ない、有罪の認定で一致した。

海軍大尉木田達彦に対し、

事実認定　有罪、但し、罪状の「命令し」及び「指示し」の部分は無罪

違法性判定　有罪
海軍中尉吉田正義に対し、
事実認定　有罪、但し、罪状の「命令し」の部分は無罪
違法性判定　有罪」
裁判長「閉廷中に再度、委員の三分の二以上が出席して秘密記名投票を行なった結果に基づき、次のとおり判決する。
海軍大佐木田達彦及び海軍中尉吉田正義の両名を、審査当局、もしくはより高度の権限者が指定する場所における、重労働拘禁四〇年の刑に処する」
裁判長「この受刑者らを連行せよ」（受刑者木田と吉田は憲兵隊によって連行された。）

❖佐藤少佐と谷口兵曹長に対する判決
続いて、佐藤少佐と谷口兵曹長に対する判決に移った。
裁判長は前の二人の時と同様に前に立たせて、次のとおり判決を言い渡した。
「海軍少佐佐藤勇に対し、
事実認定　有罪
違法性判定　有罪
海軍兵曹長谷口鉄男に対し、
事実認定　有罪

違法性判定　有罪」

裁判長「閉廷中に再度、委員の三分の二以上が出席して秘密記名投票を行なった結果に基づき、次のとおり判決する。

海軍少佐佐藤勇及び海軍兵曹長谷口鉄男の両名を、絞首刑に処す」

裁判長「この受刑者を連行せよ」（受刑者佐藤と谷口は憲兵隊によって連行された。）

判決公判は一〇分で終わった。絞首刑二名、重労働拘禁四〇年二名、という重い判決でこの裁判は終わった。

【キンカノン斬首事件】

＊この裁判の主要な関係者

キンカノン斬首事件についての公判は、トマス斬首事件の判決の一〇日後、一九四八年八月五日に始まった。この事件についてもトマス斬首事件同様、多くの矛盾、混乱が見られるが、ここでは簡単に裁判の顛末《てんまつ》だけを報告しておくことにする。

軍事裁判委員会はトマス事件とは別の構成で、裁判長はアーネスト・Ｌ・ノーバーグ中佐、陪席がフランク・Ｅ・ゲアハルト少佐とスチュアート・Ａ・エバンス大尉であった（この人たちの所属部隊等については、第Ⅲ部の３「裁判の立役者たち」の「軍事委員会メンバーの所属と階級」〈本書四四一〜四四二頁〉を参照）。検察官と弁護人はトマス斬首事件と同じで、レオナルド・Ｍ・ランドとバーナード・シャンドラーである。公判は六回開かれ、検察側証人九名、弁護側証人九名を調べている。

この事件での被告人は斬首実行者とされた第三二一設営隊の大島宗彦中尉と、命令者とされたトマス事件と同じ第五航空艦隊喜界島航空基地司令の佐藤勇少佐である。二人の主張に矛盾はなく、弁護人も活動しやすかったに違いない。

＊今回も主謀者とされた佐藤少佐

この事件は、米軍が上陸して来るという情報の下で、島民が軍命で山に避難している時期に山中で起こったものであり、処刑直前のキンカノン大尉を、子どもだった筆者は間近に見ている。当時は知らなかったが、公判記録によると、処刑現場には佐藤少佐も立ち会っていた。

裁判では、被告人の大島中尉は、自分に対する命令者は佐藤少佐ではなく、設営隊長宮本大尉だと主張した。大島中尉は処刑を志願したかという点でも他の設営隊の幹部らと対立し、志願を否定し、自分が斬首者になったのは設営隊長の命令だったと証言した。

さらに、大島中尉は、設営隊の幹部らが談合して、検察官から主謀者と疑われている佐藤少佐にすべての責任をかぶせることにしたと発言し、捜査段階での供述調書は嘘だった、と述べている。

処刑命令の問題では、佐藤少佐が、いつ、どこで、処刑志願者を募集したかという点でも設営隊幹部らの証言がくい違った。ある者は設営隊の士官食堂で酒を飲んでいる時に佐藤少佐が来て処刑志願者を募ったと供述し、ある者は、佐藤少佐は設営隊の士官食堂には来たことがなく、処刑志願者のことは佐藤少佐の司令部で設営隊長が聞いたことだと供述した。

✴求刑と判決

一九四八年八月一二日結審し、検察官は被告人両名の「絞首刑」を求刑した。

一九四八年八月一三日、判決公判が開かれ、佐藤勇少佐に対しては「二〇年の重労働拘禁」、大島中尉に対しては「七年の重労働拘禁」が言い渡された。

佐藤少佐はトマス斬首事件の命令者としてすでに死刑判決を受けており、第八軍による「承認」のための審査中であった。自分では捕虜斬首の最高の責任者ではないと考えていたトマス斬首事件で死刑判決を受け、そのあと今度は自分が最高の責任者と自覚していた別件の捕虜斬首事件では重労働拘禁二〇年の判決となったわけである。その時の佐藤少佐の心中を思うと、ざわざわとした違和感が胸の中を駆けめぐる。

5　第八軍司令官による「承認」

トマス斬首事件の判決から三カ月あまりたった一九四八年一一月六日、第八軍司令官ウォーカー中将による決定が出た。第八軍司令官は、被告人全員の判決を「承認」した。木田については申しわけ程度に「未決勾留日数半月を刑に算入する」との修正を行なっているが、木田だけが未決勾留日数を刑期に算入された理由はわからない。

佐藤と谷口に対する審査意見書には、「承認する（approved）」との記載に続いて「連合国軍最高司令官による確認があるまでは執行してはならない」と付記されていた。それは規則で、死刑については連合軍最高司令官の確認(confirm)が必要とされていたからで、佐藤や谷口について特に第八軍が何らかの配慮をしたわけではない。二人の最終的な運命は連合国軍総司令部最高司令官が握っていたのである。

キンカノン斬首事件の大島中尉と佐藤少佐に対するそれぞれ七年と二〇年の重労働拘禁刑の判決は、第八軍司令官によって、一九四九年一月一二日に「承認」された。そのさい、佐藤少佐に対する絞首刑と重労働拘禁二〇年の二つの判決について、何らかの議論があった形跡はない。

6 連合国軍最高司令官の「確認」

✴佐藤、谷口の死刑判決の確定

一九四九年六月一九日、佐藤少佐と谷口兵曹長についての死刑判決を「確認」する文書に、マッカーサー元帥が署名した。この文書には、軍事裁判委員会の審理経過や判決、第八軍司令官の承認の経過を列記した後、次のように記されている。

「判決は確認され、第八軍司令官の指揮の下に、その指示する場所と時期において、刑は適法に執行されるべし」

この時点で、佐藤少佐と谷口兵曹長に対する絞首刑判決の執行が法的に確定した。

＊佐藤少佐の最期

佐藤少佐は、一九四九年七月九日、トマス斬首事件の判決にもとづき、スガモ・プリズン内で絞首刑を執行された。キンカノン斬首事件の重労働拘禁二〇年の判決は泡沫のように消えていった。

喜界島は、佐藤少佐にとって技術士官としての一七年の海軍生活で、わずか二カ月間だけ配置されていた土地である。沖縄戦のさ中、島が米軍の猛爆にさらされていた時期であったから、島を歩き回る余裕もなく、島のことはほとんど知らなかっただろう。私も島で佐藤少佐の名を聞いたことはなかった。

『町誌』にも、巌《いわお》部隊の伊藤大尉の名は記載されているが、佐藤少佐の名は見えない。『福岡記録』にもその記録はない。喜界島航空基地が最も多忙で危険な時期に、特定の部隊を指揮下に持たない臨時の航空基地司令として来島し、島の人と知り合う暇もなく去っていた。

それだけに私は、証人となった兵隊たちの供述に出てくる、いかにも馴れなれしい佐藤少佐とのやりとりの言葉が、真実とは思えないのである。

国民の基本的人権を高らかに宣言して、基本的人権の擁護を鮮明にした日本国憲法が成立して二年余、国民が新しい時代の到来を喜んでいるのをよそに、佐藤少佐は、斬首命令の実態が明らかにされないまま、喜界島における捕虜斬首の責めを負って死んでいった。遺書は残っていない。刑場に向かう前、夜空を見上げながら「ああ、よい月ですねえ」との声を教誨師に残したという。これが彼の遺言とされている（上坂冬子『遺された妻—横浜ＢＣ級戦犯秘録』中央公論社、一九八三年）。

谷口兵曹長は絞首刑が確定したまま、その後もなぜか執行されずに死刑房に残された。

7　佐藤少佐は最後に何を言いたかったのか？

✴なぜ遺書がないのか

佐藤氏の妻は「書くことに熱心な人ですから遺書がない筈《はず》はありません。想像ですけれども主人は戦犯裁判に対する批判を書き込んだのではないでしょうか」と述べたという（上坂『遺された妻』）。佐藤氏の教誨師を務めた田嶋隆純師によると、佐藤が一通の遺書を残したのは事実で、巣鴨プリズンを通じて総司令部の手に渡ったらしい。それが遺族のもとに届かないので第二復員局の豊田隈雄氏を通じて問い合わせたところ「遺書の形式になっていないので返せない」と断わられたという（田嶋隆純編著『わがいのち果てる日に』講談社エディトリアル、二〇二一年復刊）。

総司令部が言う「遺書の形式になっていない」とはどのような意味だろうか。田嶋師が伝える処刑場に向かう佐藤氏の悟り切った姿から察するに、戦勝国の責任追及を免れるために真実から逃げているかつての上官や部下たちについては人間の弱さとしてこれを許容し、自らの死については運命として受容しながらも、この裁判について、その不条理を後世に伝えようとしたのではなかろうか。

日本側の戦犯裁判支援者たちは、米軍側が雲隠れした巌《いわお》部隊喜界島派遣隊長伊藤大尉の訴追を断念して佐藤少佐に焦点を絞っているのを知って、捕虜二人を斬首している喜界島事件で日本側に死刑の一人や二人出るのはやむを得ないという気持ちになっていたのではないか。できるだけ死刑は少なくするために、主謀者として佐藤少佐に焦点を当てている検察官の方針に逆らわない方が得策だと考えたのであろう。その点、米国人弁護人の方針は違っていた。検察官の主張に同意する被告人と否定する被告人を一人で弁護することを第八軍法務部から指示されたシャンドラーは、逃亡している伊藤大尉が主謀者だということを執拗に主張した。恐らくその主張が真実に近いと私は思うが、旧軍関係者の協力がなければそれを裏付ける証人は得られない。裁判長から主張ばかりしないで証拠を出せと揶揄されても証人を立てられなかったのはそのせいではないか。

第五航空艦隊の横井参謀長の、佐藤少佐の情状を悪くする明らかな偽証も、日本側関係者のこのような意図による法廷戦術だったと思えば、割り切れなさを残しつつも納得がゆく。

✴佐藤少佐の証言阻止の裏にある影

佐藤少佐は、トマス斬首事件のほかに、キンカノン斬首事件でも命令者として起訴された。この事件については顛末だけを延べたが、トマス事件で死刑判決を受けた後、大島中尉とともにキンカノン事件で被告人として裁かれた法廷で、弁護人シャンドラーが、裁判長に対し次のようなことを述べた事実が裁判記録に記載されている。

「佐藤は、証人席に立って彼の立場から見た事件の真相を証言したい、と念願していましたが、日本人弁護人と協議の上、断念させました。……佐藤は、トマス事件で死刑判決を受けたことにより、情緒不安定になっているため、疑う余地のない事実についても真実を述べることができません……」

しかし、弁護人たちが「疑う余地がない事実」と思っていることでも、死刑判決を受けている本人が「真実でないと思っている事実」があるとすれば、事実を疑ってみるのが弁護人の役割ではなかろうか。

佐藤少佐は、検察官から二つの事件の主謀者と目され、トマス斬首事件では死刑を言い渡されており、キンカノン斬首事件でも検察官の主張どおりに主謀者と認定されれば、再び死刑判決が予測されていた。仮に二つの死刑判決を受けても、二度の死刑執行があるわけではない。トマス事件の論告で、検察官が佐藤少佐のことを「責任逃れの卑怯者」と罵《ののし》り、「本当に命令者でないのであれば、証言台に立って命乞いするはずだ」と言っている。佐藤少佐はこれを聞いている。こういう立場にいた佐藤少佐が発言したかった言葉とは、死ぬ前に言っておきたい「真実」だったのではなかろうか。

弁護人たちが佐藤少佐の証言を阻止した本当の理由は何だろうか。佐藤少佐が、キンカノン斬首事件の法廷で述べたいと申し出たことの内容には、先に行なわれたトマス斬首事件に関する内容が含まれていたのではないかと私は思う。

弁護人らが「疑う余地のない事実」とする「事実」とは「異なる事実」を佐藤少佐が述べたいと言ったために、その証言は弁護団によって阻止されたのではないか。弁護人は「(死刑判決を受けて情緒不安定のため) 真実を述べることができないから」と言うが、実はその「真実」の中に、公開の法廷で言われては困る何かが含まれていたのではないか。

四人の被告人の弁護人を務める弁護団が、佐藤少佐と谷口兵曹長を見殺しにしていたことは、この二人に関する弁護人シャンドラーの最終弁論を読めばわかる。弁護人たちは佐藤少佐の弁護を事実上放棄していた。

キンカノン斬首事件の公判記録に記録されている、証言台に立ちたいという「佐藤の念願」についての、弁護人シャンドラーの物言いには、何かが隠されているような気がする。

裁判外の資料であるが、死刑判決が確定した佐藤少佐は「私は武人として潔《いさぎよ》く散って行きますが、後に残った人を一人でも多く、正しい裁判で救ってください」と、教誨師に述べたと伝えられている（海軍機関学校出身戦後殉国者遺芳録刊行委員会編『海軍機関学校出身戦後殉国者遺芳録』海軍機関学校・海軍兵学校舞鶴分校同窓会、一九八四年）。

また、米軍捜査当局に呼び出されて、スガモ・プリズンに向かう列車で、同行した友人に、「喜界島在島の先任者として、責任があることは間違いない。下級者のため負うべき責任があるなら責任をとる」と語ったとも伝えられる（同前『海軍機関学校戦後殉国者遺芳録』）。そうだとすれば、仮にトマス処刑の発案者が巌《いわお》部隊喜界島派遣隊長の伊藤大尉だったとしても、処刑を容認した上官としての責任が、その軽重はともかく、自分にかかってくるということは、納得していたのではなかろうか。

佐藤少佐は一九四五年五月二六日付けで第三航空艦隊司令部付けに配置換えになっているが（同前『海軍機関学校戦後殉国者遺芳録』）、当時は喜界島は米軍の上陸が差し迫っているとの情報の下に厳戒態勢に入っていたので、すぐには移動できなかったと思われる。キンカノン処刑時には現地にいたことを佐藤少佐自身が認めているが、時期的には第三航空艦隊司令部付に転任を命じられた、その後である。喜界島航空基地司令は臨時の職務で後任がいるわけではなかったから、すぐに利用できる移動手段があれば、処刑現場に立ち会うこともなかったろう。何とも不運の人である。

佐藤少佐の徹底した「沈黙」こそ、裁判を通じて聞いた旧日本軍の将兵や裁判関係者が作りあげた虚構の物語に対する彼の回答であり、死を前にして到達した彼の「意思」だった、と私は思う。絞首台に向かう前に「よい月ですねえ」と、空を見あげて教誨師に話しかけた時、彼の心境は、この世のもろもろの雑念を超越して、空にかかる月のように澄み切っていた。私はそう思いたい。

8　谷口兵曹長の「生還」の真因は何か

＊死刑判決後に書いた谷口の訴え

公判では、寛大な判決を求める陳情書は法廷に提出されていない。検察官ランドは「どうせ、親が病気だの、真面目に働いているなどと言うのだろう。情状証人など、うんざりだ」と、情状立証の役割を否定する考えを表明しており、弁護人シャンドラーもその種の情状証人は申請していない。しかし、米軍は日本側による助命嘆願のための夥《おびただ》しい数の陳情書を、全部英文に訳して裁判記録とともに保存していた。

私が申請した「情報の自由法」に基づく喜界島米軍捕虜斬首事件の公判記録の写しの公開請求では、多数の陳情書も送付されてきた。大半が似たような文章であり、私自身もこの事件の調査には読み通す必要がない文書として、別にしておいた。トマス斬首事件の記録には二〇四通の陳情書が綴じられていた。多くは死刑判決後に作成された減刑嘆願の陳情書である。

ある時、どのような人が陳情書を書いているのかとの興味から、陳情書をめくっていて、思いがけなく、死刑判決を受けた谷口兵曹長自身が書いた文書が紛れ込んでいるのを見つけた。「petition（陳情)」の項目に分類されていたが、内容は谷口の米国人弁護人に宛てた「真実の表明」と「要望」である。軍事委員会の判決に対する審査の参考にして欲しい、との願いから書かれている。

作成日の記載はないが、英文に翻訳した日付は一九四九年六月二四日である。この翻訳日は、佐藤少佐と谷口兵曹長に対する死刑判決が総司令部で「確認」されてから五日後である。

谷口がこの文書を実際に書いた日付はわからないが、文章の冒頭に「ようやく暖かい春となり」との季節の挨拶文が記載されているので、一九四九年三月か四月頃と思われる。第八軍による死刑判決の「承認」決定が出たのが一九四八年一一月六日であるから、谷口はこの文章を死刑判決が第八軍司令官によって「承認」された後で、連合国軍最高司令官による「確認」が出る前に書いている。

しかし、谷口の日本文が英文に翻訳されたのは、死刑判決「確認」の後である。なぜ谷口が死刑判決「確認」の後に、この文書が英文に翻訳されているのだろうか。ここらに、谷口について死刑判決の「確認」を受けながら、死刑が執行されずに放置された謎が潜《ひそ》んでいるのかも知れない。

この文書に宛先の記載はないが、冒頭で、裁判における弁護人の努力に対し感謝の言葉を述べており、米軍指定弁護人シャンドラー宛に手紙形式で書かれたことがわかる。谷口としては、判決に対する不服をどこに、どのように出せばいいのかわからず、公判中にいちばん接触のあった米国人弁護士を思い浮かべて書いたものであろう。どのような経路でスガモ・プリズンの死刑囚房から第八軍の手に届いたのかは、わからない。

「公判中、私が証言台に立たなかったのは、日本人弁護人の助言に従ったからです。審査の役に立つように、今になって真相を述べることをご容赦ください」

公判の最終論告で、谷口に死刑を求刑する際、検察官は「被告人谷口が証言台に立たなかったのは、志願して処刑した、という事実を認めていることの証明にほかならない。本件では谷口の命がかかっている。事実と違うのであれば、証言台に立ち、自分は志願していません、命を助けてください、と懇願するはずだ」と、激しく被告人を糾弾していた。

しかし谷口は、証言台に立たなかった。その理由を「日本人弁護人の助言に従ったからだ」と述べている。日本人弁護人は、なぜそのような助言をしたのだろうか。日本人弁護人らは、実行犯の谷口については、どっちみち、極刑は免れないと考えていたのではなかろうか。谷口が証言台に立った場合、トマス処刑問題で唯一、谷口と接点のある直属の上官の吉田の行動を語ることになる。これでは犠牲者が増えるだけだから、谷口と佐藤にはしゃべらせない方が法廷戦術として得策、と考えたのではなかろうか。シャンドラーもそのことは承知の上と思われるが、法廷で検察官や裁判長と対立して論争する米人弁護人に、谷口はある種の信頼を寄せていたのかも知れない。

谷口は事件に対する自分の関与について、次のように記している。

「一九四五年四月末か五月初め、一三時から一四時頃、吉田から「お前の隊に捕虜の処刑を志願する者はいないか」という電話がかかってきて、私は「忙しくて部下に聞いている暇はないし、私もその気はない」と答えて電話を切りました。ところが二時間か三時間後に、また吉田から電話があり、隊長命令だとして「お前の砲台で捕まえたのだからお前の隊で処理せよ」と言われ、「命令だったら仕方がない」と答えました。

この時は処刑の日時も場所も知らされていませんでした。ところが、その日の一七時頃、吉田の従兵から「処刑は明日に延期する」との電話がありました。翌日の一六時か一七時頃、部下に砲の手入れや砲台の周辺の整頓をさせていた時、陣地の裏の方から吉田隊長がやってくるのを見て、自分の方から吉田隊長に近づいて行き、そこの地面に坐って空襲のことなどを話していると、そこへ江川兵曹がやって来て話に加わりました。

幾らか時間がたって、吉田が「さて処刑を始めよう」と言って立ち上がり、「処刑場所までついて来い」と言いました。処刑場所を聞くと、「向こうの爆弾の穴の所だ」と指差しました。砲台陣地を出発する時、吉田が「爆弾の跡は平らにしないと処刑できないだろうから、何人かの兵隊にスコップを持って来させてくれ」と言いましたので、江川にそうするように命じました。

吉田と私が処刑場所に着いた時にはすでに兵士たちが穴を掘っていて、吉田はそれを見て「それ位でいいだろう」と言って穴掘りを中止させました。その後、江川がやって来ましたが、捕虜が来ないので、吉田が江川に、司令部に行って見てくるように命じました。一〇分ぐらいで江川が帰ってきて「当直士官が、捕虜の連行には兵隊が何人か来るべきだ、と言っている」と報告しました。それで吉田は江川に、そこで作業していた何人かを連れて司令部に行って捕虜を連行してくるように命じました。この時、江川が私に「軍刀を貸してくれませんか」と言うので、軍刀を持たせました。

一五分か二〇分で江川たちが捕虜を担架に乗せて帰ってきました。江川は検察側証人として出廷した時、そのような話はしませんでしたが、彼は覚えているはずです。

捕虜が連行されてきた後どのように事態が進んだかは、供述調書に述べたとおりです。供述書の末尾に私は、「私は自分のことは心配していませんが、三人の子のことを思うと心が張り裂けんばかりです」と述べていますが、それは「自分が命令を受けて行なったことには責任をとります」という意味です。

ところで、吉田は私が「志願」して処刑したと証言しましたが、それは全くの嘘です。この嘘の証言を聞いた時は私は非常に驚き、憤慨しました。私は日本人弁護人に、吉田と相対で証言させてくれるように頼みました。しかし、吉田は非常に利口な男で、皆が信用するような話し方で話すので、私の願いは実現しませんでした。私は彼の嘘の供述をくやしく思い、私が志願したというならそのような証人を連れてきてくれと日本人弁護人に頼みました。日本人弁護人は調べると言ってくれましたが、裁判が終わるまで何の音沙汰もありませんでした」

このあと続けて、谷口は「第一回公判の時に日本人弁護人から、供述調書に誤りがあったとしても訂正してはいけない、と言われました」と書いている。また「処刑のことを佐藤に報告するように、と吉田から言われました、と供述調書に書いてありますが、そのような事実はありません」と書き、締めくくりに次のように述べている。

「この陳述書は、この数カ月間、事件当時のことを思い出しながら、日夜努力して書き上げました。私は吉田に責任を転嫁するような卑怯なことをするつもりはありません。私は神仏に誓って本当のことを明らかにしたいだけです。審査に臨むに当たって考慮していただきたいと思います。私のこの陳述に何らかの疑問な点がありましたら、弁護人の面前で吉田と対決させてください。私は吉田が真実を告白すると思います」

被告人谷口は、軍事裁判委員会から死刑判決を宣告された後に、この文章を書いている。吉田と相対で聞いてもらえれば「吉田が真実を告白する」と必死に訴えている。しかしこの文書は記載された翻訳年月日から見て、死刑判決が総司令部で「確認」される前には英訳されなかった。死刑判決「確認」の後、なぜ英文に翻訳されたのか、実のところ、わからない。わかっているのは、死刑判決が「確認」され、規程上は執行できる状態になりながら、谷口兵曹長は執行されずに放置されたことだけである。

谷口は、この文書で、「誤りがあっても供述調書を訂正するな」と助言されたとか、「被告人吉田の嘘の証言について吉田の言うことを否定する証人について調査を約束したが、裁判が終わるまで音沙汰がなかった」と、日本人弁護人について苦情と思えることを述べている。

記録中に名前の記載されている二人の日本人弁護人のうち、一人は、その経歴を見ると、元日本軍の軍法会議を主管する法務部長だった。日本の軍法会議の裁判のやり方の経験は、類似の法廷である米軍の軍事裁判委員会による戦犯裁判の弁護人としてプラスだったのだろうか。軍事裁判とはこんなもの、とか、米軍の裁判はましな方だ、という意識から諦めていた嫌いはなかっただろうか。

もっとも、シャンドラー弁護人と同様に、日本人弁護人も、利益相反する四人の被告人の弁護人となっており、米人弁護人の補助者として立ち合い、被告人の一方を立てれば他方が立たず、被告人らのうち、どちらかを犠牲にしなければならなかったのであろう。このような場合、全体の利益のために誰かが犠牲になることになる。誰を犠牲にするかの価値判断は難しいし、その判断はあからさまには言えない。検察官の想定ですでに不利な立場に立っている者は切り捨てられやすい。発言力の強い人脈を持つ者が有利になる。四面楚歌となった犠牲者は無力であり、立つ瀬がない。

✴死刑「確認」後の異例の減刑

担当の米人弁護人宛のこの谷口の手紙は、たまたま第八軍の本件訴訟記録のどこかにまぎれて日本語のまま保存されていたのだろう。おそらく、被告人谷口に対する死刑判決「確認」の際に、総司令部の担当官は、沖縄航空戦の前線基地の島での米搭乗員トマス少尉の死に対して、トマスの処刑命令者一人に死刑を科し、命令関与者として二人を重労働拘禁四〇年に処した上、命令を受けた実行者を、処刑志願者として死刑にすることについて、総体的に妥当かどうか、疑問を持ちながら、死刑執行を「確認」したのではなかろうか。

死刑を「確認」しながら、異例の調査をしているのは、「確認」の実務担当者の上にいる「最高権限者」の力が働かなければ起こり得ない。第八軍が資料を洗い直した結果、陳情書のファイルに谷口自身の日本文の手紙が発見され、英文に翻訳された。翻訳の日付が死刑判決「確認」の五日後の「一九四九年六月二四日」である。この手紙を英文に翻訳した背景には、総司令部の上層部における死刑判決執行への躊躇があったように見える。

私の推測が正しいとすれば、谷口は、その声が届くのかどうかもおぼつかない環境の中で、素人なりに一生懸命に書いた「手紙」によって、死刑判決の「確認」を経ながら、その執行の窮地から自らを救い出した、と言うべきだろう。しかし法的には、谷口の死刑執行は可能の状態が続いていた。

一九五一年九月一日、谷口はもう一人の残留死刑囚で精神疾患のため執行を免れたとされる軍医大尉とともに終身刑に減刑された。超法規的措置である。

谷口に対する減刑決定書には、次のように記述されている。

「元日本帝国海軍兵曹長谷口鉄男につき、一九四九年六月一九日付け軍事委員会決定第一四号により確認された死刑判決は、判決確定後に同人の正気について疑念が生じた。よって、終身重労働拘禁刑に変更する」

この持って回ったような減刑の理由には、減刑の根拠づけに苦労した後が見受けられる。「判決確定後に同人の正気について疑念が生じた」という表現の意味は、精神的に問題ないと確信して死刑判決を確認したが、その後に精神状態が正常なことに疑問が生じたので減刑する、と読める。谷口と共に死刑判決から減刑された軍医大尉については、本当に精神病なのか演技なのか、戦犯抑留者の中で話題になっていた。しかし、谷口についてはそのような話は伝えられていない。

吉村昭『プリズンの満月』（新潮社、一九九五年）も、この二人の死刑囚が終身刑に減刑された状況について、「九月一日、戦犯たちは、最後に死刑確定者として残されていた元陸軍軍医大尉と元海軍少尉が、それぞれ病棟と第五棟の死刑囚の獄房から連れ出されたことを知った」と書いている。谷口と思われる人物が連れ出されたのは病棟ではなく、死刑房だった。

著者は「あとがき」で「プリズンを中心とした出来事は、すべて事実で、小説としてはいささか変則なのかも知れない」と述べている。

谷口兵曹長は精神病者ではなかった。「正気についての疑念」は谷口については本当の理由ではなく、減刑の「方便」だったのではないか。谷口の米人弁護人宛の手紙が、死刑「確認」後に英文に翻訳されたことを知った私は、谷口が死刑執行を免れた本当の理由は、その手紙に書かれた中味にあると考える。裁判では、検察官は、谷口が証言に立って命乞いをしなかったのは彼が志願して米兵を斬首したからだと厳しく断罪していた。しかし、谷口の死刑判決を受けた後の米人弁護人宛の手紙には、谷口が自己弁明のために証言台に立たなかった、その真実の理由が書かれていた。

谷口の手紙が減刑の手がかりを総司令部に与えた。谷口兵曹長は、弁護人や、かつての仲間からも顧みられない窮地にありながら、自力で自分を弁護することに成功したのである。

＊南西諸島海軍航空隊(巌《いわお》部隊)喜界島派遣隊最後の帰還兵

谷口兵曹長らが終身刑に減刑された一週間後の一九五一年九月八日、サンフランシスコで対日講和条約が締結されたが、条約では戦犯の刑の執行は引き続き日本側が行なうことを政府は約束した。しかし実際には、本気で執行する気がない日本政府の戦犯管理は、次第にルーズになり、米ソの冷戦状態が常態化したという国際情勢の変化を背景に、米国が戦犯の管理に関心を失ってゆくという事情も手伝って、法的には条約所定の仮出所や減刑の措置を講じながら、なし崩しに収容者を減らしていった。

一九五八年一二月二九日、仮出所中のBC級戦犯八三名の正式釈放が決まり、戦犯受刑者はいなくなった。実際には、すでに同年五月三〇日には最後まで残っていたBC級戦犯一八名が仮出所して、受刑中の戦犯はいなくなったという(茶園義男編・解説『BC級戦犯横浜裁判史料』不二出版、一九八五年)。

谷口氏の出所日は不明だが、遅くとも一九五八年五月末までには出所した。

谷口氏らが沖縄本島の小禄《おろく》にあった南西諸島海軍航空隊（巖部隊）の喜界島派遣隊の対空砲要員として喜界島に来たのは一九四四年夏であった。翌年三月には、沖縄航空戦が始まり、以来、周囲に多くの戦死者を出しながら戦った。

彼が所属した対空砲部隊の活躍はめざましく、一説に撃墜破一八〇機に及んだという。戦争は敗戦で終わり、やっと郷里に帰って落ち着いたと思った矢先に、あの戦闘の中で発生した米軍搭乗員斬首の罪を問われて、米軍の裁判で死刑判決を受け、三年余の後に、死刑判決確定後の異例の終身刑への減刑を受け、奇跡的に生還した。谷口兵曹長の精神的苦悩は、想像に余りある。戦争の傷跡はそう簡単に消えるものではない。

ＢＣ級戦犯としてスガモ・プリズンの刑場に消えていった佐藤少佐や、絞首刑判決が「確認」され執行寸前の状態から生還した谷口兵曹長らが戦った喜界島では、戦後七五年を経過した今も、年に数回、下水道工事や農地改良事業の工事の現場から米軍が落とした不発弾が出てきて、そのたびに自衛隊の爆弾処理班が来島して、付近住民を避難させて片付けている。不発弾の爆発と思われる地下爆発が起きたこともある。

第二次世界大戦は日本国中に大きな傷痕を残したが、南西諸島の小島、喜界島もその例外ではない。小さな島に落とされた爆弾の数は、単位面積ではおそらく類例を見ないものではなかろうか。私の少年時代の記憶をたどり、小さな島で起こった戦争の資料をあさり、喜界島の戦争史を遺《のこ》そうとする作業は、ここで終えることにする。

主な参考文献

■福岡永彦『太平洋戦争と喜界島』私家版、一九五八年
■『喜界町誌』喜界町、二〇〇〇年
■「南西諸島海軍航空隊喜界島派遣隊戦時日誌」防衛省防衛研究所所蔵
■宇垣纏『戦藻録』原書房、一九六八年
■平田武重『喜界島の戦時中日誌』平田静也発行、二〇一七年
■後藤三夫「喜界島戦記」『榕樹』第一〇号、一九九四年
■生田惇『陸軍航空特別攻撃隊史』ビジネス社、一九七七年
■奥宮正武『海軍特別攻撃隊』朝日ソノラマ、一九八二年
■宮本道治『われ雷撃す―九三一航空隊戦記』新人物往来社、一九八八年
■特攻隊慰霊顕彰会『特別攻撃隊』私家版、一九九〇年
■デニス・ウォーナー夫妻、妹尾作太男訳『ドキュメント神風』時事通信社、一九八二年
■零戦搭乗員会『海軍戦闘機隊史』原書房、一九八七年
■横浜弁護士会BC級戦犯横浜裁判調査研究特別委員会『法廷の星条旗―BC級戦犯横浜裁判の記録』日本評論社、二〇〇四年
■横浜弁護士会会史編纂委員会編『横浜弁護士会史』横浜弁護士会、上巻(一九八〇年)、下巻(一九八四年)
■上坂冬子『遺された妻―横浜裁判BC級戦犯秘録』中央公論社、一九八三年
■上坂冬子『巣鴨プリズン13号鉄扉』新潮社、一九八一年
■吉村昭『プリズンの満月』新潮社、一九九五年
■田嶋隆純編著『わがいのち果てる日に』講談社エディトリアル、二〇二一年(復刊)

■「喜界島航空基地発電報受信綴」防衛省防衛研究所所蔵
■「空母ホーネットの甲板日誌」米国国立公文書館所蔵
■「米海兵隊第四五二夜間戦闘機隊の戦闘報告」米国国立公文書館所蔵
■「南西諸島航空隊喜界島派遣隊整備分隊記事（同整備分隊）」個人所蔵
■「第二五二海軍航空隊戦闘詳報（同航空隊）」個人所蔵
■奇兵会「偵察第四飛行隊（彩雲）戦闘資料」個人所蔵
■「揚陸輸送艦ラグランジの戦闘報告」米国国立公文書館所蔵
■「戦犯裁判記録（事件番号三一八号）」合衆国戦争犯罪局軍法会議将官事務所所管
■「戦犯裁判記録（事件番号三一七号）」合衆国戦争犯罪局軍法会議将官事務所所管
■『横須賀風物百選』横須賀市、一九七八年
■加藤勇『佐久間一郎伝』私家版、一九七七年
■昇曙夢『大奄美史』奄美社、一九四九年
■奥宮正武『さらば海軍航空隊』朝日ソノラマ、一九八二年
■村田幹雄ほか『記録のない過去—少年兵たちの手記』私家版、二〇〇〇年
■本田稔ほか『リバイバル戦記コレクション7／証言・昭和の戦争』光人社、一九九〇年
■『別冊歴史読本永久保存版　玉砕戦と特別攻撃隊』新人物往来社、一九九八年
■大田嘉弘『沖縄作戦の統帥』相模書房、一九八四年
■市川靖人「悲しき飛行靴」『丸』エキストラ版、一九八六年三月号所収
■白浜芳次郎『最後の零戦』朝日ソノラマ、一九八四年
■杉山利一ほか『艦隊航空隊』今日の話題社、一九八六年
■渡辺洋二『彗星夜戦隊』図書出版社、一九八五年

■渡辺洋二『液冷戦闘機「飛燕」』朝日ソノラマ、一九九二年
■大貫健一郎・渡辺考『特攻隊振武寮—証言・帰還兵は地獄を見た』講談社、二〇〇九年
■森本忠夫『特攻—外道の統率と人間の条件』文芸春秋、一九九二年
■安延多計夫『あゝ神風特攻隊—むくわれざる青春への鎮魂』光人社、一九八六年
■折原昇編『われ特攻に死す—予科練の遺稿』経済往来社、一九七三年
■増戸與助『彗星特攻隊—ある予科練艦爆操縦員の手記』光人社、一九九九年
■内藤初穂『桜花—非情の特攻兵器』文芸春秋、一九八二年
■加藤浩『神雷部隊始末記—人間爆弾「桜花」特攻全記録』学研パブリッシング、二〇〇九年
■苗村七郎編『陸軍最後の特攻基地—万世特攻隊員の遺書・遺影』東方出版、一九九三年
■ベルナール・ミロー、内藤一郎訳『神風』早川書房、一九七二年
■三井俊二『戦艦大和発見—悲劇の航跡を追って』日本放送出版協会、一九八二年
■木俣滋郎『陸軍航空戦史—マレー作戦から沖縄特攻まで』経済往来社、一九八二年
■佐々木八郎『青春の遺書—生命に代えてこの日記・愛』昭和出版、一九八一年
■片山千彰「あゝ知覧基地特攻直掩隊始末」『丸』一九八五年三月号所収
■村岡英夫『特攻隼戦闘隊—かえらざる若鷲の記録』光人社、一九八二年
■横井俊之「菊水作戦遂にならず」『別冊知性1「太平洋戦争の全貌」』河出書房、一九五六年、所収
■大野景範編著『十八歳の遺書— 予科練・学徒兵の生と死と』昭和出版、一九八五年、所収
■坂嶺集落誌編集推進委員会『坂嶺集落誌』、一九八八年
■マクスウェル・ケネディ、中村有以訳『特攻—空母バンカーヒルと二人のカミカゼ—米軍兵士が見た沖縄特攻戦の真実』ハート出版、二〇一〇年
■白鴎遺族会編、『増補版・雲流るる果てに—戦没海軍飛行予備学生の手記』河出書房新社、一九九五年
■「特集・航空決戦記」『丸』エキストラ版八七号（一九八三年新春二月号）所収

■渡辺洋二『大空の攻防戦』朝日ソノラマ、一九九二年
■上原正稔訳『沖縄戦　アメリカ軍戦時記録―第10軍G2マル秘レポートより』三一書房、一九八六年
■横山長秋『海軍中攻決死隊』光人社、一九八五年
■島原落穂『海に消えた56人―海軍特攻隊・徳島白菊隊』童心社、一九九〇年
■山田忠男『暑い暑い喜界島の夏』私家版、二〇一五年
■矢崎好夫『八月十五日の天気図―死闘おきなわことぶき山　海軍気象官の手記』戦誌刊行会、一九八三年
■「ニッポンと戦った五年間―連合軍戦記」『特集文藝春秋』文藝春秋新社、一九五六年
■宮里一夫編著『沖縄旧海軍司令部壕の軌跡』ニライ社、一九八六年
■杉崎恵之「ああ隼戦闘機隊」『証言・昭和の戦争―「飛燕」よ決戦の大空へはばたけ　陸軍戦闘機隊戦記』光人社、一九九一年、所収
■伊沢保穂『陸攻と銀河』朝日ソノラマ、一九九五年
■上原慶三郎「喜界島に渡って来た糸満（沖縄）漁民」『いしづみ』（喜界島郷土研究会発行）第七号（二〇一四年六月）所収
■日本の空襲編集委員会『日本の空襲八　九州』三省堂、一九八〇年
■碇義朗『紫電改の六機―若き撃墜王と列機の生涯』光人社、一九八七年
■渡辺洋二『本土防空戦』朝日ソノラマ、一九八二年
■「船舶特幹第三期生の記録」編集委員会編『若潮三期の絆』陸軍船舶特別幹部候補生第三期生会、一九九五年
■宮城晴美『新版　母の遺したもの――沖縄・座間味島「集団自決」の新しい事実』高文研、二〇〇八年
■『別冊歴史読本　日本海軍総覧』新人物往来社、一九九四年
■椎名麻紗枝『原爆犯罪』大月書店、一九八五年
■伊奈達郎編『戦記・偵察第四飛行隊』私家版、一九六二年
■兼城一編著『沖縄一中　鉄血勤皇隊の記録』下巻、高文研、二〇〇五年

■防衛庁防衛研修所戦史室『戦史叢書　沖縄方面海軍作戦』朝雲新聞社、一九六八年
■参謀本部編『参謀本部所蔵　敗戦の記録』原書房、一九八九年
■米国陸軍省編、外間正四郎訳『日米最後の戦闘—沖縄戦死闘の90日』サイマル出版会、一九六八年
■間弘志『全記録　分離期・軍政下時代の奄美復帰運動、文化運動』南方新社、二〇〇三年
■半藤一利・秦郁彦・保阪正康・井上亮『「BC級裁判」を読む』日本経済新聞出版、二〇一〇年
■海軍機関学校出身戦後殉国者遺芳録刊行委員会編『海軍機関学校出身戦後殉国者遺芳録』海軍機関学校・海軍兵学校舞鶴分校同窓会、一九八四年
■茶園義男『BC級戦犯横浜裁判資料』不二出版、一九八五年
■雨倉孝之『海軍航空の基礎知識』光人社、二〇〇九年
■阿部三郎『特攻大和艦隊』霞出版社、一九九四年
■イアン・ブルマ、石井信平訳『戦争の記憶—日本人とドイツ人』TBSブリタニカ、一九九四年
■飯尾憲士『開聞岳』集英社、一九八五年
■伊藤隆『日本の歴史30　十五年戦争』小学館、一九七六年
■宇都宮直賢『回想の山下裁判』白金書房、一九七五年
■江口圭一『十五年戦争小史』青木書店、一九九一年
■蝦名賢造『連合艦隊参謀長宇垣纏伝　最後の特攻機』図書出版社、一九七五年
■奥宮正武『海軍航空隊全史　上・下』朝日ソノラマ、一九八八年
■大澤昇次『最後の雷撃機』潮書房光人社、二〇一二年
■御田重宝『特攻』講談社、一九八八年
■木俣滋郎『桜花特攻隊』光人社、二〇〇一年
■桐原久『特攻に散った朝鮮人』講談社、一九八八年

■草鹿龍之介『連合艦隊参謀長の回想』光和堂、一九七九年
■グレゴリー・ポイントン、申橋昭訳『海兵隊撃墜王空戦記』光人社、一九九三年
■佐藤早苗『特攻の町・知覧』光人社、一九九七年
■佐用泰司『海軍設営隊の太平洋戦争』光人社、一九九六年
■清永聡『戦犯を救え―BC級「横浜裁判」秘録』新潮新書、二〇一五年
■杉崎恵文『「飛燕」よ決戦の大空にはばたけ―陸軍戦闘機隊戦記』光人社、一九九一年
■鈴木勘次『特攻からの生還』光人社、二〇〇五年
■巣鴨法務委員会編『戦犯裁判の実相』戦犯裁判の実相刊行会、一九八一年
■田中宏巳『BC級戦犯』ちくま新書、二〇〇二年
■田村洋三『特攻に殉ず―地方気象台の沖縄戦』中央公論新社、二〇〇四年
■高木俊朗『特攻基地知覧』角川文庫、一九七三年
■茶園義男・重松一義『補完　戦犯裁判の実相』不二出版、一九八七年
■茶園義男編・解説『十五年戦争極秘資料集　第11集　俘虜ニ関スル諸法規類聚』不二出版、一九八八年
■富永正三『あるB・C級戦犯の戦後史』水曜社、一九七七年
■外山三郎『獄窓の旅―BC級戦犯虜囚記』静山社、一九九一年
■豊田穣『海軍軍令部』講談社、一九八七年
■内藤初穂『海軍技術戦記』図書出版社、一九七六年
■内藤初穂『Thunder gods : the kamikaze pilots tell their story』Kodansha International、一九八九年
■野田正彰『戦争と罪責』岩波書店、一九九八年
■野原一夫『宇垣特攻軍団の最期』講談社、一九八七年
■林えいだい『銃殺命令―BC級戦犯の生と死』朝日新聞社、一九八六年
■肥田真幸『青春天山雷撃隊』光人社、一九八三年

■平義克己『我敵艦ニ突入ス』扶桑社、二〇〇二年
■藤田久一『戦争犯罪とは何か』岩波新書、一九九五年
■藤原彰ほか『最新資料をもとに徹底検証する・昭和20年　1945年』小学館、一九九五年
■松永憲生『還らざる出撃』世界文化社、一九八四年
■安永弘『死闘の水偵隊』朝日ソノラマ、一九九四年
■山田風太郎『同日同刻―太平洋戦争開戦の一日と終戦の十五日』立風書房、一九八〇年
■吉田満『戦艦大和ノ最期』講談社、一九八一年
■ラッセル・スパー、左近允尚敏訳『戦艦大和の運命』新潮社、一九八七年
■『海軍航空技術廠と横須賀航空隊』追浜地域文化振興懇話会、一九九七年
■『シリーズその日の新聞　太平洋戦争開戦の日・終戦の日』大空社、一九九一年

［解説］沖縄戦研究にみる二つの空白

梅田正己《うめだまさき》
（沖縄戦研究者）

沖縄戦研究には、ぼう大な蓄積がある。新沖縄県史編集専門部会（沖縄戦）の吉浜忍・部会長による「沖縄戦記録・研究の歩み」を見ると、一九四六〜二〇一五年の七〇年間にわたって出版された沖縄戦関係書は、一二三九冊におよぶという。それからすでに六年がたっているから、一三〇〇冊前後にはなっているだろう。

県史として刊行された『沖縄戦通史』には、新旧の二種がある。最初の一冊が一九七一年版で、次の一冊が二〇一七年発行の『沖縄県史・各論編第六巻・沖縄戦』であり、大型のA４判で八〇〇ページをこえる。

全体の構成は、「沖縄戦への道」から「沖縄戦の経過と特徴」「沖縄戦（人びと）の体験」「沖縄戦の諸相」「沖縄戦の戦後処理と記憶・継承」の五部からなり、三七名の筆者による「最新の『沖縄戦』研究の成果をふまえ」た（発刊のことば）大著である。

このように本県史は、実に広範囲にわたって資料を渉猟し、企画から完成まで二三年の歳月をかけて編集・執筆された貴重な労作である。が、残念なことに、二つの点で大きな空白地帯が残されてしまったのではないか、と私には思われる。

その一つは〝陸の戦場〟と対をなす〝海の戦場〟の実態・実相の記述が希薄だったこと、いま一つは沖縄戦の前進基地となった喜界島を中心とする〝奄美の戦場〟がきわめて不十分にしか叙述されなかったことである。

もう一つの沖縄戦――〝海の戦場〟

摩文仁《まぶに》の平和の礎《いしじ》に刻銘されている戦没者の名前は二〇二一年現在、二四万一六三二名である。うち米軍の戦没者が一万四〇一〇名を数える。沖縄戦では実に一万四千名もの米兵が命を落としたのである。一つの戦場での戦死者数としては比類がない。

その一万四千という数字は、戦後二年で早くも発刊された米国陸軍省編『沖縄・日米最後の戦闘』(外間正四郎訳、光人社NF文庫)では、戦死者一万二五二〇人となっている。内訳は、陸軍四六七五人(行方不明含む、以下同)、海兵隊二九三八人、海軍四九〇七人である(現在の刻銘者数が一五〇〇名近く増えているのは戦後の戦傷病死によるものか?)。

陸軍、海兵隊はともに陸上部隊で戦死者は合計七六一三名、それに対し海上部隊が四九〇七名で、陸上と海上の比率はほぼ六対四となる。つまり、米軍戦死者の四割が海で戦没している。米軍の〝海の戦場〟の被害は予想を超えて大きかったのである。

米軍艦船の被害が、どうしてこれほど大きかったのか。理由は日本軍が、飛行機に爆弾を積んでパイロットもろともに艦船に突入してゆく自爆攻撃を実行したからである。これを特攻攻撃といったが、特攻機のほかにも爆弾や魚雷を搭載した爆撃機による攻撃も多用した。

沖縄特攻作戦は、一九四五年三月下旬から六月下旬まで、沖縄戦の全期間をとおして行なわれた。海軍航空隊は鹿児島県の鹿屋《かのや》を中心基地として、第一号から一〇号にわたる「菊水作戦」を、陸軍航空隊は同県の知覧を中心基地として、これも第一次から一〇次にわたる「航空総攻撃」を実施した。

四月六日、日本の陸海軍航空部隊は米軍の空母六隻を含む大艦隊を奄美大島南方で発見、「菊水一号」と「第一次航空総攻撃」作戦を発動した。出撃した航空機は海軍が三九一機、陸軍が一三三機（計五二四機）、うち特攻機は陸海合わせて二九七機で、未帰還が二一二機だったという。特攻機の三割弱は不時着や機械の不具合で引き返したものの、七割強はそのまま帰ってこなかったのである。

特攻機には海軍の「ゼロ戦」や陸軍の「隼《はやぶさ》」戦闘機などをはじめ多様な型式の爆撃機が使われたが、出撃を重ねるごとに日を追って漸減してゆき、最後は練習機や偵察機までを特攻に使用することになった。

しかし一方、米海軍の被害も大きかった。四月一二日、南九州の各基地からは海軍の「菊水二号」、陸軍の「第二次航空総攻撃」の発動により五〇〇機を超えて出撃したが、その結果、米軍の資料では戦艦アイダホとテネシーの二隻のほか駆逐艦三隻、護衛駆逐艦四隻、軽機雷敷設艦一隻、掃海艇一隻などが損害を受けたという。

一例として戦闘の状況を見ると、空母バンカーヒルに従軍したデニス・ウォーナー記者は、こう記録している。

――「五月十一日午前十時四分（中略）、「空襲警報、空襲警報！　敵機二機がバンカーヒル目がけて急降下中」という警報が飛び出してきた。（中略）特攻機の一番機である零戦が水面近くをこっそりと高速でバンカーヒルに接近して遅動信管付の五〇〇ポンド爆弾を投下した後、飛行甲板に並べられていた三四機の米軍機のなかに突入した。それから数秒後、彗星一機が殆ど垂直に近い大角度急降下で艦尾から接近して、ミッチャーが立っているところから三〇メートルも離れていない後部飛行甲板に激突し後甲板で爆発した。……この攻撃で幕僚やパイロットらの戦死三五三名、行方不明四三名、重傷二六四名の損害を受けた」（本書二一八～二一九頁）

ところで、新沖縄県史の『沖縄戦』では「航空特攻」についてこう書かれている。

「特攻隊員の多くは技量未熟であったため、九州から沖縄までの夜間洋上航法は、たとえ月明時といえども無理があった。これは当時、もっとも錬度の高い搭乗員にとっても困難な任務であったという。このため大部分は薄暮攻撃（日没後二〇分から四〇分）に終始した。『小林日誌』でも技量の未熟を率直に認め、また夜間飛行の経験の無いことも認めている」

戦争の末期、すでに大半の熟練パイロットを消失していた日本軍は、短期間の訓練で二〇歳前後のパイロットを速成で養成し実戦に投入した。当然、練度は十分ではない。そのことを承知しながら、若い特攻員たちはその死を宿命として受け入れたのである。

前出の『日米最後の戦闘』で見たように沖縄戦の〝海の戦場〟で戦没した米軍将兵はほぼ五千名、米軍艦船の損害は、沈没が三六隻（特攻機では二六隻）、破損は三六八隻（特攻機では一六四隻）を数える。

沖縄戦にみる惨害は、住民はもとよりであるが、日米両軍ともに絶大だったのである。

喜界島を中心とした〝奄美の戦場〟

南西諸島の一つ、喜界島は奄美大島の東方三〇キロにあり、九州南端からほぼ三〇〇キロ、沖縄本島の南部からもほぼ三〇〇キロの距離にある。南九州と沖縄本島のちょうど中間に位置する、まるで指定されたような特攻作戦の中継・前進基地となった。

いちばん大きな奄美大島は、大部分が山地のため飛行場を造るのが難しい。喜界島は隆起サンゴ礁でできた平らな島で、沖縄戦を前に海軍基地として一四〇〇メートルと一〇〇〇メートルの二本の滑走路が造られた。一方、大島の南の徳之島には陸軍の飛行場が造られたが、のちに海軍基地に吸収される。

喜界島には沖縄本島の小禄《おろく》（現在の那覇空港）に司令部をおく南西諸島海軍航空隊からの「派遣隊」が配置された。六〇〇名ほどの兵力で高射砲九門に対空機関銃三〇丁以上を装備していた。その守備隊が、四五年三月から六月まで米軍との激しい対空戦闘を続けたのである。

米軍による空襲は奄美諸島全域にわたったが、集中的に襲われたのが喜界島だった。銃爆撃や焼夷弾による空襲は三月一日に始まり、飛行場を襲撃し、村落を焼いた。

二本の滑走路には中里《なかさと》や湾《わん》、赤連《あがれん》などの集落が隣接していた。当然、それらの集落は人が住めるところではなくなった。人々は集落を捨て、ムヤ（喪屋）と呼ぶ風葬跡の残る横穴壕で暮らすことになった。沖縄の人たちが石灰岩の洞穴（ガマ）や亀甲墓の中にこもって戦火を逃れたのと同様である。

沖縄中部戦線での日米両軍の死闘がつづくなか、喜界島でも猛爆撃が絶えない。五月五日の派遣隊の日誌は、「本日の来襲延べ機数一、八〇機、投弾延べ機数一、〇〇機以上。本日の爆撃は極めて熾烈にして時限爆弾を多数使用せしは特異なり」と記す。当然、滑走路は使用不能、急きょ修復、の繰り返しとなる。

五月下旬、戦況が逼迫し、米軍の喜界島上陸の気配がせまってくると、軍は約五〇〇名の在郷軍人を現地召集して陸海軍部隊に組み入れるとともに、島の内陸部の台地に数多くの横穴壕を掘り、そこに一万七千人の島民を避難させた。命令に従わぬものは銃殺だと威嚇した。

五月末、米軍の上陸は予想だけに終わり、避難命令は解除されて人々はまたムヤの生活に戻った。特攻作戦も途絶えがちとなり、米軍機の来襲も散発的となったが、それでも機銃掃射や爆撃はつづき、焼夷弾による民家の焼払いは終わらなかった。沖縄戦が終息した七月一〇日にも、B29重爆撃機九機が喜界島に来襲、大量の爆弾を投下して住民二五人を爆死させている。

喜界島では避難が徹底されたためか、死者の数はさほど多くない。だが家屋は、総戸数四、〇五一戸のうち一、九一〇戸（四七％）が焼失・爆砕された。飛行場に近接する中里は集落そのものが消滅、湾集落は八五％が消失した。

特攻が象徴する戦争の無意味さ

本書『奄美・喜界島の沖縄戦』は、来襲する米軍機に立ち向かった先述の南西諸島海軍航空隊からの喜界島「派遣隊」による戦闘日誌と、喜界島島民の指導者、福岡永彦氏による戦災日誌、それに沖縄特攻作戦の総指揮官だった宇垣纏《うがきまとめ》中将の陣中日誌『戦藻録』——を三本の糸として叙述されている。

宇垣長官の手記は、人のいのちについて、全くかえりみることのなかったこの人物が、沖縄戦も決着がつき広島、長崎の原爆投下も過ぎた八月一三日、喜界島に秘匿していた「ゼロ戦」五機に対して最後の沖縄出撃命令を下したことを記している。

ひそかにガソリンを給油し、整備を終えた五機は夕暮れを待って発進したが、うち三機はまもなく不具合を生じ、基地に引き返した。しかし二機は五〇〇キロ爆弾を搭載したまま、まさしく薄暮《はくぼ》の時刻、一九時四七分から五〇分にかけ、沖縄・中城《なかぐすく》湾の揚陸輸送艦ラグランジに相次いで突入していった。米軍の戦闘報告書では、戦死二一名、負傷者八九名という大損害をこうむったと記録されている（本書三九四頁参照）。

「終戦」の直前に発令・実行された宇垣長官の特攻出撃命令に対し、本書の著者、大倉忠夫氏はこう述べている。

「この特攻は戦術的にも戦略的にも無意味なものであった。私には宇垣長官の発言や行動から、国民や国土を愛する気持ちは全く感じられない。彼はただ個々の戦闘に勝ちたいだけの〝戦争屋〟だったのではないか」

「この、時ならぬ沖縄特攻による日本とアメリカの若者たちの死は、他の特攻に比して、さらに空しくあわれであり、私はぶつけどころのない怒りを感ずる。それは、たまたま、この特攻出撃基地が、私の故郷、喜界島だったという事実のゆえに増幅されているのかも知れないが、最大の理由は、その死の時期と方法から感じられる、無意味さゆえである」

この感懐のなかに、著者の何ともいえぬ思い、名状しがたい怒りと悲哀が凝縮して詰め込まれている。それは「戦争」がもたらす底知れない無意味さの集積ともいえる。摩文仁に見る、二四万を超える死者の名が刻銘された平和の礎が、そのことを無言で語っている。

しかし南西諸島では、いままた奄美大島から沖縄本島、宮古島、石垣島、そして日本最西端の与那国島まで、戦争準備の基地建設が、性懲りもなく続けられている。

おわりに

少年時代に喜界島で体験した出来事が、喜界島の歴史の中で希有《けう》なことであり、島の記憶から消してはならないと考え始めたのは、かれこれ三〇年前のことです。私は海軍航空基地に囲まれた集落の住民の一人でしたが、この飛行場で何が起こっていたかをほとんど知らなかったことに気がついたのです。

調査は際限のないものでした。今も終わっていません。しかし齢《よわい》九〇歳に近づき、調査の結果を形に遺《のこ》して置きたいという焦りのようなものを感じて、かねて沖縄の問題を誠実に取り上げている出版社があったことを思い出して、高文研に手紙を出して相談してみたのです。その結果、日の目を見ることになったのがこの本です。

ワープロに打った原稿の量は厖大で、編集を担当した真鍋かおる氏からは冗長な部分の削除を求められましたが、自分が島の歴史の中に遺そうと思って書いたものを削ることは容易ではありません。私は編集者の求めに応《こた》え切れず、このような結果になってしまいました。

喜界島関係者以外の方には無用だと思われることも多く記してあります。できるだけ島の人が読んで自分の集落や知人のことだと感じて欲しいからです。同時に、多くの人に、喜界島で起こった出来事でも、同時代の日本や世界の出来事から孤立して起こっているものではない事実を伝えようと思いました。そのため、この本は一つの筋の通った話になっていません。喜界島という一つの点を通過していった出来事の源《みなもと》を探ろうとして、あるいはその結果を探ろうとして、話は時に九州に飛び、沖縄に飛び、東京に飛びます。それは、歴史的関連性のゆえです。私の記録技術の拙《つたな》さのゆえに煩雑《はんざつ》に感じさせたこともあるかも知れません。たぶんそのような箇所は飛ばして読んでも問題のない箇所でしょう。

私が書こうと試みたのは「歴史的事実」であって、物語ではありません。歴史的事実と言う以上、事実かどうかの検証が必要です。検証とは対象となっている情報の確実性を証拠で確認する作業です。私がアメリカの国立公文書館にあるかも知れないと考えた資料を「情報の自由法」を使って取り寄せる努力をしたのは、事実の検証のために必要だと考えたからです。

物事の因果の縦軸と横軸は無限に広がります。裁判にかかわる学問の分野で、真相究明を仕事とする法律実務家が「相当因果関係」という概念を考え出したのは、因果の関係の追及を断ち切る必要があったからで、それは法技術的な方便でしょうが、裁判の立証にのみ有効な概念ではなく、歴史一般の検証に有効な概念です。

それを律するのは常識です。常識とは曖昧《あいまい》なものです。問いつめられると、どうしてそれ以上の因果の関係を遡《さかのぼ》らないのか、わからなくなります。本という形にする以上、終わりのない試行錯誤をどこかで打ち切らなければなりません。このような次第で、自分では検証の中途という気持ちで世に出すことになりました。後世、その不足を補《おぎな》ってくださることを期待します。

この本で私は事実を追及するためあえて定説に異論を唱えたり、著名な人物の行為を批判したりした部分もあります。人間には、その立つ時と場所によってその意思とは異なる行動を余儀なくされる場合もあります。また思考方法も時代の制約を受けます。歴史的に時代の異なる位置から、過去となった人の行為を、善悪の概念で取り上げて批判することは妥当性を欠くでしょう。

しかし、歴史的に同時代に生きた人々を観察して、その行為を相対的に批判することは可能です。私は、相対的に弱者の目でその時代の権力者を見ようと努めました。これが私の立場です。私はできるだけ情緒を排して事実を見ることに努めました。それでも情緒が入ったとすれば、それは弁護士生活の中で培《つちか》った非権力者の側に心を寄せるという習性のせいだと思います。

本書を書くに当たって、数え切れないほどの文献の世話になりました。戦記物のほか、喜界島について一言でも触れている書物は求めるように努めましたが、末尾に主な参考文献を挙げましたが、このこのほかにも数多くの戦記雑誌を読み、多くの示唆をいただきました。ありがとうございました。

なお、公式記録がない状況下で、喜界島の故福岡永彦氏が遺《のこ》した私家版の記録『太平洋戦争と喜界島』（『福岡記録』）と故平田武重氏が遺した私家版の日誌『喜界島の戦時中日誌』（『平田日誌』）は大いに活用させていただきました。

第五航空艦隊司令長官だった宇垣纏《うがきまとめ》氏の陣中日誌『戦藻録』は沖縄航空戦の最中の喜界島の状況を把握するのに大いに役立ちました。また、アメリカの国立公文書館や防衛省防衛研究所の戦史資料室も大いに利用させていただきました。

また、これらの資料の在《あ》り処《か》についていろいろと示唆を与えてくださったもと喜界町立図書館職員の得本拓氏や地元の戦史・戦跡研究者の鼎勝雄氏、野間昭夫氏ら、多くの方々の力添えで本書は生まれました。なお南西諸島航空隊（巌《いわお》部隊）喜界島派遣隊の本隊司令部があった小禄の地下壕の調査には現地在住の高校の同級生、田中康景氏の世話になりました。深く感謝申し上げます。

ＢＣ級戦犯喜界島事件の英文の裁判記録は、私自身の法廷経験を思い浮かべながら適切な日本語を考え、考え、ダニエル・オラン編／黒川康正、西川郁生監訳『アメリカ法律用語辞典』（ＰＭＣ出版、一九九一年）、『ランダムハウス英和大辞典』（小学館、一九九四年）、工業英語別冊『軍事用語辞典』（インタープレス、一九七七年）、伊藤重治郎編『増補和英法律語辞典』（大学書房、一九七二年）を参考にしながら訳読しました。時には郷里の先輩であり英語詩人の東洋大学名誉教授・郡山直先生にもご意見をうかがったりしました。しかし、基本的には法律実務家としての自己責任で数年かけて読み、法廷の現場に添った読みができたと思います。お力添えくださった皆様に感謝申し上げます。

最後に、本書は高文研編集部の真鍋かおる氏、同社もと代表の梅田正己氏の助言がなければこのような形で日の目を見ることはなかったでしょう。遅筆の私を根気よくお待ちいただき、冗長な部分や誤字の指摘など、細かい点にも気配りしながら出版に漕ぎ着けていただいたことを感謝します。

不発弾の　時折うずく基地跡の　島に今年も　特攻花《とっこうばな》咲く

二〇二一年七月二〇日　九〇歳の誕生日に

大倉 忠夫

大倉 忠夫（おおくら ただお）
1931 年東京生まれ。39 年両親の故郷喜界島に移住。52 年米軍政下の大島高校卒、留学生として上京。奄美日本復帰運動に参加。53 年奄美諸島日本復帰。54 年東京学芸大学中退。同年郵政省就職（郵政研修所普通部研修生、東京中央郵便局、郵政研修所外国郵便専修部研修生、横浜港郵便局、上智大学仏語科政府委託生、東京郵政局など）。62 年国家公務員上級職試験〈甲種法律〉合格。64 年郵政省退職。66 年司法試験合格、69 年弁護士。全駐留軍労働組合（横須賀）顧問。95 年横浜弁護士会常議員会議長。90 年代前半より喜界島の戦争史調査開始。
著書：『日照、眺望、騒音の法律紛争』（好美清光・朝野哲郎との共著、有斐閣、1985 年）
＊本作品は第 50 回伊波普猷賞（2022 年度）を受賞した。

奄美・喜界島の沖縄戦
◆沖縄特攻作戦と米軍捕虜斬首事件
●二〇二二年二月二五日——第一刷発行
●二〇二四年 七 月一五日——第二刷発行
著　者／**大倉 忠夫**
発行所／株式会社 **高文研**
東京都千代田区神田猿楽町二―一―八
三恵ビル（〒一〇一―〇〇六四）
電話０３＝３２９５＝３４１５
http://www.koubunken.co.jp
印刷・製本／中央精版印刷株式会社
★万一、乱丁・落丁があったときは、送料当方負担でお取りかえいたします。
ISBN978-4-87498-772-8　C0021